なぜ政府は信頼されないのか

[編著]
ジョセフ・S・ナイ・Jr.
フィリップ・D・ゼリコウ
デビッド・C・キング

[訳]
嶋本恵美

英治出版

WHY
PEOPLE
DON'T
TRUST
GOVERNMENT

Edited by

Joseph S. Nye, Jr.
Philip D. Zelikow
David C. King

Japanese Translation rights arranged with

Harvard University Press

through Japan UNI Agency, Inc., Tokyo.

なぜ政府は信頼されないのか

目次

なぜ
政府は
信頼され
ないのか

はじめに

一九九五年四月のオクラホマ市・連邦政府ビル爆破事件——。本書の着想は、この事件が発端となっている。テロの衝撃のあと、米国では政府の役割について不安と混乱に満ちた議論が起こった。集中的権力に行きすぎがないように懐疑の目を向けるのは米国民の常とするところだが、爆破事件が起きたとき、政府に対する信頼のレベルは落ちるところまで落ちていた。建国の父たちは、個人の自由を守るために、政府各部門の力を制限することによって均衡を保つ「抑制と均衡」という米国政治の基本原則を確立させ、権限を州と連邦政府に分割した。とはいえ彼らも、新しい共和国が約束する生命、自由、幸福の追求には、効率的な政府が不可欠だと確信していた。

では、二一世紀における効率的な政府とは、どういうものなのか。大きな政府の時代は終わったと言われているが、それに代わるものをまだ誰も示していない。変革が求められているのは火を見るより明らかだ。国民は、今の政府のあり方に不満を募らせ、政府を信頼しなくなっている。こうなった理由はいろいろ考えられるが、最大の原因は、世界そのものが急速に変化しているという事実につきる。二〇世紀半ばに描かれた政府のビジョンは、情報を基盤にした経済と社会にふさわしい新たな構想に道を譲るべきだ。

ケネディ行政大学院は、どのような変革が求められているのかを追究するために、数年におよぶ研究プロジェクトを立ち上げた。その内容は、つぎのようなものである。

- 二一世紀の統治のビジョンを考え、明らかにする
- 人とコミュニティが、政府、民間、非営利組織に何を求めているかを探る
- 米国および米国以外の政府が現在、どの分野で成功し、どの分野で失敗しているかを検証する
- 市民のリーダーおよび一般市民と協力して、個人の自由とコミュニティの要求とのバランス、さらに社会の動向がそのバランスにどう影響しているかを調べる
- 市場と行政の関係、公的権限の配分、仲介機関の出現、公的意思決定のプロセスといった問題に取り組む

ケネディ行政大学院は、統治について理解を深めることを中心的使命としている。学際的な教授団が研究・指導・学外活動を行なっており、そのすべてが民主的社会の公共サービスを向上させるのに貢献している。また、政府の大小についてうんぬんするのではなく、国民全体の

暮らしに関わる管理——つまり統治——における公共・民間・非営利部門の役割について徹底的に考えていくことを旨としている。

本書では、政府への信頼がなぜ損なわれたかを見ていくが、解決策は示していない。本書は、私たちの新しいプロジェクトの第一歩であり、民主的社会におけるいっそうの理解および公共サービスの向上を促すという私たちの使命の一環としてとらえている。

このプロジェクトと本書には、多くの人の協力を得た。シニア・スタディ・グループのメンバーは、その多くがニューハンプシャー州ブレトンウッズでの特別会議に参加してくれた。グラハム・アリソン、アラン・アルトシュラー、フランシス・ベイター、ロバート・ブレンドン、デレク・ボク、ジョージ・ボルハス、ジョン・ドナヒュー、元下院議員のミッキー・エドワーズ、デビッド・エルウッド、ヘンリー・ルイス・ゲイツ、メアリ・アン・グレンドン、スタンレー・ホフマン、サミュエル・ハンチントン、クリストファー・ジェンクス、マービン・カルブ、ジョセフ・カルト、ロバート・ローレンス、ジェーン・マンズブリッジ、ハーベイ・マンスフィールド、セオドア・マーモア、アーネスト・メイ、トマス・マクロー、マーク・ムーア、リチャード・ニュースタッド、ジョセフ・ニューハウス、キャサリン・ニューマン、ゲイリー・オレン、トマス・パターソン、ポール・ピーターソン、スーザン・ファー、ロジャー・ポーター、ロバート・パットナム、元知事のバーバラ・ロバーツ、マイケル・サンデル、フレッド・シャウアー、元下院議員のフィル・シャープ、シーダ・スコッチポル、レイモンド・ヴァーノン、シャーリー・ウィリアムズ、ウィリアム・ジュリアス・ウィルソン、リチャード・ゼックハウザーである。また、ロバート・コヘイン、ピパ・ノリス、リチャード・パーカー、ダニエル・ヤンケロビッチ、ジェーン・ウェールズをはじめとする多くの同僚が意見や批評を寄せてくれた。本書では、ブレトンウッズ会議のために書かれた論文にしばしば言及されている。これらの論文を詳しくご覧になりたい方は、われわれのウェブサイト★を参照されたい。

最後に、ニューヨークのカーネギー財団、パーカー・G・モンゴメリー、ダニエルとジョアンナ・S・ローズ基金、ヘンリー・J・カイザー・ファミリー財団の援助に謝意を表したい。また、有能なスタッフ、ロリ・カー・トレビニョ、キャシー・コイル、ロビン・ワース、サラ・ポーター、ザック・カラベル、ジャネット・フレッチャー・ハウスワース、セーラ・ピーターソンに感謝したい。

ジョセフ・S・ナイ・Jr.
フィリップ・D・ゼリコウ
デビッド・C・キング

★http://www.ksg.harvard.edu/visions

序論

政府に対する信頼の低下

ジョセフ・S・ナイ・Jr.

ジョン・F・ケネディ行政大学院長で、「ドン・K・プライス」教授（公共政策）。国際安全保障担当の国防次官補を務めたのち、一九九五年にハーバードに戻り、「二一世紀の統治のビジョン」プロジェクトを始めた。

政府に対する信頼が低下している。一九六四年の世論調査では、「連邦政府はほとんどの場合、正しい行動をとる」と信じていた米国人は七五％だった。今日、これほどの信頼を寄せているのは二五％にすぎない。州政府に対しては三五％で、多少は「まし」といった程度だ。世論調査によっては数字はさらに低くなる。九五年に行なわれたある調査では、信任率が、連邦政府は一五％、州政府は二三％、地方自治体は三一％という数字だった。九七年の同じ調査では、それぞれ二二％、三二％、三八％と、わずかに上昇したものの、三〇年前の数字にははるかにおよばない。政府を信頼できない理由としては、「非効率的だ」「公金をむだづかいする」「まちがったことに支出する」という答えが多かった[1]。

これは政府だけの話ではない。さまざまな主要制度に対する国民の信頼が、この三〇年間に半減した。大学は六一％から三〇％に、大企業は五五％から二一％に、医療は七三％から二九％に、ジャーナリズムは二九％から一四％に下がっている。九六年の世論調査では、米国民の三〇％が報道機関の指導者たちをほとんど信用していないと答えており、連邦議会についても同じようなものだった[2]。さらに、これは米国だけにとどまらない。カナダ、英国、イタリア、スペイン、ベルギー、オランダ、ノルウェー、スウェーデン、アイルランドでも、政府に対する信頼が低下している[3]。日本では、政治不信は何十年も前からのことだが、最近では不信感が官僚制度にまで広がってきた[4]。

信頼の低下が政府だけ、または米国だけの現象であれば、問題は単純だったかもしれない。連邦政府が、国民の支持する規模より大きくなりすぎたと考えればいいからだ。大恐慌や第二次世界大戦が起こる前の一九二九年、連邦予算は対国民総生産（GNP）比で三％以下だった。それが今は一九％である（州・地方自治体は別途、一四％を占める）。連邦・州・地方政府の公共支出の対GNP比は、四七年には一八％だったのが、七三年には三〇％まで上昇し、それ以降は微増にとどまっている[5]。これは先進国では最低の水準に属するが、それまでの米国から見ると相当な様変わりである。さらに、政府の仕事は内容が劇的に変化した。五四年には国防費が連邦支出の七〇％を占めていたが、今日では一七％以下である。

過去一〇年間、連邦予算の全体の規模は対GNP比で見て拡大していない。しかもその総額のうちで増えたのは、社会保障給付やヘルスケアといった国民に歓迎される移転支出であった。

政府は大きくなりすぎたから支持されなくなった、というような単純な説明を疑わざるをえない理由はもうひとつある。それは、他の多くの主要な制度も信頼を失っていることだ。企業、教会、大学、医療も、急速に拡大しすぎたのだろうか。それとも、もっと一般的な原因があるのだろうか。的を射た説明を聞けば、政府についてもっと大局的に見た何かがわかるはずだ。

これは困ったことだろうか

どういう徴候が見られるにせよ、結果に問題がなければ原因をあれこれ詮索することもない。そこでまず、「だからどうなのだ」と考えてみる。もしかしたら、今見られる徴候は健全さの表われかもしれない。米国は、政府に対する不信があって建国された。アメリカ合衆国憲法は、英国王にふたたび支配されることがないように配慮して定められている。これについては、「英国王に限らず、他のだれにも」と付け加える向きもあるだろう。初期の共和国を二分した連邦主義者の論争では、トマス・ジェファーソンとアレクサンダー・ハミルトンのあいだには明らかに違いがあった。ハミルトンがアメリカには強力な中央政府が必要だと信じていたのに対し、ジェファーソンは、政府は小さければ小さいほどよいと思っていた。長きにわたるジェファーソン的伝統によれば、政府への信頼度を気にしすぎることはない。世論調査に表われているのがシニシズムではなく慎重さであるなら、その結果は健全なのかもしれない。

第二に、政府の日常の仕事ぶりではなく、その底にある憲法の枠組みに目を向けると、世論調査の結果は依然として肯定的である。米国人に「世界中で最も暮らしやすいところはどこか」と尋ねると、八〇%が米国だと答える。「米国の民主的な行政制度を気に入っているか」という質問には、イエスという答えが九〇%にのぼる。ヨーロッパのユーロバロメーター世論調査を見ると、政府に対する信頼が低下している国でさえ、九〇%が「民主的な政府の形態に満足している」[6]。憲法上の体制のレベルでは、今の状況は一九六八年のフランスとは違うし、ましてやワシントンが合衆国初代大統領に就任した一七八九年のようでもない。大半の人は、制度が腐敗していて破壊すべきだとは思っていない。オクラホマ市の事件は異常なできごとだった。民間武装組織ミリシアは一般標準ではない。三〇～四〇年前と比べると行政機関は信頼されなくなったが、変わらない何かがある。

今の空気にはシニカルな面もあると思われるが、それ以外は、政府に対する深い幻滅というより、政治のプロセスでの進退きわまった状況や口論への不満の表われである。目下の現象には国民感情の振り子が周期的に揺れているという面がある。たとえば、一九〇〇年にも全国的にいらだちの傾向が広がったことがあった。それと比べると政党政治はより対立化しているものの、汚い政治的手段は目新しいものではない。一八八四年、ジェイムズ・G・ブレーンとグローバー・クリーブランドが立候補した大統領選挙の二大スローガンは、「ブレーン、ブレーン、ジェイムズ・G・ブレーン、メイン州の大うそつき」と、「ママ、ママ、パパはどこ？　ホワイトハウスに行っちゃった」というクリーブランドの非嫡出子に言及したものだった。現在、問題なのは第二次世界大戦後に政府への期待が高くなりすぎたことかもしれない[7]。そうであれば、一九五〇年代が異様だったのであり、解決策は歴史的により「正常」な水準まで期待を引き下げることである。そうすればムードは改善されるかもしれない。

そうはいっても、気がかりなことが残っている。信頼の喪失・不満・シニシズム・憎しみのあいだには程度の違いがある。では、それらはどう関連しているのだろう。信頼の低さは蓄積される傾向があるのだろうか。政治家と報道機関が、政府は何ひとつまともにできないということを世間一般の通念として繰り返せば、シニシズムが広まるのだろうか。ビジネスの世界には、消費者に一定の製品を買わないように勧める「逆拡販運動」というものがある。一九七六年のジミー・カーターの選挙運動以来、大統領候補者は「ワシントンに反対する」ことが多くなった。今では大半の政治家がそうしている。調査結果によると、この三〇年間、メディアは政治と政府について、より否定的に歪曲して報道しがちだった[8]。それで傷つくのが政治家の虚栄心だけならまだしも、政府と政治の評価を下げるようなことを長くつづけていたら民主主義制度の力に影響しかねない。社会学者は政府の日常業務への満足感と体制としての民主主義への支持がどう関連しているかについて完全には理解していないが、ひとつ、はっきりしていることがある。民主主義的な統治の将来が非常に重要だということである。

制度への信頼と体制の安定を関連させるには三つの方法が考えられる[9]。国民が税金という決定的な資源を提供すること、優秀な若者が政府の仕事に就くこと、法律を自発的に守ることの三つだ。ところが、政府が無能で信頼できなければ、こうした資源を人びとは提供しないだろう。不可欠な資源がないと政府は良い仕事ができないし、政府が良い仕事をしないと人びとは政府に対する不満と不信を募らせる。こうした悪循環は、統治の形態としての民主主義への支持を損なうことになる。政府が大幅に縮小されて現行のＧＮＰの三分の一から四分の一程度になったとしても、米国民の生活の大きな部分を占めていることに変わりはなく、まずい統治を許すわけにはいかない。

二一世紀には、情報・バイオテクノロジー革命とさらに重要になるグローバル経済が新たな課題を生む。なかには、政府は退いて対応を民間部門に任せるのがいちばんだという説もある。情報を基にした経済と社会では民間および非営利部門がこれまで以上に大きな役割を果たすと思われ、それにふさわしい新しい考えに政府が適応しなければならないのは確かだが、政府が非効率的で業績が冴えないと高いものにつく。たとえばグローバル経済においては、政治が安定していれば資金が集まり、教育はなくてはならない技能をもたらし、科学技術における基礎研究は競争力と生活水準を高め、知的財産権の保護はいっそう重要になる。こうした公共財の提供は効率的な政府にかかっている。国防の分野では、冷戦の終焉によって外国の脅威という以前の感覚は薄れたようだが、国境を越えたテロの台頭と大量破壊兵器の急増が、政府の効率的な対応を必要とする新しいタイプの脅威となっている。

政府の非効率的な仕事ぶりによるコストに加え、信頼が低下すると民主主義的な価値観が損なわれる危険性がある。米国憲法によって創設されたのは、協議による民主主義を促す制度である。米国の制度は手際よく措置をとるようにはできていない。ジェィムズ・マディソンが『ザ・フェデラリスト・ペーパーズ』で述べているように、徹底的に討議することと自由を守ることを促すように考案されている。政治のプロセスが、政治家が三〇秒広告で国民に何を訴えればよいかを政治コンサルタントが世論調査やフォーカスグループを利用して探ることでしかなくなった場合、マディソンの協議による民主主義は、「薄っぺらな」民主主義へと後退する。国民の役割は、税金を払って投票するだけになる。政治のプロセスと選挙で選ばれた政府に対するシニシズムは、参加することと民主主義の質を低下させるおそれがある。「民主主義が薄くなる」兆しが見られるにもかかわらず、最近の調査によると、いくつかの分野では参加が減っていない。問題は、信頼が失われつづけた場合、マディソンの協議による民主主義が大きく損なわれるかどうかである[10]。

この三〇年間に政府と他の制度に対する信頼が低下しているという世論調査の結果は割り引いて考える必要がある。調査には限界がある。世論調査は動いている対象をスナップ写真に撮ったようなものだ。回答は質問の尋ね方や前後関係によって違ってくる。データは不完全である。それに、たとえ質問やサンプリングの手順が完璧であっても、政府に対するある程度の慎重さや懐疑は民主主義にとって健全なことだ。しかし、天が落ちてくるようなことは起こっていなくても、世界はすべて安泰というわけでもない。冷静に見て、極端に悲観的でも楽観的でもないといったところだ。本書の目的は解決策を示すことではなく、今、民主主義的な統治の発展段階のどのあたりにいるのかをよりよく理解できるように障害物を取り除くことである。政府は何をするのか（その領域）、仕事ぶりはどうか（その業績）、それを国民はどう見ているか（その業績の認識）という三つの問いを通してそれを進めていく。次に、原因についての一連の政治的・経済的・社会文化的仮説を検討することにより、この三〇年間になぜ状況が変化したのかを考えてみたい。

政府の領域

政府の領域はこれまで一貫して拡大してきたわけではない。それどころか一八世紀の啓蒙運動では、政府は日常生活における多くの宗教的・道徳的側面から切り離され、それらは特権階級の個人に委ねられた。米国憲法は啓蒙運動の思想の産物である。政府は、(一)正義を確立させ、(二)国内の平穏を保ち、(三)共同防衛に備え、(四)国民の福祉を促進し、(五)自由の恩恵を守るためであった。ここに列挙したものは限られているが、これは増やすことができ、幅広い問題を正当化するのに用いることができる(そして実際にそうされてきた)。一九世紀の政府は限定的だったが、国防、司法、秩序とならんで教育、公共事業、新しい土地の割当てなどに重要な役割を果たした。二〇世紀に入ると第二次産業革命とともに大企業が台頭したのに対応して、政府は独占禁止や規制を行なうことによって民間の力に対する均衡勢力となった。米国の政治制度では、大恐慌以前でさえ、南北戦争の軍人恩給や女性と子供を守る法律を包括的な再配分制度に転換させていた[11]。とはいえ、政府の領域が最も大きく拡張されたのは、不況、第二次世界大戦、冷戦、福祉国家の台頭に対応してのことだった。

今の米国における政府への不満は、その領域が大きくなりすぎて個人に委ねたほうがよい分野にまで侵入したからかもしれない。世論調査の回答は一見、この認識を部分的にしか裏づけていない。「連邦政府を信じていないのはなぜか」と質問された回答者は、領域が広すぎることより業績がよくないことを強調する傾向がある。八一％が政府は無駄が多くて非効率的だと答え、七九％が見当ちがいのことに予算を使いすぎると言っているのに対し、政府は個人の生活に介入しすぎるとか、解決しようとしている問題は連邦政府には解決できないという人はその半分にとどまっている[12]。四〇％が政府の領域は広すぎると思っているのであれば、それは政治家が考慮すべき重要な事実だが、民主的社会では、より大きな政府を望んでいる人と、より小さな政府を望んでいる人はほぼ半々だと思われる。政府は、いちばん拡大した時期（一九三〇年代半ばから一九六〇年代半ば）にはおおむね人気があったし、連邦予算が最も急速に伸びた分野（社会保障と医療保険メディケア）は幅広く支持されている。それに大半の米国人は、政府を信頼していないにもかかわらず、政府が環境、製品の安全性、危険な労働条件、差別的な雇用、破綻した年金基金などについて企業を規則で取り締まるべきだと思っている[13]。

米国民はまた、政府に求めるものについて認識が一致していないという可能性がある。大多数の人は連邦予算が均衡することを望んでいるものの、社会保障やメディケアなどの大型プログラムを削減するという犠牲は払いたくない。このように、何を削減するかについて意見の一致がないため、人びとが政府に求めていることに応えるのは難しい。また、連邦政府の領域についての国民の懸念は、ＧＮＰに占める割合が増えたことより（この二〇年間は大きく増えていない）、環境や安全について取り締まることや、人種および性別に関する変化を促進することと関係している可能性がある。安全や公正においてどれほど実質的な進歩があったにせよ、こういうことには押しつけがましさがつきまとう。たとえば、学校の人種統合を促す連邦措置は、南部でもボストン南部でも一部の住民を憤慨させた。

政府は何をするべきかという点に目を向けると、米国人が用いる標準的モデルが少なくとも三つある。

第一は、アダム・スミスまで遡ることができるミクロ経済学者のモデルである。政府は防衛の提供、財産権の確立、正義の維持、商業を可能にする公共事業と制度の創出に限定的だが重要な役割を果たす。

第二は、二〇世紀に台頭した、よりマクロ経済学的な見方で、政府は景気サイクルを抑制し、市場の分配効果に注意を払わなければならないと主張する。選挙調査によると大統領選挙の最強の予言者は経済状態なので、国の経済運営がここにきて国民の望んでいるものの一部になったのは確かなようだ[14]。

第三のアプローチである市民的美徳モデルは、政府が経済問題だけでなく国の公共および民間の徳を促進するように関与すべきだとする[15]。国民は何が利益かについての討議を望んでいるので、政府は完全に中立ではありえない。だが、政府は利益の内容を決定し、それを国民の私生活に強制するところまで踏み込むべきかどうかは目下、かなりの論議を呼んでいる。第一章で、アーネスト・メイが、こうした政府の領域の問題について検討する。

業績

人びとは政府の業績への不満を口にするが、それは民主的社会では重要な尺度である。だが、業績の問題は見た目よりも複雑だ。そもそも、何と比較しての業績なのだろう。期待、過去、外国などに対してなのか、それとも企業や非営利組織などと比較してのことなのか。さらに国民は、政府の効率に対して税金やその他の価値でどれほど報いるつもりがあるのだろう。建国の父たちは、効率を犠牲にして自由を守るような政府の制度を考案した。権限を共有する別個の機関による連邦制度は、能率的に業績をあげるためのものではない。国民はこの制度を変えたいと思っているのだろうか。多分、そうは思っていない。テロのような新たな問題によって「本土での真珠湾攻撃」のようなことが起こったらどうだろう。その場合は考えるかもしれない。

業績を測定するときのもうひとつの問題は、一般的な結果と政府の具体的な施策を識別することである。政府の施策の質は変わらなくても社会的結果が冴えなければ、国民は当然ながら不満に思う。たとえば、米国は他のいくつかの国より科学と数学のテスト成績が劣っているが、その理由としては学校の役割より家族の価値観や国民の文化が果たす役割のほうが大きいと思われる[16]。あるいは、セオドア・マーモアが指摘しているように、カナダ、オランダ、英国、米国では人びとが口を揃えて自分たちの国民医療制度に不満をもらしているが、政府の役割はそれぞれ違う（米国民の不満が他国を上回っているが、米国のほうが政府の関与度は低い[17]）。

さらに問題を複雑にしているのは、国民の知識にむらがあることだ。たとえば、米国人は外交政策のうちで対外援助に最大級の不満を抱いているが、対外援助の額を実際よりはるかに多いと誤解している[18]。

第二章と第三章で、デレク・ボクとゲイリー・オレンは、政府の業績における真の変化と認識された（誤認されたものを含む）変化を区別しようと試みる。ひとつの重要なステップは、「政府と政治」としてひとまとめにされている活動を分けて考えることだ。業績は分野によっても機関によっても違う。たとえば、米国では大気および水の質と高齢者の安全は、この数十年間に改善を見た。一九九五年の世論調査では、国民の四四%が大気の質の向上に連邦政府の尽力があったとし、二三%が六五歳以上の貧困削減に功績があったとした[19]。それに一部の政府機関は他より高い評価を得ている。一九九六年、連邦議会を大いに信頼していると答えた人は一〇%にすぎなかったが、最高裁判所を大いに信頼している人は三一%、軍は四七%だった[20]。軍についてはベトナム戦争のときの二七%程度から回復しており、湾岸戦争のときの優れた実績だけでなく、現代の米国社会を悩ませている麻薬・人種・教育問題の取り組みに軍がかなりの成功を収めていることも反映されているようだ（これについては結論でさらに述べる）。

不満と政府実績の関係について考えるときに最も難しいのは、人びとがどれほど政府との距離を感じているかを理解することである。たとえば、世論調査において連邦議会への評価が低いときでも、地元出身の議員はより高く評価されている。学校制度に対する批判はあっても、地元の学校には満足している。前にも指摘したように、連邦政府と比べると、州と地方に対する満足度はいくらか高い水準にある[21]。ここでは価値観が一役かっていると思われる。行政が間違いを犯した場合でも、「われわれのような人たち」の間違いなら大目に見ようという気になるのだろう。その一方、一九九五年の世論調査で「連邦政府を信頼していないのは、政策に自分たちの考えや価値観が反映されていないからだ」と答えた人は三七％のみだった[22]。

不信感が個人の価値観と経験にそれほど関連していないとすれば、原因は一般通念またはムードにあるのかもしれない。こうした距離と認識された業績との関連を理解することは、権限委譲の問題に関係してくる。州と地方にもっと権限を委譲すれば政府に対する信頼が回復するという説があるかと思えば、権限委譲は単に批判の矛先を地方レベルに向けさせるだけだという説もある。国民の政府に対する反応が個々の業績とはっきり関連づけられていたら、この三〇年間に態度が変化した理由を説明するまでもなかったはずだ。だが、実際の業績と認識された業績との関係が不明確で、政府以外の主要な制度に対する信頼も低下していることから、もっと大きな原因があると考えられる。

不満の経済的原因

政府への信頼が頂点にあった一九六五年、ロバート・レインは一九三〇年代以降の信頼の高まりに着目し、それを経済状態の向上によるものだとした。もっとも、豊かな時代は信頼の時代となり、「国民と政府は友好的な関係になる」というレインの予言は当たらなかったが…[23]。

第四章でロバート・ローレンスは、この難題に経済の面から斬り込む。信頼が低下したのは経済が減速したからではないか。これは、多くの先進国で同じことが起こっていることの説明にはなる。経済成長率は、すべての先進国において、第二次世界大戦直後の二五年間のほうが一九七四年以降よりはるかに高かった。一九八〇年代、日本の成長率は高かったとはいえ、一九六〇年代にはおよばなかった。米国では、年間成長率は戦後の数十年間が三・五％であったのに対し、一九七五年以降は二・三％前後と大幅減となった。これは二〇年間で計算すると約二・五兆ドルとなり、政府が財政赤字を解消させたり、今は予算不足のために実施できない施策の資金として十分な額である[24]。

経済成長率の鈍化が国民の不満につながったと仮定すると、それが転じて政治的なスケープゴートを探すことにつながる。米国の時間当たりの実質賃金は一九七九年から一九九五年までに約五・五％上昇したが、これは一年につき三分の一％でしかない[25]。要するに、戦後すぐの時期と比較して、昔はよかったと口にし、それを政府のせいにしているのかもしれない。だが、この仮説には大きな問題がある。政府への信頼が失われはじめた時期とタイミングが合致しないのである。米国では（ヨーロッパは違うが）、信頼が最も大きく低下したのは経済成長率が最も高かった一九六四年から七四年までであり、一九八〇年代初めの景気後退期には政府に対する信頼が増しているからだ。

もうひとつ、それに関連する経済学的な説明にグローバル競争がある。この主張によると、問題なのは経済の減速だけでなく、それがグローバル化した市場と競争によって引き起こされたという一般に流布している見方である。一部で言われているように、ほんとうに問題なのは東アジア諸国が急激に台頭してきたことだ。これらの国には安価な労働力が無限と思えるほどあり、それが先進国の賃金を引き下げる。特に賃金が下落するのは未熟練労働者で、こうして不公平さが拡大され、それがひいては政治制度に負担をかけるという指摘だ。

この説明は、経済の減速の場合とは違ってタイミングの問題はないが、別の疑問がある。米国経済において、貿易の占める割合は約一〇％しかないことである。また、経済の減速と賃金の下落は、貿易財を扱っているところだけでなく、残りの九〇％でも起こっている。もちろん貿易財から非貿易財への溢出効果はあるし、多国籍企業が海外に拠点を移すと脅すことができるというだけで賃金は下がることがある。いずれにせよ、貿易は米国経済全体から見て小さすぎるようだ。それに加え、米国の貿易の七〇％は同じような賃金水準の先進国が相手である。そういうわけでグローバル競争は大きな影響があるものの、賃金下落の事情を説明するには十分ではない。

ロバート・ローレンスをはじめとする経済学者は、国際貿易では現在起こっていることの一部しか説明できないと考えている。真犯人はテクノロジーの変化であり、特にローレンスが技能偏重テクノロジーと呼んでいるものが賃金を引き下げている[26]。だが、それが正しいとしても、グローバル競争力と相互依存が、注目すべき政治的局面を生み出していることも確かだ。世界の競争が拡大したために生活を守れなくなったと人びとが感じれば、それが政治的現実となる。だからパット・ブキャナンが米国民の問題は外国人によって引き起こされているという選挙運動を展開すると、経済学的にはともかく、それが政治的現実となる。

もうひとつの仮説は、経済の分野でもっと重大なことが起こっているというものだ。第三次産業革命である。これは情報革命であり、二〇世紀末のコンピューターと情報通信施設は、一八世紀末の蒸気や一九世紀末の電気と同じ意味を持っている。今、目にしているのは、行き渡るのに二〇〜四〇年かかるような途方もなく大きい技術革新の波だ。ジョセフ・シュンペーターによると、この一面において資本主義は「創造的破壊」のプロセスなのである[27]。これには良い面と悪い面がある。斜陽化した鉄鋼業地帯で工場が閉鎖されると、だれかが損害を受ける。シリコンバレーに工場ができると、他のだれかの利益になる。

こうした創造的破壊はほぼすべての先進国で起こっている。米国では、往々にして低賃金ではあったが雇用を創出することで対応してきた。ヨーロッパでは所得の補助で対応したため、失業率は一〇〜一二％にのぼり、国によっては若者の失業率が二〇％に達した[28]。それぞれの社会において、この経済プロセスに対応する方法はさまざまだが、いずれも低賃金または高失業率という混乱を生み出す。そのうえ、情報技術の発達によって不平等が拡大していく。勝つのは情報に強い者、負けるのは情報技術の教育を受けていない者だ。三〇年前なら、高校中退でも自動車工場に就職してかなりの賃金を稼ぐことができた。今では、そういう仕事は高卒であることが要求され、さらに数値制御の工作機械を操作できるような技術研修すら必要とされている。

情報に強い者と弱い者とのあいだに格差が生じているという問題に加え、創造的破壊と事業の再構築はダウンサイジングを意味することが多い。企業は労働者を解雇する。これは生産性を高める一方法かもしれない。だが、いま解雇されている者の多くはホワイトカラーの中流階級であり、これまでとは様子が違う。これは「不安定の民主化」であり、そこから「不安な中間層の政治学」が生まれる[29]。米国は長期的にはこの創造的破壊から利益を得るかもしれないが、国民は一時的には寄るべない不安を感じ、経済的・歴史的流れに配慮することなく政府を非難する。だが、これについても因果関係は複雑だ。経済が最大の原因であるなら、政府への信頼は経済的敗者において最も大きく失われたはずだ。ところが、ローレンスが指摘するように、政府への信頼の低下は勝者も敗者もほとんど変わらない。先ほど見たように、信頼が個人の経験や価値観と密接につながっていないのと同じように、経済状態と表明された態度とのあいだにもつながりがない。ということは、もっと一般的でイデオロギー的な、広い国民感情を反映した説明が必要とされているのだろう。

不満の社会的・文化的原因

ジェーン・マンズブリッジによる第五章では、政府に対する信頼の低下の原因について社会的・文化的仮説を見ていく。ひとつは、社会資本が減少していると言われていることである。「社会資本」は常識的な概念であり、人びとが協同できる能力である。連係した行動を容易にするのは信頼、規準、ネットワークだ。社会学者は、こうした技能は一般市民が自発的な組織でいっしょに作業することによって発達すると考えている[30]。こうした組織のすべてに積極的な効果があるわけではないが、大半にはあると思われ、それが衰退したことが懸念される。ロバート・パットナムは、一九六〇年代以降にPTA、YMCA、ガールスカウトといった自発的な組織が衰退したことに注目している[31]。もちろん、米国退職者協会のように参加が増えている団体もあるが、こうした新しいグループは多数の会員が顔をあわせることはめったにない。会員は小切手で会費を郵送して、それでおしまいだ。PTAのメンバーのほうが顔をあわせていっしょに作業することを学ぶ機会が多い。要するにパットナムが主張しているのは、参加型グループの減少によって、民主主義政府を支える市民社会の構造に不可欠だとアレクシス・ド・トックビルが考えていた中間の制度がなくなってしまったということである。パットナムの主張には異議が唱えられたが、示されたデータが有効であるかぎり、政府への信頼を低下させる一因についての仮説は検討に値する[32]。

社会資本における衰退のもうひとつの側面は、長期にわたる文化的変化である。ロナルド・イングルハートが第九章で示しているように、発達した社会では制度への信頼が長期にわたって失われており、それは政府だけにとどまらない。イングルハートは、権威が尊敬されなくなったことは近代およびポスト近代の価値観の一部で、人びとの価値観が生存から生活の質へと変わったのだという[33]。一九六〇年代の「若者の反乱」では、米国だけでなく他の多くの先進国でも、権威と制度への挑戦の気運が一気に盛り上がった。

西洋文化では、個人とコミュニティとのバランスが変化し、個人主義が拡大した。これは長期におよぶ世俗的傾向である。たとえば、離婚はほとんどすべての先進国で増えている。離婚には一部の女性が虐待的で不平等な結婚から解放されたという面がある。女性は出口がないに等しかったため、不幸な結婚から経済的理由で抜け出せないでいた。男性もまた、離婚しやすくなったことで利益を得た。つまり、離婚から見えてくるもののひとつは自由論的な傾向である。しかし、離婚にはもうひとつ、家族の衰退も表われている。これは子供に向けられる注意が減り、コミュニティの基本的な構成単位が顧みられないことを意味する。離婚が示しているのはものごとの両面であり、方向としてはコミュニティ主義ではなく自由論のほうに向かっている。

家族の衰退は、政府の実際および認識された業績のどちらにとっても大きな意味がある。政府の任務のうち、学校教育と若者の暴力防止は国民の関心事の上位に入っている。これらはどちらも家族に大いに依存している。政府は学校を運営することはできるが、両親が家庭をうまく管理してくれないと、学校教育の成果があげられない。それでも非難されるのは政府である。「自分はあまり良い親ではなかったから、学校も政府も責められない」と言う人はいない。政府にはがっかりした、と言うだろう。あるいは、政府はこういう社会の動向に対処できそうもないのに、家族の価値観を「何とかしてほしい」と政府に要求する人が多数いるかもしれない。

文化的変化のもうひとつの面は、今の社会の政治哲学とそれによる権利の重視である。だれにでも権利がある。かつては人びとが大筋で合意していた一連の基本的人権があった。今では年金から休暇まで、あらゆるものに権利を主張しているように見受けられる。権利が与えられるのが当たり前の社会を創ってしまった。それによって、政府はがんじがらめの状態だ。政府は裁判所による権利付与の解釈に縛られるため、効率はあがらず、信頼はさらに失われる。そのうえ、フレッド・シャウアーが指摘しているように、権利にはコストがともない、だれかの権利が拡大するときは別のだれかが費用を負担することになる。敗者はこのコストを政府のせいにしがちだ[34]。たとえば、一九六〇～七〇年代の公民権の拡大ではアフリカ系米国人が利益を得たが、多くの白人はそれに腹を立て、南部が民主党から共和党の連合へと移る一因となった。社会的変化は政治に大きく影響し、政府が信頼されなくなったのはその一端である[35]。第五章でマンズブリッジが主張しているように、こうした影響には間接的なものと直接的なものがある。

不満の政治的原因

デビッド・キングの第六章とリチャード・ニュースタッドの第七章は、政府への信頼が低下したことの原因について政治の面から検討する。政治的仮説には空疎なものはひとつもないが、いくつかは重量級である。仮説のひとつに、政府への信頼が低下したのは冷戦が終わったからだというのがある。共同防衛は公益であり、戦時中のほうが犠牲を払う気になる。冷戦は世論がばらばらになるのを防ぐ接着剤の役目を果たしていた。冷戦の終焉とともに、政府の目的について人びとの認識が分かれていき、分裂状態になった——。この仮説の問題点は、政府への信頼が低下しはじめたのが一九六〇年代半ばだということである。だから、冷戦が一九六〇年代の半ばから後半に終結したことにしないかぎり、この仮説は当てはまらない。

二つめの政治的仮説は、信頼されなくなったのは冴えない指導者、とりわけリンドン・ジョンソンとリチャード・ニクソンのせいだというものだ。第三章と第八章で述べられているように、信頼曲線における最大の落ち込みは、米国のベトナムへの関与と一九七二年のウォーターゲート事件のあとで起こっている。ジョンソンとニクソンは、国民を誤った方向に導き、政府に対する敬意を損なうような事件に関与したことで非難された。報道の内容がより敵対的になったのは、この二つの事件からである。とはいえ、ベトナムとウォーターゲートは、信頼されなくなったきっかけの説明にはなっていても、なぜ、いまだに不信がつづいているのかという説明にはなっていない。ロナルド・レーガンが大統領に就任した一九八〇年代の初め、政府への信頼は二五%から四四%へと上向いた。だが、レーガンの二期め以降は、ふたたび下落に転じる[36]。こうした異例の事態については、さらなる説明が必要だ。何もかもジョンソンとニクソンのせいにするわけにはいかない。

これと関連して、不信が高まったのは、米国政治において腐敗と不正が増えたからだという説がある。だが、政治を間近に見ている人の多くは、そういう行動が増えたとは思っていない[37]。高まったのは、メディアのスキャンダルへの注目度と、政治家が昔より腐敗しているという国民の確信である。こうした確信を増幅させるような不正な行動が見られたのは確かだが、腐敗の増大が不信の原因だと主張するのは難しい。

四番めの政治的説明は、「第二次世界大戦効果」である。第二次世界大戦は政府にとって成功物語だった。終戦時、経済成長率は高かった。国民が望むことを政府はなしとげたので、世間では政府は機能すると思われていた。その後、「貧困との戦い」や「麻薬との戦い」が展開された。戦時中に成功を収めたことによって政府に対する信頼が高くなりすぎ、過剰な期待感が生まれ、他の問題を戦争になぞらえるという誤用が起こった。説明が必要なのは、なぜいま信頼が低迷しているのかではなく、なぜ第二次世界大戦後にあれほど信頼されていたかである。もしかしたら、戦争の影響で戦後世代だけ特別だったのかもしれない——。この仮説は正しいと思われるものの、これだけでは不十分だ。たとえば、ではなぜイタリアや日本でも信頼が低下しているのだろう。そこには、第二次世界大戦効果以上の何かがある。

もうひとつの政治的仮説は、米国だけでなくイタリア、日本、その他の国で政党の再編成が起こっているというものである。この再編成のプロセスは、旧来の連合が崩れるとき、政党だけでなく政府全般に対する信頼を失わせる。一九三二年から米国を統治してきたルーズベルトの連合は徐々に崩れ、それとともに連合を支えてきたリベラルで大きな政府が信頼されなくなった。人種問題で南部が、文化的問題でブルーカラーの民主党員が離脱したことにより、一九六八年にニクソンが政権の座に就く。あのときの離脱は目下の保守的な運動に通じるものがある。こうした政党の再編成とともに、統治について特定の見解を持っていた政府への信頼が損なわれたのだという。だが、この仮説もすべてを説明していない。レーガンが大統領に就任したときに信頼が高まり、二期めにはふたたび下がったのはなぜか。さらに、米国で起こっているのは政党の再編成ではなく編成解体、つまり党が入れ替わるのではなく有権者が無党派になってきているのかもしれない。政党の再編成というのは理由の一部かもしれないが、やはりすべてを明らかにするものではない[38]。

最後の政治的仮説は、信頼の低下はメディアの役割が変化してきたせいだというものだ。トマス・パターソンは、一九六〇年代以降のニュース報道の三大傾向を米国だけでなく英国、スウェーデン、イタリアについても報告している。これらすべての国で、新聞とテレビのニュースはより否定的になり、ジャーナリスト中心となり、内容より対立に焦点を合わせるようになった。報道機関は解釈までするようになり、政治のプロセスの責任を負わない部分となった[39]。

テレビは特別の次元を付け加えたようだ。今では国民は、新聞よりテレビから政治に関する情報を得ている。テレビは少なくとも二つの大きな影響をもたらした。第一に、政治のプロセスを変えた。政治家は政党の頭越しに国民にじかに訴えることができ、それが先ほど触れた政党の編成解体に関係していると思われる。党は政治家と国民をうまくつなぐことができず、政治家と国民のあいだの距離感はテレビの中傷的な広告や放送時間の費用によって拡大する。

第二に、テレビは「不快感効果」と呼ばれるものを創り出した。テレビは劇的な映像を好む。情報は、耳だけでなく目から入ってくるものでも伝わる。その結果、人びとはメッセージを混同することがある。たとえば、米国の平均的な郊外であるニューヨーク州レビットタウンで世論調査が実施され、住民は「この町の最大の問題は何か」と質問された。人びとは、「犯罪率の上昇」と答えた。実際のところ、この町では犯罪は減っていた[40]。だが不快感効果があるため、犯罪の減少を示す統計より、大の字になって巡回パトカーに押えつけられている人間の姿のほうが強い印象を与えてしまう。こうした議論から見えてくるのは、政治に関する情報の入手方法が、政府への信頼を低下させるような政治のプロセスに影響してきたことである。

結論

以上が、理解し、研究しなければならないことの一部である。仮説の多くに悲観論が感じられる。だが未来のことはわからない。創造的破壊は経済においても政治においてもうまくいくかもしれないし、情報革命が希望の機会や根拠をもたらすことも考えられる。第三次産業革命は、工業国の生産性が上昇しつつあって低成長から抜け出せることを意味しているのかもしれない。それはまだわからない。情報技術革命はまた、政府が国民にもっと近づくのを後押しするかもしれないし、国民が政府により密接なつながりを感じるときは信頼が高まる傾向がある。情報技術によって権限委譲が進むかもしれない。また、アウトソーシングが増えて、政府の官僚主義を減らせるかもしれない。サービスの提供を手伝うことと民主主義を盛んにするような新しいアイデアを提供することの両面で、非営利セクターが政府と協同する中間の制度となることが増えると思われる[41]。

一九世紀末には、二〇世紀末と同じように不安や不満の感情が見られた。米国経済は、農業が雇用の三〇％を占めていた状態から、工業による都市の経済へと移行しつつあった。当時の不安や不満は、シャーマンとクレイトンの独占禁止法、食品医薬品局の創設、連邦準備制度の設立をはじめとするいくつかの創造的改革を米国政府にもたらした。創造性の波は両政党にもおよんでいる。だが救済策を探すための第一歩は、どのようにして今日の状況に至ったかを知ることである。今の政府に対する不満の解消については、多くの人がさまざまな方策を提案している。だが原因をよく理解していないと、方策によっては役に立たないし、逆効果になる場合もある。それがこのあとの章の課題である。

第一部

政府は何をすべきか

第一章

変わりゆく政府の領域

アーネスト・R・メイ

ハーバード大学の「チャールズ・ウォーレン」教授（歴史学）。ハーバード・カレッジの学部長、政治学研究所の所長、歴史学科の学科長を歴任。ケネディ行政大学院では、歴史から推論する手法を講義しており、情報と政策に関する研究教育プログラムのディレクターを務める。

人びとが政府を信頼しなくなったと言われているが、その理由としてよくあげられるものに政府の領域の問題がある。政府は、引き受けるべきではない責務を引き受け、できないことを公約し、何もかも背負い込みすぎたというのである。政府こそが問題であって解決策ではない、とロナルド・レーガン大統領が言ったことは有名だ。その具体例として、「政府は貧困をなくすと宣戦布告したが、勝ったのは貧困のほうだった」ことに言及した。これに反論する人たちがいる。経済学者で政治家のジョン・K・ガルブレイスは、レーガン政権はそもそも「超富裕層向けの減税」を行なったのだとこき下ろす。「馬にオート麦をふんだんに与えれば、小鳥もおこぼれにあずかる」[1]という理屈だったという。この論争は過熱気味だった。レーガンは、「押さえがきかなくなった政府では…自由を守ることさえ危うくなる」とも言った。ガルブレイスは自著の締めくくりとして、レーガン政権が「底辺層」を無視したためにアメリカの「長期にわたる平和と文明」が危うくなったと言い切った[2]。

この章では、政府の領域における変遷を振りかえることにする。明らかにしたいのは、次の三つの点だ。

一　政府に関する論争に用いられる用語は時代とともに変化し、地域によっても違っていた。一七世紀以前には、レーガンやガルブレイスが言っていることは、どこのだれも理解できなかった。今日でも世界の一部の地域では、政府について同じ枠組みでは考えられない。たとえば、イランやアフガニスタンなどがそうだ。

二　人間のおかれた条件が大きく変化したのにともない、政府に対する考え方が変わった。特に過去二世紀のあいだに、誕生、子供時代、家族、学習、仕事、余暇など、人生のあらゆる面において変化が見られた。乳幼児期から「何もない」第二の子供時代まで、『お気に召すまま』に登場するジェイクィズが示した七つの時期すべてが、前の世代には予見できなかったどころか想像もできないほど変化した。

三　変化のスピードが加速したのに、人間の思考はそれについていけない。レーガンとガルブレイスの論争などは、重商主義や金本位制についての論争と同様、時代おくれになると思われる。

近代以前における政府の領域

一七世紀の欧州までは、政府の領域は理論のうえでは制限がないも同然だった。今日知られている社会の大半において、立法者、大祭司、法の執行者、通貨発行者、摂政などの役割は分立していなかった。支配者は部族もしくは国家の領土を統治し、かつ所有すると見なされることがよくあった。神から賜ったというわけだ。この考え方は、一九世紀まで帝政ロシア体制の根底にあった（そしてボリシェビキに受け継がれた）。

実際には、個人や家族はたいてい自分の領分をもっていた。都市の市民が統治に参加することもあった古代ギリシャでは、ポリスとオイコスとのあいだに一線が画されていた。言ってみれば公と私の区別である。だがオイコスは本来、家もしくは一家の祭壇を中心とする人間関係を意味する。ハンナ・アーレントの説得力のある説によると、ギリシャ人にとってポリスは個人の自由が可能になった空間であった。個人はある程度の選択ができた。それに対してオイコスは、伝説と迷信に支配されていた[3]。

ローマでは、法典によって私有財産は保護されていたものの、統治者の力がおよばないところではあまり選択はできなかった。ユスティニアヌス帝の『学説集』に、家族扶助計画や老齢者扶助のローマ版が見られる。子供を五人以上養っている父親と七〇歳以上の男性は、道路工夫の強制労働を免除されるとある。

世界のほとんどの地域で、個人・家族と支配者の闘争はずっと避けられない現実だった。イスラム学者のパトリシア・クローンは、『前工業社会』でこう述べている。

今日でもわれわれは税金への不平不満を口にするが、国税庁は軍隊を動員してまで取りたてることはなく、納税者も、もう一銭も残っていないことを収税吏に納得させるのに、えんえんと押し問答したり、泣いたり、叫んだり、衣服を引き裂いたり、平身低頭したりすることもない。……だが、こうしたことは、ほとんどの前工業社会では日常茶飯事だった。農民にとって収税吏は、襲ってきて何もかも奪っていくイナゴの大群といったところであり、収税吏にとって農民は、どれほど抵抗しても乳を搾りとられる牛のようなものだった。収穫量があまりにも少なかったため、当局は農業を全滅させない範囲で取れるだけのものを取るのを習わしとした。「納税者は収穫物のうち、生存と土地の耕作に必要な分だけを手元におくものとする」と命じた皇帝が三世紀のペルシャにいたという。八世紀のカシミールの王は、「村民には、一年間の消費に必要な量の食料と、畑（を耕すの）に要る牛しか残さないように細心の注意を払うこと」と命令を下したといわれる。「農民は国の基盤である。各人に田畑の境界が明らかに示され、自らの消費に必要な量を見積る。残りは税として納めなければならない」という記述が一七世紀の日本の文書にある[4]。

一六～一七世紀の宗教戦争以後まで、欧州では、ある政府から個人を守ってくれる唯一の希望の光は、別の何らかの政府だった。社会のほぼ頂点から底辺まで、どの程度の自由と支配を手に入れられるかは、主に自分より上の権力者間の争いをいかに利用するかにかかっていた。マグナ・カルタや町・家族に特権を与える憲章の歴史にあるように、王朝と王朝、貴族と貴族の争いである。ところが一七世紀の英国では、一世紀以上前のイタリアのマキアベリと同じように、フランシス・ベーコンとトマス・ホッブズにとって、個人の自由の前提条件は君主もしくは寡頭政治の執政者という保護者に従属することであった。ホッブズは、こうした保護者のことを「不死の神の下で、われわれの平安と擁護を与えてくれるこの世の神」と著している[5]。

一五一九年にマルティン・ルターがローマ教会から離れたあとに勃発した悲惨な宗教戦争は、宗教と世俗的な権力者とのあいだの競争にとどまらず、ついには分離に至らせる。聖職者、君主、寡頭政治の執政者のすべてが権力を失った。教皇領など数少ない限られた地域を除き、聖職者は以前ほど首切り役人の手を借りることができなくなった。リシュリューとマザランという両宰相がいたフランスのように、聖職者が世俗的な権力者であった場合でさえ、国家は納税しない罰として以前のように永遠の断罪に訴えることができなくなった。

その結果のひとつに、市民が政府の正当な領域について疑問を呈するようになったことがある。王や君主が信仰と礼拝に立ち入れないのであれば、他にも立ち入れないものがあるのではないか。宗教と世俗的な権力者の実際の分離は、ヨーロッパの地域によって異なる展開が見られた。南欧と東欧ではフランス革命まで、遅い場合には一九世紀まで待つことになる。とはいえ、俗界の権力者や神の事に加えて、同じくらい神聖で重要な市民の事があるという考え方が、かなり早い時期に広まったのが見てとれる。

それを示唆しているのが、interestsという言葉が急に一般に用いられるようになったことだ。それまで「興味の対象」または「高利貸しの収入」という意味しかなかったものに、一六四〇年代に突然、「利益」という新しい意味が付け加えられた。ユグノーの兵士、ロハン男爵アンリによって書かれた本が、今でいうベストセラーになる。その英語版は一六四〇年に『君主とキリスト教国家の利益の物語』という題で第一版が出版され、翌年には第二版が出た。ただちに数カ国語に翻訳されて西欧各地に広まったこの本は、君主と政府について、神のためというより自らまたは臣民のために行動するものとして語ることを可能にした。やがて、利益をタイプに分けて考えるようになる。個人の利益が、より幅広い「公益」としだいに区別されるようになり、さらに公益は国家的理由に導かれた利益と区別されるようになる[6]。

その間、同じような基本的な変化が、「利益」の本質的内容に関する共通の理解にも起こってくる。ヨーロッパの宗教戦争のころまでは、世界の富には限りがあって量的に決まっていると考えられていた。富と政治権力の関係は、ヨーロッパの君主たちの傭兵への依存度が高まるにつれ、ますます顕著になった(なかでもスイス人傭兵は優秀で、「金がなければスイス人は雇えない」ということわざが生まれた)。マキアベリの著作は、君主間の争いが今日でいうところのゼロサム・ゲームとならざるをえないという前提で書かれている。この考え方は一七世紀までつづき、その証拠にフランシス・ベーコンは、「(どこかが獲得すると、どこかが失うため)領土を拡大するときは外国からにするべし」と主張している[7]。ところがコロンブスの航海と、その後の一六世紀のヘルナン・コルテスとフランシスコ・ピサロの手柄により、スペイン王室の富は飛躍的に増えた。その後、主に海上貿易によってオランダと英国が富と権力を拡大させるのに成功すると、かつての前提のあやまりがいっそう明白になった。一六六〇年代には、トマス・マンの『外国貿易による英国の宝』という本が英国だけでなく各地でベストセラーになった[8]。一八世紀に入ると新しい理念が強力になり、ジョン・ローのミシシッピー泡沫事件《バブル》や英国の南海泡沫事件《バブル》といった投機的計画に道が開かれる。

アダム・スミスは一七七六年、アメリカ大陸発見とその後の東インドへの進出について、「人類史上、最大かつ最も重要な二つのできごと」と著している。その結末が明らかになるのは今後を待つとしながらも、次のように述べている。

「これらの発見の主たる影響は、重商主義をまばゆい栄光の座へ引き上げたことであり、それなくしては達成できなかった。重商主義の目標は、土地の改良や耕作より、貿易や製造によって大国を豊かにすることである」[9]

カール・マルクスは、同じ点についてより辛辣にこう記している。

「アメリカでの金銀の発見、鉱山で原住民を奴隷化し絶滅させ埋葬すること、東インドの征服と略奪の開始、アフリカを商業目的の黒人狩りの地とすることなどは、資本主義的な生産時代のバラ色の夜明けを告げるものだった」[10]

スミスとマルクスが揃って指摘したのは、領土を拡大させるのに「外国から獲得」する必要がなくなったことを支配者と被支配者の双方が理解したという点だった。

コルテスとピサロがアステカ文明とインカ帝国の財宝を略奪してから二〇〇年ほどのあいだ

に、ヨーロッパの支配者たちは富を増やすことと他の支配者から奪うことに邁進した。彼らは重商主義的政策をとり、植民地の搾取、原料の製品化、商品の市場への輸送、高利貸しなどによって、取れるものをすべて独占しようとする。ところが成功を収めるには、自らの富を増やしたがっている市民の協力がなければ到底おぼつかないことがわかった。フランスでは、自らが裕福になるのと同時に国を富ませるのに貢献した者が大ぜい貴族に取り立てられる結果となった。同じようなことはヨーロッパ各地でも起こった。

一八世紀半ばには、政教分離は資本主義の台頭とあいまって政府の領域に関する重要な理念を二つ生み出した。ひとつは「譲渡されえない権利」である。これはホッブズが提唱し、ジョン・ロックが展開させ、アメリカ革命とフランス革命によって体系化された。ブルーアム卿によってチャタム伯爵ウィリアム・ピットが言ったとされ、しばしば引用される次の言葉は、この考え方の本質を捉えている。

「どんなに貧しい者でも、自分の小屋に陣取って、国王の軍隊に公然と反抗できる。小屋なんぞ、屋根は揺らぎ、風が吹きぬけ、雨が降り込み、もろいものかもしれないが、イギリス国王といえども、中に入ることはできない」[11]

二番めの理念は、一八世紀初頭のフランスの思想家、フランソワ・ケネーの言葉に関連している。ケネーは、国の富を増やすのに政府は何をすればよいかについて、「放任し、通過させよ」と言った。つまり、生産者、商人、資本家に好きなようにさせ、自由に取り引きさせるように、ということだ。この論理の細部を組み立てたのは、デビッド・ヒューム、ジェイムズ・ステュアート、アダム・スミスといったスコットランドの啓蒙主義者たちだった。最も有名な解説書として、一七七六年に発行されたスミスの『国富論』がある。スミスは重商主義を批判して、政府は、「民間人の産業を監督し、産業が社会の利益に最も適した雇用に向かうようにする」という仕事に必要な知恵や知識を持ちえないと主張した。「自然な自由」のある制度について、次のように述べている。

統治者には果たすべき義務が三つしかない…第一に、社会を暴力と他の独立社会の侵略から守る義務。第二に、社会の各メンバーを他のメンバーによる不当な処置もしくは迫害から、できるだけ守る義務、または正義を厳格に行なうことを確立させる義務。第三に、費用が返済できる利益があがらないので、設立して維持することが個人や数名の個人の利益にならないような一定の公共事業や公共施設を設立して維持する義務である。[12]

『国富論』がアダム・スミスの二冊めの著作であることは忘れられがちだ。一冊めは一七五九年に発行された『道徳感情論』である。『国富論』には、その続編という一面があると思われる。グラスゴー大学の倫理学の教授による「実践的美徳」というテーマのさらなる追究ではないか。その証拠に『国富論』では、人間は制限内で自己の利益を追求する場合、他人に対して善を行なう可能性が高いというのが重要な主張のひとつとなっている。その底に流れている理論をこのうえなく簡潔に捉えたのが、バーナード・ド・マンデビルの『蜂の寓話』だ。その締めくくりは、「そこでは各部分は悪に満ちていた／だが全体では天国だった」というものである。

　台頭めざましいブルジョワジーは、スミスの主張をあたかも天の声であるかのように受けとめた。歴史家W・L・バーンが言うように、ブルジョワジーは概して、放任主義の理論より「放任主義の使い古された決まり文句」[13]に愛着を感じるようになったのである。とはいえ、この愛着は根強く、しかも永続的である。レーガン大統領のスピーチライターを務めたペギー・ヌーナンは、ホワイトハウスのスタッフ会議では男性全員がアダム・スミス風ネクタイを締めていたと証言している（しかも、ネクタイには通常、「会議をしながらかぶりついた昼食のサンドイッチのマヨネーズが垂れて、うっすらとしみになっていた」[14]そうだ）。

　新たに独立したアメリカ合衆国では、政府を形成するにあたって目立つ信条が二つあった。個人には政府が侵害することのできない譲渡されえない権利があることと、政府が個人の経済活動に干渉しないのが富を築くのに最も効率的だということである。前者は特に強力だった。譲渡されえない権利は、独立宣言や連盟規約、新しい州の法規に何らかの形で織り込まれた。トマス・ジェファーソンと仲間は、元の憲法にはその点が十分に表明されていないとして、新しい連邦政府が侵害してはならない領域を示した権利章典と呼ばれる憲法修正第一～一〇条を承認の条件とした。

　とはいえ、米国人は自由放任については一枚岩ではなかった。憲法起草者の一人であったアレクサンダー・ハミルトンは、『ザ・フェデラリスト』第一二編において、アダム・スミスに近い見解を述べている。

「連合が対応すべき主要目的は、メンバーの共同防衛、外部からの攻撃と内部の動乱に対して人民の平和を守ること、外国との政治的・商業的交渉を指揮することである」

しかし、ハミルトンはさらに、政府がその機能を果たすのに必要な権限を持つことの重要性を強調している。「手段は目的に比例しなければならず、目的の達成を期待されている機関の者は、それを達成するための手段を持っていなければならない」ことを「単純かつ普遍的な原則」としてハミルトンは説いている。さらにつづけて、「各々の場合の目的に相応する権限を与えないことは、このうえなく明白な慎重さと適切さの規則に反することになり、国家の偉大なる関心事を精力的にうまく管理する能力のない手に軽率にも委ねることである」と述べている。

ハミルトンのライバルで大統領になったトマス・ジェファーソンは、政府が権限を持つこと自体を懸念していた。一八〇〇年の最初の就任演説では、政府をアダム・スミスよりさらに狭い意味で捉えている。「人びとが傷つけ合うことは止めさせるが、それ以外はしたいようにさせて、産業と改良を追求させる賢明でつましい政府」にしようと呼びかけた。「これが、よい政府のすべてである」と宣言したのである。ジェファーソンは、政府の権限と同じくらい、資本家の強欲を恐れていることを非公式に表明していた。米国を田園社会のままにしておきたかったらしい。

政教分離と、富は拡大するものだという発見をどちらも経験したのは西欧だけだという事実は、今後の歴史に少なからず影響すると思われる。さらに、西欧から、アメリカ大陸に新しい共和国が生み出され、その国がヨーロッパの歴史（少なくとも英国の）を共有しつつも、それまでの遺物（すなわち、政府の力があらゆる領域におよび、だれかが貧しくなるのと引き換えにしか豊かになれなかった時代の知的・社会的残留物）にそれほど妨げられないという事実も、未来にわたって大いなる影響があるはずである。

第一次技術・経済・社会革命――一七六〇年頃〜一八五〇年頃

歴史家のトマス・マクローが、第一次産業革命について簡潔に要約している。

> 農業生産力が増大した。何千年ものあいだ、人間と動物の力に頼っていた製造は、水力と水蒸気を動力源とするようになってきた。新しい運河によって水上輸送が容易になった。工作機械が広く使われるようになる。工場制度が急速に広まり、工場労働者の都市集中がはじまった。人びとは決められた時間によって働くようになった。事業では法人組織が普及しはじめた。会社によっては雇用者数が数百人というところもあり、千人を超えるところも数社あった。典型的な新製品は、蒸気機関車と綿織物、鉄製品、陶器といった工場生産品であった。[15]

この革命の前には、歴史家のヤン・ド・フリースが「勤勉革命」と称したものがあった[16]。前述の変化に端を発していると思われる理由により、一八世紀、特に英国で、農民と職人の生産量が当時もずっと後にも人びとが正しく理解できなかったほどの増え方をした。その後に起こった産業革命によって、この拡大した勤勉さが生産量を大幅に伸ばすことになる。

初期の経済学（オイコスの学問）では、進行中の変化をどのように測るかについて学者のあいだで議論された。だれもが貨幣を単位とすることに賛成だったわけではない。貨幣は新しい貴金属の発見や政府の財政政策の転換による変化に左右されすぎるとして、一九世紀初めの経済学者のなかにはエネルギー測定の基準を用いることを主張した者もいた。たとえば、機械式ポンプ一台を四〇人の人間と等しいとする。同じ量の水を二四時間で汲み上げるには、一三〜一四人の人間が八時間ずつ三交代で働かなければならないからだ[17]。残念なことだったかもしれないが、エネルギーは貨幣の基準に負けてしまった（もし勝っていたら、「取引コスト」として一括されることになった概念をもっと早く理解できていたかもしれないし、生産量を増大させて金銭的価値を低下させる情報テクノロジーの影響をもっと考慮できていたかもしれない）。とはいえ、この例は機械の力がいかに勤勉さを拡大させたかを示している。

産業化に巻き込まれた労働者の暮らしは、二つの点で変化した。第一に、比べものにならないほど豊富な日用品を手に入れられるようになった。経済史学者が集めた証拠を見るかぎり、個人の収入はほとんど増えていない[18]。だが織物、鉄製品、陶器などの生産量が激増したため、以前は手が届かなかったような品を労働者が買えるようになった。さらに大きな影響があったと思われる二番めの変化は、家族に関係している。それまでは農民であれ職人であれ、大半の労働者が自宅かその周辺で働いていた（それもあって「家内工業」という言葉がある）。ここにきて多くの労働者が、往々にして自宅からかなり離れた工場や鉱山まで出向くようになり、家族がいっしょに過ごす時間が減少した。

もうひとつ、テクノロジーと経済の変化が引き起こしたと思われるが、それとは関係のない部分もある人口の増加である。人口の増え方は劇的だった。一八世紀の半ばまで、ヨーロッパの人口は比較的安定していた。それが一七六〇〜一八〇〇年には全体で約三〇％増え、さらに一八〇〇〜一八五〇年に急増し、増加率は四〇％を上回った。この二番めの時期、フランスの人口の伸び率は四〇％以下だったが、英国では人口が二倍以上に増え、のちに統一されてドイツとなる諸国では八〇％も増加した。また、都市人口の増加率は全国平均を大きく上回っていた。一八三〇年代の一〇年間だけで、パリでは住民が一二万人増え、ロンドンでは一三万人、マンチェスターでは七万人、バーミンガムでは四万人増えた。世紀の変わりめには二〇万人未満の住民しかいなかったウィーンとベルリンは、一八四〇年代末には四〇万人が住んでいた。

さらにもうひとつの変化は、社会的・人口統計上というより心理的ともいうべきナショナリズムの台頭である。ヨーロッパ全土で、個人が国家との情緒的一体感を示すようになった。識別の対象となったのは実際または想像上の場所、言語、文化、歴史である。この現象は産業革命以前のことである。英国では遅くとも一八世紀、おそらくはそれ以前にはっきりと表われていた。ナショナリズムはフランスでは革命のときに高まり、ナポレオンの軍隊が進攻したほとんどの地域でも見られたが、フランスの模倣だったり、フランスに対する反動だったりした。これは、ひとつには、それ以前の世俗化の成りゆきだったとも言われている。そこには人民が新しい崇拝の対象を求めていることが表われていた。また、ナショナリズムは主として経済的変化が生み出したものだったかもしれない。アーネスト・ゲルナーは、移動した人びと、とりわけ出身の農地や村落から引き離された農民たちがアイデンティティを必要としたという意味でナショナリズムを理解すべきだと主張している[19]。

こうした大きな変化に対応して、政府は行動の範囲を狭めたり広げたりした。一般化しにくいのは、当該する政府に多くの異なる国家の政府、さらに国家内の異なる地域の政府が含まれていたからである。独特の文化や伝統が政府のすることやその方法に影響した。多くの場合、国家間もしくは国家内で模倣や競争が見られた。したがって、あちらがリードしたかと思うとこちらがリードを奪い、はじめは同じ行動をとっていても、それぞれ違うものに発展していった。

この時期は現代の神話では黄金時代に祭り上げられているので、少し詳しく見てみよう。また、英国が産業化を先導していたことは確実なので（その突出ぶりは、次頁の［表1・1］を参照）、その英国では政府の領域がどのように縮小かつ拡張したかをかいつまんで説明し、次にそれと米国の状況がどのように違っていたかを見ていく。

英国は、重商主義から自由放任の資本主義へと時間はかかったものの確実に移行していった。延々と政治論争を繰り広げたあと、自由貿易を行なうと公約する。措置がとられたのは一八四〇年代で、国内産の穀物を関税で保護していた穀物法が議会によって廃止された。自由放任主義の理論によると、自由貿易は最終的にはすべての人に利益をもたらす。穀物法を廃止したことによる即効としてパンの価格が下がった。人道主義的改革者も、商人や製造業者に負けず劣

[表1-1] 19世紀の綿織物、石炭、鉄の生産高

	年	英国	ドイツ	米国
綿織物	1830	250	16	77
(単位:100万ポンド)	1850	588	46	288
	1870	1,101	147	400
石炭	1830	16	1.7	-
(単位:100万ポンド)	1850	49	6.7	7
	1870	110	26.0	30
鋳鉄	1820	400	90	20
(単位:100万ポンド)	1840	1,400	170	180
	1870	3,800	500	900

出典：Michel Beaud, *A History of Capitalism, 1500-1980* (London: Macmillan, 1984), 86.

らずこれを歓迎した。しかし、穀物法の廃止はまた、飢饉や飢餓から国民を守るという大昔からの責任を政府が放棄したことを意味するものでもあった。

重商主義から脱皮するもうひとつの重要な措置として、一八四四年の銀行設立法がある。これによって準独立機関であるイングランド銀行に紙幣発行の独占的権限が与えられ、政府は流通する通貨量を増減させる権利を実際上すべて放棄した。資本家に金本位制あるいは少なくとも安定した通貨があるから大丈夫だと保証することにより、政府は自らの手を縛って物価の安定を保証した。これは今日では国際通貨基金との厳しい契約があるときにするようなことだ。

英国が新たに自由放任の資本主義に移行したことをやはりよく示していたのは、議会が一八三四年、エリザベス一世の時代からあった救貧法に代わる新救貧法を制定したことである。新

救貧法の内容は厳しく、これによって地域ごとに貧民の面倒をみるという昔からの責任分担がなくなり、健康な者なら、どのような仕事に就いてもそこに入るよりはましだと思うほど劣悪な条件の国営の貧民収容施設が設立された（オリバー・ツイストはこういう施設に入れられていた）。経済史学者のピーター・マサイアスが説明しているように、法律の制定は次のような前提に基づいていた。

「失業は健康な貧民にとっては自由意志によるものであり、働く気のある者には仕事はある。だから貧民収容施設が適格性に欠けていたり抑止力となることが正当化されるのである。施設の条件が外の世界より悪ければ、健康な貧民は合理的に判断して施設に入らず働くはずだという考え方である」[20]（この理由づけは、気味が悪いほど現代的である）

英国政府は事業活動に対する制限をなくすと同時に、特定の企業の運命を後押ししていた。なかでも議会は鉄道会社に特権を与え、通行権を獲得できるようにする法案を可決した。全体で見ると、穀物法の廃止、銀行設立法、新救貧法などの措置には、政府と一般市民の関係が変わってきたことが表われていた。政府は歴史的に見て、ほぼ一貫して富を取り上げる立場にあった。それが自由放任主義によって富の再配分に采配をふるうようになり、資本家に富を移転する。「上げ潮はすべての船を持ち上げる」という言い方があるが、それに通じるものがあった。

だが、変わったのはそれだけではない。英国政府は一般市民に新しいサービスを提供するようになった。一八二九年、政府はロンドン警視庁を設立し、制服着用の警官はたちまち三〇〇〇人以上を数えるようになった。議会は英国中の自治都市と州もあとにつづくように命じたが、従ったところはほとんどなかった。ところが一八五〇年代になると、さらなる法律が制定された結果、国中のいたるところに制服姿の警官が見られるようになった。一方で犯罪に関する司法制度が改革され、刑務所が整備された（それまでは、大半の罪人は処刑されるか、流刑になるか、釈放されるかのいずれかだった）。

米国では、第一次産業革命への対応が重要な点において英国とは異なっていた。米国は一八世紀には英国の重商主義に抗議していたが、独立すると独自の重商主義的な政策を採用した。また、警察の設立と刑務所の建設ではなかなか英国のまねをしなかったものの、米国も医療と教育を中心に新しい公共サービスを提供しはじめた。

米国の中央政府には、重商主義にせよ自由放任主義にせよ、政策らしいものがなかった。ハミルトンは英国で発達したような自由放任の資本主義がよいと考えていた。自由貿易については狂信的ではなかったが、商人と製造業者にとって頼りになる資金を持っていることは非常に重要だと考えていた。ハミルトンの合衆国銀行は、銀行設立法以前のイングランド銀行のようなもの、つまり戦争や大型公共事業のために中央政府が資金調達できるような銀行を意図していた。この銀行がアンドリュー・ジャクソンによって廃止されてからは、米国経済において役割らしい役割を果たせるような国レベルの政府機関がなくなった（郵便局を例外として）。連邦議会は繊維と鉄といった一部の産業を支援するために関税を課すこともしたが、ジャクソンの時代から関税は引下げの方向に進んでいた。ジャクソン主義者はまた、中央政府が道路建設やその他の「国内の改善」を援助する提案を拒否するのに成功した。これによって実際上、中央政府は受身的な役回りを与えられ、決められた方式で公有地を分配する以外にはほとんど何もしなかった。コロンビア特別区は、各州の代表が奴隷制度の将来といった微妙な問題を公然と話し合う場であった。だが、そこで起こったことの大半は芝居であり、統治ではなかった。最も影響力のあった国家機関は最高裁判所で、一八三六年まで最高裁判所長官のジョン・マーシャルの指揮の下で精力的に活動していたが、その決定は主に、各州に同一の慣習を強制することだった。

米国では、第一次産業革命のときだけでなくその後もずっと、効率的な政府といえば州と地方の政府である。このレベルでは重商主義が根強かった。植民地時代、住民は英国の君主政治に反抗していた。抗議の多くは植民地政府に代わって行なったものだ。植民地が独立した州になったとき、州の憲法には行政権と立法権を分離させる規定が設けられ、その他にも抑制と均衡の原理が導入された。しかし、多くの場合、これらの憲法は政府の領域について厳しい制限を課していないどころか、まったくその逆だった。独立の直後、ニューイングランド各州は賃金労働者の大半の職種について賃金を設定し、農作物、製品、多くのサービスの価格を固定する「規制法」を成立させた。大陸会議は、すべての州が同じ措置をとるように勧告する[21]。マサチューセッツでは、州の憲法によって州政府は「農業、芸術、科学、商業、貿易、製造業を促進するために報奨と特権」を提供しなければならなかった[22]。一九世紀前半には、州議会において特定の製紙工場、織物工場、その他の工場の建設補助金を出すことが票決される。そのために宝くじが売り出されることもあった。州はまた、有料道路や運河の建設を援助するために免許書や交付金を出した。それと同時に、あまりにも厳しい規制を課したためにこれらの会社は破産し、道路や運河は行政の直轄下におかれる。

マサチューセッツやその他の州で行なわれたことは、結果的に資本家のために富を再配分することになった。英国と大半のヨーロッパ諸国は会社の設立を嫌ったが、アメリカの州は熱心だった。一八一〇年以降、マサチューセッツは年間一〇〇社以上の設立を認可していた。これによって、個人やパートナーシップによる起業の場合とは異なり、リスクのないまま資本を移動させることができた。州は当初、会社に出資して役員を送り込むのがふつうだった。ペンシルバニアなどは一億ドルの株式を保有し、一五〇社の取締役会に代表を送り込んでいた[23]。これは北部だけのことではない。サウスカロライナは、道路、運河、ついには鉄道に資金を注ぎ込んだ。そのための予算は、一八一八年だけでも一〇〇万ドルにのぼっていた。

米国と英国で最も違っていたのは、おそらく社会政策だろう。マサチューセッツでは一八四〇年代末までずっと、健康な者に仕事があって、しかもかなりよい賃金をもらえるようにするのが社会の責任だという考え方が一般的だった。マサチューセッツの裁判官、セオドア・セジウィックは英国の新救貧法を批判して、英国の貧民収容施設に追いやられた者は、「このような状況に自分を陥らせる…社会を、被征服地の住民が征服者の城砦を見るときのような目で見るに違いない。この者は当然、そして…ほぼ…もっともなことに、政府の敵である」と述べている[24]。特に一八五〇年代にドイツ、アイルランド、その他のヨーロッパ諸国から移民が大挙して渡ってくるようになってから都市の人口が増加したため、地方政府は食糧、住宅、貧民の世話などに関して責任が拡大した。都市によっては市立病院を建設するところもあった。

米国の州政府および地方自治体は、教育を提供するだけでなく要求するようになった。植民地時代にはコミュニティに学校があった。それらは原則的には教会の運営である。ところが、何らかの形で公的資金を受け取っているのがふつうだった。だがすべての子供が学校に行くような時代ではない。事実、貧民の子弟が学校教育を受けるべきかどうか疑問を呈する者さえいた。とはいえ一九世紀に入って四半世紀がすぎるころには大衆教育の擁護者たちは、義務教育は慈善としてだけでなく、ぶらぶらしている若者にすることを与え、生産的な仕事に就く準備をさせ、移民を「アメリカ化」するという意味でも望ましいという主張を売り込むのに成功した。南北戦争前のマサチューセッツは、貧民を気にかけ、指導層が公立学校運動に携わり、禁酒やその他の道徳的向上に強い関心を向けており、当地で最も著名な歴史家だったオスカーおよびメアリ・ハンドリンによって「人道的警察国家」と称された[25]。

そのうち米国企業が繁栄するようになると、経営者は、会社には国民全体とは異なる利害関係があると考えるようになった。セジウィック判事が示したような貧民に対する態度はあまり見られなくなる。公立の学校や病院などの存在理由は、これらが社会秩序と富の拡大に潜在的に貢献するという点が重視されるようになった。あるマサチューセッツの改革論者が幻滅して述べたように、「教育は総合警察の一部門でしかなく、教師はましな部類の警官にすぎない」[26]。とはいえ、第一次産業革命の時期はおおむね、米国の政府は英国と比べてはるかに商業主義で温情主義であったし、はるかに自由放任主義ではなかったと言える。

第二次テクノロジー・経済・社会革命——一八五〇年頃〜一九五〇年頃

一九世紀に入ると、第一次につづいて第二次産業革命が起こった。ふたたびトマス・マクローを引用する。

まず電報と鉄道によって、次に電話、自動車、トラック、航空機によって、情報伝達と輸送に大変革が起こった。生産はますます電動機や内燃機関を動力源とするようになる。会社が急増し、どの資本主義国でも一般的になった。マスマーケティングが台頭する。今日のような「大企業」が初めて出現し、会社のなかには半独立的な部門と幾重もの管理者の階層をもつ複雑な組織を構築するところもあった。少数の産業に集中していた二、三の巨大企業は各々が数十万人もの従業員を雇っていた。ほとんどの産業において、昔ながらの小さな商店や中規模の工場が新しい大企業と共存していた。…

典型的な製品には、鋼鉄、タービン、化学製品といった生産財と、ここにきて大量生産され、商標をつけ、個別に包装されるようになったありとあらゆる新しい消費財があった。自動車、ラジオ、家電製品、そしてついにはテレビが毎日の生活の中心となる。…あらゆる種類の新製品がどんどん導入されることが近代的資本主義を証明するものとなった。[27]

テクノロジー、産業、ビジネスにおけるこうした大変革にともない、社会環境と個人生活に継続的および新規の変化が起こった。人口の増加と都市化が加速される。一九世紀半ばから第一次世界大戦までのあいだに、西ヨーロッパの人口はさらに六〇％増えた。何千万人もが大西洋を渡ったにもかかわらず、である（一九〇〇年までに米国の人口はロシア以外のどのヨーロッパの国より多くなったほどであった）。田園地帯は過疎化し、都市ではまさに人口爆発が起こった。一九二〇年代までに、西ヨーロッパでは人口一万人以上の都市が一六を数えていた。

自動車の組立てラインに見られるような大量生産の到来によって、機械的で単調な仕事をする労働者が増えてきた。ただし、その代償として、生産性が向上したので工員の賃金は上昇した。より少ない人数で機械の仕事量に匹敵する仕事をこなせるようになったため、その人たちの賃金は上がる。田園地帯の人口減少および移住とあいまって、この点も労働市場が雇用主にとって完全な買い手市場とならない要因となった。集団交渉をするために労働組合が結成された。第一次世界大戦によって製品に対する需要は増えたものの、それと同時に労働力の供給が減った（徴兵されていなければ機関銃を製造していたかもしれない人たちを掃射するのに新しい機関銃が必要だった）。賃金は急騰し、一九一四年以前の水準には二度と戻らなかった。敗北したドイツ、オーストリア、ハンガリーの一部でさえ、労働者階級の生活水準は戦前には中流階級でないと享受できなかったようなレベルに達した。ゲアハート・ハウプトマンの一九世紀の演劇とアルフレート・デーブリーンの二〇世紀の大作、『ベルリン・アレキサンダー広場』の場面を比べるとよくわかる。ハウプトマンの登場人物がぼろを身にまとって食べ物を奪い合っているのに、デーブリーンのほうは機械製の作業服を着てビヤホールに出入りする。

工業化した世界では、驚くほどの単一社会が出現していた。製品の普及と標準化により、ほぼあらゆる経済的・社会的レベルの人たちが同じ商品を使用することがよく見られるようになった。学校教育制度を確立させるのでは立ちおくれていた国でさえ、読み書きの能力は当たり前になる。本、雑誌、新聞が大量生産され、ほとんどだれでも膨大な種類の読み物を手に取ることができるようになった。大量発行の大衆向け新聞によって、公共のことがら――それに身分の高い人たちの私生活――が会話の共通の話題となる。

それと同時に、工業化した世界では、人びとが区別されるようになってきた。社会の一番上と一番下のあいだに階層がいくつもできる。労働者はブルーカラーとホワイトカラーに分かれ、そのどちらにもヒエラルキーがある。会社の所有者の下に管理者がいて、上級管理者の下には中間管理者というようにつづく。会社内で専門分野ができてくる。職業が生まれる。それぞれの職業において専門分野とヒエラルキーが増える。学校がよい例だ。初等・中等・高等教育と分かれ、教師は専門科目別に分かれ、学校の運営は独立した仕事になってきている。その最たる例が大学だ。いくつもの集団が住みついているコロニーと化しており、それぞれが独自の言語と慣習をもっていて、他の集団は言うまでもなく、集団内の他の者にも理解できないことが少なくない。

第一次産業革命のときに明らかになっていた心理的変化は、第二次産業革命になって加速された。ナショナリズムがちょうど都市の人口と同じように爆発したのである。ただし、原因はかなり違う。ナショナリズムはこれまでにない二つの形で表われた。特に故郷から離れた農民や、工場の出現によって職を奪われた職人のあいだで、ナショナリズムは外国人への非常に危険な憎しみへと変わった。多民族のオーストリア・ハンガリー帝国には、その実例がたくさん見られる。たとえば、黒手団という犯罪秘密結社に仲間入りした南スラブ民族や、若き日のアドルフ・ヒトラーもそのひとりである反スラブ・反ユダヤのドイツ系オーストリア人などである。別の例としては、一九〇五年にアイルランドで結成されたシンフェイン党がある。

ナショナリズムのもうひとつの新しい形は熱狂的愛国主義で、とりわけ新興の資本家に押しのけられた古くからの特権階級に見られた。汎スラブ主義や全ドイツ主義に走った東欧の地主たち、無罪のアルフレード・ドレフュス大尉を断頭台に送ろうとしたフランスの将校たち、英国の政治団体プリムローズリーグのメンバーたち、戦争が支配者民族を純化したことに触れたあのセオドア・ルーズベルトなどである。これらの病的なナショナリズムは腫れ物となり、一九一四年、第一次世界大戦とともに破裂した。

第一次のときと同様に、第二次革命のあいだにも政府は権限、特に課税する権限を利用して進取の気性に満ちた資本家の利益になるように富を再配分した。だが、政府の活動は少なくとも二つの大きな点において幅が広がった。まず、政府は工業化、都市化、社会変化による問題を解決しようと試みるようになった。つまり、政府は資本家を支援するだけでなく、資本家によって生み出された状況に一般大衆が対処するのを助けるようになったのである。第二に、政府は国防を任されていることによって国内の意向決定に力を発揮するようになった。第一次産業革命のときは、戦争が起こるかもしれないという緊張感はほとんどなかった。一八世紀のヨーロッパは、政府の力がこのうえなく限られていた時期だったのみならず、人類の歴史上、実質的に戦争もしくは戦争の準備に明け暮れなかった唯一の時期だった。ヨーロッパにおける文明の産物は、それ以前の時代は城や城砦の遺跡だったのに、一八世紀は邸宅やカントリーハウスである。フランス革命とナポレオン戦争のあと、一八世紀の状況が復活する。軍隊はスタンダールの『リュシアン・ルーヴェン』に描かれているように、革命が起こったときには呼び出されるが、それ以外のときは目につかないように人里離れた駐屯地に隠された。

ヨーロッパでは、第一次のときの英国に代わって第二次革命ではドイツが先導役だった。大西洋地域では、米国がドイツと英国の双方をリードしていた。もちろん、ドイツは一八七一年に統一されるまではドイツではない。だが、それ以前にドイツ語を話す国の大半によって関税同盟が形成されていた。これらの国はプロイセンを先頭にして、普仏戦争によってドイツ帝国が成立するよりずっと前に経済統合に向かって進んでいた。世紀半ばの統計データは、ドイツ（そして米国）が他国より経済的成功を収めていたことを物語っている［表1・2参照］。

ドイツの経済成長の基盤は米国の場合とよく似ていた。ドイツの諸国は本質的に商業主義政策をとり、政府の権限を利用して通信機関と製造業を発展させ、教育を実施した。学校教育に関する統計データを見ると、ドイツと米国が、経済指標でも遅れをとっていた他の国を大きく引き離していたことがわかる［表1・3参照］。

ドイツ経済では、政府が引きつづき非常に重要な役割を果たしていた。統一後、ドイツの資本家はかつてプロイセン、ザクセン、バイエルンなどから得ていたのと同じような支援を新しい政府に期待した。彼らはとりわけ、ドイツ統一直後にヨーロッパが二〇年におよぶ景気後退に陥ったことを懸念していた。彼らの願いは聞きとどけられる。オットー・フォン・ビスマルク宰相およびその後継者は、鉄鋼や化学製品といった産業に補助金を支給し、カルテルの形成を助け、製品や農産物を関税で保護することによって産業界のリーダーたちの要望に応えたの

[表1-2] 1840年および1910年の人口と国民総生産

	1840年	1910年
人口（単位：100万人）		
ドイツ	31.2	64.6
英国	26.5	44.9
米国	17.1	92.4
国民総生産（単位：10億ドル／1960年の米ドル換算）		
ドイツ	8.3	47.7
英国	10.8	43.3
米国	10.6	117.8

出典：*Cambridge Economic History of Europe*, vol.8 (Cambridge: Cambridge University Press, 1989).

[表1-3] 小学校入学率（人口1万人当たり）

	1830年	1850年	1900年
ドイツ	1,700	1,600	1,576
英国	900	1,045	1,407
米国	1,500	1,800	1,969

出典：Rondo Cameron, *A Concise Economic History of the World*, 2d ed. (New York: Oxford University Press, 1993), 220.

である。ドイツの諸国のあいだでは引きつづき競争があったため、ドイツは学校教育だけでなく鉄道の建設、会社や銀行の設立などでも他のヨーロッパ諸国より抜きん出ていた。自由放任主義はいくらか見られるようになり、その最も重要な例としては政府の石炭産業に対する統制が緩められたことがある。プロイセンが支配していたルール地方では競争の激化もあって石炭生産ブームが起こり、このブームはドイツの経済成長にとって極めて重大な要素であった。しかし、政府は二〇世紀に入ってからでも、英国や米国では決して見られなかったほど企業に指図していた。

ドイツで政府がこれほど圧制的だった理由のひとつは、言うまでもなく戦争の準備のためである。プロイセンは軍隊を持っている国家ではなく、国家を持っている軍隊だと言われてきた。フランスには敵対心を抱かれているし、ロシアとはいつ衝突するかわからないため、ドイツには高水準の地上軍を維持する必要があった。そのための出費はテクノロジーの発達とともに、かさむ一方だった。ビスマルクが引退して一八九〇年代に入ると、ドイツは大型の海軍を持つようになり、海外に植民地を獲得しはじめた。一九一一年、強大な陸軍に加えて強大な海軍を維持するという重圧には耐えられなくなっていた。その間、政府の領域は拡大し、大規模な軍備と造船業、さらには鉄鋼業や数多くの関連産業にまで事実上の指図をするようになっていた。

ドイツは、政府の権限を利用して、工業化によって生じた状況を改善するのに模範を示した。場所によって大きなばらつきがあったものの、ドイツの市や町はヨーロッパの他の国や米国の場合より公衆衛生や犯罪抑制への配慮が行き届いているのがふつうだった。一八八〇年代にはビスマルクにより、産業労働者に疾病・事故・老齢保険を提供する全国プログラムが設立された。ビスマルクは社会主義を骨抜きにしようとしたにすぎないと非難されたが（そしてそういうもくろみがあったことは間違いないが）、こうした温情主義はドイツ統一前のプロイセンにも前例があったこと、さらにビスマルク自身がセジウィック判事と同じような社会的責任感を持っていたことを示す証拠も十分にある。[28]

ビスマルクのプログラムは、その範囲と重要性についても論争があった。給付水準が十分ではなかったこと、従業員の出資によってまかなわれる比率が高かったこと、転職した人や怠慢もしくは仮病を使うと責められるような人に不利になるような制限や条件があったことなどである。それにもかかわらず、ビスマルクのプログラムは革命的に近いものとして当時の人びとに感銘を与えた。二〇世紀初頭に英国で大蔵大臣として同じようなプログラムの構築にあたったデビッド・ロイド・ジョージは、ドイツを訪問したあとでこう述べている。

「ドイツの年金制度がこれほどの巨大規模で実施されているとはこれまで知らなかった。…ほぼ、あらゆる分野における大部分のドイツ人におよんでいる。…ドイツの労働者が病気になると国の保険が助けてくれる。病気で永久に働けなくなった場合には、年金適格年齢に達していなくても定期的に手当てがもらえる」[29]

米国では、政府の積極的役割はドイツとは対照的に減少する。国の政府（二つあった）は、一八六一〜六五年の南北戦争によってかつてなかったほどの権限を手にし、行使するようになった。だがその後、権限のほとんど全部を手放してしまう。公的資源を民間に移転させることは引きつづき行なっており、その規模は大幅に拡大していたが、これらの資源の使途について口出しすることはほとんどなかった。連邦政府は、世界でも類を見ないほど事業に補助金を支給していた。補助の一部は関税によるもので、これによって製造業者も原料生産者も米国内で世界市場をはるかに上回る水準に価格を設定することができた。最大の補助は公有地の寄贈という形で行なわれたもので、その対象は主に大陸横断鉄道を建設する会社だった。連邦政府が鉄道会社に与えた土地は米国大陸部の七％近くに達した。これはマーク・アラン・アイズナーが述べているように、インディアナ、イリノイ、ミシガン、ウィスコンシンの面積の合計より広い[30]。州・地方政府もやはり土地を寄贈し、それに加え、鉄道債券を購入した。

とはいえ、政府は南北戦争以前と比べて経済を規制することが少なくなっていた。規制の大半は、以前と同じように州か地方のレベルで行なわれた。一九三〇年代まで、国内で最も力のある規制当局はテキサス鉄道委員会だったと思われる。テキサスで生産される原油量の上限を決めて、世界全体の供給にかなりの影響をおよぼしていた。だが、州と地方のレベルにおける重商主義的な伝統は影をひそめる。英国の自由放任主義による政策が成功したことや、共同体の観念が弱くなったことが理由である[31]。また、州が権限を行使するのが行政機関によってではなく法令によっていたことも忘れてはならない。これについてジェイムズ・リービはこう記している。

州政府は一九世紀には行政機関だと思われていなかった。政府の主要機関は議会であり、一年おきに数週間のあいだ開かれた。知事は代行人だった。その真に重要な権限には州の国民軍に関するものがあった。知事と州の収入役をはじめとする行政部高官は、仕事をする週には、週一日仕事をした。州政府にとって主な継続的費用は、州立大学が登場するまでは州立の刑務所と精神病院だった。行政部を調査したい場合は管理者、評議員、監査官による特別委員会を設置するしかなかった。[32]

いずれにせよ、州においても事業会社はたちまち管理されるには大きすぎて複雑すぎるようになった。そこで国際的に「手ぬるさの競争」と呼ばれたものが登場する。州や地方が、いかに企業に対する規制を少なくするかを競ったのである。

政府が事業に対する規制を減らしたことによる結果に、カルテルと独占の急増があった。二〇世紀初頭、米国では七一の業界が実質的に競争がないように構成されていた。それには鉄鋼や石油といったよく知られている例だけでなく、鉛製品、ゴム、紙、化学製品、タバコ製品、煉瓦、皮革などが含まれていた[33]。腹を立てた消費者は、州レベルで救済を得ようとして失敗したため、国として措置をとるように圧力をかけるようになる。それに応じて連邦議会は、鉄道の運賃を規制する州際商業委員会を設立し、独占禁止法を可決した。もっとも、州際商業委員会はあまり役に立たず、司法省はいくつかの独占状態を解消させたものの(有名なのはジョン・D・ロックフェラーのスタンダード石油)、本質的な状況は変わらなかった。

米国政府はまた、工業化の第二の波によって生じた状況を改善することでも遅れをとっていた。問題があることはだれの目にも明らかだった。都市はますます混み合ってくる。工場のある町も同様だ。工業化の進んだ北東部では田園地帯が過疎化した。市や州の政府の主な対応は、民間の慈善団体への支援をつづけるか増大させること、そしてこれらの団体に手本を示す機関を創設することだった。しかも、これらを実行するにあたってかなりの抵抗にあう。一九三〇年代になってからでもローマカトリック教会の慈善団体は政府の福祉計画に反対し、ある司教などは「貧しい人びとはわれわれのものだ。われわれから取り上げることは許さない」と述べたほどだった[34]。連邦政府は、南北戦争の復員軍人や未亡人に年金を支給するために一大福祉機関——事実、一八九〇年代の時点では世界最大だった——を維持していたが、権勢をふるっていた共和党の道具と化していたし、醜聞が絶えなかったため、これはずっとのちまで政府の福祉計画に反対するときに引合いに出された[35]。

米国の孤立主義的な伝統から見て、戦争への備えが政府の領域に与えた影響はドイツや英国より小さかった。米国の海軍将官、アルフレッド・セイアー・マハンが『海軍力が歴史におよぼした影響』で主張した強大な海軍待望論は、ヨーロッパにおける海軍の軍備競争の一因となった。マハン自身の国ではこの主張によって、鉄鋼産業とそれらが利用する鉄道を安定させるために船が建設されることになった。二〇世紀初頭、米国の海軍は世界第二位だった。だが、英独のとどまるところを知らない競争によって米国は引き離される。一九一〇年の時点で、米国の防衛費は国民総生産の一%以下だった。

こうした状況は第一次世界大戦によって一時的ではあるが劇的に変化した。交戦国となった一九一七〜一八年、米国では指令経済が行なわれていた。連邦政府はすべての鉄道を管理下においた。戦時産業委員会が工業製品の割り当てと工程表を指示し、価格と賃金を設定した。他の政府機関は農業と輸送を管理する。だが戦後、国家統制の組織は構築されたときをさらに上回るスピードで解体された。このときの経験は、発揮されなかった政府の行動能力の記憶としてのみ残った。一九二〇年代、カルバン・クーリッジ大統領が「連邦政府が消滅したとしても、一般の人びとはかなり長いあいだ日常生活の事態が違ってきていることに気づかないだろう」[36]と言ったとき、大統領はほんの少し誇張していたにすぎなかった。

連邦政府の経済的・社会的役割が永続的に変わるには、大恐慌を待たなければならなかった。その後は第二次世界大戦と冷戦によって、少なくとも二〇世紀末くらいまで、戦争への備えが経済と社会の特性に影響をおよぼす程度が変わった。州と市には、一九三〇年代の初めに発生した大量の失業と飢餓に取り組むだけの力がなかった。連邦政府はフランクリン・ルーズベルトのニューディール政策により、最後の手段としての雇用者、経営者と闘う組合の支援者、社会問題の解決策や企業に平衡力として作用するものを求める国民の拠り所となりはじめた。

この移行は一気には進まず、その証拠に連邦政府は、一九三五年の社会保障法によって失業者や貧民を援助するプログラムの資金提供者にはなったが管理者にはならなかった。エドワード・バーコビッツが言っているように、「全国的な失業補償制度の代わりに州が一連の五〇あまりの制度を実施しており、各制度に独自の規則があり、給付水準も異なっていた。こうした州の制度を連邦の管理下で統合しようという努力は、州と失業補償担当者のかたくなな抵抗にあってことごとく失敗した」[37]

南北戦争がアイデンティティの転換をもたらしたことによって米国指導層がバージニアやマサチューセッツを自分たちの「国」と呼ばなくなり、複数の州による「合衆国」を単数名詞として扱うようになったのと同じように、第二次世界大戦によって米国人が「政府」というときに何を意味するかが変わった。それまでは、政府というと地方または州の政府を指すことが多かった。「首都」といえば通常、州都のことだった。英国の「国王には誤りを犯すということがない」という法的格言の米国版は、「市当局と争ってもむだ」というものだった。第二次大戦後には、「政府」といえばワシントンDCを意味するようになった。

米国の状況が後戻りする気配がまったくなかったわけではない。一九四六年の選挙で連邦議会において大々的な入れ替わりがあり、共和党が上下両院で多数派となった（入れ替わった議員数も両党の差も一九九四年の場合を上回っていた）。新たに多数党に属するようになった議員のあいだから、連邦政府をクーリッジ時代の状態に戻そうという動きが出てきた。だが、年功序列によってベテラン議員に決定が委ねられ、これらベテランには恐慌のときのことが脳裏に焼きついている。大きな変化は起こらなかった。一九四八年の選挙でハリー・トルーマンがホワイトハウスにとどまり、上下両院で民主党が多数党に返り咲いたことにより、ニューディールが撤回される可能性は少なくなった。トルーマンのあとを継いだ共和党の大統領、ドワイト・アイゼンハワーは小さな政府を主張したものの、実際にはニューディールを変更するようなことはなかったうえ、連邦政府から高等教育に初めて大型助成金が支給されるようにした。一九六四年、大統領に選出されたリンドン・ジョンソンは米国を「偉大な社会」にすると誓った。ジョンソン政権の時代、政府の領域はかつてなかったほど拡大し、その勢いは次のリチャード・ニクソンの時代になっても一部残っていた。変化の速度と内容について、政治学者のデビッド・ボーゲルは次のように要約している。

企業活動による危害から消費者、従業員、一般市民を守ることを主眼として設置された連邦レベルの監督部局は、一九〇〇年から一九六五年までは食料医療品局の一つだけだった。一九六四年から一九七七年までには、同じ目的で設置された連邦機関・部局は一〇を数える。雇用機会均等委員会(一九六四年)、国家運輸安全委員会(一九六六年)、環境の質委員会(一九六九年)、環境保護庁(一九七〇年)、全米高速道路交通安全委員会(一九七〇年)、消費者製品安全委員会(一九七二年)、鉱山保安局(一九七三年)、設備輸送局(一九七五年)、露天採鉱規制局(一九七七年)などである。[38]

変化がどういうものであったかは、今それを改善しようとしている人の証言にいちばんよく表われているのではないか。クリントン政権の副大統領アル・ゴアは、米国の「政府を再生」させるプログラムの責任者となった。一九九六年、ゴアが誇らしげに報告したところによると、二〇〇の連邦機関がサービス基準を公表させられ、八万六〇〇〇ページの連邦規則のうち、一万六〇〇〇ページが削除された。例としてあげられたのは、保健社会福祉省の管理職の階層が一つ減ったこと、有毒物疾病登録局が疾病対策センターと合併したこと、無公害石炭技術計画が終了したこと、大学建設貸付保険協会の民営化などであった[39]。

人間の知性は、ほとんど偶然の一致により、工業化時代の景気サイクルを高下させるメカニズムを大恐慌が起こるまでにいくらか理解しはじめていた。オイコスの学徒である経済学者は、物理学者にはかなわなくても少なくとも植物学者には負けないほどの発見をしていた。その最大の発見のひとつは、政府が財政・金融レバーを操作することによって景気サイクルの変動をまったくなくすことはできなくても減らすことはできるという点だ。

政府はこうして、貨幣を創り出すという昔からの特権をうまく利用することによって、消費、生産、雇用における乱高下を緩和させられる。第二次世界大戦中の政府支出のおかげで景気回復と繁栄がもたらされたため、ほとんどすべての人が少なくとも内心ではそれまでの考えを改めた。アイゼンハワー大統領は、国内の福祉計画の削減分を膨大な費用のかかる州際高速自動車道網に支出することによって相殺した。レーガン大統領も国防費を大幅に増額することによって同じことをした。景気サイクルは乱高下しなくなった。〔次頁の図1・1を参照〕

その一方で、最初は枢軸国と戦うため、次にソ連と中国を牽制して核戦争を抑止するための必要性から、米国政府は全国的な産業基盤が発達するように指導し、いくつかの点では強制した。アン・マークセンと共著者が『鉄砲地帯の台頭』で（いささか誇張して）述べているように、「新しい産業と防衛に依存していることが明らかな一連の企業が、軍事問題を担当する新設の常任機関、国防省と密着して出現した。ペンタゴンの資金によってカリフォルニアの果樹園、アリゾナやニューメキシコの砂漠、ユタの塩類平原、コロラドのロッキー山脈、フロリダの湿地に工業団地が誕生した。こうした投資がない場合、かつて米国の工業中心地であった都市でも産業が廃れた」[40]。

[図1-1] 米国GDPの四半期ごとの変動：米国GDPの前期比変動幅（%）

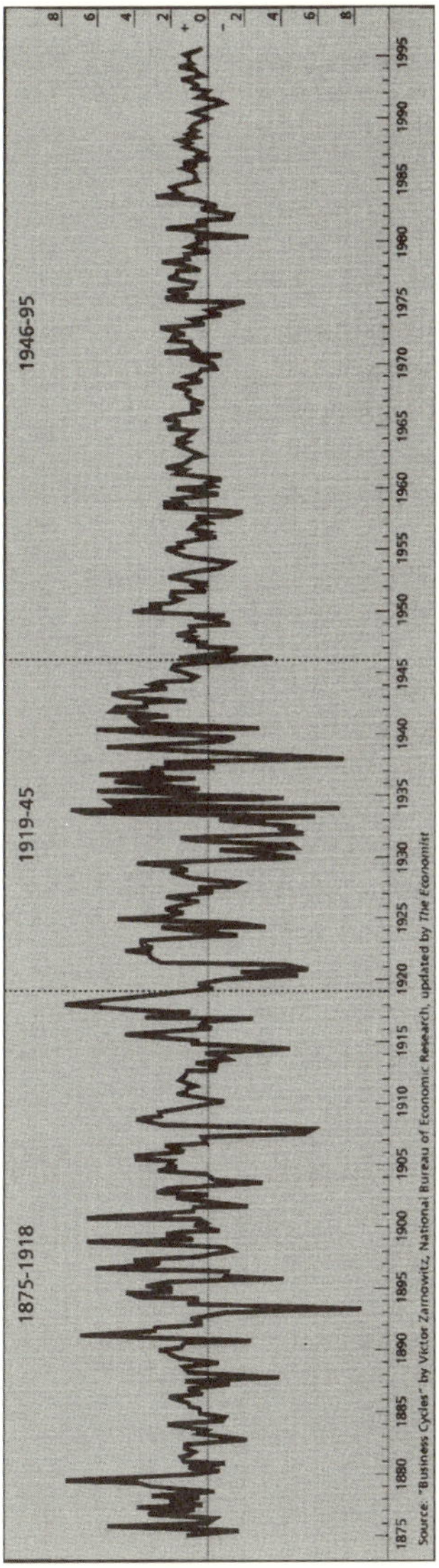

出典："Business Cycles" by Victor Zarnowitz, National Bureau of Economic Research, updated by *The Economist*.

第三次産業革命——一九五〇年頃〜？

政府が戦争準備のため以外で経済活動に介入することが増えたのは、これまで通り第二次産業革命に反応してのことであったが、その革命はもう終わっていた。二〇世紀半ばには、多くの人が第三次産業革命と呼んでいるものがはじまった。経済学者のフィリップ・サーニは、その特徴として五つの密接に関連する動向をあげている。

第一は柔軟な製造システムの発達で、これは新しい産業だけでなく古いものにも広がった。第二は、企業のヒエラルキー組織（および官僚主義）が「リーン・マネジメント」と呼ばれるものに変わってきていること。第三は、意思決定構造の能力が拡大して、情報技術の利用によって、あらゆるレベルの管理者と労働者の行動を細かく監視できるようになったことだ。…第四は…いっそう複雑になってきた消費者社会において市場がますます細分化していること。最後に、第三次産業革命は独立性を高めている金融市場・機関の台頭によって形成されたところが大だったことである。[41]

こうした変化にもかかわらず、政府の領域についての大半の議論は相変わらず第二次産業革命の初期にできた枠組みのなかで行なわれている。場所や時代によっていくらか違いはあるものの、この議論は二つの極のあいだで揺れていた。「協同」対「統制」、もっと論争らしくいうと「コーポラティズム（協調組合主義）」対「社会主義」である。

「協同」のほうは、政府と民間が協力することが公益にいちばん役立つとする。それが実際に「コーポラティズム」またはそれに該当する名称で呼ばれたとき（ファシズム時代のイタリアのように）民間の利益は国家の内部で優遇され、統制となった。英米では、これを「コーポラティズム」と呼ぶのは批判的な人だけで、実際には他の関係者と一般市民から大いに制約を受けながらの協同であった。その他のところ、特にキリスト教民主党の政権下のヨーロッパ諸国では、政府が仲介役となって労使が相互に、さらに一般国民に対して譲歩するように促すのが協同であることがままあった。

もう一方の「統制」は、労使のいずれであれ、民間は強制された場合のみ公益に役立つとする。極端な例はソビエト方式の社会主義である。それよりずっと穏やかなものがヨーロッパで時折、社会主義または社会民主主義の政党が政権を掌握したときに見られた。第二次世界大戦後の英国の労働党による福祉国家はその一例である。他には北欧諸国の例がある。

米国は、極端に走ったことがない。二〇世紀初めの国家レベルの進歩主義は、セオドア・ルーズベルトのときもウッドロー・ウィルソンのときも協同の変形だった。何らかの統制が必要だと主張する人は、なかには公益事業と路面電車を主として公的所有の限定版を擁護するのに成功したこともあったものの、少数党か地方の指導者に限られていた。米国で国家レベルの統制を求める声が大きくなったのは大恐慌のあとであり、それは主に、監督される企業は犯罪行為に至りかねないという前提のもとに監督機関を設立する法律として表われた。実際には、こうした機関の大半は統制ではなく協同することになる。そして言いくるめられたと責められる。「理由がわかれば許したくなる」ということわざがあるが、実状はそういったところだった[42]。

いずれにせよ、第三次産業革命が進んでも、政府の領域についての議論は相変わらずこの伝統的な枠組みの域をほとんど出ていない。企業が公益に役立つようにするには政府はたまに小言をいったり叱ったりする程度にとどめることだ、というのがレーガン大統領の基本的な主張だった。ガルブレイス教授は、企業は利益になると思っていることに反して行動するように強制されないかぎり、公益に役立とうとしない、と主張する。

こうした伝統的枠組みのなかで議論をつづけていても、第三次産業革命に対処するのにあまり役立つとは思えない。経済学者のリチャード・ゼックハウザーは、政治思想家が観念としての社会契約を分析しはじめたところに立ちかえってみてはどうかという。政府に生み出されるか少なくとも影響される三種類の財を識別することからはじめれば、政府と民間企業の本来の領域についていくつかの原則を推測できるのではないかという。一つめは、共通もしくは広く共有される利益を提供する国防などの「公共財」である。二番めは、他を犠牲にして一定の集団の利益となる産業助成金や公共住宅といった「特定向けの財」である。三番めは、ときには二番めと場合によっては一つめとさえ重なる「対立財」であり、それ独自の問題をともなう衝突を生じさせる。その明らかな例は、妊娠中絶問題やアファーマティブ・アクション（差別撤廃措置）である。

他の学者は、このゼックハウザーの論述を、受けがいい新しい名称を用いた新古典派経済学だと見なしている。たとえば、コネティカット州に雇用をもたらすというのが理由づけのひとつである潜水艦シーウルフは「公共財」かどうかという問題がある。さらに、「対立財」のカテゴリーと、そしてこうした財には機会費用と取引費用がともなうという点は、アダム・スミスが主張していたことを別の言い方で主張しているのではないかという問題がある。

トマス・マクローは、人間の思考が第一次・第二次産業革命にどのように呼応してきたかを振り返ってみて、経済活動における政府の役割について考えるための新しい枠組みが近い将来に編み出されるかどうか疑わしいという。生産、価格、失業における最初の手痛い沈滞——一八二〇年代と一八三〇年代の大西洋全域の恐慌——から、昔ながらの貨幣鋳造の特権を利用することによって救済策を生み出せることにジョン・メイナード・ケインズたちが気づくまでに一〇〇年かかったという事実を指摘する。ポリスの伝統的要素とはまったくかけ離れたところでほぼ即時に世界をまたにかけて行なわれている取引については、それよりどのくらい長くかかるだろう、というわけだ。

一方で、経済問題における政府の役割についての議論と並んで、政府が一般市民の物質的利益のみに関心をもつ方向に行きすぎたのではないかという議論がふたたび起こっている。ヨーロッパで政治と宗教が分離したとき、教会は子供を教育するだけでなく、より広く道徳基準を定めるという機能を持ちつづけた。姦通や男色を禁じる法律に最もよく表われているように、往々にして行政当局はこうした基準を強制した。ときには教会と高潔な一般信徒が一致団結して政府に良心の機関となるようにせまった。その最たる例が奴隷制度廃止運動である。こうした運動には成功したものもあったが長続きしたものはなく、禁酒法の場合がまさにそうだった。とはいえ大半の場合、道徳基準は政府の権限より模範と世論の力によって持続させられるものと思われていた。一八三〇年代、アレクシス・ド・トックビルは次のように述べている。

法律は米国人が思い通りに行動することを許すのに対して、宗教は無分別または不正なことを考えることを防ぎ、行なうことを禁じる。

米国では宗教は社会の統治に直接的な役割を担っていないが、政治制度の第一として見なされるべきである。[43]

だが、時が経つにつれて宗教は権威を失っていった。教育は学校教育が主流になる。英国でローマカトリック信徒の公民権を制限していたような宗派的な法律への抵抗は、信仰とその関連行為に関するあらゆる法律と規則に対する攻撃となっていく。その間、物理的および社会的流動性が高くなったことと、国内および国際的なコミュニケーションが拡大されたことによって、多くの伝統的な制約がなくなった。「グローバル・ビレッジ」が出現すると言ったマーシャル・マクルーハンは正しかったかもしれないが、その村は、ホーソンの小説にある姦通を犯した女性が緋文字を胸につけさせられたような村とはまったく違うものだった。

政府が道徳を形成するべきかどうかについては、議論はますます盛んになっているが混乱している。人びとは一方では、「寝室政治」に抗議するが、少数派民族や他のアイデンティティ集団を誹謗するような言動を取り締るように政府に求める。もう一方では、自由放任とポルノに抗議するが、ほぼすべての点で政府が権限を行使するのに全面的に反対する。フェミニストのポルノ追放運動者が前者の例で、福音主義的キリスト教徒のミリシア集団が後者の極端な例だ。

相次ぐ産業革命による影響が全世界におよんだため、この議論にはたくさんの関連問題がある。だが、非ヨーロッパ世界の多くは宗教と政治の対立というヨーロッパ特有の経験をしていない。イスラム世界では聖職者が、ヨーロッパでは一七世紀以降にはまったく見られないほどの政治権力を持ちつづけた。王朝時代の中国では、政治権力が宗教的権威を吸収し、生活全般において模範を示すのは官吏だった[44]。非ヨーロッパ社会は富と権力において西洋社会と肩を並べるようになってきており、これでは対立はなくならない。

グローバル・コミュニケーションの変化が個人生活と市場に影響することもあり、政府の領域について考えるときに第三次産業革命によって課されるのは、以前の産業革命のときとは異なるより大きな難題である。そしてこの章の最後は、マクロ―と同じような警告となる。

これからの政府の領域を考える際、まずしなければならないのは、答えを必要としている問題を見極めることである。出てきている重要な問題は、以前の産業革命のときとは違うはずだ。協同対統制という枠組みは、まとはずれかそれに近い。たとえば、インターネットを介した知的財産権、ポルノ、反政府的扇動行為にまつわる問題を考えるのに、この枠組みをどう当てはめればよいのか。

事実、その限られた領域においてでさえ、二〇世紀半ばの偉大なる発見は二一世紀には通用しないかもしれない。金融取引がグローバル化して本質的に制御できないものなら、君主が伝統的な貨幣鋳造の権限をどうしようと関係ないだろう。フィリップ・サーニは、それが第三次産業革命の最も重要な特徴であるとし、「この新しいグローバルな変化は、金融市場だけでなく経済問題の全般について効率のよい統治を行なうための国家の能力に大きな難題を突きつけた」[45]という。英国のフィナンシャル・タイムズ紙の慧眼のコラムニスト、サー・サミュエル・ブリテンは、すべての政府が同時に「財政責任」政策を実施したら、恐ろしいことになるかもしれないと指摘している。「すべての国の経常収支が黒字拡大または赤字縮小というわけにはいかない。…こうした不均衡の合計はゼロになるからである。だからグローバル経済においてもケインズ学派型の不景気はありうる」[46]と述べている。

戦争を起こしかねない愛国主義的な大国について考えるのに適した問題点もまた、時代錯誤的かもしれない。旧ユーゴスラビア、旧ソ連の一部、旧植民地に見られる熱烈な愛国主義は、ヨーロッパの一部でつづいていた、そして北アイルランドでは今でもつづいている宗教戦争のように残存している現象だと思われる。欧州連合、北米自由貿易協定、その他のこうした新しい制度は、国家が個人のアイデンティティ形成の要素としてますます希薄になっていくことを示唆している。そして、その真偽のほどはともかく、軍事技術の発達によって大規模な戦闘の準備が国家の中心ではなくなったと主張することはできる。

それと同時に、アダム・スミスでさえ政府本来の責任だと見なしていた社会と個人の安全について、新たに難題が生じている。国家を後ろ盾としていないテロリストがオクラホマ市の罪のない連邦政府職員や東京の地下鉄利用者を襲っており、現在のところ、こうしたテロリストが化学・生物・核兵器を用いて大勢の人を襲うリスクをどうすれば抑制できるかが、ほとんどわかっていない。二一世紀における「安全」は、チャタム伯爵が称賛した小屋の住人の権利を守ることを意味したこれまでとは違うものを意味するようになるのではないか。将来の可能性に思いを巡らせるには、ポリスとオイコスについてまったく新しい考え方が必要なのかもしれない。

この説には反論する向きもあるだろうが、人間は非常に長いあいだポリスの性格について真剣に考えてこなかったのではないか。これは、ルネッサンスから啓蒙運動までヨーロッパとアメリカの主要人物の念頭にあった。デカルト、ベーコン、ニュートン、ライプニッツによって考え出された知的手段によって何ができるかが明らかになってきて、大西洋世界の最も優秀な人たちの多くは人間的な事から離れて自然に向かった。偉大なる経済学者のサイモン・クズネッツによると、それが産業革命の原動力であった。これらの産業革命は、「科学を経済的生産の問題に広範囲に応用した」ものだと述べている[47]。

定量化された商品とサービスの交換が量的に増えてきたため、さらに、それらは少なくとも表面的には自然の力と比較できる——たとえば、需給関係は引力の法則と同じように考えられた——ため、大きく拡張されたオイコスは、この新しい考え方の中心のひとつとなった[48]（オイコスの科学は以前には農業に関連あるものとして理解されたはずだ）。今では政治哲学は事実上、経済学に取って代わられている。

政治学と同じくらい経済学について書き著したジョン・スチュアート・ミル以後、オイコスとは異なるものとしてポリスについて新しい考え方を示した思想家はひとりもいなかった（もし例外があるとすれば、それはレーニンの「プロレタリアートの独裁」という概念であろう）。このテーマを追究した思想家は、昔に逆戻りするのがおちだった。これらの思想家は、米国建国の父たち、ルソー、ロックなどとは違い、さらにホッブズとさえ違い、将来のポリスの概念を発展させることがなかった。その代わり、過去の何かを理想化して、それが消滅してしまったのを嘆いたのである。それは、マックス・ウェーバーの場合は工業化以前のヨーロッパ、ハンナ・アーレントにとってはペリクレス時代のアテネ、ユルゲン・ハバーマスの場合は「公的領域」が利益集団ではなく理念によって占められていた時代の啓蒙運動である[49]。そして古典的考え方のもうひとつの中心――エートスあるいは気質――は、功利主義経済学に時折見られた以外には視界から実質的に消えてしまった。

だが最近、かすかに近代ヨーロッパの初期を彷彿させる動きがある。アマルティア・センは、経済と倫理に関する問題点を強調することによってアダム・スミスの考え方を蘇らせた。マイケル・サンデルは、ジョン・ロールズ、トマス・ナジェル、ロナルド・ドウォーキンといった多彩な思想家の意見を基にして、どうすれば政治と倫理が絡みあうようになるかについて根本的再考を促している[50]。古い概念についてでさえ実際に使える説明を見つけるには一世紀以上かかる、というのはマクローの言う通りかもしれない。そうであれば、現実を理解するのに役立つ新しい政治思想を持つようになるのはまだずっと先のことだ。そうは言っても、今はそういう思想がまったくないこと、さらに二一世紀における政府の領域はどうあるべきかを理解するには、過去の時代に適していた思想の表面を磨くだけではなく、そういう思想の蓄積をはじめなければならないことを認識するのは、ささやかだが欠かすことのできない前進の一歩だと思われる。

第二章

政府の業績を評価する

デレク・ボク

ハーバード大学「三〇〇周年記念」教授。弁護士、法律学教授を経て、ハーバード・ロースクール学長、ハーバード大学学長を歴任。目下の研究対象に、「米国の国内問題に対処するための高等教育のあり方と米国政府の適切性」がある。

米国の連邦政府についてはっきりしているのは、国民がその業績をほとんど評価していないことだ。この一〇年ほど、国民の多くが、国はまちがった方向に進んでおり、その責任の大半は政府にあると感じてきた。政府が経済を規制しようとすると事態が悪化するのがおちだと思っている人は過半数にのぼり、連邦政府の役人は巨額の金銭をむだづかいしているし、議会はまちがったことに公金を注ぎ込みがちだと思っている人はさらに多い。米国が直面している最大の脅威をひとつあげよという質問に対して、連邦政府と答える人が大手労働組合や大企業というう永遠のスケープゴートをあげる人の合計を上回る。

こうした厳しい評価は、今では周知のことだ。だが、これらは事実だろうか。世論が正しいことを証明するか、さもなければ悪意のある見当ちがいで取り上げるに値しないとするだけの確実な証拠はあるのだろうか。[1]

もうひとつの評価方法

世論こそ政府の業績を端的に表わすバロメーターだという見方がある。民主主義では政府の最終目標は何といっても一般市民を満足させることだ。この観点からすると、国民の信頼をこれほど完全に失ってしまった民主的政権は、もうそれだけでひどい仕事ぶりだということになる。

だが、世論だけに頼って国の政治を評価することにはいくつか問題がある。まず、政策の中身や役人の仕事ぶりとは関係のない理由で、政府への信頼が失われることがある。この三〇年間に社会の主要制度に対する信頼がほぼ例外なく大幅に低下していることは、ワシントンでの失政よりもっと大きな原因があることを示している。

次に、制度に対する信頼度や満足度が、単に業績を反映しているのではなく、人びとの期待とそれにどう応えたかに左右されることがある。だから、実績は変わらなくても、人びとの期待が高まったために信頼度が低下することもある。同様に、政府が任務を果たさなくなったからではなく、国民の強い支持もあって賛否両論のあるような難しい課題に取り組むことにしたために信頼度が低下することがある。

さらには、国民が事実を正しく認識していないために政府に偏見を抱いていることもあるだろう。この可能性は、広く知られている世論調査の結果に照らしてみると、ますますありそうに思えてくる。まず、政府の役人や機関の仕事を間接的にしか知らない場合より、じかに接している場合のほうが、人びとはずっと高く評価する傾向があるという世論調査の結果がある。たとえば、議会全体の支持率が二五％以下に下がったときでも、米国民の六〇％以上が、自分たちが議会に送り込んだ議員に好感をもっていると答えている。他の世論調査でも、政府がしていることを正しく判断するだけの情報が国民にあったのかどうか疑わしくなるような結果が出ている。たとえば、この二〇年間に大気汚染や暴力犯罪が悪化したと思っている人は過半数にのぼるが、ほんとうはその逆だというたしかな証拠がある。社会保障制度では一ドルにつき五〇セント以上が人件費に消えている、と大方の人が思っているが、実際には一セント以下だ。政府の仕事について基礎的事実にこれほどの誤認があったのでは、正しい評価が下されるわけがない。

政府の仕事ぶりを評価する別の方法として、特定のプログラム成果を取りあげ、目標をどのくらい達成できたかを見るというのがある。議会で政府業績成果法が成立した今、政府機関は目標を明らかにし、どのように達成したかを証拠書類によって立証しなければならなくなったので、そのためのデータはすぐに集まる。証拠がもっと必要なら、ゴミ収集、道路の補修工事、さらには公共教育といった民間に移管されつつあるサービスに目を向けて、民間組織が首尾一貫して役所を上回る業績をあげているかどうかを調べる。こうしたデータを入手できるようになれば、政府の業績についてあらゆる情報を集めて、信頼できる評価ができるのではないか。

ところが、こうした手順で評価しても、果たして信用できるかどうか疑わしい理由がいくつかある。まず、業務を民間に移管できない重要な政府機関がたくさんあるし、それらの成果を意味のある方法で評価することは不可能だ。たとえば、国防省が提供した国家安全保障の量を算出することはできないし、司法省が尽力したことの影響を推定するのは容易ではない。もちろん、司法も国防も一定の目標を決め、それらを達成したかどうかを評価することはできる。だが、こうした目標はせいぜい中間ゴールでしかなく、法の執行は適切であったか、または巨額の軍事費を正当化するような安全保障が得られたかを知るには、これではまったく不十分だ。それに、軍や司法制度の最も重要な機能と法の執行を外部に委託するのは賢明でも可能でもない。だから、同じ機能を果たす民間企業との比較は実際には無理だ。

特定のプログラムの成果を評価することには、まだ問題がある。それはプログラムが存在しなかった場合の達成値を測定できないことだ。たとえば、ある職業訓練プログラムで何名が研修を受け、そのうち何名が研修後に職を見つけ、賃金が以前と比べてどうなったかというようなことは数字で出せる。だが、新しい仕事と増えた所得が研修を受けたおかげなのか、それとも研修を受けた人がいなければ他の人が同じ高賃金で雇われていたはずの職を横取りしただけなのか、納得のいくように証明できない。同様に、地区の学校でテストの成績点が上がった場合、それが教え方や運営の改善によるものなのか、それとも学校とは関係なく、その地区で麻薬、犯罪、その他の騒ぎが収まったからなのか、どちらとも言えないのがふつうだ。

プログラム成果を評価するにあたっての第三の問題は、そうした記録を見て、政府が実際に行なったことの良否を判断するのが難しいことである。場合によっては、政府の仕事ぶりを判定するのに、特定の公共サービスを民間業者によるサービスと比較して答えを出すことができる。ただ、こうした比較ができない場合、政府がどのように役目を果たしたかを推定するのに、参照する枠組みがまず存在しない。

最後にもうひとつ。ここまでの問題をすべて克服できたとしても、数限りなくある個々のプログラムの記録をまとめて、連邦政府・州政府・地方自治体別に業績の全体的評価を割り出すという問題が残っている。たくさんあるプログラムの成果から、どれを取りあげるのが適切なのか。学校のテスト成績点、犯罪率、大気汚染の動向、雇用創出、産業事故等々を統一業績評価に組み入れるには、どういう共通のものさしを使えばいいのか。

少し違うやり方として、幅広く共通する目標をもつ医療、住宅、環境といった政策分野をいくつか選び、何年かのあいだにどれほど成果をあげられたかを見る方法がある。この場合でも、さまざまな分野にわたる記録を集めて統一された合成の評価基準に到達することなどできるわけがない。とはいえ、こうした研究調査からは少なくとも、国民にとって最も重要な目標を達成することについて国が全体として前進しているかそれとも後退しているか、だいたいの感じはつかめるはずだ。それに、こうした評価をすることは、一般的に認められた目標に向かって社会が前進するのに政府のプログラムや政策が全体として役立ったかどうか、さらに進み方が時とともに加速したか減速したかを情報に基づいて判定する一助となる。

こうした研究調査は役に立つことがある一方で、かなりの限界もある。まず、ここ何年かに前進のスピードが増減した場合、その変化は政策やプログラムが良くなったり悪くなったりしたせいではなく、政府の力のおよばない外的条件によるものかもしれない。たとえば、暴力犯罪が減ったのは治安が維持されるようになったからではなく、一〇代の少年の数が減少したというような、人口統計学上の変化によるものかもしれない。同様に、生産性の向上が減速したのは経済政策が変更されたからではなく、製造業とサービス業の混合比が変わったからかもしれない。政府のプログラムに起因する前進がどのくらいあったのかを推定するにはかなりの技術が必要で、また、場合によっては結果が確定的ではないことがある。

過去の動向はそのうえ、「評価に適した」見解をただちに提供しない。国は、教育、生産性、環境問題など、多くの面で前進しているかもしれないが、はたして然るべきスピードで進歩しているだろうか。最も開発が遅れている国でさえ、基本的目標に向かってたいてい少しは進んでいる。効果的な公共政策によって可能になる前進を推定する方法がないかぎり、政府の仕事ぶりがよかったのかどうかを判定する手段はない。

この最後の問題に取り組む方法として、米国と他の先進国の実績を比較することがある。それには、(a) 公共政策が重要な役割を果たし、(b) 各国が同じような目標を共有している、一連の分野を取り上げることだ。各国がここ数十年のあいだに共通の目標に向かってどのくらい前進したかを比較すると、どの国が最も成功しているかについて全体的におおまかな判断ができる。また、困難をともなうこともあるが、取りあげられた政策分野に見られた前進または後退に政府がどのくらい重要な役割を果たしたかということも判断できる。したがって、ここ三〇〜四〇年間の政府の仕事ぶりについて、こうした比較から暫定的な結論を引き出すことができると思われる。

政府が役目を果たしたかどうかを評価するのに比較分析を用いると、問題が二つ出てくる。まず、分野によっては、国の実績に対する政府の貢献度を推測するのが極めて難しいことである。その最たる例として、法の執行が犯罪におよぼす効果や、学校が学生の成績におよぼす影響がある。二つめの問題は、国によって状況が大きく異なるため、さまざまな責任分野における進展度の差が政府のはたらきによるものか、それとも政府を取り巻く外的条件の違いによるものなのかがはっきりしないことである。たとえば、米国では他の国ほど貧困が減らなかった、大気汚染が削減されなかった、テストの成績点が上がらなかったという場合、それが国の広さ、国民の多様性、冷戦時代の防衛費負担、人種問題といった要因によることも考えられる。

要するに、国や政府の達成度を評価する方法にはどれも問題がある。とはいえ、歴史的評価や比較分析評価は何らかの役には立つ。では、米国と先進諸国のここ数十年間の経験から、どういう結論を引き出せるか。

歴史的評価と比較分析評価の結果

米国民の大半は、社会の基本的目標をいくつか共有している。たとえば、経済成長と繁栄がつづくこと（低いインフレ率と失業率）、汚染のない環境・快適な住環境・文化芸術の充実といった生活の質、能力と努力に応じて成功できる機会がだれにでもあること、暴力・貧困・病気・疾病・老年期の困窮などの危険から守られていること、個人の自由や他人の正当な利益といった基本的価値を尊重することなどである。さいわい、他の先進国の大半も目指すところは同じだ。これらの目標を念頭において、医療、経済、教育、貧困、老齢年金、住居、犯罪といった幅広い分野で米国が歴史的にそして他国と比較してどのように前進してきたかを図示することができる。これらの分野すべてについて先進諸国が具体的に目指していることは極めて似ており、ここ三〇〜四〇年間の各国における推移を比較するのにかなり信頼できる情報が手に入る。たとえば、経済的繁栄の目指すところは、どの国も一人当たり所得の伸び、生産性向上、完全雇用、低インフレである。各国とも、それぞれの項目について過去数十年にわたってまあまあのデータがある。

一八ほどの項目について相当に時間をかけてこうした情報を収集・分析した結果、人びとが目下、政府に抱いている不満について次のことが言えると思う[2]。

一　大半の米国民が重要だと考えているような六〇〜七〇の具体的な目標では、米国はこの数十年間にほとんどの項目において確実に前進している。経済を例にとると、国内総生産（GDP）は一九六〇年と比べて実質ドルでほぼ三倍増となり、失業率とインフレ率は一九六〇年代初めを少し上回る水準まで下がっている。大学進学率が上昇し、女性やマイノリティに対する差別が減ったため、国民にとって機会が拡大した。社会保障制度が充実し、医療保険と医療扶助の制度が設けられ、消費者保護が厳重になったことで、いっそう安心して暮らせるようになった。生活の質は、持ち家率が上昇し、大気と水がきれいになり、芸術が急速に発展したことによって向上した。さらに、黒人に投票権が与えられ、新聞は公職にある人物についてより自由に意見を述べられるようになり、女性は妊娠中絶権を認められ、黒人の子供たちは白人用の学校に通学できるようになるなど、連邦裁判所によって個人の自由の範囲が大幅に拡大された。これらについては、この章の末尾の［表2・1］にまとめてある。

二　社会が悪くなったこと（たとえば、犯罪、ティーンエージャーのシングルマザー、その他の個人的無責任）がいくつかあったが、その多くが政府の影響力によって望ましい結果に導くのが極めて難しいようなものだった。したがって全体的に見て、米国は「まちがった方向に進んでいる」という過半数の国民の意見は、その根拠が歴史的記録にはほとんど見あたらない。また、政府が問題に取り組むと事態が悪化するのがおちだという見解を支える根拠もない。

三　米国では進歩の記録がこの二〇年間に伸びなくなったかどうかという点では、どちらともいえない。進行が確かに遅くなった分野はいくつかある。人種間統合、貧困の削減、医療へのアクセス、GDPの伸びなどがそうだ。しかし、犯罪は一九八〇年以降、減少していると思われ、学生の成績点は下がっていたのが上昇に転じ、失業率は低下し、環境汚染はまちがいなく減った。米国民にとって重要な六〇〜七〇の具体的な目標を見てみると、一九七〇年代半ば以降、前進がスピードアップしたか変わらない場合のほうがスローダウンした場合より多い。これらについては、本章の末尾の［表2・2］にまとめてある。言うまでもなく、経済成長、貧困、社会的正義がなにより重要だと考える人には、米国が一九七〇年以降、下降に転じたように見えるだろう。逆に、環境、犯罪、個人責任をとりわけ重視する人には、米国は十分ではないにしても六〇年代や七〇年代初めよりは良くなっていると思えるはずだ。こうして見ていくと、この一五年から二〇年のあいだに米国または米国政府が、それ以前の二〇年間と比べて役目を果たさなくなったと断言するのは難しい。

四

政府が非効率であるために巨額の金銭（ある世論調査によると、税金一ドルにつき四八セント）が浪費されているという多くの人がもっている印象も、その根拠がほとんど見あたらない。会計検査院など部外者による報告書の多くが、政府プログラムの多くに「むだ、不正、悪用」が見られると断言している。とはいえ、会計検査院の報告書は大半の米国民が思っているほどの浪費が発生しているとは示唆していない。さらに、一連の特別委員会が連邦政府の業務を徹底的に調査しても、国民が想像しているような額とはほど遠いむだづかいしか発見できなかった。たとえば、ゴア副大統領が実施させた全国業績調査は、連邦機関をつぶさに調査して具体的に数多くの勧告をしたが、この調査による節減の推定総額は税収一ドルにつき二セント以下という、先ほどの四八セントをはるかに下回る額だった。

五

大きな浪費があるとすれば、それは国民が思っているような行政の非効率のせいというより、プログラムの計画がずさんなせいではないか。ずさんな計画には、さまざまなまずいことが起こる。例としては、価値が疑わしいプロジェクトに多額の予算を認めるおなじみの特定選挙区向けプロジェクト、あてがわれた資金が目標を達成するには不十分なプログラム、望まれる目標に到達できるように戦略が練られていないプログラム、人命を守るための支出が関連リスクについての科学的知識を度外視して行なわれるようなプログラムなどがあげられる。欠陥のあるプログラム計画の最たる例は米国の医療制度だ。その支出額（民間と公的）は第二位の国を年間二五〇〇億ドル以上も上回り、しかも国民の健康状態や平均寿命が他の国より目に見えて改善しているわけではない。もうひとつの例として、人命を守ることを目的とした政府プログラムがある。専門家は、連邦機関が支出を年間三〇〇億ドル減らしても、判明しているリスクに対応するように立法府が資金の配分を変えれば、同じだけの人命を救うことができるという結論を出している。これらの例は、政府には慣習的なむだづかいはほとんどないとか、先ほどの全国業績調査のような官僚の効率を向上させようという努力は無意味だと言うつもりであげたのではない。とはいえ、ほんとうの大幅節減を望むのであれば、行政部門より議会からはじめるべきだと思う。

六

期待はずれの結果となったのは、米国を他の国（特に、英国、カナダ、フランス、ドイツ、日本、スウェーデン）の実績と比べたときだ。これらの国はそれぞれ深刻な問題を抱えており、特に経済は低迷している。それにもかかわらず、六〇以上の共通の目標についてどれだけ前進したかを見てみると、一九六〇年以降、その他の国の大半が三分の二ほどの項目において米国を上回っていた。しかも、項目のほぼ半分で米国は最下位に近かった。米国は経済の生産性、生活水準、科学研究ではずっと世界一だ。だが、調査対象となった他の国より貧困率が高く、医療費が多く、子供向けプログラムが限られている。米国はまた、一般市民の安全保障という面で劣っている。健康保険に未加入の人がより多く、暴力犯罪の危険性がより高く、職場の安全度がより低く、一時解雇や任意の首切りに対するセーフガードはより効果がない。さらに、他の先進国と比べて経済の規制努力にあまり成果が見られず、訴訟、遅れ、費用をもたらすことが多いようだ。これらの比較は、この章の末尾の［表2・3］に示されている。他の先進国もそれぞれ特有の問題を抱えていることを思えば、米国の特殊事情や（たとえば冷戦時に）特別に重荷を担ったことは、この結果のほんの一部の説明にしかならない。

七 詳しく分析すると、［表2・3］にある項目のほぼすべてにおいて政府の活動とプログラムが重要な役割を果たしていたことがわかる。医療、老齢年金、環境保全、住宅供給など、多くの場合で政府の役割は決定的だった。研究、教育的成果、技術の進歩、芸術などの他の分野では、それよりは小さいが、それでもかなり重要な役割を果たしていた。米国が優っている豊かさと生産性を説明するときでさえ、マッキンゼー・グローバル・インスティテュートの最近の研究調査は米国の競争促進政策が成功をもたらした最大の要因であるとし、企業家の能力、労働力の質、投資の額などより重要だったという。政府の政策が社会の成果とこれほど密接に関連していること、さらに米国がほとんどの重要な努力分野で他の先進国に遅れをとっていることから見ると、この数十年間、米国政府の仕事ぶりは大いに物足りなかったのではないかと思われる。

八 このように審判を下したものの、米国が他の先進国のような成果をあげられなかったのは必ずしも政治家や公務員のせいではない。民主主義の国では、利益集団、メディア、エリートたち（一般市民は言うまでもなく）のすべてが政府の業績に何らかの役割を果たす。役人のせいにしないで状況から結論を引き出すと、一九六〇年以降、国民の大多数に共通するさまざまな関心事に対応するのに、米国は他の先進国ほど適切に政策やプログラムを考えなかったか実行しなかったということにつきる。

結論

米国政府の効率を評価しようとすると、どうしても大ざっぱなものになる。確かに、場合によっては明確な目標のある特定のプログラムの進み具合を測定することはできるし、政府の実績を似たような業務に携わっている民間企業のものと比べることもできる。だが、こうした事例が点在していても政府の業績の全体像は見えてこない。それに、たとえ事例を何倍にも増やすことができても、それらの結果を信頼できる効率性の全体的尺度にまとめあげる方法がない。

そうは言っても、さまざまな重要な政策分野での進展ぶりを調べ、米国の結果を他の先進国と比べてみると、ここ三〇~四〇年間の米国政府の業績についておおまかながら有益な評価を下すことができる。結果は、大半の米国民が政府に対して抱いている圧倒的に否定的な印象を正当化するほどではないが、概して失望させられるようなものだ。米国は、ほとんどの重要な努力分野で万国共通の目標に向かって前進する速度または程度が他の先進国より劣っている。遅れをとった理由を探ってみると、これらの分野のほぼすべてにおいて公的な政策やプログラムが重要な役割、しかもしばしば決定的な役割を果たしている。その結果、全体をつぶさに見ていくと、政府が公共政策を策定・実行するやり方に何か大きな間違いがあるという点で大多数の米国民に賛成せざるをえない。

［表2-1］ 1990年代と1960年代初頭との比較

政策分野	改善した	変わらない	悪化した
A. 繁栄			
1. 経済			
a. 1人当たり所得	○		
b. 労働者1人当たりの生産性	○		
c. インフレの抑制		○	
d. 失業の抑制			○
e. 純設備投資額のGDPに占める割合	○		
2. 研究とテクノロジー			
a. 人口10万人当たりの科学者・技術者数	○		
b. 学術誌における論文数	○		
c. 米国人が獲得した特許数	○		
d. 民間研究開発のGDPに占める割合	○		
e. 世界のハイテク輸出品に占める割合			○
3. 教育			
a. 高校卒業率	○		
b. 大学卒業率	○		
c. 学生の学力（読解）		○	
d. 学生の学力（数学と科学）		○	
4. 労働市場政策			
a. 雇用主が訓練した労働人口の比率	○		
b. 高校・大学内の職業コースの種類	○		
c. 政府による職業訓練量	○		
B. 生活の質			
1. 住宅			
a. ひどい欠陥住居の割合	○		
b. 持ち家率	○		
c. 家賃の手ごろ感*1			○
2. 近隣地区			
a. 都市の近隣地区での貧困集中			○
b. 人種による棲み分け度	○		
c. 優良地区に住んでいる人の比率（都市、郊外、準郊外）	○		
d. 犯罪の脅威			○
3. 環境			
a. 大気汚染の量	○		
b. 水質汚染の量	○		
c. 浄化飲料水の比率	○		

[表2-1] 1990年代と1960年代初頭との比較（つづき）

政策分野	改善した	変わらない	悪化した
4. 芸術			
a. 芸術団体の数	○		
b. 演劇、コンサートなどの観客数	○		
c. 芸術への公共・民間の資金提供（切符売り上げ以外）	○		
d. 芸術への消費者支出（可処分所得の比率）	○		
C. 機会			
1. 子供の福祉			
a. 乳幼児死亡率	○		
b. 利用可能な保育所	○		
c. 胎児検診の範囲	○		
d. 貧困児の比率	○		
e. 育児休暇の制度	○		
f. 乳幼児の予防接種実施率	○		
2. 人種的平等			
a. 投票権	○		
b. 住宅の差別	○		
c. 学校の隔離	○		
d. 黒人向け教育の質	○		
3. 機会均等			
a. 幼稚園へのアクセス	○		
b. 大学へのアクセス	○		
c. 雇用における人種差別	○		
d. 雇用における性差別	○		
e. 全体的な機会均等	○		
D. 個人の安全			
1. ヘルスケア			
a. 医療技術の質	○		
b. 平均寿命	○		
c. 健康保険加入率	○		
d. 費用（GDPに占める割合）			○
2. 仕事の安定			
a. 法律で認められた代表権を持つ労働人口の割合			○
b. 任意の解雇*2からの保護		?	

[表2-1] 1990年代と1960年代初頭との比較（つづき）

政策分野	改善した	変わらない	悪化した
c. 一時解雇の場合の再訓練やその他の支援	○		
d. 失業保険（受け取っている失業者の比率）			○
e. 業務関連の疾病・傷害の発生率		○	
3. 暴力犯罪			
a. 事件（人口10万人当たり）			○
b. 犯罪解決率			○
c. 個人の安全に関する不安			○
4. 老齢			
a. 退職所得（以前の賃金と比べて）	○		
b. 貧民の比率	○		
c. 保険加入率	○		
d. 長期ケアへの財政支援	○		
E. 価値			
1. 個人の自由			
a. 法律で保証された自由度	○		
2. 個人の責任			
a. 法律の遵守（犯罪の広がり）			○
b. 私生児の比率			○
c. 慈善に寄付した所得の割合			○
d. 地域奉仕			○
e. 有権者の投票率			○
f. 試験でのカンニング			○
3. 貧民や恵まれない人への対策			
a. 貧困の発生	○		
b. 貧困の厳しさ（総貧困格差のGDP比率）	○		
c. 政府の転移プログラムの効率	○		

*1 ここでは、住宅費が所得の30%を超える人の割合に拠っている。

*2 一部の任意解雇は法令や裁判所の決定によって保護が拡大されたが、正当な理由がないと解雇できない交渉協定に守られた労働者の割合が減ったため、こうした進展は相殺された。これら相反する傾向のどちらが優勢かは不明。

[表2-2] 1960〜75年と比較した1975〜90年の進展度

政策分野	より良い結果 （前進の加速または後退の減速）	ほぼ同じ結果 （同じような率で前進、または後退）	より悪い結果 （前進の減速または後退の加速）
A. 繁栄			
1. 経済			
a. 1人当たり所得の伸び率			○
b. 生産性の伸び率			○
c. 失業*3	○		
d. インフレ抑制*3	○		
2. 研究とテクノロジー			
a. 人口10万人当たりの科学者・技術者数の伸び	○		
b. 科学論文の世界での引用		○	
c. 米国特許数		○	
d. ハイテク製品世界市場での占有率		○	
e. 研究開発費のGDPにおける占有率			○
3. 教育			
a. 高校卒業率の伸び			○
b. 大学卒業率の伸び			○
c. 学生の学力（数学、科学、読解）	○		
4. 職業訓練			
a. 正式の企業研修の拡大	○		
b. 連邦機関による職業訓練の拡大	○		
B. 生活の質			
1. 住宅			
a. 住宅の質の改善			○
b. 持ち家率の上昇			○
c. 借家の手ごろ感			○
d. 自家保有の手ごろ感			○
2. 近隣地区			
a. 大都市での所得による棲み分け度		○	
b. 大都市での人種による棲み分け度		○	
3. 環境			
a. 大気汚染の減少	○		
b. 水質汚染の減少	○		
c. 浄水供給の割合			○
d. 水の再利用	○		

[表2-2] 1960〜75年と比較した1975〜90年の進展度（つづき）

政策分野	より良い結果（前進の加速または後退の減速）	ほぼ同じ結果（同じような率で前進、または後退）	より悪い結果（前進の減速または後退の加速）
4. 芸術			
a. 芸術団体数		○	
b. 芸術に対する政府支援			○
c. 芸術関連の消費者支出（可処分所得の比率）	○		
d. 芸術への観客総数		○	
C. 機会			
1. 子供の福祉			
a. 乳幼児死亡率の低下		○	
b. 幼稚園へのアクセス拡大	○		
c. 貧困の削減			○
2. 人種的平等			
a. 黒人の投票率の上昇			○
b. 住宅に関する差別の減少	○		
c. 学校統合の拡大			○
d. 学校教育年数の均等			○
3. 機会均等			
a. 雇用における人種差別*3			○
b. 人種による賃金格差			○
c. 貧民の大学へのアクセス			○
d. 性別による賃金格差	○		
e. 全体的な可動性（構造上および移動）			○
D. 個人の安全			
1. ヘルスケア			
a. 平均寿命の伸び		○	
b. 保険加入率の伸び（公的・民間）			○
c. 費用の抑制*4		○	
2. 職場での安定			
a. 代表派遣権のある従業員の割合			○
b. 任意の解雇からの保護*5		?	
c. 一時解雇の場合の訓練や再配置支援	○		
d. 失業保険を受け取る可能性			○
e. 業務関連の疾病や傷害からの保護	○		

[表2-2] 1960〜75年と比較した1975〜90年の進展度（つづき）

政策分野	より良い結果（前進の加速または後退の減速）	ほぼ同じ結果（同じような率で前進、または後退）	より悪い結果（前進の減速または後退の加速）
3. 暴力犯罪			
a. 事件（人口10万人当たり）	○		
b. 犯罪解決率		○	
c. 個人の安全に対する不安縮小	○		
4. 老齢			
a. 貧困老齢者率			○
b. 医療保険加入			○
E. 価値			
1. 個人の自由			
a. 裁判所によって保護されている自由*6		?	
2. 個人の責任			
a. 法律の遵守	○		
b. 私生児			○
c. 試験でのカンニング	○		
d. 慈善への寄付	○		
e. 投票		○	
3. 貧民や恵まれない人への対策			
a. 貧困率の低下（65歳以下）			○
b. 総貧困格差の縮小（65歳以下）			○

*3 インフレ率と失業率の平均は、実際には75〜90年より60〜75年のほうが低かった。だが、インフレ率と失業率は60〜75年には上昇し、75〜90年には低下したので、抑制という意味では75〜90年のほうが良かったと考えられる。

*4 生活費の伸びを上回った医療費の伸び幅で測定。

*5 75〜90年には、労働組合の代表派遣は激減したうえ、裁判所による解雇の妥当性の裁決が増えた。こうした傾向を考え合わせて信頼できる全体的結論を出すのは不可能だ。

*6 裁判所の定義による個人の自由は60〜75年のほうが急速に拡大したと思われるが、だからといって75〜90年が「より悪くなった」または「前進の歩みが遅くなった」と結論づけることはできない。70年代半ば以降は、法によって守られた自由をさらに拡大させる余地がほとんどなく、それにいくらか縮小させたほうがよいという意見も多く聞かれた。

[表2-3] 米国の結果を先進国6カ国（英国、カナダ、フランス、ドイツ、日本、スウェーデン）と比較

政策分野	最上位かトップクラス	平均より上	平均	平均より下	最下位か最低クラス
A. 繁栄					
1. 経済					
a. 1人当たり所得	○				
b. 1人当たりの生産性*7	○				
c. 1人当たり所得の伸び（1960～90）					○
d. 生産性の伸び（1960～90）					○
e. インフレの抑制（1960～90）		○			
f. 失業の抑制（1960～90）				○	
g. 失業の抑制（1980～95）		○			
h. 純設備投資額のGDPに占める割合（1960～90）					○
2. 研究とテクノロジー					
a. 科学者・技術者数（人口10万人当たり）	○				
b. 学術誌における論文の割合	○				
c. 科学論文の引用回数	○				
d. 特許数の割合	○				
e. ハイテク製品の世界貿易での占有率	○				
3. 教育					
a. 高校卒業率			○		
b. 大学卒業率	○				
c. 学生の学力（読解）		○			
d. 学生の学力（数学）					○
e. 学生の学力（科学）					○
4. 労働市場政策					
a.（公的・民間）職業訓練費のGDPに占める割合					○
b. 訓練を受けている労働人口の割合					○
c. 雇用サービスの効率				○	
d. 学校から仕事へのプログラムの効率				○	

［表2-3］米国の結果を先進国6カ国（英国、カナダ、フランス、ドイツ、日本、スウェーデン）と比較（つづき）

	最上位かトップクラス	平均より上	平均	平均より下	最下位か最低クラス
B. 生活の質					
1. 住宅					
a. 住宅の質	○				
b. 持ち家率	○				
c. 国民全体にとっての手ごろ感					○
2. 近隣地区					
a. 所得による棲み分け度					○
b. 人種による棲み分け度					○
c. 犯罪の脅威					○
d. 近隣地区での選択幅	○				
3. 環境					
a. 大気汚染の減少（1970～90）				○	
b. 水質汚染の減少（1970～90）			比較不可能		
c. 下水処理普及率				○	
d. ごみのリサイクル率					○
4. 芸術					
a. 演劇・コンサート・展覧会などの総観客数				○	
b. 切符売り上げ以外の（公的・民間）助成総額				○	
c. 芸術への助成総額の伸び率（1960～90）	○				
C. 機会					
1. 子供の福祉					
a. 乳幼児死亡率					○
b. 子供の予防接種実施率				○	
c. 幼稚園入園率				○	
d. 貧困児率					○
e. 育児休暇の方針					○
2. 人種			比較不可能		

[表2-3] **米国の結果を先進国6カ国（英国、カナダ、フランス、ドイツ、日本、スウェーデン）と比較**（つづき）

	最上位かトップクラス	平均より上	平均	平均より下	最下位か最低クラス
3. キャリアの機会					
a. 上昇可能率*8			○		
b. 性別による所得格差				○	
c. 高い地位の職業の女性		○			
D. 個人の安全					
1. ヘルスケア					
a. 医療技術の質	○				
b. 平均寿命					○
c. 患者による医療評価			○		
d. 費用のGDPに占める割合					○
e. 健康保険加入率					○
f. 国民による制度の評価					○
2. 仕事の安定					
a. 何らかの代表権を持つ労働人口の割合					○
b. 任意の解雇からの保護					○
c. 一時解雇の場合の支援					○
d. 業務関連の疾病・傷害の減少				○	
3. 暴力犯罪					
a. 事件（人口10万人当たり）					○
b. 犯罪解決率					○
c. 個人の安全に関する不安					○
4. 老齢					
a. 退職後の税引き後平均所得水準（以前の賃金と比べて）	○				
b. 貧民率					○
c. 健康保険加入率					○
d. 手の届く長期ケアへのアクセス					○

[表2-3] **米国の結果を先進国6カ国（英国、カナダ、フランス、ドイツ、日本、スウェーデン）と比較**（つづき）

	最上位かトップクラス	平均より上	平均	平均より下	最下位か最低クラス
E. 価値					
1. 個人の自由					
a. 法律で保証された自由度*9			○		
2. 個人の責任					
a. 刑法の違反					○
b. 私生児率			○		
c. ティーンエージャーの妊娠					○
d. 投票率					○
e. 慈善への寄付	○				
f. 地域奉仕	○				
3. 貧民や恵まれない人への対策					
a. 貧困の発生					○
b. 貧困の厳しさ（総貧困格差のGDP比率）					○
c. 政府の転移プログラムの効率					○

*7 正式の評価は時間当たりの生産性か年間生産性かによって異なる。時間当たりの生産性が労働者の技能と生産手段を反映するのに対し、年間生産性は労働時間も関係してくる。米国の労働者は今でも年間生産性で世界をリードしているが、それはドイツやフランスの労働者より長時間働き、休暇が短いからにすぎない。

*8 米国の上昇可能性が平均以上か平均的でしかないかについて、学者間で論争がある。米国がこれらの国よりきわだって上昇可能性が高いという意見が専門家のあいだで優勢でないことはまちがいない。

*9 これは確かに恣意的な判断だが、フリーダムハウスが毎年実施している評価と一致している。

第三章

失墜——政府への信頼を失った国民

ゲイリー・R・オレン

ジョン・F・ケネディ行政大学院の教授（公共政策）。政治顧問、世論調査員、世論アナリストを経て、現在は世論、選挙政治、メディア、民主主義における市民権の権利と義務について講義・執筆している。

国民感情が伴っていれば何でも成功するが、それがない場合はすべて失敗する。従って、国民感情を形成する者は法令を定めたり決定を表明する者より大物である。

——エイブラハム・リンカーン（リンカーンとダグラスの討論にて、一八五八年七月三一日）

一九六五年、進路を変更したことを両親に知らせようと思って大学から電話した。

「父さん、専攻を政治《ガバメント》に変えることにしたよ」

電話の向こう側は、しんと静まりかえったままだ。そのうち父が母にこう言うのが聞こえた。

「ゲイリーが自分で政府《ガバメント》を樹立することにしたそうだ」

父のおざなりでいささか嘲笑するような反応は、その当時の政治や政府に対する一般的な感情そのものだった。その後の三〇年で、一般市民のこうした軽い懐疑心はもっと厳しいシニシズムへと悪化していった。

今日、有権者はどういう現実に甘んじているか。米国共和制の当初、大統領はジョージ・ワシントンかジョン・アダムス、ジョン・アダムスかトマス・ジェファーソン、トマス・ジェファーソンかアーロン・バーといった人物から選ぶことができた。それが最近では、マイケル・デュカキスかジョージ・ブッシュ、ジョージ・ブッシュかビル・クリントン、ビル・クリントンかボブ・ドールのどちらかを選ばなければならない。進化論を唱えたダーウィンは間違っていたと信じている人がこれほど多いのもうなずける。

政府が良くならないで悪くなっているという確信と今日の官僚の能力不足は、現代政治の大きな特徴となった[1]。政権は三〇年のあいだに入れ替わり、支持率は指導者や政策によって上下した。だが、政権の座にあるのがどの党であっても、国民の信頼は下降の一途をたどってきた。深夜のトーク番組でコメディアンは、政府と指導者をからかっていれば確実に笑いがとれる。一部の人は「ガバメント」そのものを忌み嫌うようになってきた。メリーランド州モンゴメリー郡といえば、大勢の連邦政府官僚のおひざ元である。そこの民主党員の行政官は公用の便箋、車、名刺に「ガバメント」という言葉を使わないことにした。「尊大」で「反感を覚えさせる」というのがその理由である。[2]

これは深刻に受けとめるべきことだろうか。政府に対する信頼が低下しても心配することはないという人がいる。国民の幻滅が公共のことがらに根本的影響をおよぼすわけではないという。この線で言えば、政府に対する疑いは米国の政治文化における古くからの気質であり、一般市民の信頼は極端な場合にはヒトラーの第三帝国のような忌まわしいことになる[3]。世論調査で見ると、国民が政府に不満を抱いていても日常生活にはそれほど不満ではなく、底にある立憲政体の正統性を支持しなくなったわけでもない[4]。一部の人は、政治不信は儀式的否定主義、つまり永遠に心が離れたのではなく一時的に変動しているだけだという[5]。もっと極端な見方をする人によると、肝心なのは政府の客観的実績であって世論は関係ない。

さらには、国民の不信を歓迎する向きさえある。政府と指導者に警戒心や疑いを抱くことは民主主義にとって良い前兆だそうだ。政府の行動や中央集権に必要な抑止力となり、個人の自由を強め、マディソン的伝統を再主張するからだという[6]。

私は国民の不信をこのように楽天的に考えていない。今日見られる不満は一時的でも上辺だけのものでもなく、政府に深く（そして否定的な）影響をおよぼすと思っている。国民感情のいくつかの流れが合流して幻滅感のうずまく河となり、いま政治家はそのなかを泳いでいる。こうした流れには、共和国が建国されたときに遡る昔ながらの権威に対する疑いから、その後に生じて急速に広まっている政治家に高潔さがなくなったという思いまでいろいろある。だが、今のシニシズムは昔からあった政府に対する懐疑心がここにきてまた表われているとか、特定の政治家や政党が不人気だからというようなものではない。今日のシニシズムを後押ししているのは党やイデオロギーを越えた不平不満であり、政治の機関、制度、プロセス全般について不平不満がたまったものであり、もっと奥深い。一時的な不調にとどまることなくシニシズムが三〇年もつづいたため、その間に軽い不満は多くの市民にとって憤激と嫌悪に変わった。

国民の不満はまた、民主主義にとってよくない。大衆に強く支持されていない措置は憲法上の構造によって取りにくくなっているため、統治が妨げられる。それに、政治に関する論調に見られる今の煽動的で否定的な傾向が煽られる。有能な公務員の採用や確保が難しくなる。任期の制限、重税批判、第三の党があればうまくいくという意見、党内外からの過激な訴えといった複雑な問題に対し、右、左、中間のあちこちから急場をしのぐ方策が出てくることになって、実際的でしっかりした解決策の出る幕がなくなる。

大衆が政府に敵意を抱いていることは深刻に受けとめるべきであり、解決策を見つけるには、国民の見方と期待がどういうものであるかを細かく分析しなければならない。したがって、国民の信頼の動向を示す証拠からまず見ていく。そこから導かれて、一般的にあげられている政治不信の原因をいくつか検討する。結論としては、これらのほとんどは最小限の影響しかおよぼしていないということになるので、次に政治不信そのものに立ちかえってその構成部分を特定していく。こうして特定した構成部分は、国民のシニシズムの原因と可能な解決法を明らかにするのに役立つ全体的枠組みをもたらすものである。

国民の信頼に何が起こったか

米国民の気持ちが政府からどんどん離れていくさまが、カルバン・トリリンの回想録『デニーの思い出』に鋭くとらえられている。一九五〇年代の大学時代、あらゆる面で優秀な同級生がいて、友人たちはよく冗談半分に将来は大統領になるにちがいないと言っていたそうだ。その同級生について述べたあと、トリリンはこうつづける。

冗談にしてもそういう会話をかわしたことは、今にして思えば五〇年代らしい話だ。当時、社会はわれわれが動かすものだと思われていたし、指導者層を育てるという意識があった。それに社会は、指導者となって動かす価値があるものだった。一九七〇年、イェール大学がどう変わったかについて書くのにニューヘイブンに戻り、学生たちの話を聞いた。ちなみに七〇年は、どう見るかによるが、大学生の不満と反抗心が最高潮または最低の状態にあったときだ。四年生のグループに、将来、大統領《プレジデント》になるような人がクラスにいるかどうか尋ねてみた。とまどったような沈黙があり、やがてひとりの男子学生が口を開いて、「プレジデントって、どこのですか」と聞く。五〇年代には、そんなことは言うまでもなかった[7]。

トリリンも触れているように、政府に対する信頼は第二次世界大戦後の二〇年間が頂点だった[8]。政府への信頼度が最も正確に表われるとされる調査によると、一九五〇年代末から六〇年代初めには米国民の約七五%が米国政府を「いつも」か「大半の場合」信頼しており、「ときどき」か「全然」というのは二五%以下だった［次頁の図3・1を参照］。六四年以降、それがほぼ一直線に下降した。九四年になると国民感情は黄金の五〇年代から見て完全に逆転する。米国民の四人に三人が政府を信頼していたのが、四人に三人が信頼しなくなったのである。これほど

［図3-1］政府に対する信頼の低下

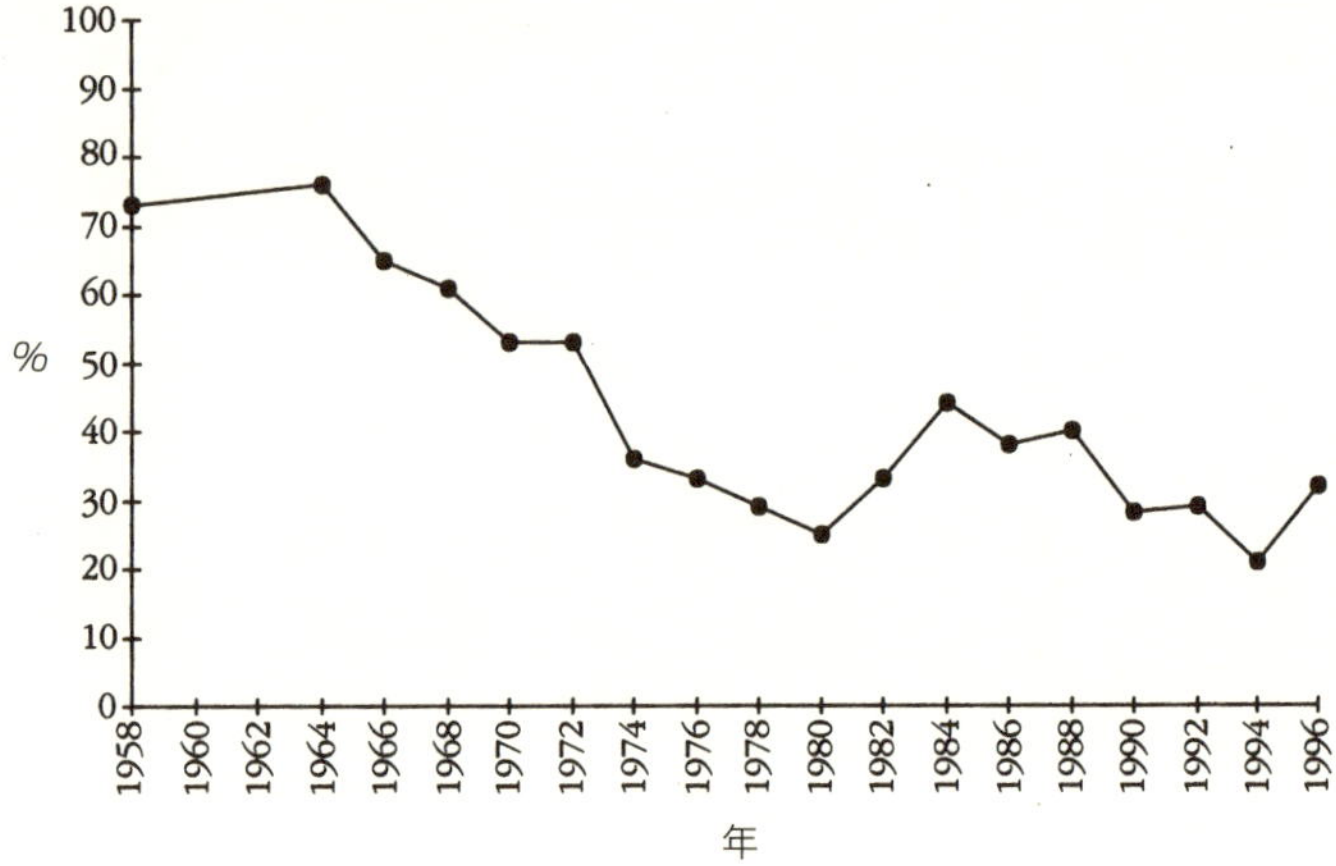

数字は、「あなたが米国政府は正しいことをしていると思うのは、〈いつも〉〈大半の場合〉〈ときどき〉のどれですか」という質問に、「〈いつも〉または〈大半の場合〉信頼している」と答えた人の割合。

出典：American National Election Studies, 1958-1996, University of Michigan.

の世論の転換はめったに見られない。

国民の幻滅感は一律に増していったわけではない。黒人暴動やベトナム反戦で揺れたリンドン・ジョンソンの政権下の一九六四年から六八年には一五ポイント下がり、リチャード・ニクソンが大統領になって最初の二年間にも八ポイント下がった。ウォーターゲート事件があり、ジェラルド・フォードがニクソンを恩赦した七二年から七四年には、さらに一七ポイント下がった。総合すると、不信の水準は六四年からの一〇年間で三倍近くまで上昇した。ジミー・カーターの政権でも信頼低下はつづき、ロナルド・レーガンの一期めの八〇年以降、少し回復する。ウォーターゲート以前の水準まで持ちなおしたものの、長くはつづかなかった。レーガン政権の二期めには、また下

［図3-2］反応しない政府と不信

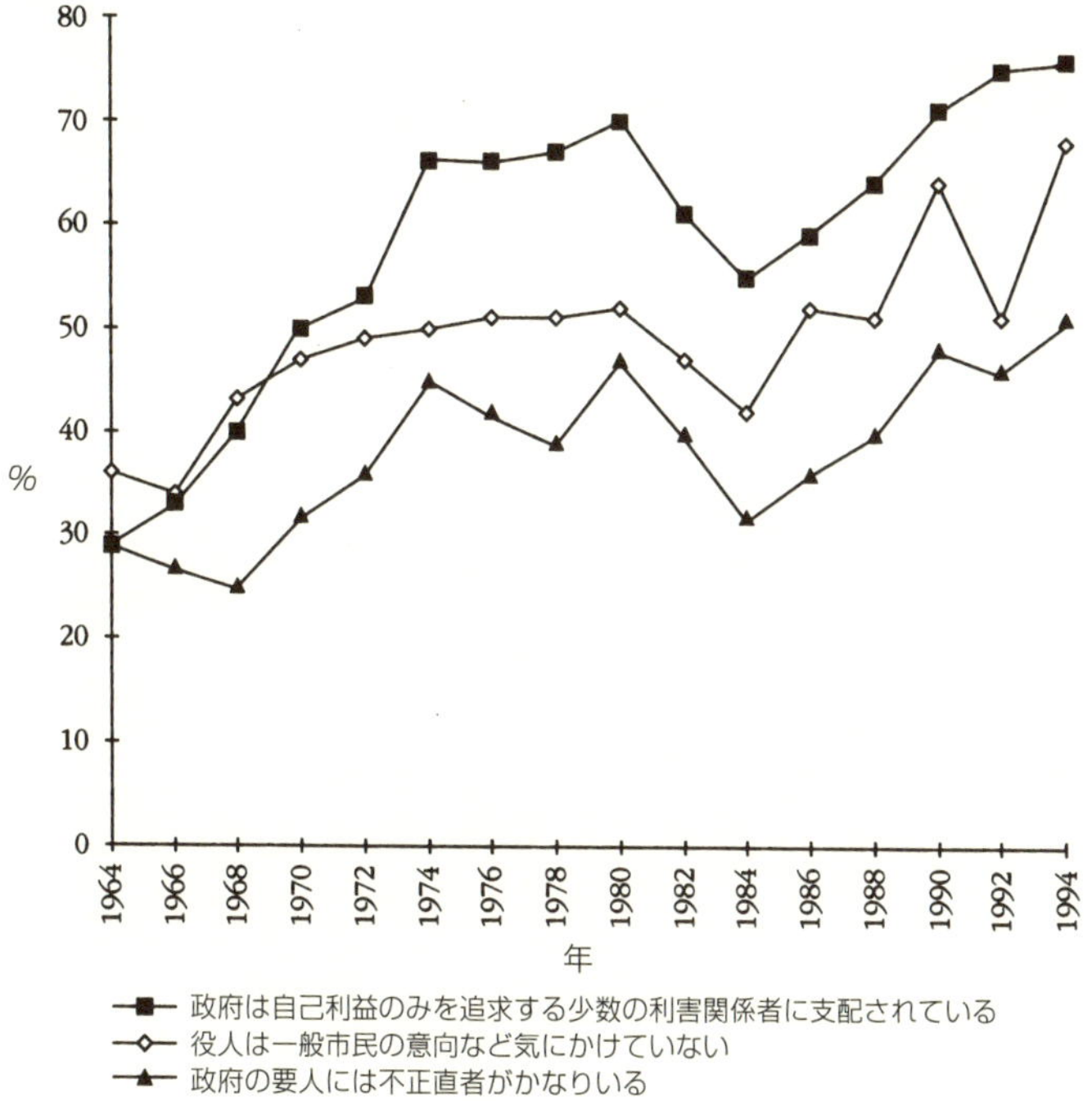

出典：American National Election Studies, 1964-1994, University of Michigan.

がりはじめる。ジョージ・ブッシュが大統領になって二年めには、信頼の水準はレーガン以前の低さにほぼ逆戻りし、ビル・クリントンの政権になってからも下がりつづけた。クリントン一期めの後半には一一ポイント上昇して盛りかえしたが、ブッシュ政権の末期をわずかに上回る程度だった。六四年以降の信頼低下度を全体で見ると、民主党政権でも共和党政権でも同じようなものだった。

　こうして幻滅が募っていく様子は、政治に対する信頼、政府の信任、政府の反応について別の角度から質問した世論調査によく表われている［前頁の図3・2参照］[9]。たとえば、一九六四年以降、政府は自己利益のみを追求する少数の利害関係者に支配されていると感じている米国民の数は二倍以上の七六％に、そして役人は一般市民の意向など気にかけていないと思っている人は三六％から六六％に増えた。政府の要人に不正直者がかなりいると答えた人も二九％から五一％へと増大している。人びとは政府の問題解決能力を信用しなくなっただけでなく、政府が関与すると事態が悪くなるとまで思うようになった。

こうした態度は、直接民主制という手段を通して政治に現われた。一九七〇年代後半の重税への反発や九〇年代の任期制限運動では、不満を抱いた市民が州の住民投票や国民発案を利用して自ら問題の解決にあたった。選出された役人の任期を制限する選挙法案は、これまでに二五ほどの州でたいていは大差で可決されている。

行政府、連邦議会、最高裁判所に対する信頼は、一九六六年から七一年のあいだに急落し、そのあとはわずかに下向き（八四年頃に少し回復したのを除いて）かなり低い水準にとどまっている。これら政府の三部門のなかで米国民に最も信頼されているのは最高裁判所であり、大統領府はそれをはるかに下回り（当然ながら調査ごとの変動幅はいちばん大きい）、連邦議会はさらに下である[10]。

州政府と地方自治体は、それより少しはましという程度だ。どのレベルの政府が、支払った税金に最も見合った仕事をしているかと質問された米国民は、一九七二年には連邦政府だと答えていた。二〇年後、地方自治体のほうが（少しだが）信頼されている［図3・3参照］[11]。この変

[図3-3] 税金に見合った仕事をしているのは？

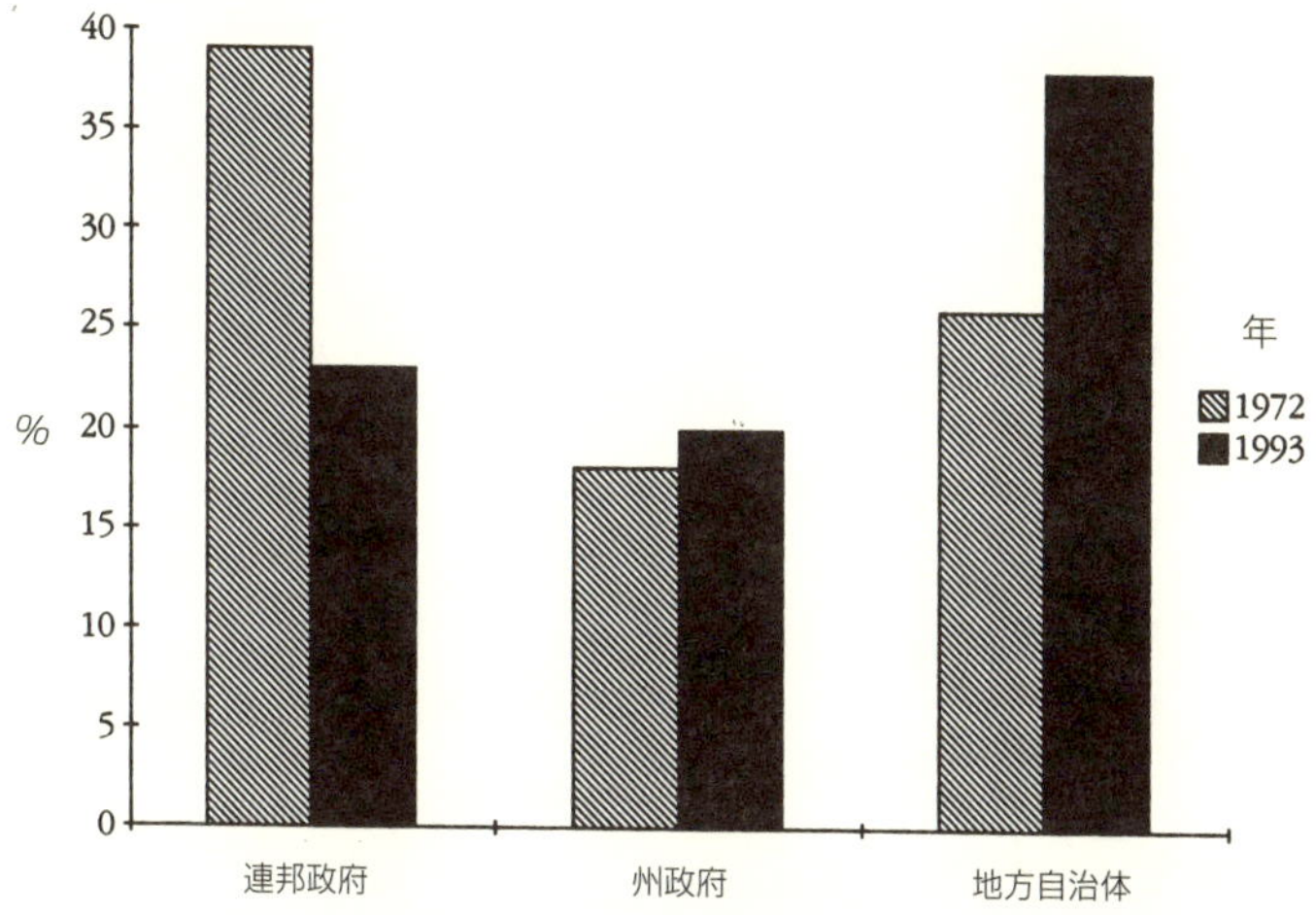

出典：*Changing Public Attitudes on Governments and Taxes*, U.S. Advisory Commission on Intergovernmental Relations, Washington, D.C., 1993.

化の理由として考えられるのは、連邦政府とは、じかに接する機会がはるかに少ないため、ニュースメディアからの印象に左右されることである。政府についての報道は否定的なものがますます増えている。そうはいっても、州政府と地方自治体に対する信頼も過去三〇年間に低下している。

失墜したのは政府だけではない。序論にもあるように、一九六〇年代末以降、どの主要制度も高く評価されなくなってきた。米国民は、銀行、企業、労働組合、弁護士、医師、大学、公立学校、報道機関を信じなくなった[12]。しかも、これは米国だけの現象ではない。第九章でロナルド・イングルハートが明らかにするように、階層制社会の権威が全般的に尊敬されなくなり、政府がその最たるものだというのは世界的傾向である[13]。

政治が信頼されなくなった原因を追究しはじめるにあたり、こうした傾向が一般的かつ特定的であることを心にとめておく必要がある。不信の傾向には驚くほど普遍的なところがあり、多くの主要制度が米国内外でほとんど同時に信頼されなくなっている。しかし、傾向には特有の面もある。政府に対する信頼の失われ方は継続的でも一律でもなかった。米国でも他の国でも具体的な条件やできごとに反応して変動している。さらに、ひとくちに政府といっても、行政・立法・司法府、連邦・州・地方、諸機関に対する人びとの評価は一様ではなかった。

原因の究明

米国民が三〇年前と比べて政府を信頼しなくなったのはなぜだろう。この問題を調査するにあたっては、不満を抱いている層が調査結果を歪めているのではないか、と特定のグループにシニシズムが集中しているのを捜し出したくなる。あるいは、政府への信頼低下と関連するような大規模な心理的または経済的な傾向に目を向けたくなる。だが、この線で調査を進めても、弱い不確定的な相関しか見出せない。あらゆる層の米国人が政府

「政府の役人は私たちの税金を、たくさんむだづかいしているか、一部をむだづかいしているか、あまりむだづかいしていないか」では、たくさん＝0、一部＝50、あまり＝100。「政府には不正直者（64年は、少し不正直な者）が大勢いるか、それほどいないか、ほとんどいないか（64年の場合は、全然いない）」では、大勢＝0、それほどいない＝50、ほとんどいない＝100。

4つの質問への回答者の得点を合計し、それを有効回答数で割り（小数点以下は四捨五入）、それから各グループごとの平均値を計算した。得点は0〜100。

出典：American National Election Studies, 1964 and 1994, University of Michigan.

［表3-1］グループ別の政府信頼指数の平均値、1964年と1994年

	1964年	1994年
男性	52	26
女性	51	26
白人	51	26
黒人	57	29
南部	50	29
南部以外	52	25
中卒・高校中退	51	29
高卒	54	25
大学中退	50	25
大卒・大学院	52	27
世帯所得（全体を100等分して）		
0～ 16の層	50	30
17～ 33の層	51	27
34～ 67の層	53	25
68～ 95の層	52	25
96～100の層	54	27
職業		
専門職	51	27
ホワイトカラー	52	25
ブルーカラー	52	25
非熟練労働者	60*	28*
農業	52	26*
主婦	51	25
労組加入世帯	54	26
労組未加入世帯	51	26

	1964年	1994年
出生年別の世代		
1975年以降	—	27
1959～74年	—	27
1943～58年	51	25
1927～42年	54	25
1911～26年	51	29
1895～1910年	49	30*
1895年以前	50	—
年齢		
17～25歳	52	27
26～35歳	55	26
36～45歳	52	24
46～55歳	50	25
56～65歳	49	24
65歳以上	49	27
プロテスタント教徒	50	25
カトリック教徒	56	27
ユダヤ教徒	47*	29*
自己判断による イデオロギー傾向		
リベラル	—	28
中道	—	26
保守的	—	25
民主党員	55	28
無党派	46	23
共和党員	46	25

*：平均値は50人以下の回答者によるもの。

—：グループ内に該当するものがないか、質問していない。


［注］政府信頼指数は4つの質問への回答を以下の要領で総合したもの。

「あなたが米国政府は正しいことをすると信じられるのは、いつもか、大半の場合か、ときどきか」では、全然［自発的回答］＝0、ときどき＝33、大半の場合＝67、いつも＝100。

「政府は自己利益を追求する少数の有力者に支配されていると思うか、それとも国民全般の利益を目指していると思うか」では、少数の有力者＝0、国民＝100。

を信頼しなくなったのである。今、国民のあいだで見られるシニシズムは、黒人と白人、男性と女性、金持ちと貧乏人といったカテゴリーを超えたものだ〔前頁の表3・1参照〕。政府に対する信頼低下は、あらゆる層におよんでいる[14]。

年齢は関係しているだろうか。年配者のほうが政府を支持しているのではないかと思うのは理由のないことではない。何といっても政府に最も信頼が寄せられていた時期に育っているし、党への忠誠心はより強いし、社会保障プログラムの受益者も大勢いる。ところが、これは見当ちがいである。一九六四年以降、最年長層がいちばん不信感を抱いており、最も若い層がいちばん信頼している。

政府への信頼低下は、心理学的に見ると人間関係の信頼感と関連しているとよく言われる。こちらも一九六〇年代と比べると二〇％低下している。事実、こうしたつながりは五〇年代から社会学者によって指摘されてきた[15]。最近では九五年のワシントン・ポスト紙の世論調査に、他人を信じていない人は連邦政府や他の機関・制度も信頼しない傾向があると表われている。ワシントン・ポスト紙によると、「相互の不信感は、米国民が連邦政府とほぼすべての主要な国の制度を信じなくなった最大の原因のひとつである。…こうした人間性への信頼の崩壊が政府への信頼の低下を招いた。…米国民の大多数がほとんどだれも信用できないと思っているような環境では、すべての政治家は腐敗し、金銭ずくで、自己の利益のみ追求し、さらに政府のすることは失敗するに決まっていると思うようになる」[16]。こうした強力な主張があるにもかかわらず、学問的な研究調査では個人間の信頼と政府への信頼の関連はそれほど大きくないという結果が大半を占めている[17]。調査によると、個人間の信頼は育った時代と密接に関連しており、一九四五年以前に生まれた人は、それ以降に生まれた人と比べてずっと同郷人を信用する傾向がある。それとは対照的に、政府不信はどの世代にも見られる[18]。だから、社会の不信感が高まったので政府への信頼回復がよけいに難しくなるということはあっても、それが三〇年間におよぶ政治への信頼低下を招いたとは思えない。せいぜい言って、この関連性についての判定はこれからである。

このあとの章で示されるように、社会資本（共同・市民生活の基盤）が縮小したことが政府への信頼に直接ひびいたとは考えられないし、政治への支持の推移を景気や個人の経済状態のせいばかりにすることもできない[19]。人口統計的・心理的・社会的・経済的要因といった必ず疑われるものは、一見すると政府への信頼低下のちょうどよい説明となっているが、それらは退けるか、少なくともより決定的な相関関係が立証されるまで保留にしてかまわない。政治不信そのものをもっと念入りに見ていくと、いろいろなことがわかってくるはずだ。

国民の満足感を「解読」する

ロバート・パットナムが指摘しているように、国民の政府に対する満足度は「期待と実際の業績の混合物」であり、国民の期待に対する政府の実績の割合で大体のところを表わすことができる。満足度が下がったときは、政府の業績が低下したか、期待が膨らんだか、双方の組み合わせのいずれかだと思われる[20]。

この公式は分析を進めていくのに役立つが、それには二点について大きな修正が必要だ。第一は、国民の期待と国民の政府に対する「認識」（実際の業績と合致することもしないこともある）が一致するのがいちばん意味があるということである。第二は、「業績」という言葉を政府の三種類の行動（これについては後述する）のうちのひとつを意味するときにだけ用いることである。修正した公式は上記のようになる。

$$\text{満足度} = \frac{\text{政府に対する認識}}{\text{国民の期待}}$$

この単純だが啓発的な公式は、この三〇年間、そのようにはっきりと示されていてもいなくても、政府への信頼に関する研究の底流にあるモデルだった。だが、政府に対する満足や不満足の原因をつきとめるには、「政府に対する認識」と「国民の期待」というモデルに登場する二つの用語を正確に定義しなければならない。まず、政府に対する認識の構成要素を見きわめることにする。それには、政府に対する態度に見られる六つの傾向もしくは発生源を見つけることだ［表3・2を参照］。

まず、人びとの政府への見方を形成する長期的要因が二つある。植民地時代の昔から米国の政治文化にあった政府への反感と、六〇年代から台頭した比較的新しい、階層制社会の権威に挑戦するポスト物質主義的価値観である。この二つは、日々の政治の騒々しさの底にたえず流れていた通奏低音である。

これより直接かつ短期的な四つのプロセスも、政府への見方に影響する。そのうち三つ——

[表3-2] 国民の満足感を構成する要素

認識

長期：昔からの懐疑的態度
…………政府と集中的権力に対する植民地時代からの不信感
ポスト物質主義的価値観
…………先進工業社会での階層制度的権威に対する挑戦

短期：業績…………政府がとる措置の効率の評価
政策…………特定の政策に関する意見の不一致
高潔さ………政治指導者と政治プロセスの高潔性の評価
政府の弾劾…政治指導者と報道機関による政府批判

期待

欲求…………政府のプログラムとサービスへの要求
予想…………政府が達成できることの予測

政府の業績に対する国民の評価、一定の政策に関する国民のイデオロギー的見方、政府の人間とプロセスの倫理と高潔さに関する国民の評価――は、「政府が〈正しい〉ことをすると信じていますか」という質問をどう解釈するかに対応している。「正しい」といっても、人によって「効果的」「イデオロギーとして正しい」「倫理的」と受け取り方はさまざまだ。これら三つの不満の源はまた、政治問題の三つの基本タイプにも対応している。業績の問題（政府の仕事ぶりをあとから判断する）、立場の問題（人びとが賛成または反対する政策の選択肢を明らかにする）、誘意性のある問題（正直さ、平和、犯罪撲滅といった、目標に関してだれもが同意するようなもの）である[21]。四つめの要因は、政治指導者と報道機関による政府の弾劾である。

●一般市民の認識

昔からの懐疑的な態度　米国の共和制は疑いに満ちた環境のなかで誕生し、それが今日まで尾を引いている。サミュエル・ハンチントンはこう述べている。

「政府不信はアップルパイと同じくらいアメリカ的である。これまでずっとアメリカの政治的伝統において中心的で途切れることのない独特の要素であったし、国民は政府を信頼すべきだという考え方は、その伝統との完全な決別を意味する」[22]

ポスト物質主義的価値観　政府や制度に対する国民の幻滅をもたらす二番めの長期的な原因は、一九六〇年代半ばから終わりにかけて現われてきた。多くの学者によって、技術の進歩と経済発展とともに世界中で政治的権威が国民に支持されなくなったことが明らかにされたのである[23]。この見方によると、工業化に成功すると一般市民は経済的・物質的な安全を心配しなくてもよくなり、自己表現や自己実現に関心をもつようになった。その結果、先進工業国の国民は既成制度に属する指導層に挑戦するようになった。

国民の不満をもたらすこれら二つの長期的な原因——昔からの懐疑的な態度とポスト物質主義的価値観——は、政治学者が「標準投票」について考えるときのように考えてみるとわかりやすいかもしれない。標準投票とは、他はすべて同一として、政党支持と投票率の長期にわたるパターンを表わす基準線もしくは予想される投票のことである。その選挙に直接かかわる状況（たとえば、選挙戦で焦点となっている問題に対する世論）によってどのくらいこの標準から離れたかを算出すれば、投票の長期的・短期的な構成要素を識別することができる[24]。それと同じように、業績、政策、高潔さに関する国民の直接の意見から、国民の不満を構成する長期的要素を分離させることができるはずだ。

業績　国民の満足度に影響することでいちばんはっきりしているのは、人びとが政府の能力をどう評価するかということだろう。この主観的な評価は、実際のまたは「客観的な」業績とは必ずしも一致しない。前の章でデレク・ボクは、経済の繁栄、生活の質、機会、個人の安全、社会的価値といった大半の米国人が最も重要視している数多くの国内問題において、連邦政府はかなりよい業績をあげたと主張している。米国は他の国より分野によっては劣っていたり比べものにならないこともあったが、今日の米国人は政府のほとんどの活動分野において一九六〇年代より恵まれた状態にあるし、七〇年代半ば以降は多くの分野で急速に進歩するようになった[25]。ところが、こうしたかなりバラ色の現実が人びとを感銘させるに至っていない。それどころか、主要な指標の多くに連邦政府が成果をあげていることが表われていた六四年から七六年の時期、政府への信頼は最も大きく落ち込んだ。こうした認識と現実のギャップは、州政府と地方自治体にも見られる[26]。さらに、こうした現象は米国だけではない。なかでも、最も著しいコントラストが見られるのは日本だと思われる。日本では政治に対する幻滅と個人の不満が何年ものあいだ華々しい現実と共存してきた、とスーザン・ファーは述べている（第十章を参照）。

これは一体どうなっているのだろう。いくつかの要因がありそうだ。まず、一般市民にとって最もわかりやすい比較は、今の政府の実績が一五年前や三〇年前と比べてどうかではなく、今の政府の実績が目下の期待と比べてどうかということではないだろうか。もうひとつの点は、一般市民にとってすべての政府実績の指標が同じ重みをもっているのではないことだ。研究や技術の成果や芸術への助成金は、犯罪、貧困、読解および数学の成績が悪化することに比べるとはるかに印象が薄い。同じように、こうした問題について人びとがなかなか忘れないのは良いニュースより悪いニュースである[27]。さらに、政府の役割にはどちらとも解釈できるものが多い。百戦錬磨の政策アナリストでさえ、政府が社会問題におよぼす影響を数限りなくある他の要素から分離させるのに苦労する。だから、政府がポリオ撲滅に貢献したことを国民が認識しないで、犯罪、麻薬、都市の荒廃との闘いに負けたことを不当に政府のせいにしても不思議ではない。

とはいえ、実際の業績と人びとの認識がこれほど食い違っている最大の理由は他にある。政府の実績が悪く受けとめられたのは、第二章で取り上げられていない劇的で目立つ国外の不運なできごとと国内の衝撃がつづいたことが大きい。何年にもおよんだベトナム戦争の拡大と行き詰まりに国内の反戦運動、多くの大都市での人種暴動、ウォーターゲート事件・イラン人質事件・イラン・コントラ事件・エネルギー危機・貯蓄貸付組合といった危機の数々。これらの合間には二桁《けた》台のインフレ、スタグフレーション、景気後退がひとしきりつづいた。

大勢の人がイデオロギーや政策の好き嫌いとは関係なく、タカ派であれハト派であれ、リベラル派であれ保守派であれ、政府は問題をきちんと処理できず、公約を果たしていないという結論に至った。ここでは国民は、政策の代替案を議論する討論者ではなく、政府が効率よく適切に問題を解決できるかどうかを評価する裁判官という最も伝統的で心地よい役割を演じていた[28]。一九六四年から九四年まで、国民による裁判官はえんえんと「だめだ」という裁決を下しつづけた。

政策　政府に対する信頼低下の一部は、政策の方向や代替案に不賛成であることからきている。政府の仕事ぶりがなっていないから信頼しなくなった人たちとは対照的に、政府がまちがった使命をたくみに推進しすぎるから信頼しなくなった人もいる。政府の政策は、現実のものであれ考慮中のものであれ、こうした人びとの政策の好みやイデオロギーの原則と合わなかったのかもしれない。あるいは、どちらの政党も、人びとが望んでいる政策についての考えを代表していないのかもしれない。

人種問題やベトナム戦争といった対立する問題で意見が分かれた超リベラル派も超保守派も、一九六〇年代半ばから終わりにかけて政治への信頼を先に立って下落させた。当時、政治に対して最もシニカルだったのは、支持する政策が超リベラルでも超保守でもなく、二大政党が提供した中道的な選択肢を認めない人びとだった。政治学者のアーサー・ミラーは、彼らを「左派のすね者」「右派のすね者」と称した[29]。だが、かなりすぐにイデオロギーを問わず、だれもが不満を抱くようになったため、先ほど述べた全般的なパターンが定着する。一九八八年になっても、極左と極右にはシニシズムの痕跡がより色濃く残っていた。これは政治指導者のメッセージがイデオロギー的にどのくらい対立を引き起こしたかによって程度の差こそあれ、ずっとつづいてきたパターンだった。

ロナルド・レーガンの一期めにいくらか回復したあと、八四年以降に起こった信頼の低下は、六〇年代の状況と似ていた。これはアーサー・ミラーとスティーブン・ボレッツリが述べているように、「レーガンの政策は思いやりがなく不公平だとするリベラル派と、政府の領域の縮小と伝統的価値の促進がまだ十分ではないと考える保守派とともに」イデオロギー主義者が先導したものだった[30]。

高潔さ　国民の不信の短期的な原因の三番めは、倫理問題に関する世論である。英国の歴史家、ウォルター・バジョットはかつて、政府にとって国民の信頼を維持するのに最も重要な属性は能率ではなく品格だ、と主張したことがある[31]。国民は、指導者と政治のプロセスの高潔さから見て、政府の品格が大幅に下がったと感じている。

政治指導者の倫理的イメージは、職業人としての誠実さや適切さのなさから個人としての思慮のなさまで、そして性格の弱点からそれこそ腐敗まで、さまざまな付随条件によって形作られる。一九六〇年代以降、一般市民は大統領の言うことと現実の矛盾（「トンネルを抜けると光が」「私は不正直者ではない」「テロリストとは交渉しない」「私の言わんとすることをわかってもらいたい…増税はしない」など）、政治スキャンダル、不快な影響の押し売り、詐欺行為やえこひいきを目の当たりにしてきた。九六年の選挙後、民主党への外国からの違法な政治献金や、共和党下院議長による政治目的の免税組織不正利用をめぐって、両党のあいだで倫理違反や偽善の非難合戦となり、国民には政治への不満の冬がまたやってきた。

政治と他の制度への信頼は、これらの指導者たちの倫理感と道徳心に対する国民の認識と密接な相関関係がある。そのいずれにおいても政府の役人は低く評価されている[32]。職業別の正直さと倫理感の評価では、上下両院議員は中古車のセールスマンよりは上だが弁護士より下で、最下位に近い[33]。

最近、政府を信じない最大の理由として国民があげたのは、公官吏に正直さと高潔さが欠けていることだった。その次には僅差で、政治家が国民より自己の利益を追求していることがあげられた[34]。それなりの成果が数字にも表われていたのに政府の実績が高く評価されなかったときと同じように、国民は多分、腐敗が実際にあるより多いと思っている。基準を厳しくし、取締りと監視を強化し、報道機関がしっかりと見張っていれば、これまでより多くの違反が発見され、公表され、腐敗が増えているという印象が強くなる[35]。前にも述べたように、「政府を支配している人のなかに不正直者が大勢いる」「政府は自己利益を追求する少数の利害関係者に支配されているようなものだ」と答えた米国民の数は、一九六四年からの三〇年間にうなぎのぼりに増えた。

政治の腐敗やスキャンダルが劇的に明るみに出て、それが倫理的な不信感を後押ししたのは言うまでもない。だが、米国の指導者の政治家としてさらに人間としての信憑性は、それより目立たない証拠からも疑わしくなった。一九九六年の大統領選挙のときの変幻自在な二候補を思い出してもらいたい。供給側重視の経済理論は遺憾だと言ったかと思ったら翌日には擁護したり、最初に左派を（大々的な医療制度改革で）取り込んだかと思ったら次に（「大きな政府の時代は終わった」と言って）右派を取り込んだり、イデオロギーをころころと変えるのを見て国民は、クリントンとドールには主義というものがあるのかと思ったものだ。これとはまったく対照的だったのがロナルド・レーガンである。国民は世論調査にはいつも、レーガンの政策には反対でも政治的高潔さはみごとで尊敬できると回答したものだ。レーガンにはイデオロギーの一貫性、定まった信念への忠実さがあるように思われた。この政治的に信頼がおけるという印象が、レーガン政権一期めに国民の信頼が急増したのに少なからず貢献したのだろう。

政治指導者が人間として信頼できるかどうか疑わしいこともまた、国民のシニシズムを増大させる。ふたたび一九九六年の大統領候補に目を向けると、ドール上院議員は服装で個性まで変えられると思ったのか、議員を辞めた日にネクタイを外してそれを大いに宣伝していたし、クリントン大統領は最初の大統領選挙で「（マリファナを）吸い込んではいない」と主張して、さんざん笑いものにされた。こういった小細工ばかり弄しているから国民は政治家を信頼しなくなる。

政府が行動するときのプロセスも、人格と同じくらい疑わしくなった。国民はワシントンで繰り広げられている議事妨害や口論にうんざりし、政治は「議事手続きの不公平」と過剰な影響力や不当な特権をもつ特別関係者に押し切られていると感じている[36]。

なかには、政治が信用されなくなったのは公官吏の守備範囲外の強力な勢いのせいだという人もいる。つまり、技術と情報が急速に変容していること、家族の構造と結びつきの形態が大きく変化していること、世界経済の動向、変わりつつある政治的状況などである。こうした非政府要因は重要な役割を果たしているが、政府が信頼されなくなったのは海が荒れたからというだけでなく、船の舵取りのせいでもあると思われる。政治に対するシニシズムは、公官吏の業績、政策、高潔さに目を向けないと説明できない。信頼が低下しつづけたのは、外部の動向による影響だけでなく、政府そのものと深い関係があるというのが本章の主張である。

政府の弾劾　情報メディアを政治不信の主犯にしたい誘惑にかられる。この説によると、この三〇年間は政治不信が高まる前と比べて政府の実績が悪かったわけでも、政策で激しく対立したわけでも、政府高官が見劣りしたわけでもない。違うのは、この三〇年間にメディアの技術と方法が大きく変わったことだという。現代メディアが集中的にスポットライトを当てるから、国民は政府の問題点や欠点を意識するようになったというのである。

この考え方は大いに的を射ている。実際、私自身も他のところでこの説を展開し、ニュース報道の量とスピードが増していることの影響を強調したことがある[37]。だが、この主張は安易で大ざっぱすぎるようだ。メディアだけのせいにしすぎている。ほとんどの人がメディアを通して国内および海外のできごとや政府の行動について情報を得ているのはほんとうだ。今では対面によるのではなく報道機関が公共情報源となっている。だが、国民がメディアを通して泥沼化したベトナム戦争や貯蓄貸付組合の危機や景気の後退などについて知り、政府はだめだと思うとき、この態度の変化は「メディアのせい」だろうか。もしそうだとすると、世論の変化はすべてメディアが原因だということになる。メディアという伝達手段を通して情報が入手されるだけで、メディア効果というレッテルを貼られるのはおかしい[38]。

メディア効果と呼ばれてもおかしくない影響は、メディアが（意図的であってもなくても）報道の仕方によって情報を形作るときだ。リポーターや編集者が判断して、どの事件をどのように取り上げるかを決めるとき、報道機関はニュースを変えたり歪めたりすることがある。故意にか知らないうちに、リポーターの個人的な偏見や報道機関の事情によって取扱いが偏ることがある。これらは本質的に解釈、強調、トーンの問題である。

もっと本物のメディア効果に限った場合でも、メディアが世論におよぼす影響は大きい。メディアそして一般にオピニオン・リーダーは、伝えたいことをどのように表現して政府に対する国民の意見を形作ったのだろうか。

V・O・キー・ジュニアは『世論とアメリカの民主主義』において、大衆の態度は「公共のための行動を導くため、または政府が行動するときや公式の話し合いを進めるときの裁量の幅を定めるための水路」だと述べている[39]。だが、何がこうした態度を実際に形作るのかという点は十分に説明されていない。「パズルの欠けているピース」こそ政治エリートが演じた中心的役割だとして、こう述べている。「政権がどのくらい民主的に機能できるかというパズルを長々と考えれば考えるほど、その説明の大部分が指導層を動かす動機、指導層がもっている価値観…

に見出せるように思えてくる。民主主義の秩序の健全さに欠かすことができない要素は、秩序のなかにあって強い影響力をもつ者、オピニオン・リーダー、政治活動家の信条、基準、有能さである」[40]。過去三〇年以上にわたって、影響力をもつオピニオン・リーダーの一部は反政府感情のうねりに逆らってきたが、多くは流れとともに進み、それによって大衆の幻滅感を後押しする波を生じさせてきた。政治指導者や報道機関による政府の弾劾は日常茶飯事となり、気がかりな時勢を表わすものになっている。

これは表面的には、昔からの懐疑的態度がまた表われているだけか、特定の政策や指導者を承認できないという健全な意思表示のように見えるが、実際は、そのどちらでもない。政府バッシングは、それ自体が力強い不満の流れとなった。事実、政治指導者や報道機関が政府を弾劾するようになって三〇年ほどしか経っていないのに、昔からの懐疑的な態度とポスト物質主義的価値観という二つの長期的傾向と共通点がある。これら三つとも、現代の政治文化にいつも必ず見られる特徴となっている。

連邦、州、地方のレベルにおいて、公官吏は選挙演説でそして公式の立場で政府を抽象的かつ具体的に中傷している。両党とも、こうした弾劾を乱発している。この関連でよく引合いに出されるのは、最初の就任演説で「政府は問題の解決策ではなく、政府こそ問題だ」と言ったロナルド・レーガンである。だが、ワシントンでの経験がないことを大統領選挙で誇らしげに訴え、さらに政府を非難し、人民を称えるのが選挙戦のテーマだったのはジミー・カーターだ。カーターの選挙運動責任者で主席補佐官でもあったハミルトン・ジョーダンは、一九八〇年の再選をかけた選挙運動を前にして頭を抱えてしまった。ホワイトハウスに四年間いたカーターが、ふたたび部外者として立候補するにはどうすればいいかという問題があったからだ。

政治家は、お互いに攻撃しあうときは、相手が政府のときよりずっと毒がある。選挙運動や統治には、とげとげしく無作法な演説が付き物となり、有権者を二分するような敵対的なメッセージを送り出して、かなりの国民をうんざりさせた[41]。このようなことをしているうちに政治家は信用を失ってしまう。国民に、「どうせ同じ穴のむじなだ」と思われるからである。

政府バッシングは過去のものだと思っている人がいたら、それは考えが甘い。一九九六年の秋、クリントン大統領はオレゴン州ポートランドでの選挙演説で、「どうしても政権を担当したいからといって、政府の悪口を言うことによって出馬できた時代は終わった」と述べた[42]。だが、これほど定着してしまった傾向は、そう言ったくらいでなくなるものではない。

政治指導者による「逆マーケティング」か、報道機関による中傷か——どちらが政府に対する国民の不信感をより募らせるかは難しいところだ。ここでも、V・O・キーが手がかりを示してくれている。政府への信頼がピークに達した一九五〇年代の米国のメディアについてのくだりで、報道機関が視点を持たなくなり、国民向けに政治の解釈や評価をしなくなったのをキーは嘆いている。

一般に、政界のできごとの取扱い方が長期的変化を遂げたことにより、報道機関はメッセージ提供者から一般通信業者へと変わった。党派的な偏りといった編集方針が報道機関の情報内容にあまねく行き渡っていたときは、忠実な読者はかなり明確なメッセージを受け取っていた。…ある意味では報道機関の役割が役者からナレーターに変わったのである。…事件を客観的に伝える報道機関は、行動の基盤となる情報を人びとに与えると思われる、解釈するという重要な役目を果たさない。…報道機関は、政治家の言うことをそのまま伝えるのが使命だと表明することになる。…いわゆる米国のコンセンサスは、米メディアの特性に根拠の一部があるかもしれない。…［メディアの］情報の中身は既存の価値を再確認し、広く行なわれている制度を支え、昔ながらのやり方を支持する傾向がある[43]。

この記述は、今のメディアと考え合わせると奇異な感じがする。たしかに、今の報道機関は一九五〇年代と比べて党派心の表われたメッセージを送り出しているわけではない。だが、報道機関は政府寄りのコンセンサスを強化する一般通信業者という役割を捨ててしまった。もはや単なるナレーターではなく、今日の政治ドラマの役者であり、政府と政治についてはっきりと否定的なメッセージを流しつづけている。キー的に言うと、報道機関は一般的な見方を強化しつづけているが、その見方が政府への信頼から不信に変わった、ということになる。

キーの記述からわずか数年後、国民の信頼が失われる直前に、メディアに二つの大変化が起こった。その一〇年前に娯楽用の媒体として登場したテレビが、大半の米国人の主なニュース源となったのである。メディア特にテレビは、あっという間に他の制度に代わって一般市民と政府を結ぶ主要な、しかも多くの場合は唯一のリンクとなった[44]。それと同時に、メディア業界人の性格も変わってきた。これまでとは違い、報道機関に、中流の上の階級出身で大卒の若い男女がおおぜい就職するようになる。トップクラスの大学の出身者が採用され、法外な給料が支払われた。ジャーナリストはエリート職業となる。この新世代のリポーターは、先に述べたような権威に挑戦するポスト物質主義的価値観に傾倒していった。ジャーナリストの活動は、ライオネル・トリリングのいう「敵対的文化」一色に包まれる[45]。

権威に挑戦する報道機関の態度は、時代の特性によって強まった。人種暴動、ベトナム戦争、ウォーターゲート事件といった政治的興奮のなか、新世代のリポーターたちはその職業的外観をでっちあげる。これらのできごとにより、彼らの職業人としての政府に対する疑念は、深い幻滅へと変わってつきまとった。彼らも国民と同じように不快だった。

新しいメディアは政府に対する国民の反感を創り出したのか、それとも映し出しただけなのかは、議論しはじめるときりがない。だが私は、国民の信頼と好意が最初に失われる原因を作ったのはメディアそのものではなかったと思う。国民がベトナム戦争を支持しなくなり、それとともに政府への信頼が急激に低下したとき、一般通念とはちがってメディアは主導的な役割を果たしていない。実際のところ、メディアの報道は政府のベトナム政策を支持していたのが、国民の不満が高まってきてから批判的な見方に変わった[46]。いずれにせよ一九六〇年代末までに、新しいメディアのシェフたちが提供するメニューが米国民のニュースへの食欲を満たすようになる。五〇年代から六〇年代初めにかけての合意のある愛国的な気風は消えてしまった。その後の三〇年間、より偏向した新方式のニュース報道が増え、国民を政府から遠ざける。

テレビの先導に追従して、印刷メディアも政治に関して否定的な報道をするようになる。報道機関に関するキーの記述から数年後には、テレビ、新聞、雑誌で、否定的な報道が急増した。ある調査によると、その割合はニュース全体の約二五%から六〇%に増えたという[47]。報道の姿勢が、批判的なものから見下すようなものに、さらに軽蔑的なものになっていくにつれ、候補者と公官吏は自己の利益を追求する二枚舌の人物というあつかいを受けることが多くなった。ニュース報道では発言をそのまま伝えることが減り、政治指導者の声が聞かれることが少なくなったが、こうした嬉しくない描かれ方に対して公官吏にはなす術がなかった[48]。メディアは、すでにシニカルだった国民のシニシズムを煽った。

時の経過とともに、新聞雑誌とテレビの報道は、解説・評論型に変わっていった[49]。ニュース報道はしだいに、政治指導者の動機や意図といった心のなかの動きを説明しようとする。この種の報道は、「インサイド・ベースボール」ふうの戦略・戦術、指導者たちの過失（「さあ、つかまえたぞ」式の報道）、ニュースの「真意を探る」という三本柱を使い分ける。だが、手品師のカーテンをめくりあげてペテンを暴くような調子の解釈や解説には変わりがない。こうしてシニシズムはさらに広がる。

今日のニュース報道はまた、以前と比べてはるかに人身攻撃が多い。メディアは政治指導者の私生活に立ち入るだけでなく、政府の措置や法令より人間とその葛藤のほうに強烈なスポットライトを当てる。その一部はテレビという媒体の本質によるのかもしれない。リポーターやプロデューサーがいくら人物より内容を強調しようとしても、視聴者はテレビに映し出される容姿とふるまいに目を奪われる。現象学者でもある社会学者のハンナ・アーレントは、避けられないこの人間化現象を三五年以上前に見取っていた。一九六〇年の民主党と共和党の党大会をテレビで見て、この制度に新しい役割ができたとコメントしている。「計りしれない性格や人格がテレビに映し出され、それを見て有権者はその人物に賛成か反対かではなく、信頼できるかどうかを決める」[50]

メディア本来の傾向の他に、リポーター自身も政策より人物を取り上げたがり、この偏りも国民が政府を信頼しなくなるのに一役買った。メディアがあまり政策に注目しないことが、政府の実際の業績を国民が知らない一因となっていることはすでに述べた。メディアはまた、ニュースをヒーローと悪者がいて裏に陰謀が潜むといったメロドラマ仕立てで報道したがるが、政治指導者がヒーロー役をもらえることはめったにない[51]。さらに悪いことに、特にテレビで徹底的に政治指導者の「素顔にせまる」ようなことがあると、尊敬されなくなるような欠点が明るみに出るのがおちである。アンヌマリー・ビゴードコルヌルがいみじくも言ったように、「英雄も近侍にはただの人」である[52]。

かつては政治指導者と報道陣は政府をしっかりと防護していたが、今ではまったくその逆だ。両者は国民の不満を噴出させる大きな源となっている。

政府への高まる幻滅感はこれまでに述べた六つの要素から生じるが、これらの影響によって説明できるのは全体の一部にすぎない。国民の満足や不満足は、人びとの期待と現実がどのくらい一致しているかに左右される。

●国民の期待

私は少年時代、「自分の部屋は自分で掃除することを期待している」と母からよく言われた。そのうち母が「期待」という言葉を二通りの意味に使っているのに気づいた。「部屋を掃除することを要求する（または口調によっては、命令する）」という意味だったり、「部屋を掃除することを予期している」という意味だったりした。「期待」という言葉は政治の世界でも同じ二通りの意味があって、二つの意味のあいだを行ったり来たりしながら使われている。だが、国民の満足感の決定要素を正確に特定するためには、二つの意味の違いを細かく見ていく必要がある。それぞれが国民の満足感についての考え方に異なる意味をもっている。

要求　連邦政府が権力を持ちすぎるのを警戒する米国民の数は、これまで増えたり減ったりしてきた。国民の多くが減税と理論上の小さな政府を望んでいる。ところが連邦政府にしてもらいたいことはいくらでもある。実施してもらいたいプログラムやサービスはたくさんあり、増える一方だ。世論調査の結果を分析したあるアナリストは、「アメリカ人は行政に多くのものを期待するようになった」と断言している[53]。

この半世紀のあいだに、要求という形での国民の期待が高まったことは疑う余地がない。この傾向は第二次世界大戦直後の経済的繁栄、国民の権利の拡大、緊急の社会問題の増大に端を発している[54]。政府は経済・社会面（保健、公民権、教育、住宅、雇用、消費者保護、環境、エネルギー、運輸など）で数多くの措置をとった。それと同時に、政府は国際社会での孤立主義を放棄した。国内問題が拡大し、世界情勢に深く関与するようになり、国民の要求は激増した。なかには、こうした要求は政府の能力を超えており、負担が重すぎるという人もいる[55]。「財政赤字をなんとかしよう。だが、納税者が払うことはない。政府が払うべきだ」と言うのは平均的市民を意味するジョン・Q・パブリック。ワシントンでは、こういうジョークをよく耳にする。過剰かどうかはともかく、国民の要求は膨れ上がっている。

一九九六年の大統領選挙以前、下院議長のニュート・ギングリッチと共和党改革派は、連邦政府に対する深いシニシズムにもかかわらず国民が依然として大きな期待（「要求」という意味の）を抱いていたことに気づかなかった。その結果、大幅にプログラムを削減したり削減を提案して政治力を失ってしまい、手当たりしだいに予算を切る大なたから国民を守ることになったクリントン大統領の立場が強化された。

予期　選挙の討論会を前にして、候補者と選挙運動チームが力を入れるのは、聴衆や報道機関は相手方候補者が何をすると「期待」（つまり、予期）しているのかを見定めることだ。それによってこちらが評価される基準を見極めるのである。たとえば、一九九六年十月六日に行なわれたクリントン対ドールの第一回テレビ討論会の前、ドールはクリントンについてこう発言して、期待値を大きく引き下げた。「彼はたしかに［討論が］うまい。もし私が目立つことができれば、勝てると思う」[56]

高官が政府のプログラムについて約束したり主張したりすることも期待を生む。政治指導者は、国民の期待を煽るようなとてつもなく大きな約束をすることで知られているが、そうすることによって、いくら指導者が確実に実績をあげても、国民は失望し、満足度は下がってしまう。

だが、今は「期待されなくなった」時代だ。「要求」という意味の期待が高まっているのと同時に、政府の実績を予期するという意味での期待はおそらく低下している。ウィルソン・ケリー・マクウィリアムズによると、一九九二年の選挙では双方の意味での期待がはたらいた。「いちばんはっきりしていた九二年のメッセージは、米国の不満を解消して未来を取り戻してくれるような行動的な政府を大多数の国民が要求していることだった」。ところが、「有権者は、希望もいくらか持っていたが、政府にはできないという明確な疑いを抱いていた」。こうした疑いは、九二年当時より今のほうが大きい[57]。長期間にわたって政府を否定的な目で見つづけていたため、政府がこれからすることについても国民は期待しなくなったのである。

一九九六年、民主党とクリントン大統領は、公約を減らしてこうした期待を意図的に小さくしようとした。民主党がかかげる「家族第一主義」は、控えめで達成可能なものだと主張する。上院少数党の院内総務、トマス・ダシュルは報道陣にこう告げた。「これは段階的に増やすように考えてある。まずは国民が理解できて実現できると信じられるようなものにした」[58]。同じようにクリントン大統領の選挙公約も、子供に読み書きを教えるボランティアの募集、家庭内暴力で有罪とされた者の銃の所有禁止、子供の喫煙防止、労働者がＰＴＡの会合などのために無給休暇を取れるように企業に義務づける、生活保護を受けている人に仕事が見つかるように援助するなど、かなりスケールの小さいものだった。

興味深いのは、期待を小さくしようとした民主党の態度がメディアに軽蔑され、クリントンは目線を下げすぎたと徹底的に批判されたことだ。報道機関は、クリントンが「取るに足らない形だけの発案」をしたと評した。ニューヨーク・タイムズ紙のある記者は、「貧困の撲滅や、経済状況の改善や、全国民のための医療制度はどうするつもりか」と問いただした。同紙の主幹たちは、クリントンの選挙公約は「陳腐」で、「四年前に主張していた連邦政府による幅広い行動を保証するもの」[59]とはほど遠いと不満をもらした。

皮肉なことに、一律一五％の減税という、より野心的な公約をかかげて期待を高めようとしたのは共和党のボブ・ドールだった。だが、これほどの提案をしたにもかかわらずドール人気は盛り上がらない。世論調査によると、国民の期待の低さが障害となっていた。ドールによる政権が社会保障を継続させて予算を均衡させながら減税できるとは国民には信じられなかったのである。ドールは、二種類の期待が逆方向に進んでしまったのに足をすくわれた。継続してほしい数多くの行政サービスに対する国民の根強い要求と、「ドール政権」の実行能力に対する国民の暗い予想はかみ合わなかったのである。

何ができるか・何をするべきか

政府に対する満足感は、認識と期待のどちらにも左右される。そして私たちの認識は、長期的・短期的視点の両方を反映している。認識の一部は、今日の問題の以前からある、今日の問題を超える力によって形成されてきた。こうした認識は世論のなかであまり変わらない予測可能な部分である。この章では、米国民の政府に対する認識が二つの主な長期的要因に影響されていると述べてきた。政府に対する昔からの疑念と、権威に挑戦するポスト物質主義的な態度である。

政府に対する認識はまた、日々の政治における変化という、より変動的な力にも影響される。世論の源として、四つの短期的要因が際立っている。政府の仕事ぶりに対する国民の評価、具体的な政策の選択肢に対する国民の承認または不承認、政府指導者と政治プロセスの高潔さに関する国民の評価、有力なオピニオン・リーダーによる政府の弾劾の四つである。これらの認識は、政府にしてもらいたいことと政府がすると思われる二種類の国民の期待と突き合わされる。

これら国民の満足感を構成する要素――国民による認識の六つの傾向と二種類の期待――は、本書のテーマである政府に対する国民の不満を理解するのに便利な枠組みを提供している。さらに、この枠組みは解決策を探すのにも役立つかもしれない。国民のシニシズムにどのように対処するかは学者、専門家、一般市民がさらに探求すべきことだが、ここでは予備的な考えをいくつか示して締めくくりとする。

どのような問題に対処するときでも同じだが、何をするべきかと、何ができるかを考えなければならない。政府に対する国民の認識を改善させるか、それとも期待を下げるか、そのどちらを重視するべきか。どの認識または期待を強調すればよいか。政府に対する国民の要求を減らすることはできるか。国民が指導者の倫理的過失に失望しているのは修復可能か。これらの問いに対する私たちの答えが、政府の本来の役割についての私たちの見方や考え方を具体的に示すものだ。

最初の問いは、この章の冒頭を思い起こさせる。国民の満足度が低下するのは心配なことで、正すべきことだろうか。私の分析では答えは明らかにイエスである。今のシニシズムには、政府への昔からある疑念や、特定の政治指導者や政策の不人気以上のものがある。もっと深い、政府全般への幻滅である。こうした国民の不満の高まりは、政治の内容を歪め、選挙運動と政策立案における政治指導者の態度に影響をおよぼす。

この困った状態を解消するには、どこから手をつければよいのだろう。ひとつの考え方として、認識ではなく主に要求という意味での国民の期待にもっと注意を集中させるべきだというのがある。この見解はたとえば、共和党議員の考え方によく見られる。さらに、ワシントン以外でも見られる。マサチューセッツ州のウィリアム・ウェルド知事の「政府は少ない予算で多くのことをすべきだと言っているのではない。予算を減らし、することも減らすべきだと言っているのだ」というスローガンにこの考え方が表明されていた[60]。

米国民はたしかに連邦政府に多くのものを求めている。だが、問題なのは文明が進歩すると避けられないことかもしれない欲求の高まりではなく、連邦政府だけに頼りすぎていることではないか。そうだとしたら、しなければならないのは減らすことではなく、供給する側を州政府、地方自治体、民間セクター、非営利組織にも拡大することだ。

たとえ国民の欲求がほんとうに法外だったとしても、減らすのは政治的に見て難しい。近年の状況を振り返っても、国民は政府全般に深く幻滅しているときでも、気に入っている政府プログラムは諦めたがらないものだ。

もう一方の予期という意味の期待はどうだろう。国民が政府の目標達成能力にますます悲観的になるにつれ、期待は急速に萎んできているようだ。これまで公官吏は国民の期待を煽りすぎた。だから、公官吏は大それた公約をしなくなるという可能性はある。それにメディアも、こうした節度を批判しないかもしれない。そうはいっても国民の楽観的見方に冷水を浴びせることが満足度を増す最良の方法だとは思えないし、それにほとんど非アメリカ的なことでもある。

では、政府に対する国民の認識を改善させることに集中してみてはどうだろう。二つの長期的傾向、政府に対する昔からの懐疑的態度と経済発展にともなう権威への挑戦には、打つ手がほとんどなさそうだ。それに実際のところ、これらによって政府に説明責任が生じるので健全なことかもしれない。政治指導者や報道機関による政府の弾劾は、健全ではない不満の発生源だが、政治指導者やジャーナリストに無用な攻撃を控えるように頼む以外にほとんど手の施しようがない。

国民の不満は、長期的には政権の政策や方針への反発から生じることがある。だが、反対意見を抑え込んで政策へのコンセンサスを得ることは民主主義に反する。高潔さについては、政治指導者が高潔であるようにする方法はない。こうなると残るのは不満の三番めの発生源、政府の業績に対する国民の認識である。

私たちは今日、マディソンがまいた種を収穫している。今の政治制度では何にしても成し遂げるのが難しく、最近の変革でさらに難しくなった。政府の構造やプロセスをあちこち修正するのは、この重々しい「チューダー王朝時代」の民主主義を二一世紀に向けて整えることにはなるかもしれない。だが、現在のメディアに支配されている世の中では、何かを成し遂げたと認識されることはこれまで以上に難しい。

国民の満足度が改善されたのは一九六四年以降、二回しかない。そこから何か、政府に対する国民の信頼を回復させる手がかりが得られるかもしれない。レーガン政権の一期めは、業績、政策、高潔さ、報道機関という四つの短期的要素すべてにおいてうまくいった。米国民は、レーガンが一九八〇年の選挙公約を果たしたと感じた。就任後一年めに失業率が急上昇した（戦後最悪の景気後退だった）にもかかわらず、国の最重要課題はインフレだと思っていた国民は、レーガンのインフレ対策に満足だった。八二年以降に景気が回復しはじめると、国民はレーガンをさらに高く評価し、信任率は自分や国の経済状況に不満を抱いている者のあいだでさえ上昇した。信頼の高まりは、決断力と自信のある大統領というイメージなど、レーガンの指導者としての力量に対する国民の称賛の反映でもあった[61]。

国民は、レーガン政権の業績だけでなく政策や高潔さも好意的に見ていた。信頼が高まった一因には保守的傾向が強くなったことがあり、特に小さな政府や断固とした外交政策が幅広く支持された。さらに国民は、多くの問題について同意できてもできなくても、レーガンのイデオロギーの一貫性を称賛する傾向があった。それにレーガン本人の誠実さや性格は疑われたことがなかった。レーガン政権の一期めはまた、メディアに否定的な報道をされることがなく、「テフロン政権」と呼ばれたほどだった。

教訓としては、国民の信頼を回復する近道はないということらしい。必要なのは良い業績、イデオロギーの一貫性、道徳的清廉さ、敬意が感じられるか少なくとも嘲笑的ではないニュース報道のようだ。それと同時に、こうした好記録を維持することの難しさには愕然とさせられる。レーガン政権の二期めには、一期めに成功を収めた四つの点について疑いが持たれるようになり、国民の満足度は急に下がった。

国民の信頼が上向いた二度めは一九九六年、クリントン政権の一期めの終わりだった。レーガンと同じようにクリントンも、それまでの二年間にいくつかの重要目標について成果をあげたと認識されていた。経済は順調に伸び、インフレは抑制され、財政赤字は減り、犯罪率は低下していたからだ。九四年の中間選挙後、クリントン政権はワシントンの政界において徒党的行動と対立化が目立つようになったのに挑み、中道主義の政策を推し進めた[62]。中道主義者を引きつけるため、未成年者の夜間外出禁止、過激なテレビ番組の規制、地域の治安維持、同性愛者間の結婚反対、福祉改革といった地味で穏健な提案をした。興味深いことに、九四年と九六年の世論調査によると、この政治に対する信頼への転換をリードしたのは、六〇年代後半のときのようなイデオロギー提唱者ではなく穏健派だった。

ギングリッチ下院議長の先導のもとに共和党が政府を攻撃しすぎたことを確認したクリントンは、自らを教育・環境・高齢者関連のプログラムの守護者としてアピールし、中道主義者の信用をさらに獲得した。クリントンが大きな公約を避けて人気のある社会プログラムを守ったことは、国民感情と合致していた。国民は政府があれこれできるとは思わなくなり、なくてはならないサービスの維持を強く願っていたからだ。

だが、クリントンの記録は高潔さに関しては一様ではなかった。一方では、ギングリッチの提案に断固反対したことによって政治的に高潔だというイメージが強くなった。クリントンは主義を貫くタイプだと思われていなかったのに、敵に立ち向かい、自分の（中道的）立場を固守した。その一方で、スキャンダルや倫理問題によって人格的に高潔かどうかが疑わしくなった。メディアは批判を強め、FBIの秘密ファイル不正使用に関する告発、ホワイトウォーター不動産取引の疑惑、アーカンソー州知事時代のセクハラ問題などを大々的に取り上げた。こうした状況では、政府に対する国民の信頼が高まるはずがない。

ところが国民は寛大だった。一九九六年、クリントンは法律や道徳に反することをしたと大半の米国民が思っていたものの、六〇％以上が人格より政策のほうが重要だと答えたのである。ホワイトウォーターは非常に重要だと思った人はわずか一五％で、これは当時、ウォーターゲートを非常に重要だとした人の三分の一である[63]。国民の満足感を形作る短期的要因――業績、政策、誠実さ、報道機関――は、どの場合でも同じように影響するわけではない。レーガン政権の一期めはすべての点で高得点だったが、クリントン政権の一期めに高得点をあげられたのは一部のみだった。

では、将来はどうなるのだろう。高潔さは他の要因より軽視されつづけるのだろうか。政府は十分な業績をあげられるだろうか。その業績は変わりゆく国民の期待に応え、論争好きであら捜しをする報道機関の詮索に耐えられるだろうか。政治指導層が党派心やイデオロギー色をますます強めているなか、政府は平均的米国人の懸念に応えて中道を行く実際的な解決策を打ち出すことができるだろうか。これらの点が、政府に対する国民の信頼がいずれ回復するか、それとも下降しつづけるかを決定することになる。

第二部

政府への信頼は、なぜ失墜したか

第四章

ほんとうに経済のせいか

ロバート・Z・ローレンス

ジョン・F・ケネディ行政大学院の「アルバート・L・ウィリアムズ」教授（国際貿易投資）。経済研究局の準研究員で、ブルッキングス研究所の非常駐学者。貿易政策に関する目下の研究では、国際市場における米国の役割に焦点を合わせている。

世界中どこでも、政府は経済活動の結果に責任を負っている。数字が良ければ称賛され、悪ければ非難される。だから米国で政府が信頼されなくなっている原因に経済実績があるというのは大いに考えられる。特にそう思われるのは、先進諸国で一九七〇年代初頭から経済実績がほとんどの基準において大幅に悪化し、それが不満の増大した時期と一致しているからだ。

ところが、実際に経済実績が信頼の低下に決定的役割を果たしたかどうかはまったく明らかではない。経済実績と政府への満足感とのつながりがはっきりしないからだ。はっきりしない第一の点は、経済実績の尺度である。たとえば、生産性の尺度は生活水準の向上を正確にとらえられるか？　貧困の尺度は苦痛を正確にとらえられるか？　第二に、実績の受けとめられ方、評価のされ方がよくわからない。人びとが気にかけているのは絶対的生活水準か、相対的生活水準か、それともどれだけ向上したかということか？　人びとの期待は、以前の実績や自分たちのニーズを決定する他の要素にどのように影響されるか？　はっきりしない第三の点は、どの程度、その政府の責任だと見なされるかだ。事実、危機や苦難にみまわれたとき、特にその状況が政府の支配がおよばない力によって生じた場合、政府への信頼が高まることがある。それに、経済状況が悪化すると、そのときの政権が信頼されなくなることはあっても、政府そのものが信頼されなくなるわけではない。ここで取り上げるのは、政府そのものに対する信頼のほうだ。

この章では、こういった点について考えていく。成長、雇用、所得分配について公式の数値で成果を証明するのは簡単だ。だが、こうした結果が国民の期待と一致しているかどうか、そして期待に達していない場合、国民は政府にどのくらい責任があると思っているかを突きとめるのは難しい。こうした点について、われわれの知識はまだ不十分だ。

この章では、主に米国について分析するが、他の先進国のデータも採り入れていく。まず最初に、なぜ経済実績が政府への信頼低下の大きな原因となりうるかを考える。終戦後の二〇数年間、先進諸国の経済実績には目を見張るものがあったことと、政府がいかに責務を拡大させ、経済実績や政府に対する国民の期待をつりあげたかについて振り返る。次に、その後の経済成長の鈍化によって、政府にこれらの責務を果たさなければならないという圧力がかかったことに目を向ける。その結果は痛みをともなう縮小であり、それを悪化させたのが経済とテクノロジーの世界的変化に適応するという難題だった。また、低下する信頼と政府の役割を、事業を規制し運営するものとの関係で見ていく。政府は今、慢性病のような問題に直面している。手の施しようのないものもあるが、政治的に痛みをともない、ずっと先になって効果が表われるような措置を必要としているものもある。こうした措置をとらないで、回避し、否定し、非難することが横行している。問題を放置したままでは、国民が幻滅するのも当然である。

こうして見ると、経済実績は最大の容疑者のように思われる。ところが世論調査の結果には、他の要因がもっと重要な役割を果たしたらしいことが見てとれる。第一に、タイミングが一致しない。政府への不満が目に見えて高まったのは、インフレの急進は始まっていたが、生産性の伸びが鈍化する前のことだった。生産性が伸びなくなってから、不平等、グローバル化、情報革命と企業の再構築に関する技術の変化などが拡大した。これらの要因は政府が信頼を回復させるのを難しくしたかもしれないが、信頼を失うことになったそもそもの原因ではないらしい。第二に、外国では経済実績が同じように冴えなくても政府への信頼は失われなかったし、第三に、米国では政府への信頼低下が広範囲におよんでいることがある。米国民のあいだで所得、年齢、教育水準、職業、居住地とは関係なく、同程度に発生して同時に広がっている。信頼低下は、その人の経済状況や、政府の経済的責任に対する期待の有無とは関係がないようだ。事実、経済状態が良い人も悪い人も同じように信頼しなくなっている。つまり、経済要因は後押ししたかもしれないが、重要なのは他の要因だったということである。特に、ベトナム戦争、社会的変化、ウォーターゲート事件といった一九六〇年代末から七〇年代初めのできごとによって、国民は政府（そして他の機関・制度）が信用できないことを確信したようだ。さらにこの時期、政府がますます特殊利益集団に影響されるようになり、あまり一般市民に配慮しなくなったと国民は感じた。とは言っても、これらの結論は最終的なものではなく、経済実績の性格および経済実績が政府に対する信頼に影響をおよぼすルートについて、さらなる研究の余地がある。

経済実績

第二次世界大戦後の二五年間は黄金時代だった。持続させられないことがあとになってわかったものの、高度経済成長への期待が高まった。［表4・1］にあるように、米国の一人当たり所得は平均で年間二・二％という、それ以前のどの二五年間よりも高い伸び率を示していた。ところが、欧州と日本の伸び率はさらに高かった。欧州の一人当たり所得は、米国とほとんど差がなくなった。はるかに低い所得水準からスタートした日本も同様で、発展途上国から先進国に移行した。

●大きくなる政府

予期した以上の経済成長が達成されたため、社会保障制度が拡充された。政府は貧困者向けの基本給付だけでなく、住宅、保健、教育、退職に向けて幅広く援助するようになった。欧州

[表4-1] 米国の経済成長：1870~1995年

	GNP	従業員当たりのGNP	資本産出高当たりのGNP	企業部門の労働時間当たりの産出高
1870～1913年	4.3	1.9	2.2	
1913～29年	3.1	1.5	1.7	
1929～50年	2.9	1.7	1.8	
1950～60年	3.2	2.1	1.4	
1960～73年	4.3	2.2	3.0	3.4
1973～79年	2.9	0.3	1.8	1.4
1979～89年	2.7	1.0	1.8	1.2
1989～95年	1.8	0.7	0.7	1.0

出典：1870-1960: Historical Statistics of the United States, colonial times to 1970; 1960-95: Economic Report of the President.

では連帯主義的な「社会賃金」を求める声があって大半の制度が全員を対象としていたが、米国では資産調査の結果によることが多かった。いずれにせよ、欧州でも米国でも、教育、保健、老齢年金、福祉の社会的支出が急増する。一九六〇年から七五年まで、こうした支出がGDPに占める割合はだいたい一〇%ほど増えていった[1]。政府の社会的援助が増えるのと関連して、雇用課税を中心として税が引き上げられた。

政府はまた、完全雇用の達成だけでなく、経済的成果にいっそうの責務を引き受けるようになる。欧州では、政府が特定の地域、企業、職種の雇用を維持しようとすることがよく見られた。仕事の安全性といった昔ながらの規制目標や、雇用に関するその他の規則が拡張された。国によっては、労働者が経営側の意思決定に参加し、政府が工場閉鎖や解雇を監督するような措置がとられた。欧州と日本では、国が産業政策を実施して、未来産業を奨励し、衰退した産業を支援した。国は市場の力が十分ではないと見ると、民間企業を国有化し、資金を融通し、合併を勧め、優良企業を育て、さらに欧州の場合、国有産業を運営した。米国の政策はより自由放任だったが、それでも政府は多くの分野を規制し、問題企業を救済したり、問題産業を保護するために介入することがあった。

●スタグフレーション

一九七〇年代に入ると、成長率が鈍化して、賃金の要求が生産性の伸びを上回るようになる。七三年、インフレが一気に進むなかで企業のグローバル進出と商品価格の高騰が同時に起こり、スタグフレーションが発生した。先進国の成長率は軒並み低下し、七三年から九〇年までの典型的な成長率は、五〇年代や六〇年代の数字を三分の一ほど下回っていた［表4・2を参照］。それにインフレ急進のあとに景気循環の下降局面に入ったため、成長率は変動しがちだった。九〇年代になるとインフレは抑え込まれていたが、成長率は七三年から九〇年までよりさらに低下した。

こうした成長率の鈍化は、国によって違った形で表われた。米国では、雇用は増大したが平均収入の伸びが非常に低くなった。欧州では、労働者一人当たりの産出高と実質賃金は（五〇年代や六〇年代ほどではなかったものの）着実に上昇したが、失業はかなり増大し、労働者の経営参加は低下した[2]。日本は、九〇年代初頭までは実質賃金と雇用の伸び率を持続させるのにかなり成功した。だが、その後は景気が停滞し、失業が数字に現われるものも現われないもの

[表4-2] 10カ国の平均年間成長率：1870~1995年

	1870~1900	1900~25	1925~50	1950~73	1973~90	1991~95
GDP/GNP						
米国	4.3	3.5	2.7	3.6	2.5	1.9
カナダ	3.1	3.3	3.9	5.1	3.3	1.6
日本	2.5	3.1	0.9	8.9	4.1	1.3
英国	2.1	0.9	1.8	3.0	1.9	1.2
フランス	1.6	1.2	1.1	5.1	2.5	1.1
ドイツ	2.7	1.7	1.8	5.7	2.1	2.2
イタリア	0.9	2.2	1.4	5.4	2.9	1.2
デンマーク	2.4	2.7	2.7	4.0	1.8	2.0
オランダ	2.0	2.7	2.2	5.0	2.0	1.9
スウェーデン	2.5	2.9	3.1	3.8	1.9	0.2
加重平均*	3.0	2.7	2.0	5.2	2.8	1.6
1人当たりのGDP/GNP						
米国	2.0	1.7	1.6	2.2	1.5	0.8
カナダ	1.8	1.0	2.3	3.0	2.2	0.5
日本	1.6	1.9	-0.5	7.7	3.3	1.0
英国	1.1	0.5	1.3	2.6	1.7	0.8
フランス	1.5	1.1	1.0	4.1	2.0	0.8
ドイツ	1.7	1.2	2.8	4.8	2.0	1.6
イタリア	0.2	1.4	0.7	4.7	2.6	1.5
デンマーク	1.4	1.5	1.8	3.3	1.6	
オランダ	0.8	1.2	0.9	3.8	1.4	
スウェーデン	1.8	2.2	2.5	3.2	1.6	
加重平均*	1.6	1.5	1.2	4.0	2.1	1.0

*：1990年のGNP規模を固定加重値として使用。

出典：1870~1950年は、Maddison 1982, in Lipsey and Kravis 1987, 9、1950~60年は、OECD National Accounts、1960~90年はIFS Yearbook 1990 (data tapes)、1991~95年は、OECD Economic Outlook and International Monetary Fund World Economic Outlook。

も増えている。

こうした状況では、景気がよかった時期にした約束を守るのは政府にとって困難だった。政策は、変更を避けるための措置と変更に順応するための措置のあいだを行ったり来たりした。政府は当初、雇用を安定させ、社会保障を維持し、苦境に陥っている企業や労働者を助けようとした。だが、のちには、解雇、補助の削減、緊縮財政が避けられなくなる。同様に、変化を避けて国内産業を保護するための規制のあとにきたのは、規制撤廃、民営化、貿易と国際金融の自由化だった。

●不平等の拡大

米国では、所得の伸びが鈍化しただけでなく格差が広がっている。これは家計所得、時給、資産の統計を見れば明らかだ[3]。［図4・1］が示しているように、一九七九年〜九三年の所得は上位二つの層では伸びたが——最も大きく伸びたのは上位五％——その他の層では減少し、最下層の所得が最も激しく落ち込んだ。賃金のデータにも、教育・職業・技能別に分けると同じパターンが見られる。たとえば、［図4・2］に示されているように、八〇年代にはブルーカラー、なかでも低学歴で技能が劣る労働者の賃金が特に伸びなかった。雇用費用指数によると、八一年〜九五年のホワイトカラーの実質給与は一七％増えたが、ブルーカラーは四・八％増にとどまっていた[4]。そのうえ、同じような学歴・経歴・業界の労働者のあいだでも不平等が広がった。いわゆる同一層内不平等である。

［図4-1］ 層別の平均実質家計所得の推移。1979年以降、米国の大半の世帯では実質所得が減少もしくは停滞した。家計所得は消費者物価指数（CPI-U-XI）により調整ずみ。

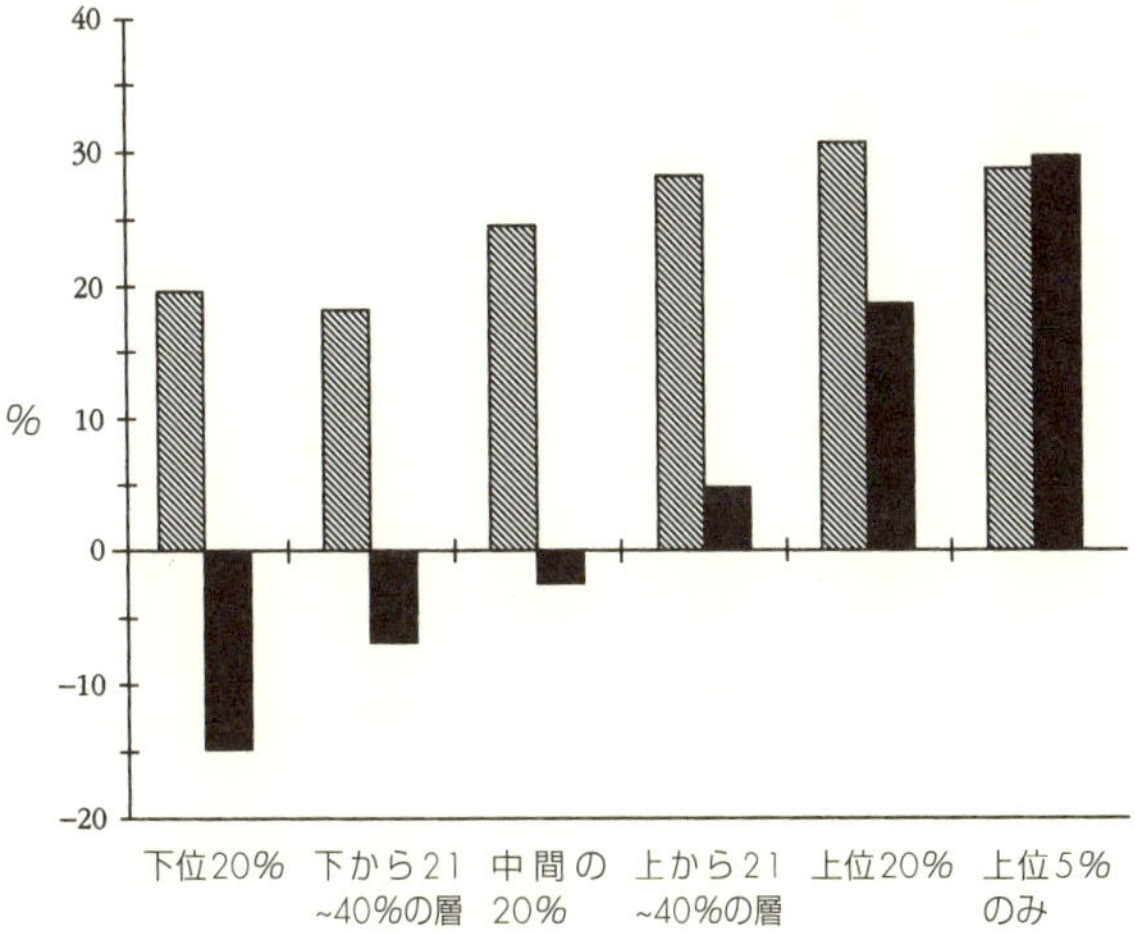

出典：商務省

［図4-2］ 米国のブルーカラーとホワイトカラーの給与（1981年=100）

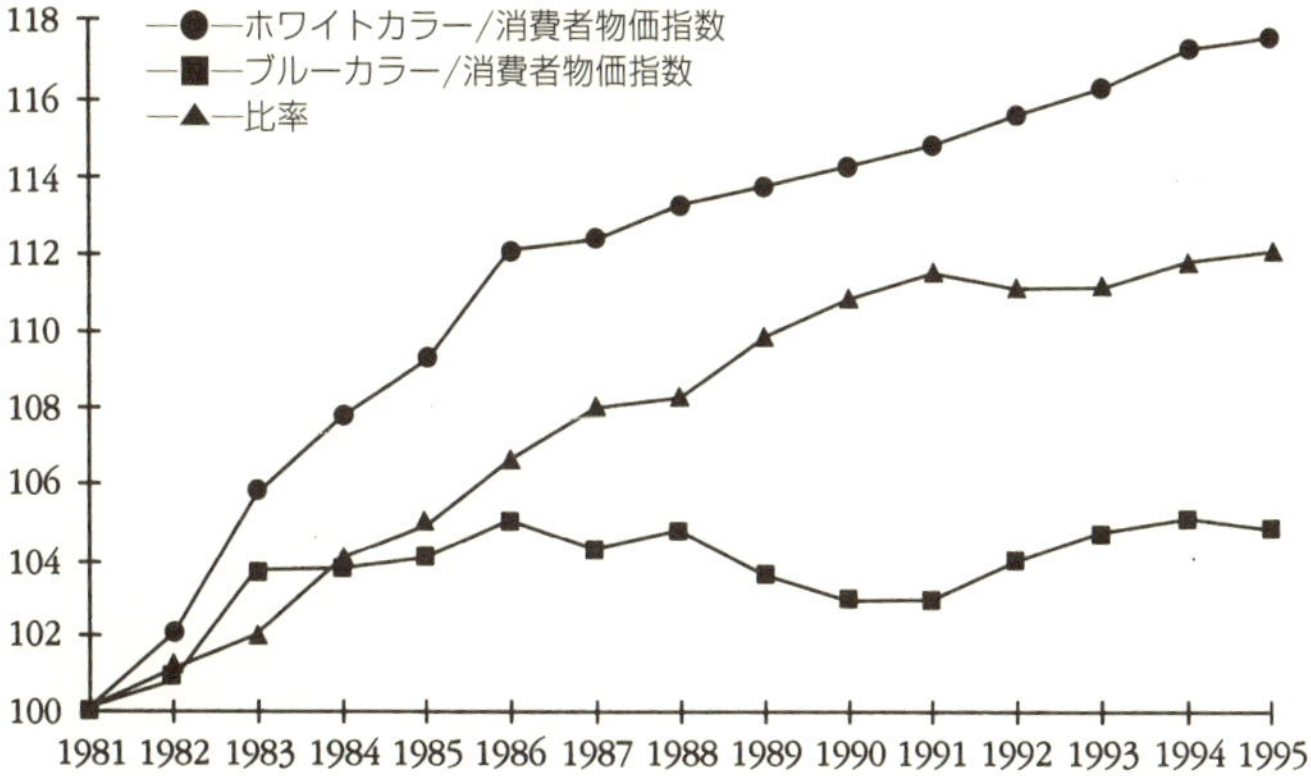

出典：Employment Cost Index

不平等の拡大は、英語圏の他の先進国、つまり英国、カナダ、オーストラリア、ニュージーランドにも見られる。だが、欧州大陸の国々では賃金格差はおおむね変わらないままか、わずかに拡大したかのどちらかだった。一部の欧州諸国では、学歴や年齢による収入増があまりない。

一九七三年以降、欧州諸国の失業率は高く、特に若年労働者と長期失業者に集中している。欧州の制度や規制がどの程度、賃金調整を抑圧し、労働意欲を失わせ、失業を増やし、労働力の伸びを鈍化させたかが重要な問題点だ。たとえば、包括的なOECD職業調査は、すべての先進国で熟練を必要としない仕事の需要が減ったという結論を出している。相対賃金に柔軟性があった国では、八〇年代、未熟練労働者の相対的な雇用率と失業率の動向にほとんど変化がなかった。賃金にそれほど柔軟性がなかった国では、影響が雇用統計にはっきりと現われた。

●痛みをともなう選択

米国では一九九〇年代初頭まで、生産性の減速が消費の伸びにあまり影響しないようにするのに二つのメカニズムを用いてきた。ひとつは、労働力を急速に増やすことである。米国人は要領よく働くのではなく、ひたすら働いた。女性と戦後のベビーブーム世代が大挙して労働人口に加わったため、雇用は急増した。これは往々にして稼ぎ手でも主婦でもある働く女性にプレッシャーをかけることになる。だが、こうして米国は生産性の伸びの鈍化が経済成長におよぼす影響を九〇年代初めまで防ぐことができた。景気循環のピークだった七三年から八九年までの時期、米国のGDP（八七年のドル換算）の平均伸び率は年二・五％だった。

二つめのメカニズムは借り入れである。八〇年代、米国の消費の伸びはGDPを年率〇・三％上回っていた。これは未来から（つまり、投資を減らしたということ）、さらに外国から借り入れたからである。八〇年から八八年までに、実質消費支出は三二％増え、民間国内総投資がGDPに占める割合は一七・三％から一三・二％に下がった。九二年には経常収支が赤字になる。言うまでもなく連邦予算の赤字は膨れあがり、八六年にGDPの四％に達した。

だが九〇年代初頭には、こうした選択肢はもうなくなっていた。米国のベビーブーム世代はすでに労働人口に組み込まれていたし、女性は職場進出を果たしていた。労働統計局は、一九九五年から二〇〇五年の労働人口の伸び率を年一％強と予測しており、これは七〇年代末の半分でしかない（その後、労働人口の伸びはさらに鈍化し、二〇一〇年から二〇三〇年は年〇・二％に下がると見ている）。こうした労働人口の見通しと年一％という生産性の伸び率を足すと、米国の潜在的長期GDPの伸び率は二％強ということになる[5]。

欧州と日本は中期的には、失業を減らすことによって成長を達成する余地が米国よりあるようだ。経済協力開発機構（OECD）の予測では、一九九七年から二〇〇〇年までの経済成長率は、欧州が年三％、日本は年三・八％だった[6]。だが循環的失業がなくなったあとの潜在的成長率は、欧州が二・八％、日本は三％だという。欧州ではあいにく、構造的失業は九・五％前後と高いままである[7]。

一九九〇年代に入ると、米国の支出のパターンは収入と一致してきた。とりわけ連邦予算の構造的赤字は、主に国防費と任意の政府支出を減らすことによって削減された。だが欧州と日本では、減らない失業によって財政状態が大きく悪化した。失業率が高い環境のなかで財政赤字を削減しなければならない。先進諸国では老齢化によって年金・医療関連の支出が増えるため、財政赤字の削減はますます難しくなっている。

●理由説明

これらの問題の原因はよくわかっていない。生産性の減速は経済にとって重要であるにもかかわらず十分に研究されていない。あと知恵になるが、こうした減速の一部は予測できたはずだ。米国には一九五〇年代と六〇年代、不況と戦争のために全面的に活用されないまま残っていたイノベーションが大量にあった。欧州と日本は、米国のノウハウを入手できたし、出遅れている立場を利用できた。こうした急成長の源はいずれも、七〇年代までにほぼ枯渇してしまう。ところが、生産性の伸びは、過去の傾向から推測できるよりさらに減速した。

米国の景気後退は製造業以外の分野で特に著しい。サービス分野にはとりわけ有利であるはずのコンピューターの利用が急増していることを思うと、当惑せざるをえない展開である。コンピューターはまだ完全に使いこなされていないようだ。それに劣らず当惑させられるのは、製造業を除いて、大企業の事業再構築やダウンサイジングによる生産性の改善が見られないことである。

不平等　なぜ米国で不平等が拡大し、欧州で未熟練労働者が失業しているのかということも論議のまとになっている[8]。欧州でも米国でも、貿易と国際投資が未熟練労働者の需要シフトに果たす役割について警鐘が鳴らされてきた。米国では、一九九〇年代初めの北米自由貿易協定（NAFTA）に関する論争に、賃金動向についての懸念が現われていた。この懸念をとらえてロス・ペローは、国境の南に移っていく仕事が「吸い込まれている大きな音がする」と表現した。欧州では、一九九〇年代の景気後退によって同じような「移転」のおそれが広がった。企業が低賃金国へ移転しはじめたのである。サー・ジェイムズ・ゴールドスミスはベストセラーとなった著書でフランスの貿易と移住について懸念し、フランスの上院はフランスの不調の大半はこうした移動のせいだという特別報告書を出した[9]。

日本では、これを経済の「空洞化」と称して近年、盛んに論議されてきた。日本には不平等の拡大は見られないが、かつて日本が支配していた基礎的な製造業に新興工業国が進出してくる一方で、日本はソフトウェア、金融、先端マイクロプロセッサーといった未来のハイテク産業にうまく参入できていないため、日本の産業は苦境に立たされるおそれがある。こうした懸念は、一九八〇年代半ばの円高で日本のメーカーが海外投資を増やすようになって生まれた。一時、国内の好景気によって懸念が薄らぐものの、経済成長の鈍化と円高によってふたたび高まる。日本企業の海外移転が進むなか、日本の製造業は終身雇用や企業グループ制といった独自の基本的制度を維持できるのかどうかが危ぶまれている。

さらに、国際労働市場の競争については賃金だけでなく規制環境を懸念する声もある。カナダでは、米国との自由貿易をカナダの社会保障制度への脅威と見る向きもあった。一部の日本人は、国際的な行動様式にしたがわせようとする絶え間ない外圧と「ノーと言える日本」の必要を心配している。欧州では、単一市場創設の重要なポイントとして、欧州連合諸国に最低労働基準を浸透させようという社会的側面があった。フランスでは、フーバー社が賃金コストと労働基準の低いことを理由にディジョンからスコットランドへ移転したときは大騒ぎになった。東欧とアジアとの自由貿易化について欧州で懸念されているのは低賃金だけでなく「社会的投げ売り」、つまり貿易の結果として労働基準にかかるとされる下向きの競争圧力である。米国では、労働者の権利に関する懸念が米国の国際貿易法に反映されている。事実、フランスと米国は労働者の権利をウルグアイ・ラウンド後の重要案件とするように提案している。

こうした懸念が高まるのは、グローバリゼーションとそれが国の経済におよぼす影響が大いに心配されているからだ[10]。世界は政治的には国家に分かれていても、経済はますますグローバル化している。戦後、貿易障壁が少なくなり、輸送コストが下がり、コミュニケーションが向上したことにより、どこの国でも国際貿易や国際投資が果たす役割が拡大した。こうして国内経済は外国の経済状況にいっそう影響されるようになった[11]。多国籍企業と国際資本市場が国内政策に大きな影響力をもつようになっている。それに加え、国際的統治がますます広まり、補助金、製品規格、知的財産、独占禁止といった、かつては完全に国内問題だと考えられていた政策分野にまでおよんできた。国際協定によって世界全体の効率はよくなるかもしれないが、国内の主権に制約が加えられることにもなる。国の政府は依然として経済的成果に責任をもたされているが、責任を果たすのに単独で行動できなくなってきている。

技術の変化もまた、不平等の拡大に貢献したと見られている[12]。特に、教育と技能のある労働者をこれほど使わなければならなくなったのはテクノロジーのせいだと思われる。もっとも、コンピューター、情報技術、新しい形の労使関係の普及も大きかったかもしれない。テクノロジーは政府の支配がほとんどおよばない要素であり、その点ではグローバリゼーション以上かもしれない。政府がその応用を制限して影響を和らげようとしても、テクノロジーの相互作用と市場の力によって構造調整を余儀なくされるのがふつうだ。

不平等、特に同一層内で起こるものは他の制度上の変化によっても発生する。不平等を引き起こす変化には、テクノロジー上の必要性によるものと、規制緩和や他の競争拡大要因の影響によるものがある。大企業も労働組合も失業に関して果たす役割が小さくなった。その結果、給料が通常の交渉や基準によって決められる労働者が減り、中小企業の気まぐれや特異な慣行に左右される者が増えている。また大企業でも、よりよい勤務評定制度のともなった能力給をもっと活用するべきかもしれない。

政策　その原因が何であれ、経済成長の鈍化、構造的失業、不平等の拡大といった問題に対処するのは政府にとって容易ではない。成長を促進するには投資を増やさなければならないが、可能な範囲で投資を増やしても得られるものは景気後退の規模と比べると大したことはない。効果は長い時間をかけないと現われない。短期的には、こうした措置をとるには公共・個人消費を削減しなければならず、そのどちらも伸びが鈍化した経済にとって好ましくない。

事実、生産性の減速と取り組み、予算削減によって国の費用節減をはかるのに必要な措置は、禁煙の決意にたとえることができる。第一に、健康のためになると立証されるのに長い時間がかかった。かなりの論争があったため、相反する見解に支持を取りつけることができたからだ。第二に、禁煙すると短期的には気分が良くならないで悪くなる。第三に、ためになることが分かるのに時間がかかるし確実ではない。

構造改革も負けず劣らず困難だ。第一に、変革の源泉や適切な解決策についてはっきりしないところがある。第二に、変革を行なうのは難しい。たとえば欧州では、構造的失業と取り組むことは労働市場をより柔軟にすることだと思われることが多い。補助金、賃金税、最低賃金の引き下げや、労働市場の規制と他の規則の緩和といった推奨される措置は、イデオロギー上の論議を生み、政治的抵抗にあう。日本でも同じように、改革には規制緩和、市場開放、官僚の権限縮小が必要だが、これらは強力な既得権をもつ人びとに支持されている。第三に、成果をあげられるかどうかわからず、それに景気循環による変化でぼやけることが多いため、短期的には見きわめにくい。

商業取引の動向を変えようとしたりテクノロジーを抑制しようとするのは、生活水準をさらに引き下げることになりかねない。かといって、不平等を所得の再配分によって縮小させるのも簡単ではない。米国では所得のパイのおもだった再配分は、実際のところ労使間ではなく労働者間で起こっている。この問題も公正に解決するのは特に難しい。比較的小規模な資本家からではなく、はるかに強力な知的エリート層から再配分しなければならないからだ。この可能性が討議されないのも不思議ではない。

こうして話が本題に戻ってきた。生産性の伸びが減速すると、米国の消費はそれに足を引っ張られてしばらくのあいだ伸び悩む。不平等が拡大しているにもかかわらず、所得を再配分する財政政策や構造改革の影響を和らげるようなその他の措置には限界がある。その反面、多額の財政赤字と政府プログラムへの要求拡大によって社会保障制度は縮小を余儀なくされている。国民が福祉は政府の責任であり、困ったときは政府が助けてくれると思っている場合、失望感を募らせるのはもっともだ。

拒絶　こうした選択肢は痛みをともなうことを考えると、それを拒絶して魔法のような応急策を探そうとするのも不思議ではない。なかには、生産性の減速は測定ミスだという説がある。サービス部門などは生産性の伸びが特に測定しにくいからだ（事実、かなりの問題があると、実際より高い物価上昇率として米消費者物価指数に表われる）。もっとも、こうした測定にまつわる問題の多くは今に始まったことではない。一九七三年まで、生産性の大きな伸びが記録されたのは製造業以外だった。減速が測定の誤りだと言うのなら、測定にまつわる問題は一九七三年以降、拡大したということだ。一九九四年のアメリカ経済学会で会長として挨拶したズビ・グリリチェスは、進展を測定するのが難しい分野にGNPが集中してきたと述べている[13]。同様に、ロバート・ゴードンもサービス部門の生産性の減速は測定ミスによるものもあると認めている[14]。しかし、測定ミスの影響は、まだ納得できるように正確には説明されていない。

また、生産性は改善に向かっているという説がある。実際のところ一九九〇年代初めまで、米国政府はいつもそう言っていた[15]。八〇年代には、供給サイド経済理論と人口統計学上の変化——労働力人口の老齢化——が救世主になると期待されていた。九〇年代、製造業が八〇年代に直面したような大きな構造変化がサービス部門に起こっていると一部で信じられている。サービス産業は規制緩和とグローバル競争に対応して、コンピューターによって生産性を向上させるというのである。それが当たっていれば非常に喜ばしい驚きだ。だがこれまでのところ、生産性の伸びは景気循環による回復の範囲内に収まっている。そのうえ、九二年から九六年までに回復した生産性の伸びは製造業に集中していた。

もうひとつの説は、国民の期待のせいだというものだ。ロバート・サミュエルソンは、米国民の不満は現実ではなく認識の問題だと主張する[16]。ここ数十年の経済実績は、過去の標準から見て良好だったという。六〇年代に極めて特別な体験をしたこともあって国民は、それが永遠につづくものと思い、期待しすぎるようになったという説である。では、最近の実績を戦前と比べてみよう。

［表4・1］にあるように、一九七三～七九年は米国の生産性の伸びが特に鈍く、九〇年以降は一人当たり所得が特に伸びていない。七三年以降の生産性の伸びは、終戦直後の急成長期だけでなく過去一五〇年間のペースと比べてもふるわなかった。たとえば景気循環のピークの七九年から九五年までを見てみると、企業部門の一時間当たり産出高はわずか年〇・八％の伸び

にとどまっている。もし一九世紀の二%というペースで伸びていたら、報酬は五〇%近く増えていたはずだ。七三年から八九年まで、米国の一人当たり所得の伸び率は二%弱というペースを維持し、これは六〇年代にはおよばないものの過去の実績と肩をならべるものだった。しかし、これは労働力人口の伸びが拡大したからであった。九〇年代に労働力人口の伸びが低下すると、国民一人当たり産出高は労働者一人当たり産出高と同じレベルまで下落し、年一%以下の伸び率となった。要するに、サミュエルソンの説はまちがっている。米国民は、過去の実績と比べると失望するのが当然だ。

最後の説は、米国の実績は他の主要先進国と比べて改善しているというものだ。たとえば米国は、世界経済フォーラムによるグローバル競争力報告書では先進国のなかで一位だった[17]。実際に一九九〇年代、米国の成長率は先進国全体を少し上回っている。米国は製造業の生産性でも真ん中に位置しており、米企業はソフトウェアや半導体といったハイテク分野における技術面でのリードを拡大し、鉄鋼や自動車といった基幹産業の業績を改善させた。それに加えて米国は、他の国より雇用の伸びを持続させることができた。グローバル・ショックにうまく適応したのだから、米国民は国の実績に不満を抱くべきではないのかもしれない。だが、こうした実績もブルーカラー米国人にはほとんど影響がなく、彼らの所得はほとんど伸びていない。

非難　米国民は、伸びが減速したのは自分が生産性を向上させられなかったからだという事実に直面しないで、人のせいにしている。うなぎのぼりの企業利益や役員報酬を槍玉にあげて富裕層のせいにしたり、福祉支出や社会プログラムを見て貧困層のせいにしたり、貿易や移民に目を向けて外国人のせいにしたり。だが、成長鈍化のほんとうの原因は人のパイの分け前が大きかったからではない。パイが大きくならなかっただけのことだ。

政府が責められることもますます一般的になり、直接的かつ間接的に成長を減速させたと、よく非難される。直接的には、高い税金、むだの多い支出、非効率的な規則によってインセンティブを歪めているからである。間接的には、変わりつつある社会の規範、態度、倫理に政府の政策が影響をおよぼすからである。しかし、ジョエル・スレムロッドが指摘するように、さまざまな問題により、これらの影響は測定しにくくなっている。インセンティブの効果はぎりぎりの線で現われるので、平均課税率にはインセンティブへの影響が正確に現われていないかもしれない。それに資産調査後の移転によって、ことはさらに複雑になっている。同様に、税金避難地やその他の納税を回避する方法が、高い法定限界税率の影響を誇張することになりかねない。間接的ルートによる影響は非常に長期にわたって現われるため、さらに測定しにくい。因果関係が双方向であるための問題も発生し、収入が増えると国民はより高水準の公共財を要求するため、政府の関与が拡大する[18]。

要するに、成長の鈍化と不平等の拡大は責務を果たそうとする政府に大きな課題を突きつけている。これらの問題の深さは計り知れず、原因は不明で、求められている救済策は政治的に困難だ。それどころか、政府は解決策ではなく問題の一部と見なされることが多い。こうした状況では、政府への信頼が失われた理由は経済だという説明が成り立つ。

要求と要望　経済実績が変わらなくてもニーズが増えれば不満が高まることは大いにありうる。たとえば、以前は二人いた稼ぎ手が一人になると世帯の安定が揺らぎかねない。デビッド・エルウッドによると、米国では片親の世帯の比率が急増している。この増大は、経済状況や公的なインセンティブとは関係なく、人口学的および社会的な流れによるもののようだ。一人の稼ぎ手の賃金を別の収入で補足することができないため、世帯の不安定さが増す。これは独立した不満の原因だ。

不満はまた、経済実績は変わらなくてもニーズがばらばらになると高まることがある。貧困層と富裕層では政府に求めるものが違う。だからジョン・ドナヒューが指摘しているように、政策を要望と合致させるのが難しくなるので所得格差の拡大が不満につながることがある。不平等が大きくなると結果的に国民を満足させるのがいっそう難しくなる。米国は一九八〇年代に不平等の拡大に向かったため、たとえ政策や実績が変わらなくても不満が高まる可能性がある。

人びとの認識

ここまでは、経済実績とその実績に対する要求が、なぜ政府への不満を高めるに至ったのかを考えてきた。だがすでに述べたように、経済実績と政府への信頼とのつながりは明白ではない。経済実績と集票の関係は、政府全体への信頼ではなく、主に特定の政権への信任に焦点がおかれていたものの、かなり研究されてきた[19]。また、米国以外の国についても、国民が政府に何を期待しているかという調査が行なわれている[20]。米国では、国民の期待は社会集団によって異なるものの、ここ三〇年間は驚くほど一定していたようだ[21]。

たとえば、全米選挙調査に報告されている連邦政府に対する信頼についての調査回答を見てみよう。次次頁の［表4・3］は調査結果をまとめたもので、政府を「いつも」信頼している人は一〇〇、「大半の場合」は六七、「ときどき」は三三、「全然」は〇として集計されている。この調査には、一九六〇年代半ばから八〇年まで、政府への信頼が大きく落ち込んでいたことがはっきりと現われている。六六年、信頼は六一％と頂点に達した。それが七二年には三八％に、七四年には二九％に、八〇年には二七％に下落した。大きく一六ポイント下落した六六年から六八年は高度経済成長期にあたるため、景気よりベトナム戦争や六八年の社会暴動の影響だと思われる。七二年から七四年の一〇ポイントの急落はＯＰＥＣによる石油ショックとインフレ急進の時期にあたるが、それよりウォーターゲート事件との関連のほうが大きい。政府に対する信頼は、七六年から七八年にかけて景気が回復したにもかかわらず下がりつづけ、上昇に転じたのが戦後最悪の不況に見舞われた八〇年から八二年にかけてだったというのは注目に値する。同様に、九二年から九四年は景気が回復したのに、これまでの最低を記録した。こうしたタイミングが示しているのは、第一に、信頼の低下が不平等の拡大（本質的に八〇年以降のこと）、生産性の減速（七〇年代末に明らかになった）、経済のグローバル化、コンピューターや電気通信によるテクノロジーの影響などに先行していたことである。さらに政府への信頼が、インフレ、失業、経済成長といった特定の経済指標と密接に関連していないことも示している。経済の実績によって政府への信頼を回復させるのが難しくなったことも確かにあったが、発端となった要因は他にあるようだ。

回答を社会グループなどの集団ごとに示した表からもいろいろなことがわかる。［表4・3］にあるように、回答は驚くほど似通っている。比較的小さな差異があるのは、男女間および所得・職業・年代・居住地の異なる回答者間だ（ひとつ目立っている違いは人種によるもので、一九六〇年代には黒人は白人より政府を信頼していたが、その後は信頼度が下がった）。注目すべきは、六〇年代末の信頼の低下が米国民のあいだにこれほど幅広く見られたことである。レイモンド・ヴァーノンは、国際経済が政府不信を生み出しているのなら、自由貿易、移民、投資などに敵対的な人びとが最も不信感を抱いているという証拠があるはずだという。たとえば労働組合に加入している労働者のほうが強い不信感を抱いているはずだ。だが実際はそうでもない。同様に、賃金が上がらないことが不満を引き起こしているのなら、未熟練ブルーカラー労働者が特に不信感を抱いているはずだ。だが、これもやはり明らかではない。

そのうえ、この問題点についての回答で全員が同意見ということはまずない。たとえば政府がすべての国民に雇用と適当な生活水準を確保しなければならないのか、それともそれは各人が自力でするべきなのかを問うと、回答に興味深い違いがある。この質問への回答は、信頼感についての回答に見られたような時代による変化はなく、意見が集団によってかなりはっきり

出典：The National Election Studies.

1976	1978	1980	1982	1984	1986	1988	1990	1992	1994
30	29	27	31	38	47	34	29	29	26
31	30	27	32	37	46	35	29	28	26
30	29	27	31	38	47	33	30	29	26
31	29	26	31	38	48	34	29	28	26
27	32	34	33	34	40	31	28	30	29
29	31	28	32	37	42	32	31	33	29
30	28	26	32	38	49	33	29	28	25
31	29	25	28	37	45	34	27	27	25
35	32	29	34	39	49	37	29	28	27
33	30	31	32	38	44	32	32	33	30
30	30	26	32	37	47	32	29	29	27
30	28	26	30	37	47	33	29	27	25
31	30	26	32	38	49	37	30	28	25
33	32	26	33	42	49	42	30	28	27
32	30	28	32	38	47	35	29	28	27
31	29	24	31	36	49	34	31	28	25
27	29	26	31	37	45	32	27	27	25
33	28	31	30	33	41	30	33	26	28
33	32	18	31	39	40	31	28	37	26
32	28	26	31	41	48	36	29	31	25
28	29	26	32	34	47	33	28	25	26
31	30	27	31	39	47	34	29	29	26
30	31	27	32	37	47	33	29	31	29
31	29	26	31	38	47	34	29	27	25
	35	34	39	40	46	38	33	30	27
30	30	25	30	38	45	32	28	28	25
30	28	27	30	36	48	36	27	29	25
30	29	26	31	35	48	33	25	25	29
32	28	28	32	39	45	27	34	32	30

[表4-3] 政府への信頼指数：1958~94年

	1958	1964	1966	1968	1970	1972	1974
全員	49	52	61	45	39	38	29
男性	51	52	60	43	39	38	30
女性	49	51	62	47	40	38	29
白人	49	51	60	44	40	39	30
黒人	50	57	69	54	33	38	24
小卒/高校中退	49	51	59	43	36	36	26
高卒	49	54	62	46	42	37	29
大学中退	50	50	62	45	42	40	33
大卒	52	52	64	50	41	41	34
家計所得層： 0~16%	49	50	58	46	35	37	30
家計所得層：17~33%	49	51	58	43	36	35	22
家計所得層：34~67%	51	53	62	45	38	37	31
家計所得層：68~95%	50	52	63	47	43	40	30
家計所得層：96~100%	50	54	63	45	43	45	38
専門職	51	51		45	41	41	33
ホワイトカラー	51	52		46	42	38	30
ブルーカラー	49	52		42	38	34	27
未熟練労働者	48	60		50	31	33	26
農民	48	52		41	29	34	30
主婦	49	51		48	40	39	29
組合加入世帯	48	54	61	45	40	35	29
組合未加入世帯	50	51	61	45	39	39	30
南部	48	50	55	43	36	37	28
北部	50	52	63	46	41	38	30
1959~74年生まれ							
1943~58年生まれ		51	68	49	43	39	32
1927~42年生まれ	51	54	65	48	41	37	28
1911~26年生まれ	50	51	61	43	39	37	27
1895~1910年生まれ	47	49	58	42	35	37	28

と違っている。女性、黒人、低学歴層、低所得層、未熟練労働者は、政府は国民を放っておくべきではないと考える傾向がある。同様に、行政サービスを削減するべきかどうかという質問への回答もまちまちだった。こうした意見の相違を見ると、政府への信頼低下は政府の責任や景気に果たす役割に対する人びとの見方とは関係がないことがわかる。

［図4・3］に示されているように、政府への信頼低下と同時に、政府はむだが多く、特殊利益集団の要求に応え、一般市民の利益とかけ離れていると思っている回答者の割合が目立って増えている。特定のできごとや経済実績に必ずしも直結していないこうした疎隔感が、信頼を失うのに特に影響したようだ。これらのデータが示しているのは、政府への信頼が広く見られる社会現象であることと、米国民は経済実績と自分の経済状況が大きく違っていても、この問題に関する考え方が共通していることである。

結論

この章では経済実績と人びとの認識について簡単に見てきた。経済実績は政府への信頼が低下した原因だったとも考えられる。一方で、国民は政府のこれまでの実績に基づいて高い期待をかける。もう一方で、政府が直面する問題はそれほど簡単に対処できるものではない。政府は国民のために経済成長を促進し、完全雇用を維持し、平等を保証し、社会福祉を提供する責任を負っている。だが、こうした責務はこの二〇年間、果たされなかった。米国では所得の伸

[図4-3] 政府の反応について

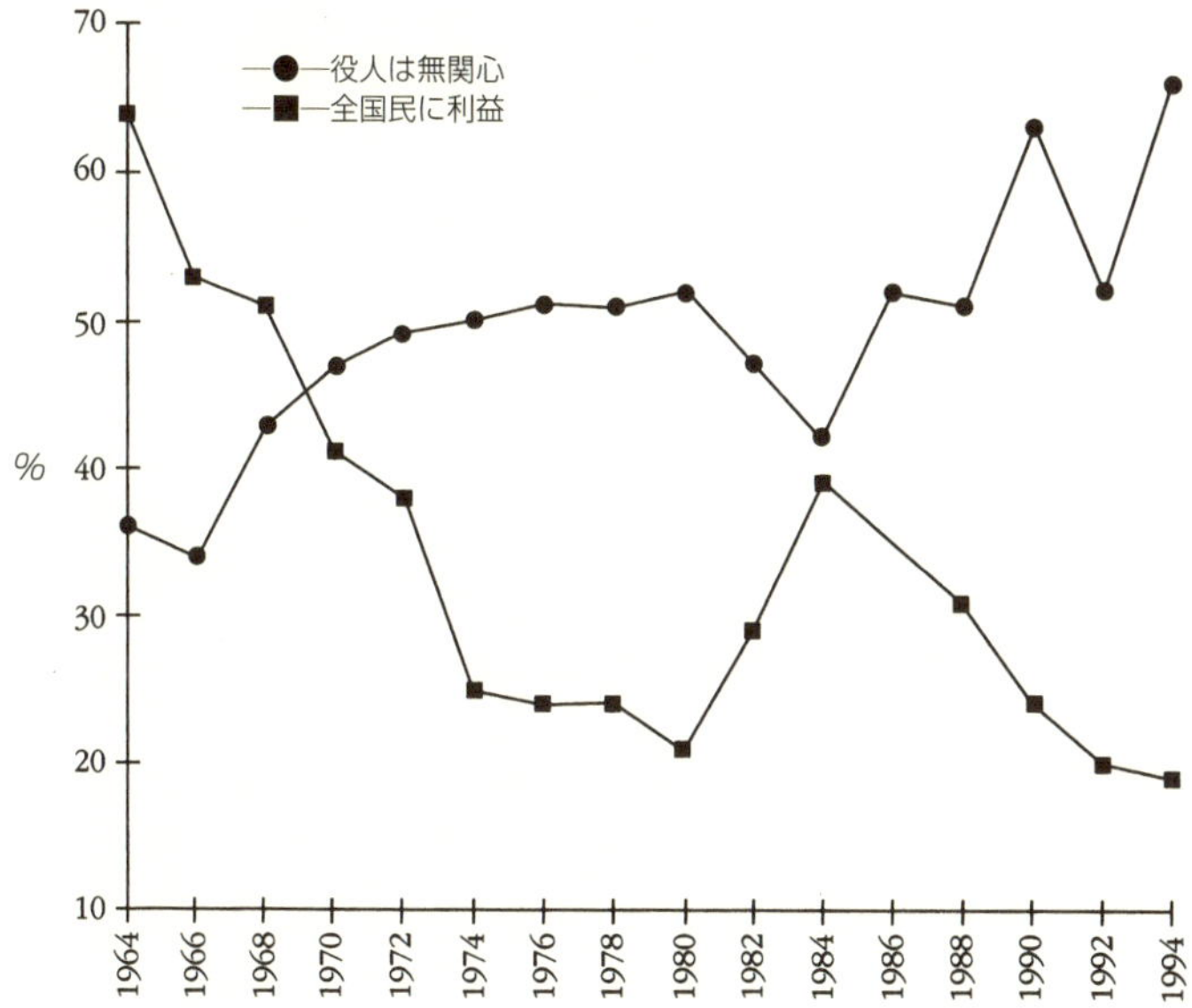

出典：National Election Studies.

びが鈍化して不平等が拡大し、欧州と日本では失業が増えた。いずこも人びとは国際競争とそれが収入と自立におよぼす影響を恐れている。

これらの問題にどう対応するかについてはまだ激論がたたかわされている。業績の測定基準に疑問が呈され、なぜ結果が冴えないのかについては諸説がある。政府には国民の経済的命運を決定するだけの力がないようだ。経済はいっそう開放され、構造改革は遠大なものに見え、政府の財政政策には制約が加えられ、うまくいく可能性がある政策は現在と将来の世代のあいだおよび政治的に権力のある利益集団のあいだで相殺取引しなければならない。こうした状況では、指導者は責任を転嫁し、注意をそらせ、こうした痛みをともなう措置をとるのを避けたくもなる。その結果、問題は放置され、不信感と幻滅が広がる。

これはもっともらしい議論ではあるが、政府への信頼が失われた原因を十分に説明するものではない。政府に対する信頼の回復を困難にした要因は指摘していても、米国の世論調査に現われた劇的な信頼低下を十分に説明していない。世論調査の回答のタイミングや傾向から読み取れるのは、ベトナム戦争やウォーターゲート事件といったできごとと、政府が大きくなって一般市民の求めていることから遠のいてしまったという認識のほうがはるかに重要な要因だったことである。とは言っても、この章で明らかにしたように、経済実績と信頼のつながりについてはまだ大いに研究の余地がある。経済実績の測定にどのような不確実さがあったとしても、実績が政府への信頼または信頼の欠如となって現われるメカニズムの不確実さと比べると、大したことはないのである。

第五章

不満の社会的・文化的原因

ジェーン・マンズブリッジ

ジョン・F・ケネディ行政大学院の教授（公共政策）。著書に *Beyond Adversary Democracy* や *Why We Lost the ERA* があり、現在は民主主義における強制と協議の関係と、集団行動の問題に対する国民の理解を研究している。

はじめに

社会の風潮がシニカルになってくると怒りが政府にも向けられるため、社会的・文化的変化が政府への満足感を低下させることがある。政府の業績に影響する（つまり政府機関が国民を満足させるような措置をとりにくくする）ことによって間接的に、さらに（業績は不変のまま）国民の態度に影響することによって直接的に低下の原因を作る。

私の考えでは、この三〇年間に社会的・文化的変化が米国政府に対する満足度におよぼした影響の大半は、政府の業績の質を低下させたことによる間接的なものだった。社会文化的変化は新たな問題を生み出し、政府は解決策を示すことを迫られた。社会文化的変化はまた、政府の行動に対する期待を高める状況を独自に生み出した。これら二つの傾向によって政府は「オーバーロード（重荷過多）」の状態となった。つまり国民は、政府には手に負えないような問題を解決するように要求し、政府ができる以上に多くのこと（そして両立しないこと）をするように要求し、解決策を生み出すのにかかる資金を作る税制は支持しないで政府が問題を解決することを要求している。第七章でリチャード・ニュースタッドが示しているように、こうした政府への要求拡大は、ゆっくりとした変化にしか対応できない制度内で行なわれる。国民の不信が募っていくと制度の対応はさらに鈍くなる。

社会文化的変化が政府への満足感に与える影響には、業績とは関係なく不満を生み出すことによって、より直接的にはたらくものがある。第二次世界大戦後の民主的政府に対する満足感の「不自然な」高さからの予期された降下、あらゆる権威に対する批判をはじめとするポスト物質主義的価値観の台頭、その業界固有の理由による報道機関のシニシズムの増長、汚職を減らすのに比較的成功したことから生じる汚職に対する国民の認識の広がり――これらすべてが政府への満足感が失われるのに直接的に影響したはずである。より全般的には、楽観主義が衰退したこともそれなりに影響している。最も重大なのは、人種や民族や競合する文化的価値の問題によって一般市民が分断され、それが全人民の名において強引に統治しようとするものへの不信感を募らせたことである。

政府には難しい決断を下さなければならないことがよくある。受けがいい便益を生み出すには、受けが悪い費用を課さなければならない。選出されたり任命されて公職に就いている人たちへの敬意が失われると、国民は決定が公益のために下されているとは思えなくなる。決定を疑いの目で見るようになる。敬意が失われると信頼も失墜する。

敬意が失われるのを止められなければ、失われた信頼を補うには、より多くの国民を決定に参加させるしかない。ただし、どういう参加でもよいわけではない。国民自身が難しい決断に直面せざるをえないような状況での参加でなければならない。町民会や家族のような極めて分散化された単位においては、町民や家族の面々は対価を支払わないものは手に入らないことを知っている。その他の両立しないものも手に入れられないことを承知している。それがわかっているから自分の選択が意味することを注意深く考えるし、いちばん欲しいものは何かと自問する。政府当局がどういう結果になるかを調べたうえで国民のために難しい選択をしていると国民が思わなくなった場合、新しい参加方式を考え出して国民が自分たちのために良い選択をできるようにする必要がある。

業績とオーバーロード

●台頭する問題

「政府へのオーバーロード（重荷過多）」という言い方には、政府の能力は決まっていて、状況によってそれがオーバーロードになるという響きがある。だが「オーバーロード」とは、相対的な意味である。たとえば失業を減らしたり、全面的な健康保険を提供するのに、政府によってすることは大きく違っている。政府がオーバーロードになるのは、国民が何を期待していて、そのためにどれだけ支払うかということとの関連においてのみだ。だから業績を検討するときは、まず台頭する問題と膨らむ期待を別々に扱って、あとでつなぎ合わせることである。

現代の民主的政府が抱える最大の問題のいくつかは、その原因に社会的・文化的変化があるようだ。こうした問題の例として、米国では犯罪と貧困児童のことがある。どちらにも解明するのが難しく、まちがいなく社会的・文化的変化に関連している原因がある。

犯罪は、被害者研究が行なわれるようになるまで、長期にわたって測定・比較するのが難しかった。以前の測定値、つまり警察に記録された犯罪件数は取締りのばらつきに大いに左右された。だが殺人事件なら必ず全力で捜査が進められるので、一般市民を最も脅かす犯罪である暴力犯罪の代用として殺人発生率を用いることにする。

［図5・1］は、米国の殺人発生率が一九六〇年から七五年のあいだに激増したことを示している[1]。これは、連邦政府に対する不信感がほぼ同様に激増した時期と一致している[2]。この二つのできごとの原因に関連があるとすれば、政府に対する不信の高まりが犯罪増加につながったと考えられなくはない。目撃者が犯罪者を警察に通報しなくなるからである。だが、それよりいくらか可能性が高いのは、犯罪の増加によって政府への不満が募って信頼が失われたことである。最も考えられるのは、この時期に殺人が増えて政府への不信が高まったのは、どちらとも関係のない原因——たとえば社会基準や伝統的な権威に敬意を払わなくなったこと——があるということだ。国別比較研究に、この関係が具体的に示されている。

［図5-1］殺人発生率の動向：1900～88年（人口10万人当たりの率）

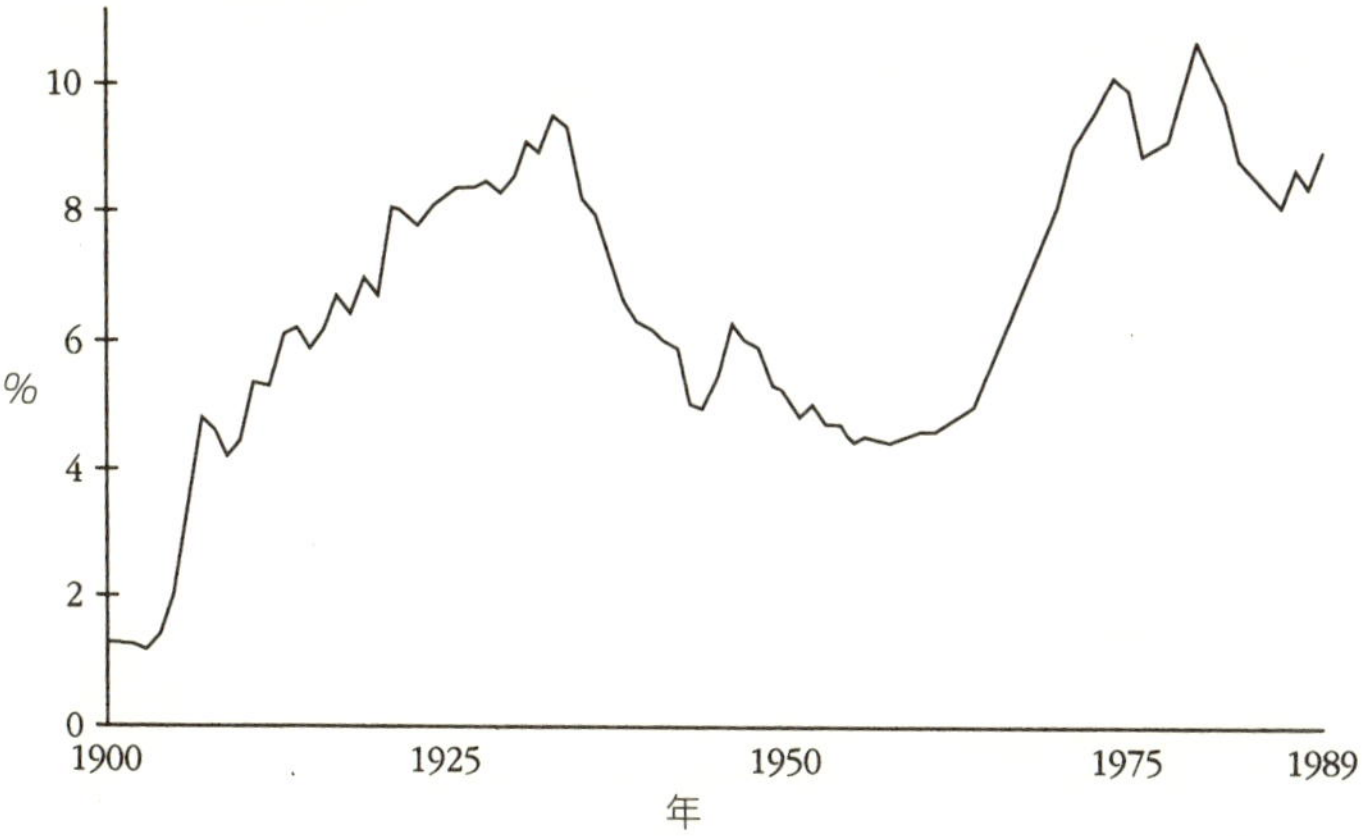

出典：Vital Statistics of the United States, National Center for Health Statistics.

なぜ米国ではこの時期に殺人が増えたのか。それはだれにもわからないが、考えられるのは社会的結合の衰退、一九六〇年代の寛大さ、若い男性の増加、映画やテレビの暴力場面、ベトナム戦争によって暴力と残忍さに慣れたこと、死刑が事実上行なわれなくなったことなどである。これらの原因は、ほぼ全面的に社会的・文化的なものである。これらによって問題が引き起こされ、国民は政府が解決してくれることを期待した。

一九六五年から九〇年までの時期には、政府援助なしでは家族が貧困から脱出させられない子供の数も増えた。この問題は、結婚の形態が社会的に変化したことに直接関連しているようだ。米国では、結婚と離婚の比率が五〇年の四・三対一から九〇年には二対一へと低下した。成人の未婚者に対する既婚者の割合は、七〇年には七二％だったのが九〇年には六一％に下がった。したがって片親で経済的支援が確実ではない子供の数が増えた。［表5・1］は、両親と暮らしている子供の割合が七〇年の八五％から九四年には六九％に下がったことを示している。片親の子供のほとんどが母親と暮らしており、母親は通常、父親より稼ぎが少なく（ときには大幅に少なく）、子供の世話があるのでフルタイムの仕事に就けないことが多い。

犯罪の場合と同様、こうした家族の変化の正確な原因はわからない。バーバラ・アーレンライヒは、プレイボーイ誌とその考え方、ビート・ジェネレーションの詩人や作家の影響、Aタイプ（働きすぎ）とBタイプ（リラックスしている）では心臓発作のリスクが違ってくるといったポピュラー医学などの台頭とともに一九五〇年頃、米国人男性の価値観が変わりはじめたという[3]。こうした傾向によって男性は、勤勉で家族に忠実な戦後モデルに徐々に反抗するようになり、女性は有給労働力となることによって少しずつ自己防衛するようになった。

女性が有給労働力に参入するようになったのは一九三〇年代初めのことで、今日まで一貫して増えつづけている。これは二つの技術的変化によっ

［表5-1］米国児童の居住状況：1970年と1994年

（単位：千人）

居住状況	1970年	1994年
18歳以下の児童数	69,162	69,508
両親と同居（%）	85	69
片方の親と同居（%）	12	27
母親と	11	24
父親と	1	3
親と同居していない（%）	3	4

出典：“Marital Status and Living Arrangements, March 1994,” *U.S. Bureau of the Census Current Population Reports,* Series P20-483, U.S.(Washington, D.C.: Government Printing Office, 1996), ix, table D.

て引き起こされたか、もしくは促進されたようだ。第一に、肉体労働でなくてもまともな賃金が得られるサービス部門の雇用が増えたこと、第二に、技術革新のおかげで女性が賃金なしでフルタイムで働いて男性のフルタイムの仕事を支える必要がなくなったことである[4]。時間を節約できる家電製品だけでなく安いクリーニング店や食料品店など、家事とサービスの改革によって家庭での仕事の必要性が減った。それと同時に、教育において男女平等が拡大したことと、有給労働力において教育を受けた労働者の需要が増えたことにより、女性が生活賃金を稼ぐことができるようになった。女性が労働人口に参入したことで、虐待的な、耐えがたい、または単に不快な結婚からの完全ではないが可能な出口が開けた。

離婚と私生児が社会全体で増えるにつれ、離婚したか未婚の女性の数が低所得層および黒人のあいだでうなぎのぼりに増えた。離婚や非婚という選択肢が経済的・社会的に可能になると、結婚の重圧によって低所得層では多くの家庭が崩壊した。その結果、低所得層では両親によって心理的・経済的に支えられた子供が減り、こうして彼らの経済状況はさらに悪化した。

核家族が衰退したのは、父母の双方が自分本位、利己主義、個人主義に走ったからだという説がある。利己主義に陥ると、両親は子供のために結婚や同居の努力をしなくなる。利他主義については、極めて不十分なデータしかない。慈善への寄付や献血といった行動は税制や献血団体の努力によって大きく違ってくる。だから、こうした具体的な数値の推移から他者への責任感の推移を推し測るわけにはいかない[5]。実際のところ、利他的感情の動向が離婚や非婚の長期的な上昇傾向と明らかに関連があることを示す調査データはない。

個人主義と資本主義という取り合わせで何世代も経っていくうちに、「自己の欲求を満足させること以外の価値観と、直接に利益をもたらすもの以外の社会的つながりをなくしてしまう」[6]という見方があるが、これに欠けているのは個人主義と資本主義が家族に影響をおよぼすのがなぜ一九五〇年代に入ってからで、それ以前ではなかったのかという説明だ。その鍵はグローバル化と自由貿易の論理にあるかもしれない。これらは「資本主義の厳しさ——とりわけ意気沮喪させる極端な不平等——を和らげる政府の能力」[7]を低下させるからである。家族の崩壊は、米国特有の福祉政策や失業を目標レベル以上に維持する連邦準備制度の政策のせいだというような分析は、これが西洋社会全体の問題であることを無視しているのはほんとうだ。かと言って、核家族の衰退と時期的に一致するグローバル主義や自由貿易について、具体的な変化を見つけるのは難しい。

米国では、政府の政策そのものが家庭崩壊の原因となったという説がタイミングとして合っているように見えるが、これはそう見えるだけのことだ。まず、法律専門家協会が各州の改革委員会に舞台裏ではたらきかけた結果、無責離婚法が一九七〇年代に各州で成立した。これは法律専門家にとって不名誉だと仲間うちで思われていたことを一掃する作業で、政界を巻き込むことなく行なわれた[8]。州が行なったこの制度改革により、離婚の増大という、より大きな社会的・文化的変化が促された。もっとも、離婚が増えたから制度を改革しなければならなかったのでもあるが…。第二に、六四年から七四年のあいだに連邦・州政府のシングルマザーに対する補助が拡充された。とはいえ、この政策は国民のほんの一部に影響をおよぼしたにすぎない。八〇年以降、補助は減る一方だったが、六〇年代に増えはじめたシングルマザーが減ることはなかった。

片親と暮らしている子供の数が増えている最大の原因は、社会的・文化的理由によって、婚前性交、私生児、離婚などに関する社会規範が時とともに大きく変化したことではないか。婚前性交は「絶対にまちがっている」か「ほぼ絶対にまちがっている」と思っている米国民は一九七二年の四七%から八二年には三七%に減り、その後は減り方が緩やかになって九五年は三五%だった。経口避妊薬が利用されるようになって避妊が容易になり、婚姻以外の性交による身体的制裁を受けることが減り、社会的制裁も徐々になくなった。若者は「性の解放」やさまざまな解放を求め、のちに六〇年代の寛大さは行きすぎだったと非難されることになる。伝統的規範が拒否されたのを受けて、婚前性交、つづいて私生児があらゆる層において許容されるようになってきた。

かと言って昔が黄金時代だったわけではない。次頁の［表5・2］を見ると、米国では一六歳で実父母と同居している子供の割合は一九六一年から七〇年までのほうがその四〇年前より高かったことがわかる。離婚は増えても、死亡率の低下のほうが大きかったからだ。大変化は七〇年から九〇年までの時期に起こった。

次頁［表5・3］にも、昔が黄金時代ではなかったことがうかがえる。一九二一年から九〇年までの時期、子供の兄弟数は減る一方だった。兄弟が大勢いることは、共通テストの得点が低く、学校の成績が悪く、高等教育への進学率が低く、卒業後の所得が低いことを連想させる[9]。

[表5-2] 社会調査：米国における16歳の子供の居住状況

同居の状況	回答者が16歳だった年		
	1921〜30年	1961〜70年	1981〜90年
世帯の構成員			
実父母	74.5	77.8	67.6
母と継父	2.9	4.6	7.0
母のみ	8.6	10.3	15.2
父と継母	3.0	1.3	2.9
父のみ	3.7	1.6	2.8
その他の親戚のみ	5.1	1.2	1.4
［合計］	100.0	100.0	100.0
同居している割合			
実の母と	86.0	92.7	89.8
実の父と	81.2	80.7	73.3
実の親以外と[1]	7.4	4.3	4.4
事例数[2]	2693	6583	1217

1　施設に収容されている者も含む。
2　数字は未調整。元の調査が1世帯につき1回答者であるため、パーセンテージ計算時には回答者をその世帯の大人の人数で調整。

表はデビッド・ローズが作成。推定値は、無作為に選んだ18歳以上の英語を話す回答者が昔を振り返って答えたものによる。回答者に16歳のときには米国に住んでいなかった英語を話す移民が含まれていることと、死亡した人が除外されているため、推定値は当時16歳の米国人の状況を正確に表わすものではない。特異な死亡率による偏向は、回答時に74歳だった1921年から1930年までに16歳に達した回答者に最も大きかったと思われる。

出典：General Social Survey, Cumulative File, 1972-93.

[表5-3] 16歳に達した時期ごとの出生兄弟数

兄弟数	回答者が16歳に達した年			
	1921〜30年	1941〜50年	1961〜70年	1981〜90年
1人以上	95.4	92.8	95.2	95.7
2人以上	85.4	77.4	78.9	73.5
4人以上	62.0	48.1	41.5	31.1
6人以上	42.0	29.2	21.0	14.7
中央値[1]	5.8	3.9	3.5	2.9
事例数[2]	2694	3865	6588	1218

1　中央値5.8とは、分布の兄弟数の少ないほうの半分に兄弟5人以下と答えた回答者全員と5人と答えた回答者の80％が入っていたことを示す。
2　数字は未調整。元の調査が1世帯につき1回答者であるため、パーセンテージ計算時には回答者をその世帯の大人の人数で調整。

出典：General Social Survey, Cumulative File, 1972-93.［表5-3］を参照。

この関連性が何によるものかは複雑だが、世帯人員一人当たりの所得と親が子供に費やせる時間の長さが影響しているようだ。

そうは言っても、一九五〇年から現在に至るまでの米国における離婚と非婚の傾向は、最低所得層の子供たちに経済的・心理的に大きな不幸をもたらした。社会的・文化的理由が複雑にからみあって貧しい父母は同居しなくなり、そのために子供が成長してから貧困から脱出できるような育て方ができなくなった[10]。英国、フランス、スウェーデンは今では私生児の比率が米国と同じくらいか上回るほどだが、欧州諸国では政府の安全網の充実によって子供の貧困問題は大幅に減少している。

犯罪と同様、貧困児童の問題が広がっている原因は社会文化的なものだが、政府による対策が必要だということになった。これらの問題の原因をどうにかしようと共和党政権も民主党政権も努力したが効果はない。国の社会保障制度は限られており、どちらの問題も政府ができる以上のことを要求していた。さらにどちらの問題も、どれが正しい対応かということを巡って社会に深い亀裂を生じさせた。離婚制度を廃止するとか、子供に多額の養育費を保証するといった根本的な解決策は、こうした状況では政治的に不可能だ。だから政府による政治的に可能な対策は、問題の根底にある原因に影響するものではない。これらの問題の原因または影響への政府の対策は、政府とは正反対の解決策が正しいと思っている多くの国民を遠ざけることになった。

高まる期待

大恐慌後、先進国では政府がするべきことに対する期待が徐々に変化した。米国では、仕事を見つけるのが難しいのは構造的なものであって自分たちのせいではないことを人びとは初めて認識した。さらに、こうした問題について政府に打つ手があることが次第にわかってきた。ケインズ学派の金融政策では、政府は重商主義や大陸横断鉄道の時代を上回る国家経済の保護者となった。その結果、今日の一般市民は景気を一時的にでも後退させることなく絶えず拡大させることを政府に求める。これはエコノミストの手に負えない離れわざである。世論調査に見られたように、米国民の政府に対する満足感は米国経済がどのくらい好調だと彼らが思っているかということにかなり密接に関連している。この関連性は、自分の経済状態との関連性よりはるかに強い[11]。

医療に関する期待の高まりは、古くからの民主主義国すべての財政を圧迫している[12]。医療費の増大と人口の老齢化により、政府が費用のかかる改革を実施する機会は大きく制限される[13]。医療支出がGDPの八%（多くの欧州諸国のように）を占めていても一三%（米国のように）であっても、さらに皆保険（多くの欧州諸国のように）でもそうでなくても（米国のように）、すべての先進国の国民が医療について期待の高まりと不満を感じているようだ。満足感はしたがって、業績から直接にではなく期待に対する業績の割合から生じるらしい。そして期待は高まっている。

第九章でロナルド・イングルハートは、こうした期待の高まりは経済発展から直接的に生じるという仮説を立てている。生存について心配する必要がなくなった戦後の欧州と米国では、国民は物質的安楽より暮らしに、物質的安全より政府に目を向けはじめた。自分や自分の子供たちが餓死したり飢えたりすることはないと確信するようになると、物理的・社会的環境の充実を求めた。たとえば、雇用か失業保険のどちらかが保証されているとわかると環境を気にかけるようになった。

ロバート・サミュエルソンは、米国の期待の高まりを冷戦の終焉ではなく第二次世界大戦後の米国経済の並外れた繁栄によるものだとする[14]。戦後の数十年間が米国民の期待を膨張させたという。これら数十年間の便益は米国の歴史上、決して標準的なものではなかった。ところが一世代の年月のあいだに繁栄と便益が天文学的高みに達し、向上あるのみというまちがった考えを生み出してしまった。こうした非現実的な期待は、連邦・州政府が平等の徹底、人種・性差別の撤廃、拡大した権利の保護に乗り出したため、「約束過剰の政治」によって助長された。

メアリ・アン・グレンドンやマイケル・サンデルといった共産社会主義の学者の多くは、米国民の関心が共同体より個人の自由に、責任より権利に向かっていると見る[15]。人びとが自分の権利を大切にするあまり、共同体の他のメンバーに対する責任を放棄するので、政府が穴埋めをせざるをえなくなる。米国の中流および専門職階級は、伝統的な地域共同体は必要ないとさえ思っているかもしれない。これらのグループは大都市および全米で地域にとらわれない職業的・文化的結びつきを形成しているし、老いたときは年金と政府が守ってくれる。家族と地域共同体への責任が果たされなくなっているとすれば、新たな問題（たとえば子供の養育の拒否）

と政府への新たな期待が出てくる。

個人と家族が責任を取らなくなったのと関連して、責任を取らなくなった原因が政府の社会保障、医療、失業に向けた給付と扶養児童手当てにあるという説がある。この仮説によると、政府の政策そのものが政府への依存を生み出し、その依存によって個人が責任を取らなくなるので、政府への期待が高まって政府への依存がさらに強まる。この仮説は、欧州の場合は成立たない。欧州の世帯は多くの分野で米国の世帯より政府の保護を受けているが、それらの分野でより大きな責任を引き受けているように見受けられる。この説は、米国と欧州では文化が異なり、米国では政府のプログラムが文化に悪影響をおよぼしているとすれば成り立つ[16]。

同じように、米国と米国ほどではないが欧州で「権利の文化」が広がったこともまた、政府への期待が大きくなる直接の原因となる。経験した望ましいことは権利として確定されるので、国民の期待は増えつづけて低い基準には戻しにくい。たとえば、高齢者が貧困とは無縁の（そして中流階級では快適さに満ちた）老年期を送る権利は、米国と欧州では今や不可侵に近い。適切な医療を受ける権利も、ヨーロッパ人や完全な医療給付制度のある仕事に就いている米国人にとって同様である。医学の発達とともに「適切」の意味がどこまでも拡大していく。

新しい権利はまた、既存のものの上に生まれる。たとえば、女性が、性差別も米国憲法にある人種差別の取扱いと同じように扱われるべきだと主張することがある。南アフリカのアフリカ民族議会が黒人につづいて女性にも平等宣言をすることになったように、世界各地で、ひとつの分野で正しいことが行なわれるのを見て他の分野でも同じことが求められている。

フレッド・シャウアは、新しい権利が確立されると、人びとがその権利を享受できるように一部の人がコストを負担することがよくあるという。通常、支払う側のほうが享受する側より人数が多い。つまり権利を認めることは、非功利主義的には正しいことをしていても総体的な効用を低下させる。その結果、「人びとの効用に関する満足度が下がることは、まちがったことをしている政府や社会の思いもかけない不運な失敗ではなく、主にマイノリティに属する個人の権利のために福祉制度全体で負担する（つまりそれまで通りの満足は得られない）という道徳的に意義のあることをしている社会の当然で避けられない成り行きかもしれない」[17]。権利に関する目下の論調は、権利を妨害するものは福祉全般を損なっていると見なし、権利のコストについては無視または取るに足らないとすることが多い。

権利についての議論に場合によっては関連するもうひとつの説は、ポスト共産主義時代における資本主義の成功に促されて、米国と欧州で個人主義の風潮が高まっているとするものだ。個人主義が広がっているとすれば、他者に配慮して政府への要求を抑えるということがなくなる。また、理論の上では個人が政府にあまり要求しなくなることも考えられるが、こうした変化は現われていない。

この時点では、期待が高まっていることの社会的・文化的原因について証拠がほとんどないため、この現象を説明するのにそれぞれの仮説にどのくらいウエートを置けばよいのかなかなか決められない。とはいえ、国民の政府に対する期待が構造的・経済的・政治的理由とならんで社会的・文化的理由によって高まったことと、高まる期待によって政府が国民の満足するような仕事をすることが難しくなったことは明らかなようだ。

●減っている政府以外の資源

犯罪や児童の貧困といった増加している問題に、政府以外の資源が向けられなくなっている。たとえば、エレノア・オストロムが「共同作業」と呼んでいる方式では、共同体と家庭が望ましい成果を生み出すために政府機関と協力する。犯罪を抑制するため、共同体の面々は疑わしい人物を警察に通報し、必要であれば証人として裁判所に出廷する[18]。子供が貧困から抜け出せるように、父母は子供を登校させ、教師と相談し、宿題をさせる。地域共同体で警察への不信感が広がったり、貧困や政府の怠慢によって公共心が低下すると、共同体は犯罪抑制という共同作業において役目を果たせない。生活費を稼ぎ、子供の行動を見守る大人の数が減ることによって親の資源が圧迫されると、世帯は教育という共同作業で役目を果たせない。つまり共同体や家庭の団結が失われると、社会問題に取り組む政府以外の主体の資源がただちに減る[19]。

ロバート・パットナムは、米国で自発的な組織の活動が減ったことが問題をいっそう悪化させたという[20]。進取の気性に富んでいた時期に、地元に基盤をおいて州内や全国にネットワークをもつ団体がたくさん誕生して活発に活動してきたが、会員数は一九六五年頃から激減する一方である[21]。エルクス慈善保護会、ロータリークラブ、女性有権者同盟、PTA、赤十字は、すべて一八六八年から一九二〇年までに設立され、近年になって衰退している。教会グループ、労働組合、スポーツクラブ、読書会、その他たくさんの団体でも同じことが起こっている。女性の職場進出、地域移動性の拡大と郊外住宅化、時間と金銭の余裕がなくなったこと、結婚や家族の構造変化、社会保障制度の充実、年代による変化…。こうしたさまざまな仮説を検討したパットナムは、これらも自発的な組織の低迷に少しは関与しているだろうが、米国民がテレビを長時間見るようになったことが最大の原因ではないかという。

自発的な組織が衰退して、政府がこれらの団体に委託できる社会問題が減ると、政府の負担は増す。自発的な組織に参加したことのある一般市民が少なくなると、共通の利益のために自分の要求を控えることを経験する場が減る。

一九三〇年から今日まで女性がどんどん職場に進出し、しかもパートタイムではなくフルタイムの仕事に就くことが増えたのが、社会問題の解決に利用できる政府以外の資源に影響した。パットナムが指摘するように、雇用されている女性のほうが主婦より自発的な組織に参加する可能性は高い[22]。しかし、エリート女性は共同体の団体に幅広く熱心にかかわらなくなったようで、参加をやめないまでも回数を減らし、夫に範を示すことは少なくなり、費やす時間を短くしたので、PTAのような組織が階級を超えた協力や交流の場を提供するという役割を失った[23]。

だが、団体活動が減ったというパットナムのデータには、さまざまな方面から異議が唱えられている。エベレット・ラッドは、この二〇年間に社会奉仕活動が激増したこと、国民一人当たりの慈善事業への寄付が増えたこと、教会にかよう人もボランティア活動をする人も人口比率から見て減っていないことを示す複数の調査結果を明らかにした。ラッドは、PTAに参加する人が減ったのは学齢児が減ったからであり、親の関与は「極めて大きく、しかも拡大している」という[24]。シドニー・ヴァーバ、ケイ・シュロズマン、ヘンリー・ブレイディが引用した調査結果によると、「他の人と協力して地域問題」に取り組んでいる、「共同体の問題を解決する組織に参加している」、「地域問題の解決にあたるグループ」を作ったと答えた人の割合は、一九六七年から八七年までに少し増えている。また、個人的な問題でなく公共性のある問題について地方自治体・州・国の役人と接触した一般市民の割合が増えたという結果も出ている[25]。

だが、米国の投票率が一九六〇年から下落の一途をたどっていることには異論を唱えるものはいない。史上最低だった二〇年と二四年の四九%までは下がっていないものの、かなりの低迷ぶりである[26]。シーダ・スコッチポルは、投票率が下がったのは地元に根ざした政党に代わってテレビ広告、世論調査、政治コンサルタント、全国的な圧力団体、コンピューターを利用したデータ分析、ダイレクトメールが利用されるようになったからだという[27]。スティーブン・ローゼンストーンとジョン・マーク・ハンセンは、有権者の社会関与の低下と高齢化もあるが、なにより機動性がなくなったせいだという[28]。政党は有権者とじかに接触しなくなり、さらに労働組合への加入が一九五四年と比べて六五%減ったことにより、中間より下の所得層や労働者階級の有権者を動員する資源が激減した[29]。問題は、投票率と政府への信頼の低下の原因が関連しているかどうかだ。パットナムのテレビ説については、米国民はテレビを見る時間が長くなればなるほど、投票をはじめとする政治参加が少なくなるというのは確かなようだ（さらに、政治についての知識が減り、政府に影響を与えられないと思うようになり、政治への関心が低下する）。ネットワーク放送のニュースを見ている米国民は政治参加の可能性がより高いが、これは政治に関心があるのでニュースを見るし、参加するからだと思われる。こうしたつながりの因果関係は明らかではない[30]。

第九章でイングルハートは、ほとんどの欧州諸国では選挙における投票や政党への忠誠心といった「エリート主導の」参加は減っているが、政治討論や請願書への署名といった「自主的で積極的な」政治参加は増えていると指摘している。イングルハートが欧州諸国について述べていることは、米国で役人との接触が増えたというヴァーバ、シュロズマン、ブレイディのデータと一致する。こうした積極的な政治参加は問題解決のための非政府資源となることもあるが、それが主に政府への要求拡大に向けられた場合、間接的に不信感を増大させることがある。

グローバリゼーションもまた、国際競争を拡大させることによって、社会問題を解決するための民間セクターの資源を減らした可能性がある。国際貿易は米国のGNPの二五％しか占めていないが、グローバリゼーションの影響は先を見越した反応によって拡大された。大企業は、市場において安全で売り手寡占的な地位を保てなくなると思ったら職業訓練や地域奉仕といった公共財の産出に携わらなくなる。共働きの問題を解決する一助となる職場での保育といった試みにも進んで参画しなくなる。保育やその他の「家族にやさしい」プログラムには費用がかかる。企業としては、欠勤や労働移動が減って出費を取り戻せるのでなければ、こういうことをする経済的理由がない。企業に「啓発された自己利益」や「企業責任」の実践を勧めるにも、これらの企業が提供する公共財にライバル企業がただ乗りするばかりだったらむなしい。たとえば、職業訓練をする企業があると、ライバル企業はそれをしないで節約し、熟練労働者を引きぬき、同じような商品をより安く売って社会的意識のある企業を出しぬくかもしれない。企業責任は、少々保護されている市場では促進される。しかし競争の激しい市場では後退する。競争が極めて激しくなると、社会問題に無関心な企業文化が生まれる。

人びとの認識

これまで見てきたように、政府へのオーバーロードをもたらす社会的・文化的変化は、大半の先進国において政府の業績が低下したこととの間接的説明となっている。その他の社会的・文化的変化は、政府の業績は変えないまま、直接かつ個別に政府に対する否定的見方を増長させた。そうした変化には、戦後の自己満悦と拡大経済が衰退したこと、最近の冷戦の終焉（エリートにとって「国益の意味がさらに曖昧」[31]になり、政府の無能を反逆のように見せてくれる外部の敵がいなくなると停滞をもたらす党派心をもつようになった）、シニシズムが台頭して権威に服従しなくなったこと、個人間の信頼の喪失、楽観主義の後退、報道機関が政府を否定的に取り上げることが増えたこと、汚職の報道の増加、一九六〇年代に始まった社会の大きな亀裂などがある。これらは政府に対する見方を悪化させるのに一役買い、政府の実績が期待を裏切ったわけでもないのに政府への信頼を低下させたようだ。

イングルハートは第九章で、経済発展が「存在に関する安全」を促進すると述べている。これが政府に対する他の要求を高めた可能性があることは見てきた通りだ。イングルハートは、経済発展によって大衆が権威にしたがうことが減ったともいう。権威を疑うようになり、政治指導者を批判するようになり、政府組織の威信を傷つけることを目的とした市民行動が起こるという。ゲイリー・オレンは、伝統ある民主主義国の一部では一般市民のあいだで相互の信頼感が低下していると第三章で立証している。エリック・アスレイナーは、米国では個人間の信頼の低下は大半が楽観主義の衰退によって説明できるという[32]。トム・パターソンは、米国でも欧州でも政府や選挙について否定的な報道が増えたことを証明している[33]。セックス・スキャンダルを大きく取り上げるといった報道の一部の傾向によって、政府の「威厳」は大いに損なわれてしまった。それと同時に、情報革命によってどの国の国民も他人が提供する最良のものを付随する費用なしに要求できるようになり、政府の失敗がより意識されるようになった。

英国では、行政サービスの「アメリカ化」（または政治化）により、制度上の基準の軸足が公共サービスから政権政党の政策・イデオロギーに移った。こうした社会的・文化的変化が国民の政府に対する不信感に寄与することはまちがいない。

米国では、連邦政府への幻滅と怒りを生み出したのは、社会福祉への貢献に対する報酬として設けたものではなく、階級による格差を是正するためではなく、自発的な組織と提携していない社会保障プログラムが増えたからかもしれない[34]。

米国ではまた、「政府で運営にあたっている人には少々不正直な人が大勢いる」（第三章の「図3・2」）と思う国民が増えた一方で、ワシントンの両党の消息通には、同時期、直接的な汚職、つまり収賄は実際にはかなり減ったか少なくとも増えていないという認識がある[35]。政権と議会が入れ替わるたびに倫理基準が徐々に押し上げられ、引き上げられた基準を守るメカニズムができた。その結果、違反が公表されることが多くなった。報道の内容を分析すると、ワシントンにおけるスキャンダルの報道は一九九〇年代のほうが五〇年代や六〇年代より多いはずだ。だがこれは堕落したのではなく、より厳しい社会的・文化的基準のせいだと思われる。

だが米国で不信を引き起こした最大かつ直接的な社会文化的原因は、一九六〇年以降の大きな社会的・文化的亀裂によるものだろう。ジョセフ・カルトは、政府の構造・領域・位置・起源に関して、制度と一般市民が共有する基準がよく一致している政府が成功を収めるという[36]。統治機関ができることやすべきことについて国民が異なることや矛盾することを思い描くようになると、これら機関への支持は弱まる。

福祉国家が戦後世代の高まる期待に応えようとして強大になり、欧州では左派も右派もケインズ経済学を重んじることがなくなり、米国や英国の一般市民と支配層のあいだでは、経済や社会福祉における政府の正しい役割について深い亀裂が生じた。英国では特に、戦後の福祉国家に関する合意が崩れ、目標がぼやけて党派心が強まった[37]。

米国では、社会を最も大きく引き裂いたのは「文化闘争」だったと思われる。欧州と米国では、民族、人種、植民地独立後の地位、ジェンダー、性的嗜好、家族・堕胎・麻薬・移民・戦争に対する意識などにより、政治的妥協が難しい問題について人びとの意見が分かれた。以前の、だいたいは金銭で片づけられた問題とはちがう。これらの社会問題について共有される基準がなくなり、行き着く先は行政の行き詰まりか、多くの国民を怒らせるような政策のどちらかだった。

米国では、人種問題が政府への不信を生み出したか、または悪化させるのに重要な役割を演じたと思われる。もともと、白人が支配する政府をあまり信頼するわけがないアフリカ系米国人は、公民権時代とその後に政府がとった措置によっても不信感を和らげなかった。こうした政策でいちばん得をしたはずの中流階級のアフリカ系米国人が、最も冷ややかだった[38]。その一方で多くの白人は、アファーマティブ・アクション（差別撤廃措置）のような政策は行きすぎだと感じていた。南部の保守主義とアフリカ系米国人向けの連邦措置への怒りを利用することを目的としたニクソン大統領の「南部戦略」は、首尾よく民主党を弱体化させ、黒人と白人のあいだの緊張を高めた。都市部では、通学バス問題のせいで労働者階級の白人の多くが連邦政府に反発した。一部の白人は、雇用差別を禁じる連邦法は黒人を助けるために自分たちの仕事を奪うものだと感じた。

それと同時に「サイレント・マジョリティ」の多くは、ワシントンのリベラルな政権が男女平等憲法修正条項といった法案を支持するのを見て、一九六〇年代の寛大な時代に始まった社会分裂が深まるのを感じた。同性愛者が社会的に受け入れられるようになって目につくようになり、若者の麻薬使用が広がるのを防ぐことができず、婚前性交や私生児が受け入れられるようになったことにより、保守的な人びとは米国が手に余る状態に陥りつつあると思うようになった。

レーガン政権時代、政府への信頼が回復した。これはひとつには、レーガン大統領ならこうした動向に歯止めをかけるか、または終わらせてくれると思われたからだろう。また、レーガン大統領が国内の共有される価値観を強調しつづけたからでもあったようだ。さらに、議会で「口論」が減ったように見受けられたことも一因だったかもしれない。民主党が一連のレーガン大統領の発案を阻止しようとしていたところに大統領の暗殺未遂事件が起こったため、中断せざるをえなかったからである。レーガン大統領自身も、法案に拒否権を行使することはめったになく、保留して握りつぶすほうを好んだので口論が減ったように見えた。

政府への不信の大半がこうした社会の亀裂に基づいているのであれば、近い将来に不信が信頼に転じることはなさそうだ。移民、多文化主義、相変わらずの人種問題によって、米国はこしばらくは分断されたままだろう。

難しい決断

社会保障の権利が拡大して医療や老齢年金の費用などが激増し、将来の民主的政府にとって増えつづける国民の期待に応えるための資源は減る一方だ。難しい決断を下すべき時がきている。

すべてうまく収まる解決策がなく、だれかが犠牲にならざるをえないとき、決断を下す者への信頼が不足していると犠牲を強いられた者は決断が公平だとは信じない。信じないとなると、政治は苦々しさに満ちたものとなり、いずれ法律が遵守されなくなる[39]。法律がきちんと守られない社会は、監視や制裁に振り向けなければならない共同資源が多くなるため、自発的に協力するような社会との競争に勝てない。

米国政府に対する不信傾向を改めるには、（一）古くからの民主主義国の多くで政府への不信が募っている原因をよく見極め、（二）政府実績と政府の汚職について信頼できる基準を確立させ、（三）国民が問題を複数の視点から見ることができ、そして難しい決断について検討するときに参加できるような制度を作らなければならない。

この問題について断定するのはまだ早すぎる。各国間の比較を用いたり、一九八〇年代初めと九六年のサブグループ間の変動や動向の変化を調査したり、まだしなければならない作業がかなりあるからである。とはいえ、この章では問題点を整理し、問題を明確にしようと努めた。仮説として提示したのは、米国政府が信頼されなくなった理由の大半は政府への「オーバーロード」から間接的に派生したもので、そのオーバーロードは新たな社会文化的問題、高まる期待、これらの問題の部分的な解決策に出費を惜しむようになったことによって引き起こされたということである。その他の理由は、社会的・文化的原因の組み合わせから直接的に派生している。つまり第二次世界大戦後の高潮の衰退、権威への高まるシニシズム、メディアの否定的な報道、国内における規範に関する分裂などである。レーガン大統領のときのように指導的地位にある人物が戦後の高潮を一時的に取り戻し、権威に対するシニシズムを抑え、メディアを支配下におき、国内の分裂を和らげて取りつくろうことができれば政府への信頼は増すが、長つづきはしないでふたたび低下する。

自発的な組織の会員（「社会資本」）の減少はおそらく、政府が信頼されなくなったことの主因ではない。自発的な組織は減っていないという調査結果がたくさんあるからだ。また、核家族の減少も不信に影響していないと思われる。もっとも、政府が取り組まなければならない解決不可能な問題と、国民の意見が大きく分かれるような論争を増やしたという点で、ある程度、間接的に影響してはいるが。

信頼が失われた原因はまだ突きとめられていないが、信頼されなくなっているのは憂慮すべきことである。リベラル派も保守派も、信頼が低下すると愛国心も弱者を助ける政府の努力も損なわれることを心配するべきだ。信頼が低下すると、国民は納税も国の安全保障に向けた努力もする気がしなくなる。民主的政府への要求が拡大し、政府への信頼が低下すると、現行憲法の制定時には予期されなかった圧力が政府のシステムにかかる。今度、歴史的に見て必然である大きな経済危機に見舞われるときまでに、主要な民主主義国の政府は素早く立ち直ることができる能力を身につけ、国民に信頼される対応の方法を見つけておくことだ。さらに、政府による難しい選択は国民とその代表がともに行なうのが理想なので、国民を参加させる方法を見つけておいたほうがよい。

第六章

政党の分極化と政府への不信

デビッド・C・キング

ジョン・F・ケネディ行政大学院の准教授（公共政策）で、「二一世紀の統治のビジョン」プロジェクトのアシスタント・ディレクター。最初の著書、*Turf Wars* では、発生する社会問題と取り組むため、連邦議会委員会の権限がどのように適応するか、または、できないかを探った。

一九九〇年代初頭の米国は、どこから見ても保守化が進行していた。国政の場ではリベラル主義は非難の的になっていた。ビル・クリントンは、九二年の大統領選挙で中間層に取り入り、「昔のリベラルな解決策」はやめたと主張して勝利を収めた。就任後の二年間、その約束を守らなかったので人気は急落する。九四年の選挙で共和党は四〇年ぶりに議会の両院を制し、州知事選や州議会でも大躍進した。こうした勝利は、昔ながらのリベラルな政策へのさらなる否認だと解釈された。共和党は四二年以降で最多の議席を確保し、再出馬しないと宣言した民主党議員の数は近年の最高を記録した。共和党は、国民の保守主義を求める声が聞こえたという。ところが九〇年代半ばには、気まぐれな国民は共和党の指導層に背を向け、最も保守的な計画は次々と頓挫する。九六年の夏には、ニュート・ギングリッチ下院議長の政治家としての命運は尽き、クリントン大統領の再選が確実になった。

民主・共和両党の指導層が一九九〇年代中頃に学んだ教訓は、「中道派」でいれば政治的に安泰だということである。過激派は党内の仲間うちでは称賛されても、総選挙では票が伸びないし、議会やホワイトハウスで超党派連合を作るのが難しい。第一〇四回議会（一九九五〜九七年）での辛辣さを受けて、クリントン大統領は予期された通り、新しい超党派時代を呼びかけた。九六年十二月、大統領はこう述べている。「今日をもって政争の騒ぎは静まった。新しい状況が生まれつつある。求められているものは明らかだ。中道派は持ちこたえられるし、実際に持ちこたえてきたし、米国民はこの状態がつづくことを要求している」[1]。連邦議会の共和党指導層もただちに同意した。経済学・政治学における中間有権者論の元祖アンソニー・ダウンズでも、これほどみごとな転換は演出できなかっただろう[2]。

少なくとも理論上では、中道——リチャード・ダーマンのいう「良識ある中道」——に移行することはまったく理にかなっている[3]。有権者の支持はあるし、妥協が成立するのもそのあたりだ。だが実際のところ、両党ともこの三〇年間に極端さを増してきており、超党派という選挙後の公約によってこれまでの傾向が急転するとは思えない。さらに、政治家と政党が一致して良識ある中道に戻ることを示さないかぎり、国民の政府に対する不信が消えることはなさそうだ。激しい対立のある政治は、不信の政治である。

この章の論旨は、政党が極端になってきても、米国の有権者は支持する政策とイデオロギーが比較的一定していたということである。米国民は基本的選択を大きく変えていない。むしろ、政治指導層のあいだでイデオロギーに隔たりができて、国民と政府の溝が広がった。溝が大きくなったことはこの章で検証していくが、そのすきまに入り込んだのが不信と、ますます分極化している両党の候補者に票を分割するという新しい習慣だった。

ここでの議論は一連の質問を軸に進めていく。だが最初に、一九六〇年代の初め以降および民主党のニューディール連合が崩壊してから、両党が極端さを増してきたことを明らかにしたい。その証拠を詳しく見ていく前に、次の二点について考えてみたい。米国民は目に見えていっそうリベラルもしくは保守的になったか。米国民の党への忠誠に、目に見えるほどの変化があったか。その答えは、政府への不満が募った大きな原因のひとつを解明するのに役立つ。その原因とは、政党が二極分化し、党や政治指導層の選択が大半の米国民の関心事とかけ離れてしまったことである。

一九六〇年代以降の政治イデオロギーの動向

政治イデオロギーは、その人が政治について何を確信しているかを簡略に類別する方法となり、政治に新しい展開があったときに即時に評価するのに用いられる。イデオロギーの感度が高い人は政治について体系的な考え方をし、政治的提案がどのくらいリベラルもしくは保守的だと思われるかということによって判断する。大半の米国民は、強いイデオロギーがあるわけ

出典：American National Election Studies, 1972-94.

1982	1984	1986	1988	1990	1992	1994
1	2	1	2	1	2	1
6	7	6	6	7	8	6
8	9	11	9	8	10	7
22	23	28	22	24	23	27
13	14	15	15	14	15	15
12	13	13	14	10	13	18
2	2	2	3	2	3	3
36	30	25	30	33	27	22

ではないが、何らかの好みはある。すでに指摘したように、一九九〇年代初頭の米国は保守へのシフトが進んでいるように見えたが、九〇年代半ばの連邦議会では極端に保守的な法案は否決されている。

世論調査には一貫して、米国のリベラル派と保守派の基本的なバランスが、一挙にではなく徐々に変化することが表われている。ミシガン大学社会研究所が一年おきに実施している全米選挙調査は、政治に対する考え方を寸見するのにちょうどよい[4]。一九七〇年代は、政治的に穏健なニクソン大統領とともに幕を開けた。カーター大統領は民主党でもとりわけ中道寄りだと見なされていたが、共和党右派の保守的なレーガン大統領に屈した。こうした国民感情から判断して、米国民の底流にあるイデオロギーが右にシフトしていたと見当がつく。その証拠は有権者による左派か右派かの自己判定をたどった［表6・1］に見られる。

国民の自己判定を見るかぎり、米国は七〇年代と八〇年代を通じて徐々に保守的になっていったが、一挙に

[表6-1] リベラル・保守の自己判定：1972~94年

%	1972	1974	1976	1978	1980
極めてリベラル	1	2	1	2	2
リベラル	7	11	7	8	6
ややリベラル	10	8	8	10	9
中道	27	26	25	27	20
やや保守的	15	12	12	14	13
保守的	10	12	11	11	13
極めて保守的	1	2	2	2	2
わからない／考えたことがない	28	27	33	27	36

変化するようなことはなかった。「極めて保守的」または「極めてリベラル」な人は、この二五年間に一％～三％のあいだで変動しただけだ。自己判定による保守的および極めて保守的な人の合計は、七二年が一一％で、九二年は一六％だった。保守的だと答えた人の数は九四年にピークに達しており、この変化は永続的なものかもしれないが、まだ断定はできない。注目してもらいたいのは、ほぼ毎年、最も多かったのが「わからない」または「考えたことがない」という回答だったことだ。多くの米国民は自分の保守・リベラル度がわからず、政党が政見を表明するのにイデオロギー色の濃い言い方をすると、これらの有権者は抵抗を感じるのではないか[5]。

有権者がやや保守的だという米国の傾向は、同時期に西ヨーロッパで見られたものと似ている[6]。だが、政治学者たちは［表6・1］を読み込みすぎないように警告するはずだ。米国民の四分の三が自分の保守・リベラル度を認識しているとはいえ、有権者の大半は特定のイデオロギー提唱者ではなく、政治的イデオロギーが行動を束縛したり形成したりするわけではない[7]。政治学者たちは、米国民で常にイデオロギーをもっているのは四分の一以下だと見ている。さらに、九四年の自己判定による保守派の躍進は、その半分が「わからない」または「考えたことがない」からの転向組だった。多くの米国民にとって、リベラル派だ、保守派だ、と自称するのは深い意味もなく一時的な流行で言っているだけのことである。現在、リベラル進歩派はすっかり流行らなくなっている。

自己判定に頼る代わりに、リベラルもしくは保守的だと呼べるような政策に関する世論調査に目を向ければ、国民の選択が変わったという証拠が見つかるかもしれない。次の六つの点を見てみる[8]。(一)政府が一定の生活水準を保証するべきだという法案に賛成、(二)連邦政府は権限を持ちすぎていると思う、(三)政府支出の削減に賛成、(四)政府主導の医療保険制度に反対、(五)妊娠中絶に反対、(六)連邦政府の命令によるアファーマティブ・アクションのプログラムに反対。

保守的になってきている国は、自由放任主義の経済政策をますます支持すると思われる。全米選挙調査は一九七二年以降、回答者に次の質問をしてきた。「ワシントンの政府はすべての国民が仕事に就いて適正な生活水準を維持できるようにするべきだ、と思っている人がいます。また、政府は国民に自助努力させるべきだと考えている人もいます。あなたの考えは、この尺度のどの辺に位置していますか。それとも、こういうことはあまり考えたことがありませんか」[9]七二年、回答者の四〇%が政府の保証なしに自助努力すべきだという保守的な返事をした。その後の二〇年間、この数字は大きく変わらないまま推移し、九四年に最高値の四四%となる。

［図6-1］保守的な法案に対する米国民の支持

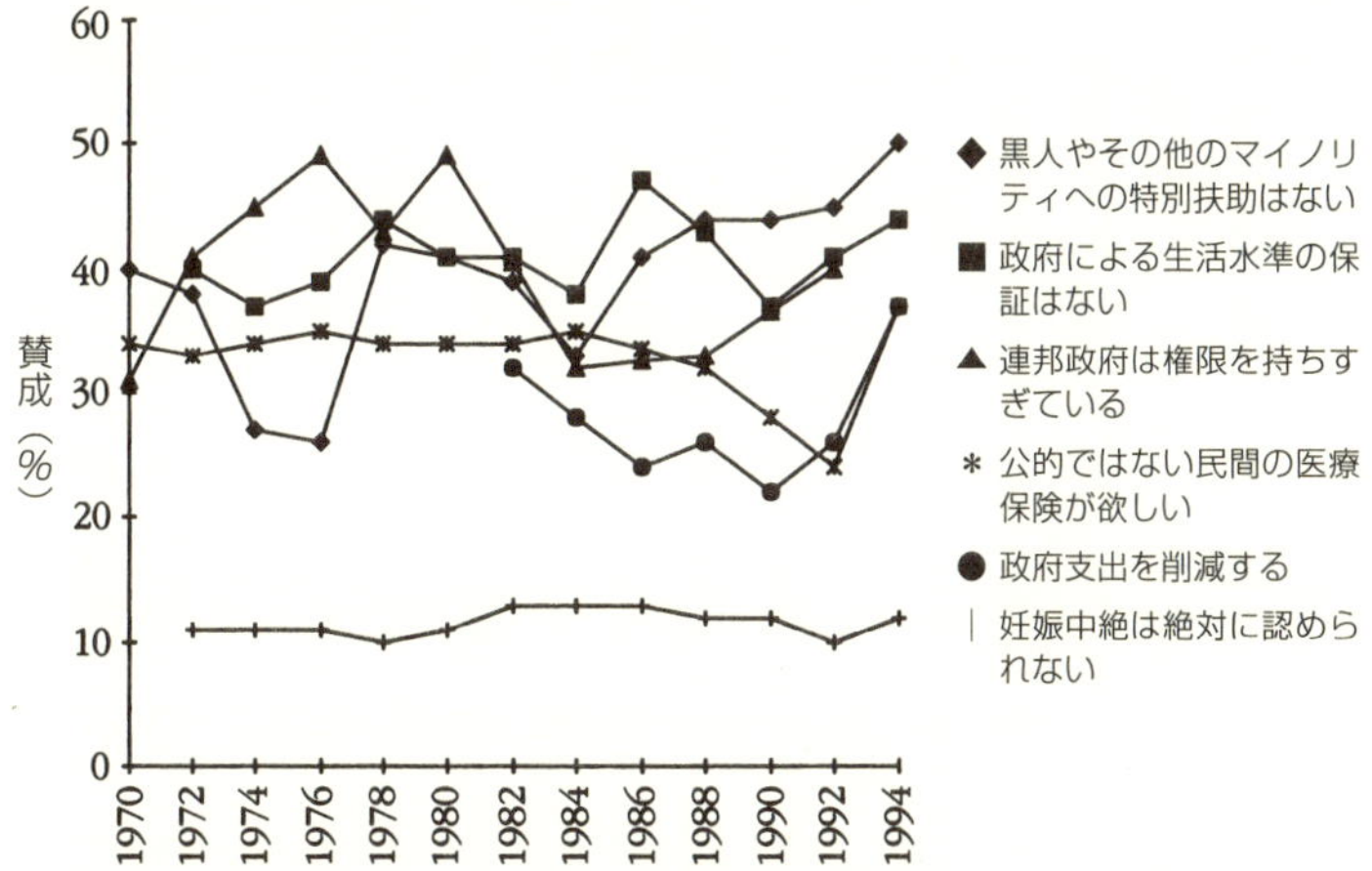

出典：American National Election Studies, 1970-94. 変数No.と質問の文言については巻末注を参照。

二二年間に四ポイント上昇しただけだ。福祉政策の内容と領域についてはさまざまな論議があったが、生活水準の保証に果たす政府の役割について国民の基本的な考え方は変わっていない。もちろん、回答者がこの質問をどう解釈したかという点であいまいなところがあるが、不変ぶりは注目に値する（調査結果の要約は［図6・1］を参照）。[10]

同様に、「政府は権限を持ちすぎている」と思っている米国民の割合も、「偉大な社会」計画が生まれた一九六〇年代半ば以降、ほんの少ししか変わっていない[11]。六六年には米国民の三九％が連邦政府は権限を持ちすぎていると思っており、数字は七〇年代に多少上下したものの、九四年は四〇％だった[12]。四〇％というと多いように思われるかもしれないが、これは大半の年においてトップの回答ではない。大多数は、この点について意見を表明していない。

もし基本的な政府の権限に対する反感が広がっていれば、こういう結果にはならないはずだ。六八年から毎年、連邦政府は弱すぎると思う人より強すぎると思う人のほうが多かったのは意外ではなく、これは米国がロック哲学に基づいた国家であることをよく示しているのではないか。

政府の適切な領域に関する米国民の意見は変わらなくても、納税者は行政サービスと支出の削減を望んでいると思われる。全米選挙調査では一九八二年以降、政府は支出削減のために医療や教育といった分野でさえ提供するサービスを減らすべきかどうかを質問してきた。回答は各回ともほぼ同じで、約二〇%が削減に絶対賛成、一五%が絶対反対、残りはその中間だった。米国民は減税と支出拡大を同時に求めるので、官僚は公共財と個人消費に対する人びとの要求を天秤にかけなければならない[13]。支出削減は自分にとって大切なプログラムが削られないときはよさそうに思われ、それもあって過去二五年間、政府支出への支持は安定していた。

ここまでの三つの質問は、世論が保守化したことをとらえるには漠然としすぎていたかもしれない。クリントン政権は当初、国民健康保険に力を入れていたので、この点に注目してみよう。一九七〇年以降、全米選挙調査では公的医療保険制度を希望するかどうか尋ねてきた[14]。ここでも世論は安定しており、一貫して米国民の約三三%が保険は公的なものより民間のほうがよいと答えている。クリントン大統領の医療保険計画が討議されていた九四年は三七%だった。つまり国民健康保険に関する意見はこの二五年間にいくらか変動があったものの、保守的傾向が広がったわけではない。世論調査の結果を見るかぎりではそういうことだが、これらの数字が保守的傾向を控えめに表現していることは考えられる。米国民は、七〇年代に医療について質問されたときは英国をモデルにしたような大きな政府による解決策を思い浮かべたはずだ。九〇年代に入ると話全体が右寄りになり、国民健康保険というと「保健機構」の「管理された競争」を意味すると思われるようになった。この二つの概念は二〇年前には話題にならなかった。時とともに視座が変わることがあり、世論データにはこういう問題がつきまとう。

だが、妊娠中絶はまったく異なるタイプの問題だ。一九九〇年代半ばの妊娠中絶は、七〇年代半ばと手順は基本的に変わっていない。ところが政治問題としては様変わりした。七〇年代中頃には妊娠中絶に対する意見の相違が両党とも党派を超えて見られたが、今日では相違が政治路線を強化している。全米選挙調査では七二年以降、妊娠中絶について質問してきた。一貫して、一〇％強の米国民が「中絶は絶対に認めてはならない」と答えている[15]。両党の綱領や主張は極端さを増したが、米国民の回答にはほとんど変化がない。この大いに注目されている保守的モラルの尺度に関するかぎり、米国民の基本的選択はほとんど変わっていない。

米国が一九八〇年代半ば以降、確実に保守化した分野がひとつある。黒人やマイノリティへの政府の扶助である。今日では全米選挙調査の回答者の半分が、「自分自身で面倒を見るべきであり、政府は黒人を助けるのに特別な努力をするべきではない」と思っている。その比率は八四年の三分の一から上昇している[16]。現在、九六年のカリフォルニア州の提案二〇九といったアファーマティブ・アクション撤廃提案が幅広く支持されているが、こうした提案は一〇年前には想像もできなかった。

外したため、合計は100%にならない。　出典：American National Election Studies, 1952-94.

1968	1970	1972	1974	1976	1978	1980	1982	1984	1986	1988	1990	1992	1994
55	54	52	52	52	54	52	55	48	51	47	52	50	47
11	13	13	15	15	14	13	11	11	12	11	10	12	10
33	32	34	31	33	30	33	32	39	36	41	36	38	42
22	22	18	21	19	24	19	23	9	15	6	16	12	5

要するに、政治イデオロギーのさまざまな観念から見て最近、ゆっくりと少しずつ保守化の傾向が表われている。米国人自身がどう思っているかを見てみると、一九九二年から九四年のあいだに最大の変化があって、国は保守化してきている。有権者の自己診断からは政治的両極端のあいだに急な変化があったとは見て取れず、こうしたレッテルは多くの人にとって意味のないうわべのことだったのかもしれない。それに、六つの保守的な問題点について世論を分析すると、支出の削減とアファーマティブ・アクション関連プログラムの撤廃がこのところ支持を集めているのを除くと、明らかな傾向は見られなかった。米国民は徐々に保守的になってきているが、連邦政府の役割と権限といった中核的な問題に関しては、今日の保守傾向は二五年前と同じくらいである。

一九六〇年代以降の党への忠誠の推移

米国では現在、私（および一九三〇年以降に生まれた人）の人生においてかつてなかったほど共和党が勢力を伸ばしている。これは選出されて公職（地方・州・連邦）に就いている共和党員の比率を見れば

[表6-2] 支持する政党：1952~1994年 （「政治に無関心」、「わからない」という回答を除

%	1952	1954	1956	1958	1960	1962	1964	1966
民主党員（傾倒者を含む）	57	56	50	56	52	54	61	55
無党派	6	7	9	7	10	8	8	12
共和党員（傾倒者を含む）	34	33	37	33	36	35	30	32
民主党員(%) − 共和党員(%)	23	23	13	23	16	19	31	23

疑う余地がない。民主党員は有権者の政党支持者のなかでは依然として過半数を確保しているが、八〇年代中頃からは共和党員がかなり躍進している。［表6・2］を見てほしい。五二年から八二年まで、民主党は共和党を二二％前後上回っていた。その後、民主党優位の平均は一〇％前後に下がる。そのうえ、共和党の支持者が若い有権者、特にレーガン時代に社会人になった郊外の白人のあいだで目立って増えた。政党の好みは早い時期に決まってなかなか変わらないため、これは両党間の支持者のバランスに長く影響しそうだ[17]。

政党支持の傾向では三つの点に注目してほしい。第一に、共和党員の躍進は民主党員の減少によるものであり、無党派が大きく減ったからではないこと[18]。第二に、無党派の比率が三〇年間かなり安定していたこと。たしかに米国民は一九六〇年代初頭ほどには政党支持を公言しなくなっているが、今でも大半がどちらかの党に好感を抱いている。第三に、共和党員の躍進は、ロナルド・レーガンが党の表看板で父親的存在だった八〇年代初頭が最も目立っていること。

政党については深刻な危機にあるという説と、驚くほど健全だという説がある。どちらが正しいかは「党」という言葉をどういう意味で使っているかによる。政治学者はV・O・キー・ジュニアにならい、

有権者の支持対象としての党、政治組織としての党、政府における党という三つの意味を区別して考える[19]。有権者にとって党に問題があることは周知の事実だ。分割投票が増えたことや、「熱心な支持者」を自称する人が漸減していることを見ればわかる。一方で、組織としての党は国レベル（特別利益資金の注入によって）でも州・地方レベル（かつて民主党が独占していた南部で共和党組織が足場を固めたことによって）でも順調だ。政府における党については、どちらとも言えない。党の影響や統制は行政府の官吏には特に強くなく、司法府では党はふつう不在である。ところが米国の立法府では党派心は健在で、しかも強まっている[20]。政府における党は有権者の心変わりの謎を解くカギとなるかもしれないが、その立法府の党派心より先に、熱烈な政党支持者に何が起こったかを見てみよう。

党派的偏向は通常、熱烈な支持者を両端に、純粋な無党派を真ん中とする七段階の目盛りで測られる。無党派寄りの支持者は「ほぼ」無党派、つまり自分では無党派だと言っているが、実際にはいずれかの党とかなり一致していることが多い。一九五二年から六〇年の平均では、米国民の三六％が自分は熱心な政党支持者だと答えていた。この数字は、八四年から九二年までの平均では六ポイント下がって三〇％となる。同時期、無党派寄りの支持者の比率は一五％から二五％に急上昇し、純粋な無党派の人数は四ポイント増えた。これら二つの時期、熱心な政党支持者が投票で示した党への忠誠は大統領選では約二ポイント、上院議員選では六ポイント、下院議員選では九ポイント低下している。大統領・連邦議会選挙では分割投票という結果になったのが下院議員選挙区の二五％から三四％に増え、同じ党の候補者への投票は約一五ポイント減った[21]。

有権者のあいだで政党支持は弱まっているものの、熱烈な党員も三〇％近く残っている。熱烈な党員の選択と動機は特に注目に値する。政治家はほぼ全員がこのなかから出てくるからである。政治組織を維持するという日々の単調な仕事は熱烈な党員がほぼ一手に引き受けている。また、彼らは一般市民と比べて、政治的な利益集団に属し、候補者の選挙運動を行ない、公開討論会に参加し、候補者に献金し、役人に手紙を出し、政治報道に興味をもつ可能性が高い[22]。数カ国調査では必ず、党に強い愛着心をもっている人が政治に参加するという結果になり、最近行なわれた州政府による政党支持の分析でも同じ結果だった。熱心な政党支持者は党の「働き蜂」なのである[23]。政党が何をしていて、どういう問題に注目しているか知りたければ、活動家を見ればヒントが見つかる。

党活動家は平均すると、大半の有権者よりイデオロギーや政策に対する考えが過激だが、これには理由がある。潜在的活動家が行動するようになるのは、もう一方の党の態度が特に煩わしく感じられるときのほうが起こりやすい。潜在的活動家からすると、自分の政治思想が過激であればあるほど、対立する相手側の思想が不快に感じられる。どちらかの党を選択せざるをえなくなり、潜在的活動家は一歩を踏み出す。このことは米国と西ヨーロッパで実験によって証明されている[24]。たとえば、一般大衆レベルの党支持者、党員集会に参加した党支持者、党員集会の参加者で選挙運動家、州代表の党の代議員という米国有権者の四グループの政策とイデオロギーの好みをジェイムズ・マッキャンが比較したものがある。これら四グループで自分はリベラル派だと称した民主党員は、順に三八%、五〇%、六二%、六八%だった。活動家の民主党員は普通の民主党員よりはるかにリベラルだ。同様に、四グループの共和党員の保守派は、順に六五%、八〇%、八七%、九一%だった[25]。

党活動家は、平均的米国人より過激なだけではない。中核にある信条を曲げる（彼らの言葉ではおそらく「裏切る」）可能性も低い。イデオロギー的に純粋であり、中間有権者を引きつけるために政策に対する姿勢を変えたりしない。この点は一九五六年以降、全国党大会のたびに政治学者が指摘してきた。政党がこうした純粋主義者に支配されているかぎり、政敵といっしょに活動するのは難しい[26]。

組織としての党は、戦略的な政界関係者が作り上げたものである。あとで述べるが、党はますます極端になっているし、その政策は平均的有権者の望むものからどんどんかけ離れてきている。この変化が、熱烈な党員の選択と活動によって引き起こされていることはほぼ確実だ。一九七〇年代半ば以降、連邦議会で熱烈きわまる党員が目立つようになっている。イデオロギーのリトマス・テストのような法案がますます多くなり、これは七〇年代と八〇年代の民主党のリーダーシップでも、九〇年代半ばの共和党のリーダーシップでも変わらない。

もっと注目すべきなのは、連邦議会で党が結束を強めてきていることだ。一九六〇年代と七〇年代、政治学者は立法府、特に下院では徒党的行動が減ってきたと解説していた[27]。下院議長の権限が縮小され、スタッフ予算が増えて委員会制度が分散化されたので、政治家の自主性が拡大した。二〇世紀の中頃、委員会も同様だったと思われるが、下院では、「責任ある党」は

[図6-2] 米国連邦議会における党一致行動の台頭

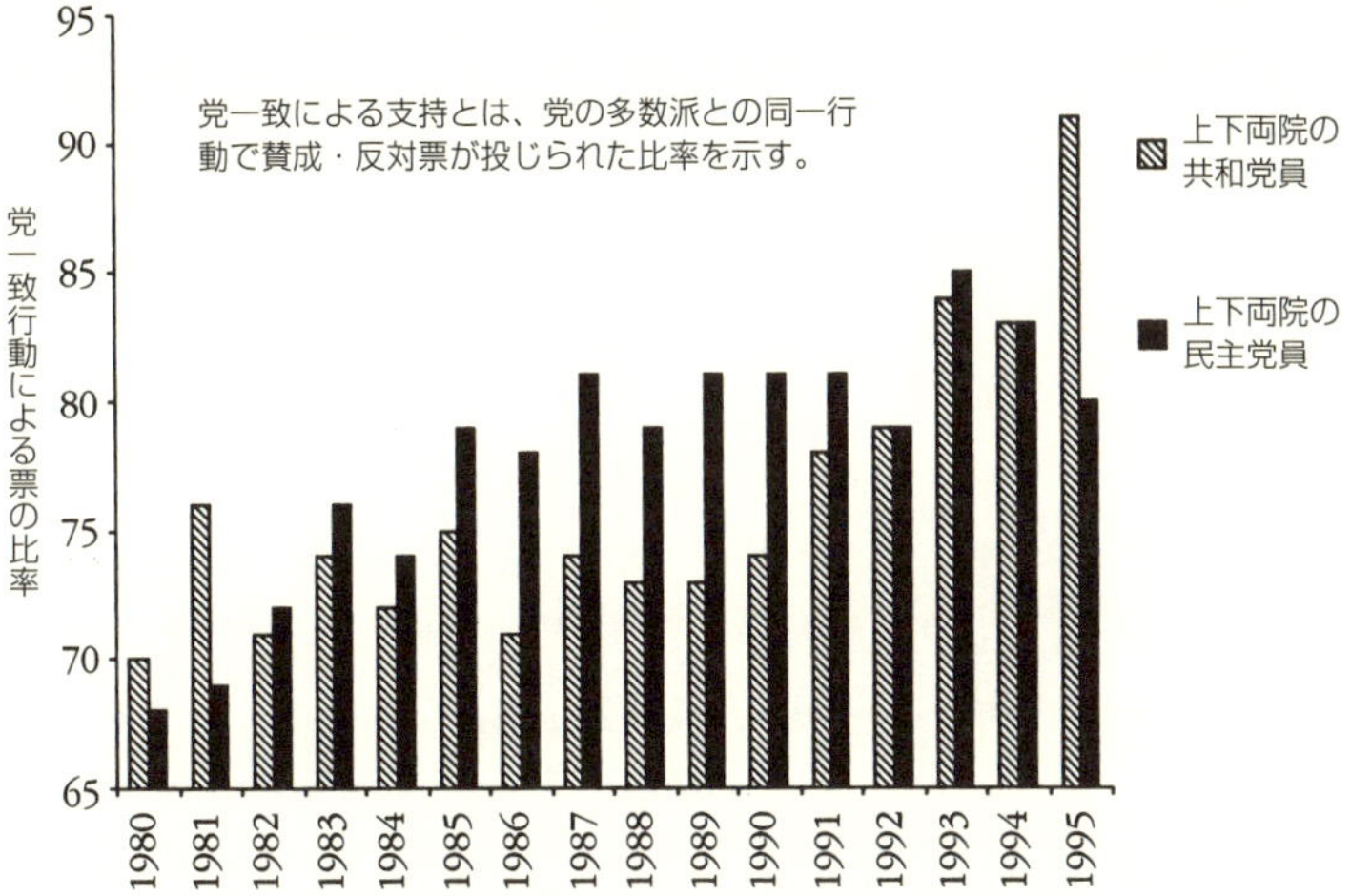

出典：1996年1月27日のCongressional Quarterly Weekly Report, 245。

地元の利益や個人主義の流れをせきとめるべきだというかけ声によって、党一致による投票が減りつづけた。そうした分析はそのときには本質的に正しかったが、党は死滅したわけではなく、七〇年代半ばに上下両院議長がふたたび権限を主張するようになると復活してくる[28]。その例が、議会で党一致行動による投票が増えていった様子を示した［図6・2］に見られる。共和党議員は今日、過去五〇年間のどの時期より共和党議会の多数派と投票で同一行動をとる可能性が高い。同じように民主党議員は、党一致行動という点では近代における記録を樹立しつつある。議会において党の結束が強まるという［図6・2］に見られる傾向は、有権者のあいだで党への忠誠が減少しているのとほぼ対称をなしている[29]。

連邦議会において党一致行動が増えてい

る一方、両党とも中道派議員の比率が低下している。ブルッキングス研究所の連邦議会研究者、サラ・バインダーは、近ごろ中道派がいなくなったことを図に示している。「中道派」の定義は、イデオロギーが自分の党の中間に位置する議員より両党の中間点により近い議員、としている。バインダーの研究を基に作成した［図6・3］に見られるように、議員全体に占める中道派の割合は一九八〇年には約二五％だったのが九六年には一〇％まで低下している。議会における党派心についての証拠は二つのことを示唆している。議会での投票で党内の結束が強いことと、一五年前より超党派の連携が減っていることである。規則や手順がますます、少数党を犠牲にして多数党の利益になるように利用されるようになっている。

ジョージ・ウォレスはかつて、両党には「一〇セントほどの違いもない」と言っていたが、状況は変わった。今では、おそらく一五セントほどの違いがあるだろうし、差は開く一方だ。こうした党における変化はどのようにして起こったのか、そして政府に対する国民の不満について考える際、こうした動向がどのように参考になるのか。

その答えの大きな部分は、民主党内で社会的に保守派である南部の白人と北部のリベラル派が手を結んだニューディール連合の崩壊にある。二〇世紀前半、南部では共和党員が少なく、南部の政治家は北部のリベラル派との連合に参加することよって全国的にのしていった[30]。こうした連合では数十年間、人種問題が協議されることはなかったが、一九六〇年代に入ると全国的な問題となってきた。そのときになってやっ

表示は、各グループにおける民主党員の予想確率の平均値。これはロジスティック方程式に基づいており、スタンレーとニーミのモデルにある他の人口統計指数についてはコントロールされている。

情報源：1952~92年の全米選挙調査に基づく。Stanley and Neimi 1995, Table 9.1により算出。

[図6-3] 米国連邦議会におけるイデオロギー中道派

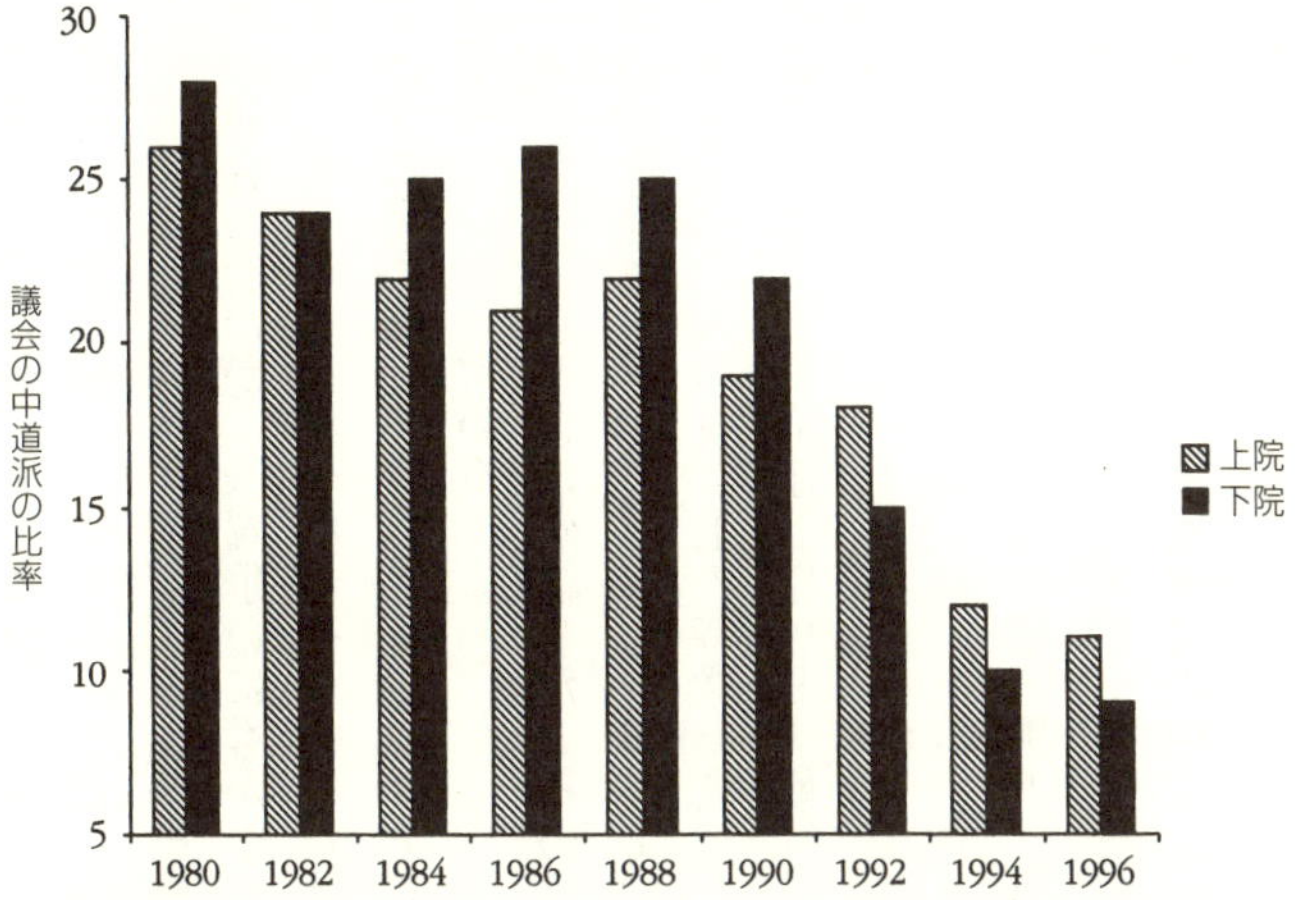

中道派の定義は、イデオロギー上の立場（民主党的および共和党的得点を利用して）が自分の党の中間にいる議員より両党の中間点により近い議員。　情報源：バインダー、1996年

[図6-4] 民主党のニューディール連合の衰退

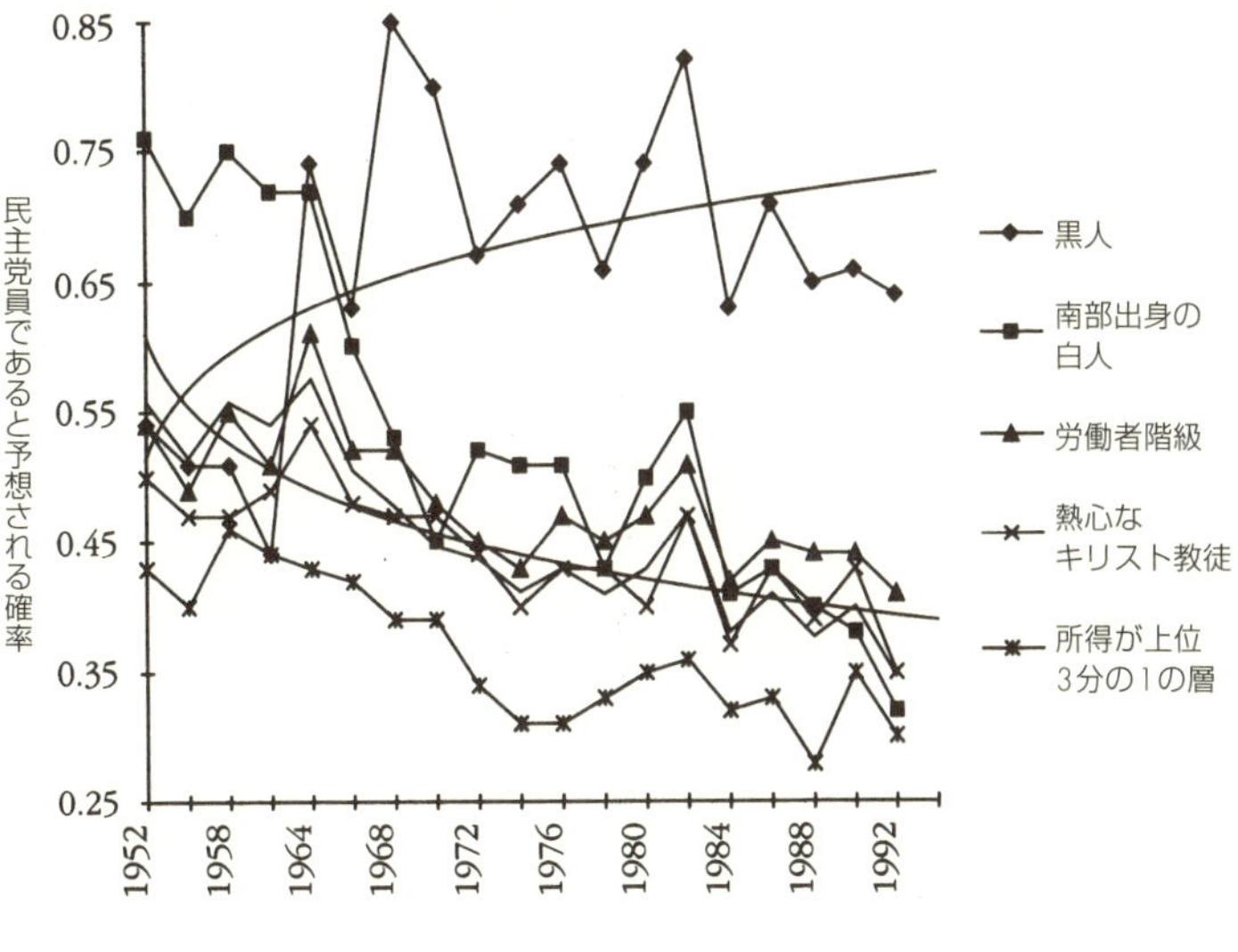

と、両党の人種問題に対する立場の違いが注目されるようになる[31]。ニューディール連合には、南部の白人と北東部のリベラル派の他、中西部の反共主義者、少数派のカトリック教徒、グレート・プレーンズ諸州と都会である北東部の過激な社会民主主義者がいた[32]。一風変わった協力関係の連合だったが、派閥争いにもかかわらず三〇年以上も持ちこたえた。人種問題を別にすると――もっとも、なかなかそういうわけにはいかないのだが――包括連合は中道的な政策を打ち出すことが多い。党内の過激派がお互いの相違を解決しなければ国の法律制定を支持するには至らないからである。

ニューディール連合は破綻した。その証拠がハロルド・スタンレーとリチャード・ニーミの説得力のある分析に示されている[33]。一九五二年から九二年までの全米選挙調査のデータを利用して民主党員の人口統計上の特徴を調べた彼らは、六〇年代初頭からニューディール連合が衰退しはじめたことを立証している。研究結果の一部をまとめたのが前頁の［図6・4］である。このグラフが表わしているのは、党派的偏向を人口統計上の変数の関数として予想するロジスティック方程式の係数推定値である。各々の係数推定値は、他の独立変数の影響をコントロールしている。こうして残るのは、黒人、南部出身の白人、労働者階級、富裕層等々であることが党派的偏向におよぼす影響のかなり純粋な指標である。結果は印象的だ。

一九五〇年代初め、南部出身の白人は圧倒的に民主党支持だった。彼らは保守的な公共政策を支持する傾向が最も強い民主党員でもあった。公民権運動の時代（ロナルド・レーガンが南部戦略を成功させるよりずっと前のこと）、南部の白人の多くは民主党を見限った。人種についての「大取引」の最も重要な要素が消えたのである。九二年、ビル・クリントンとアル・ゴアという南部出身の白人が二人揃ったときでさえ、その流れを逆転させることはできなかった。

民主党は南部色が薄れた一方で、宗教色も薄れてきた。熱心なキリスト教徒のうち、民主党員だという人の平均確率は一九六〇年代末までは約〇・五〇だった。それが九四年には〇・三五に下がっている（ここでも、モデルにおける有権者の他の属性はコントロールされている）。これは民主党員だという熱心なキリスト教徒の確率が三〇％下落したことである。現在、キリスト教徒連合の会員になっている人の多くは三〇年前なら民主党員だったはずだ。妊娠中絶、学校での祈祷、社会福祉改革といった問題では、彼らの意見が参考にされていたはずだ。九〇年代までに、民主党の活動家の多くがキリスト教右派と関わりたがらなくなっており、実りのある政策提携の機会が失われる。

ニューディール連合の経済基盤もまた、変化した。一九五〇年代末、家計所得が上位三分の一に入っている米国民が民主党員である確率は〇・四五だった。この確率は六〇年代末に低下し、今日では三三％減の約〇・三〇である。比較的裕福な人たちの一部がニューディール連合を離れたのと同時に、労働者階級も大きく減った。

昔の民主党は言ってみれば大きなテントだった。新しい民主党は伝統的なリベラル派にとってはより居心地がよくても、テントはもうあまり大きくない。もちろん、かつての連合が衰退したのは人種問題のためばかりではない。E・J・ディオンが『アメリカ人はなぜ政治が嫌いか（*Why Americans Hate Politics*）』において主張しているように、古い政治秩序は「ベトナム戦争、人種問題、フェミニズム、反体制文化の嵐に持ちこたえられなかった。米国の政治は中枢の内部崩壊から完全に回復できていない」[34]。民主党には今でもイデオロギーにかなりの多様性があり、ウィリアム・メイヤーは最近、イデオロギーや方針の幅は、忠実な民主党員のほうが一貫して共和党員より広いことを明らかにした[35]。とはいえ、その幅の広さはこの三〇年間に縮小したようだ。

一方で共和党は、南部の白人と上流階級が増えたことによって変わった。一般党員に加わったのは熱心なキリスト教徒と少数の労働者階級で、「ロックフェラー共和党員」より保守的な社会的議題を主張しそうな人たちだ。一九六〇年代にはまた、その多くが六四年のゴールドウォーターの大統領選挙運動で活躍した若い共和党員たちが、党の一大勢力となった[36]。共和党の基盤は南部に移り、その結果、党の提案はより保守的になる。一昔前には、共和党の議会指導者といえば北部出身者ばかりだった。今日では、トレント・ロット（ミシシッピ州）、ニュート・ギングリッチ（ジョージア州）、ディック・アーミー（テキサス州）といった南部出身者で占められている[37]。

ニューディール連合の終焉とともに両党の有権者基盤が変わり、党はイデオロギー的により統一され、かつ過激になった。党が偏向してきていることは、現代の選挙についての最近の論評で繰り返し取りあげられてきた。だが政治学者は直観で、党を動かしている指導層にとって分極化は不合理な戦略ではないと見ているようだ。中間の有権者に最も近い政策方針を打ち出した党が最大票を獲得するはずだし、少なくともそう言われている[38]。それがわかっていれば、自分の党が過激になるままにしておくのは理屈にあわないが、ニューディール連合が衰退してからは、まさにそれが起こっている。

その証拠として全米選挙調査と、あるイデオロギー測定を見てみる。全米選挙調査では一九六四年から、回答者に一（グループに対して非常に冷たい感情）から九七（非常に暖かい感情）までの「感覚指標」を使ってリベラル・保守の格付けをしてもらっている。個人のイデオロギーは、二グループに対する感覚指標で計った評価の開きによって測定することができる[39]。それを分析して、得点が低いとリベラルな考えが強いことを示している。保守的な考えだと得点が高くなる。

平均的米国人に関するかぎり、保守主義は極めて安定しており、どちらの方向にも統計的に見て大きな動きはない[40]。米国人はリベラルより保守に少しばかり寄っている（指標による平均得点は五三）。保守政治的な法案に対する国民の支持について先ほど見たように（[図6・1]）、ここ数十年間はきわだった保守傾向が見られなかった。だが、次頁の［図6・5］に示されているように、熱心な共和党員の場合はそうではない[41]。熱心な共和党員はいっそう保守的になり、共和党活動家のほぼ全員がこのグループに属しているため、このことは重要である。同じように、熱心な民主党員はいっそうリベラルになったものの、イデオロギーの変化は共和党ほど激しくなかった。

党が偏向していったことを表わしている［図6・5］のパターンは、選挙運動活動家の選択を調べた場合にも繰り返される。ということは、手もとのデータは偏向の量を控えめに示すよう

[図6-5] 熱烈な党員のイデオロギー動向

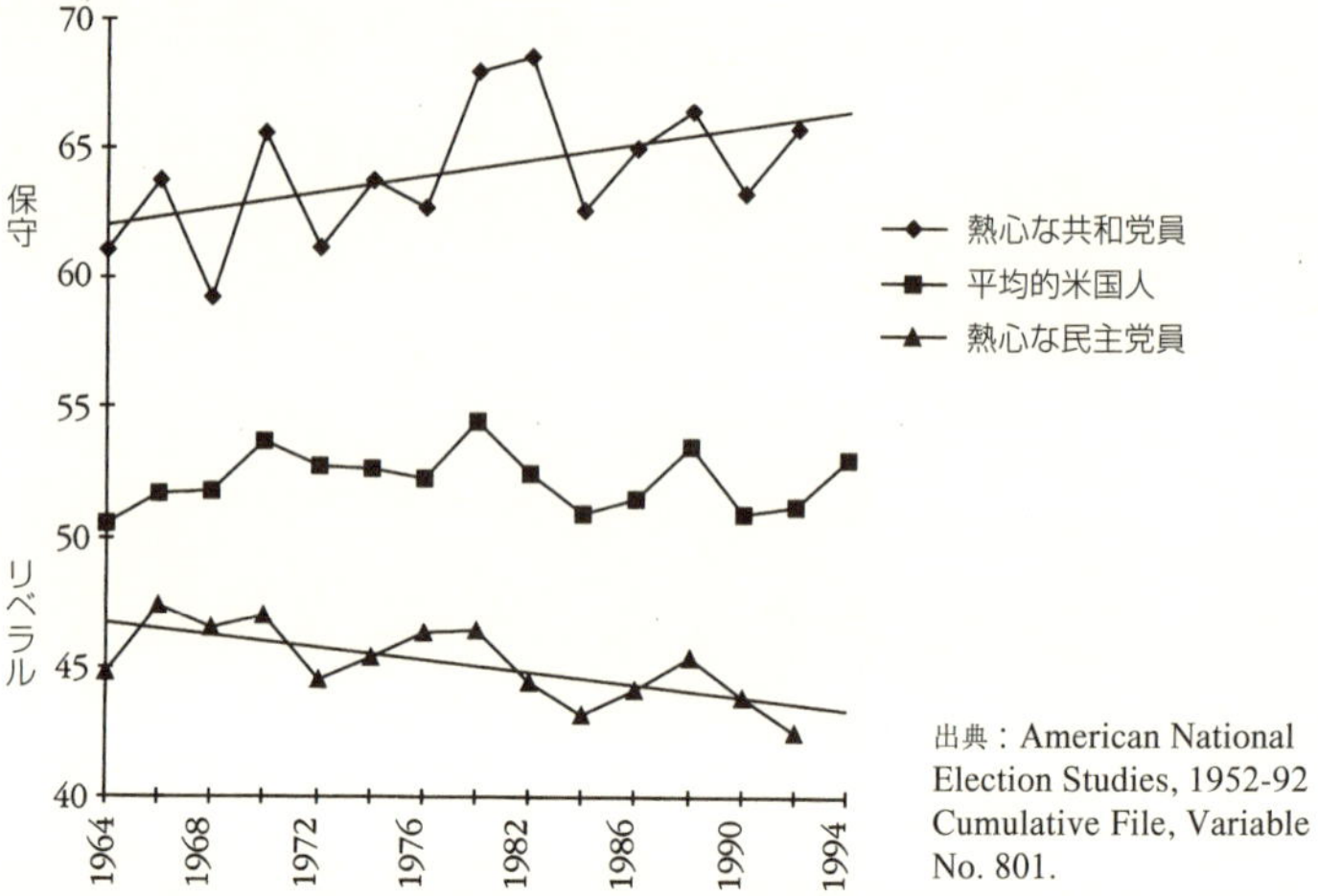

出典：American National Election Studies, 1952-92 Cumulative File, Variable No. 801.

1978年は設問がなかった。1994年のデータは全米選挙調査のウェブサイトから入手できる情報に基づいて推定したものだが、党ごとの分析はまだ不可能。

[図6-6] イデオロギーの隔たりの拡大

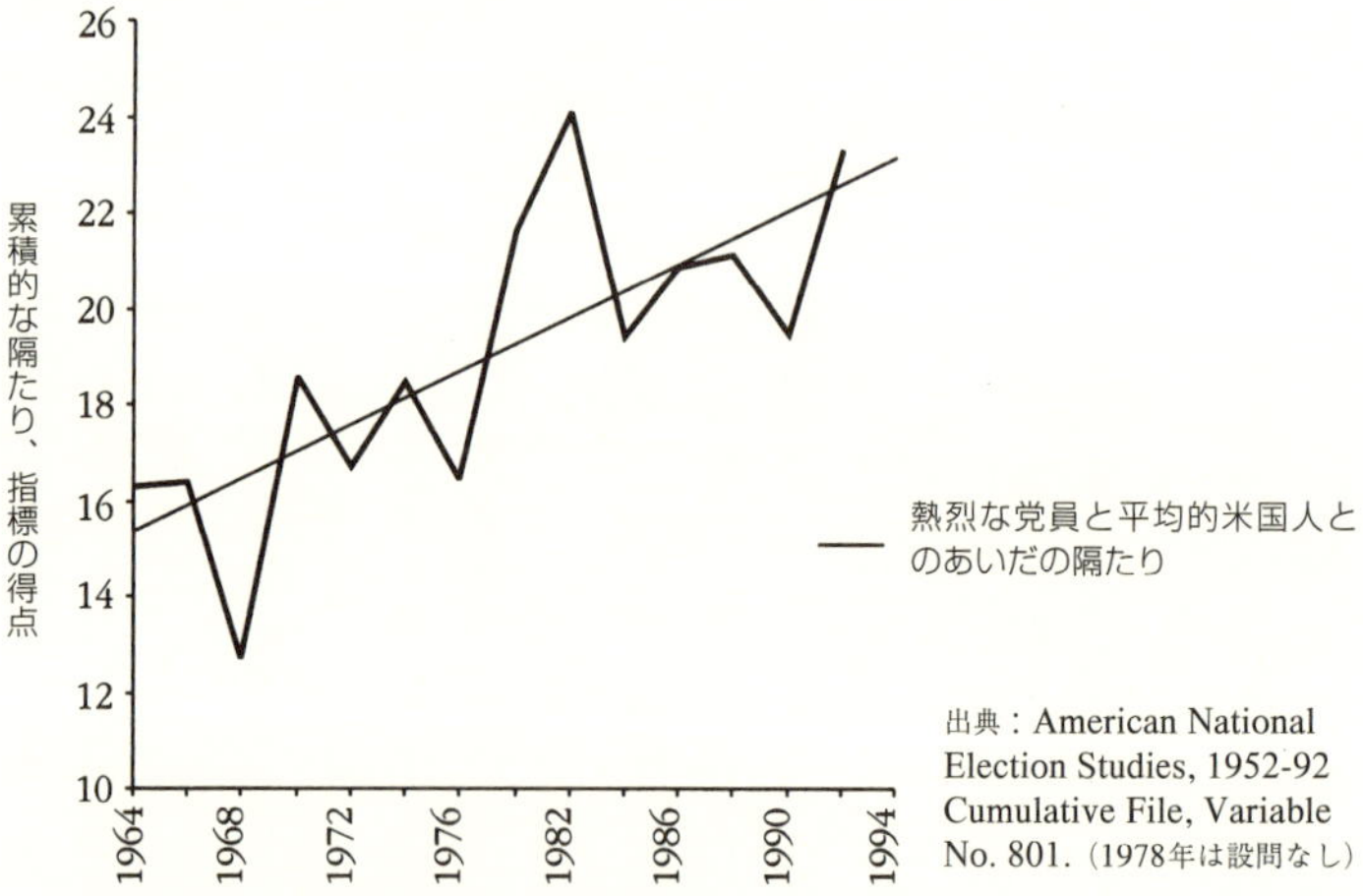

出典：American National Election Studies, 1952-92 Cumulative File, Variable No. 801.（1978年は設問なし）

になっているらしい[42]。平均的米国人から見ると、［図6・5］のデータに基づいて作成した［図6・6］に示されているように、両党ともますます遠い存在になってきている。グラフによると、隔たりは一九六〇年代初めには約一五ポイントだったのが、三〇年間に四七％も拡大して、今日では二二ポイントを上回っている。

両党が偏向したことの基本的証拠は、［図6・5］と［図6・6］に明らかだと思ってよい。だが、偏向が永遠につづくことはなさそうだ。政策の空間的位置に関する基本的なダウンズ理論を無視するわけにはいかないからである。政治家にとって、一九九四年に民主党議員が味わったような選挙での敗北ほど精神を集中させるのに効果的なものはない。クリントン大統領がとった九六年の「三角測量」戦略は、ほぼすべての点においてダウンズ的だった。生活保護制度改革や同性愛カップルの結婚といった分野で中間的有権者に近い政策を打ち出して、民主党活動家をびっくりさせた[43]。三角測量戦略が九五～九六年にそれほど道理にかなっていたのであれば、九三～九四年にも魅力的だったはずだ。だが当時、民主党は自らの極端さにとりつかれていた。

これまでに示した証拠は、その多くが政府に対する国民の不信感に党がどのようにかかわっていたかを理解するのに役立つと思われるので、もう一度まとめてみよう。

●**分極化**…政党の熱心な支持者は平均して、この三〇年間にイデオロギー的に過激になった。
●**疎　外**…一方、平均的米国人は少し保守的になっただけで、政治指導層と一般市民とのあいだで選択の隔たりが拡大した。
●**連邦議会における徒党的行動への不満**…党は議会において極端さを増し、かつ結束を強めており、平均的米国人は一九六〇年代と比べて政党支持への熱意が少々低下していると思われる。

柔軟性のない党派心は、有権者と議会をむしばむ。党は、言うまでもなく民主主義において政治の仲立ちというなくてはならない役割を果たしており、提案を出して実行することによって責任を果たすことが望まれる。だが政治とは妥協であり、同じような体質の党による完全な連合より、一風変わった協力関係による連合のほうが優れた法律（実施しやすく、より幅広く支持され、憲法と一致する可能性が高い）を生み出すことが多い。これは、極めて異質な有権者や利害関係者がかかわっている政策分野ではとりわけ重要だ。党派心は一風変わった協力関係による連合の妨げになっており、一九七〇年代半ば以降、連邦議会における超党派の協力が少なくなった[44]。米国議会が両党の過激分子である愛党者に牛耳られるようになるにつれ、議員はライバルを激しく糾弾するようになる。政治家がおたがいに敬意を示さなくなったのでは、世論調査の回答者が政治家に敬意を感じなくなるのも無理からぬことだ。

政党の分極化から不信へ

当然のことだが、国民は自分と同じことに関心をもっている政治家をより信頼し、国民の利益を推進する政治制度を受け入れようとする。事実、民主主義のすばらしいところは、公職に就いている人たちが自分の選挙民の望みを重視しなければならないことだ。この三〇年間、政党の見解が自分の望んでいるものからどんどんかけ離れていくのを見てきた平均的米国人になったつもりで考えてみよう。落胆し、気持ちが離れていくはずだ。これはどの政治家が自分により近いかというより、自分の基本的関心事から政治家たちがどれほど遠いところにいるかという問題だ[45]。

自分と党との距離が政府に対する信頼度に影響するという証拠はあるだろうか。これまでに示したデータに何かありそうだ。[図6・6]に示されている拡大する政党間の隔たりは、不信感が募ったのと同じ時期のものである。[図6・6]の傾斜を、ゲイリー・オレンが第三章で用いている政府への信頼についてのデータと比べてみよう。グラフの線の形は見たところ関連性があるようだ。とはいえ、見た目だけでは説得力がない。

次に、分極化と不信感の関係を調べるのに、政府を信じないと言っている人が平均して政党からより遠いところにいるかどうかを見ることにする。そこで、一年おきに実施されている全米選挙調査の回答を、イデオロギー指標による格付け調査が初めて実施された一九六四年の分から調べてみた。［図6・5］にあるように、各党の年別のイデオロギー得点が出されている。たとえば七〇年には、熱心な共和党員のイデオロギー格付け（一から九七まで）の平均得点は約六五だった。熱心な民主党員はほぼ四七で、全国平均は五四だった。個人と党のあいだのイデオロギーの距離が不信感と関連しているのであれば、全国平均の国民のほうがいずれかの党に近い人より不信感が強いはずだ。ということは、政党が平均的国民から遠く離れてしまうと不信感は増す。

調査の結果が示しているのは、まさにこの点である。イデオロギー的に二政党の両極端のあいだに位置していた一万一七五六人の回答者によるデータを見ると、連邦政府が正しいことをしていると思うことが「まったくない」か「ときどきしかない」と答えた人は、統計的に党から より遠く離れていることが多かった。最も近くにいる党支持者に対して、政府を信頼している人は四・五六指標ポイント離れており、信頼していない人は四・九八ポイント離れていた。少なくともこの二変数によると、不信感は政党の分極化からきているようだ。

政府に対する不信には複数の原因があるというのが本書の基本的な議論だが、この章では、ひとつの原因を中心に論じることになった。さまざまな仮説を一括して評価することは目指していないが、二極分化の仮説については「多変数分析」をする必要がある。その分析が［表6・3］にあり、不信感モデルのプロビット（確率の単位）推定値が示してある[46]。［表6・3］の結果は、変数の各々が不信感を説明する独立した項目である。ここでの目的には、係数推定値の実際の規模より、統計的に識別できる結果を見つけられるかどうかのほうが重要だ。結果の

[表6-3] 連邦政府への不信感を探るモデルのプロビット推定値

独立変数	係数	(標準誤差)	P>|z|
最も近くにいる熱烈な党支持者までの距離	0.014	(0.001)	0.000
党派心の強さ(1=低いから4=高いまで)	-0.089	(0.011)	0.000
調査年	0.034	(0.001)	0.000
回答者の年齢(歳)	0.003	(0.001)	0.000
回答者の性別(1=男性)	-0.030	(0.020)	0.139
回答者の人種(1=白人)	-0.302	(0.035)	0.000
回答者は南部出身か?(1=イエス)	-0.052	(0.022)	0.016
回答者の所得(第1〜5層まで)	-0.015	(0.010)	0.122
回答者の教育程度(1=低いから8=高いまで)	-0.027	(0.007)	0.000
回答者は失業中か?(1=イエス)	0.174	(0.042)	0.000

件数=17,090　仮 R^2=0.0548

いくつかは、この章で取り上げた問題以上のことを明らかにしている。

政府に対する国民の評価に経済が果たす役割について第四章でロバート・ローレンスが提示した興味深い見解を見れば、失業が不信に関係していることは明らかだ。言うまでもなく、モデルは全国的な景気動向を調べるものではないので、プロビット推定値から一般論を導き出すことには慎重でなければならない。とはいえ、国民は自分が経済的に困るとワシントンのせいにしたがり、政治家を信頼しなくなるようだ。また、白人はマイノリティの人びとほど政府を信頼していない。これは政府が公民権運動を境にマイノリティの利益の訴追者から保護者に変わったことに対するマイノリティの反応だろう。政府不信はまた、教育程度が高くなると下がるが、年齢とともに上がる。

政府への信頼は、二つの点で党派心と関連している。第一には当然ながら、党派心の強い人が政府を最も信頼している。党への親近感を公言している人ほど政府を信頼している可能性が高く、しかも、別の党が政権を握っている場合でもそれは変わらない。たとえばレーガン政権のとき、熱烈な民主党員はそうでない民主党員より政府を信頼していた。熱烈な党員には自分の党が「立派に戦い抜く」準備ができているという気持ちがあったからではないか。

第二に、この章の中心的仮説をテストするのに、全米選挙調査のすべての回答者について、最も近い党派心の強いグループとのイデオロギー上の距離を計算してみた。予測される結果は、距離が近ければ近いほど信頼感が強いことだ。政党が二極分化して、米国民は党が中道派の望むところから離れていくのを目の当たりにした。［表6・2］の結果は、この点をはっきりと示している。回答者は党からの距離があればあるほど政府を信頼していない可能性が高く、失業、教育、年齢、実施年、党派心の強さなどの影響を考慮しても、これは変わらない。

平均的（もしくは中間の）米国人にかなり近い見解を表明している政治家の選挙では、有権者はどのような選択をするか。まず思いつくのは自分の支持政党の候補者だが、その人の問題点に対する態度、性格、これまでの業績の評価などを考え合わせる[47]。問題点に対する態度を評価するとき、有権者は自分の選択と候補者が（戦略的に）提示しているものとの差異を最小限にとどめようとするはずだ。この論理は、党が中間の有権者にかなり近いときは成り立つが、党が極端な立場をとっている場合に票にどう影響するかはまだよくわからない。ひとつの選択は、どれだけ距離があっても、とにかくいちばん近い候補者に投票することである。だが、自分が現状をどうしたいかによっては、これは悲惨なことになる。それより、極端さのバランスをとるために政党間に票を分割して投票する混合戦略をとるほうが道理にかなっているかもしれない。モリス・フィオリナはこの点を論じており、党を支えている連合が変容するにつれ、「活動家は政党の綱領による政府を押しつけようとし、有権者は政府を分割することで対応した」と指摘している[48]。

［表6・3］の分析――分極化が不信と関連していることを示した――を分割投票にも適用してみた。その結果もやはり、二政党から遠く離れている人ほど複数の党の候補者に投票する可能性が高いことを示すものだった[49]。政治学者のあいだでは分割投票の原因について意見が分かれており、フィオリナ教授のバランスをとっているという説には反論が少なくない[50]。だが、不信の原因を探っていると、不信も政党への忠誠の低下も三〇年間の二極分化によって引き起こされたように思われる。

結論

クリントン大統領の二期めの春は、超党派の穏健な公約であふれていた。事実、再選されたのは一九九三～九四年のリベラルな態度から中道寄りに改めたことが大きかった。極端に走らないというダウンズ理論には従わざるをえないようだが、それでも両党とも過激分子に最も影響されつづけている。これはなにも目新しいことではなく、両党とも極端さを増してきたのはこの三年間だけでなく、三〇年間にわたってである。大統領が何カ月間か穏健路線に転向したところで、ニューディール連合のときの幅広い基盤をもつ連合に党が戻ることはなさそうだ。

政治の基本的方向は徐々に変わっていく。米国が一九六〇年代半ばから保守的になってきたのは確かだが、変化はあまり大きくない。妊娠中絶、国民健康保険、連邦政府の権限、社会の安全網などに関する国民の意見は驚くほど変わっていない。九五年~九六年に共和党が目指した保守的な改革は、米国民の支持を取りつけていなかったことが今になってみると明らかだ。だが民主党も七〇年代と八〇年代に同じような過ちを犯しており、それらが九三年のクリントン大統領の医療制度改革案につながった。

政府への不信は、九〇年代にクリントン大統領とギングリッチ下院議長が個人的・政治的闘争をはじめるよりずっと前から拡大していた。事実、二大政党の指導者としての両人は、この章で述べてきた二極分化傾向の申し子である。二人とも、過激派の要求を拡大させる予備選挙から出てきた。二人とも、活動家や熱烈な党員からの選挙運動資金に圧倒的に頼っている。そして二人とも、地元では対立を深める勢力に左右される議員たちが連邦議会の場では票決のときに割れないように腐心しなければならない。

ニューディール連合の終焉、南部での共和党の台頭、党への忠誠の低下、連邦議会の指導層による徒党的行動の拡大などは、政治指導層の利益と平均的米国人の選択とのあいだに溝が広がっていることを示している。広がる溝を埋めるのは第三の党ではない。米国の選挙制度は第三の党が成り立たないようにできているからだ。指導層と庶民のあいだの広がりつつある溝を埋めているのは、シニシズム、不信、指導者たちが庶民の問題を気にかけていないという不満である。こうした下降局面から抜けだす方法のひとつは、候補者が選挙で負けるのを心配して中道寄りの政策をとることである。だが、イデオロギーの純粋さのためなら票を犠牲にすることも辞さないような活動家に党が支配されている場合、これは難しい。こうしたどうしようもない選択肢に直面すると、有権者としては不信で応えるしかないのかもしれない。

第七章

不信の政治学

リチャード・E・ニュースタッド

ハーバード大学の「ダグラス・ディロン」名誉教授（政治学）。政治学研究所の初代所長。トルーマン、ケネディ、ジョンソンの政権下でさまざまな任務に就き、名著*Presidential Power*の著者でもある。

ブリタニカ百科事典の一九一一年版に、米国の歴史について長文の記事がある。ハーバード大学教授で著名な歴史家のフレデリック・ジャクソン・ターナーが書いたものだ。その最終段落を引用してみよう。

二〇世紀に入って一〇年経った頃、米国は強大な国内産業界に対してやや急進的な態度をとりつつ、社会経済的問題の解決に積極的に取り組んでいた。大都市の工場やスラムは、これからアメリカ社会に同化しなければならない人間でいっぱいだった…
食糧の供給が人口増加に追いつけない兆しがすでに見られる一方、金《ゴールド》は大量に流入しつづけていた。物価高は政局に影響をおよぼす問題となる。一八九〇年から一九〇〇年までに米国の大陸部では、フランスとイタリアを合わせたほどの面積の農場が増えた。この一〇年間の改良農地の増加分だけでも、フランスやドイツ帝国の全土を上回る広さだった。だが、集約農業によって収穫される農作物は人口増加に追いつかず、農場が広くなった割に収穫量は伸びなかった[1]。

この時代、米国の人口は一億で、労働人口の三〇%が農業に従事していた。今日の人口は二億六〇〇〇万で、労働人口のうち農業に従事しているのは三%以下である。現代問題を判断する際、今から九〇年後に、どちらが偉大なる共和国を脅かすことになるかはわからない。

本書で取り上げている不足は、食糧ではなく信頼についてであり、まだはっきりしたことが言える段階ではない。前者は先の話だが、後者は今ここにある問題だ。将来の成り行きや最終的な意義については、まだ断言できない。だが、現在、大いに不足していることは明らかだ。

一九六〇年代半ば以降、米国の制度とりわけ政府への信頼は、八〇年代初めに一時的にいくらか上向いたのを除いて急落の一途をたどってきたと世論調査に現われている。政府と政治は、この問題においては識別できない。事実、政治家は今や米国で最も信頼されていない職業グループに仲間入りしたようだ。ジャーナリストと同程度で、弁護士でさえもっと信頼されている[2]。

こうした信頼の喪失は他の先進国でも同じような傾向が見られ、それどころか、聞くところによると先進諸国の対人関係にも広く見られるという。要するに、原因には他の国と共通するものもあるということだ。だが、一九六八年、西ヨーロッパと米国で大学が「爆発」したときにわかったように、効果的な分析や対応は、やはりその国なりの事情を踏まえて考えたものだ。不信の政治学も同じではないかと思う。だからこの章では、米国の現象に限定したい。

まず頭に浮かぶ問いが二つある。ひとつめは、米国では、何が三〇年におよぶ信頼の低下を引き起こした（または悪化させた）のか。二つめは、それが米国独特の民主的政府の機能にどれほど影響しているのか。

最初の問いにはとりあえず、ベトナム戦争、ウォーターゲート事件、たてつづけのスタグフレーション、さらにその後の「ダウンサイジング」で極まった全世帯の三分の二における実質所得の長期的停滞を引き合いにだして答えとしたい。こうした一連のできごとに対し、主たる有権者――つまり「浮動」有権者――は、冷戦が遠のいたのに一九九〇年の景気後退が予想外に長引いていることのみに注目していたようだ[3]。だが彼らはそのときも、そして今も、そればかりに注目している。これらの要因と関連して、社会および政治における変化によって誘発され、過去の経験から引き出された期待が満たされなかったことに影響された他の要因があるかもしれない。これは全体の関係が絡み合っており、これについてはあとで述べる。

その前に、二番めの問いへの答えについて述べたい。信頼の低下は、政府プログラムの時宜をえた改革、それらの徹底的な実施、それらに対する現実的な期待にとって、そしてひいてはメディアの承認や一般市民の満足にとって、真の打撃を与えつづけるような重大なことだと思っている。不信が、望まれていないプログラムを避けたり白紙に戻したりするのに、さらに国民の不安を満たされていない要求からそらすのに役立つことは証明ずみだ。不信がまったく何の役にも立たないのであれば、現代の政治家や報道記者はそれを煽るより、なくそうとするはずだが、彼らは不信を煽っている。

別々の機関が権力を共有している米国政府は、あらゆるレベルで——意図的に憲法において——最低限ないし一時の過半数によって重大な意義のある決議ができないようになっている。動議を可決するにはかなりのコンセンサスが必要だ（ただし十分なコンセンサスがあれば動議は実に速く進む）。国民の信頼は、共同で統治する者のコンセンサスを保証するものではない。だが、不信はコンセンサスに至るのを難しくするか、まったく不可能にする。不信が高まると、統治が難しくなり、行き詰まり、停滞しかねない。ちょうど、糖蜜におおわれた地面を横切るときのような感じだ。

これは当事者には不都合だろうし、観察者は遺憾に思うかもしれないが、これで全員が損をするわけではない。自由論者なら全員が得をすると思うかもしれない。

この状況は革命的でも何でもない。マディソンによる米国の憲法制度は、経済（と価値観）は資本主義的、収入はともかく見た目には中流、国土は大陸的、二〇〇年間に内戦がたった一度しかなかったという極めて多様な社会において確立されており、あらゆるレベルで行きすぎを抑制して均衡をとるようになっている。だからシステムから見るかぎり、国内制度が大きく変化したわけではない。

それに、今日と同程度の不信にさらされたことは過去にもしばしばあった。糖蜜にひざまで浸かって少しずつ前進したり堂々めぐりをするような羽目におちいった大統領は何人かいて、最近では朝鮮戦争とマッカーシズムの時代のハリー・S・トルーマンがそうだった。古い例では、ジョン・アダムスにまで遡ることができる。地域暴力は珍しくなく、罵倒することなど日常茶飯事だった。冷ややかな態度は高下するが、社会の底辺層と最上層にはある程度いつもある。そうは言っても制度に対する大衆の非難が政府への不満を上回ったのは一八六〇年、南部においてのみである。今日では極右過激派――「民間武装組織ミリシア」、超個人主義者――を除き、政府そのものには不信感を抱いていても、大半の国民にとって制度とその象徴が依然として極めて神聖なものであることが世論調査に表われている。憲法と最高裁判所への敬意は変わっていないようである。観光客は相変わらずホワイトハウスに押し寄せている。近頃では、テレビで国旗を燃やす者もいなくなった[4]。

歴史は道案内としては不十分だ。未来は過去と同じ道をたどらないかもしれない。というのも近頃の糖蜜には、それほど昔でもないトルーマンの時代にもなかったような、これまでとはちがう成分が含まれているようだ。そのために一般市民と政府とのあいだの溝が、せめてドワイト・D・アイゼンハワーやジョン・F・ケネディの頃の程度にまで狭められるかどうかが不透明になっている。では、もし大恐慌のときのような未曾有の経済危機に直面したらどうなるだろう。または、公民権運動のときのような社会問題や、冷戦のときのような国際問題だったらどうだろう。もっと小さな問題、たとえばフランクリン・ルーズベルトの遺産である社会保障制度を改革することや、国連本部をニューヨークに礼をもって迎えるという約束だったらどうだろう。問題の解釈や感じ方によって不信感は減るか、それとも増幅されるか。今や大統領

(および連邦議会)から政府にまで広がってしまった信頼の溝は、いつか憲法まで飲み込むことになるのだろうか。

答えは、以前にはなかった成分が、原因としてどのくらい重要だと考えるかによってちがってくる。私自身は、若い同僚たちが考えているほど、これらは進行を妨害していないと見ている（これは、その人がどの年代に属するかに大いに左右されると思う）。その理由は、やはり信頼が欠如していたものの、少し努力すれば比較的すぐに回復した似たようなケースを以前いくつも見たことがあるからだ。ではまず、「新しい」成分について述べ、次に、かつての経験がどのくらい似通っていたかを振り返り、それから、今と昔はどこが違うために政府がこれほど謗《そし》られるような厄介な状況に至ったのかを考え、最後に、何ができるかを探る。

ジョージ・メイソン大学の政治学者ヒュー・ヘクロは一九九七年の卓越した論文において、国民がこれまでになかったほど不信を募らせている一方で、統治に携わっていることになっているワシントン人たちからこれほど注視され、口説かれ、相談されたこともかつてなかったという事実を「正当性の逆説」としてあげている。一般市民、特に将来の有権者は、選挙で選ばれた政治家とそのライバルだけでなく、主張を押しつけるために組織された数多くの利益集団によって、しかも選挙運動期間中だけでなく四六時中、いつまでも居座っている法律制定者や統治者の言うことに応じて調査され、語りかけられ、甘言で惑わされ、警告され、（場合によっては）奮起させられる。だが、これによって一般市民がワシントン人とのつながりを感じる（つまり不信感が低下する）わけではなく、実際、両者のあいだには情報通信時代に急増している広報担当者が分厚い壁を作っている。こうしてワシントンはつきまとい、市民は嫌がっている。実に逆説的だ[5]。

この状況をヘクロは、四つの密接に関連している展開症候群が米国政治にあるからだという。これらを他の学者はいくらかちがう形で表現しているが、ヘクロの説が代表的かつ独創的であると思うので、これにしたがって以下に（私の言葉で）要約することにする。

ヘクロが最初にあげている展開は、テクノロジーと管理に関するものである。政治や公共政策に科学的なサンプリング、電子メディア、コンピューター、コピー・ファクス機、さらにここにきてインターネットを取り入れ、かつての素人や民間の広告業界出身者が今では業界を形成するまでになっている。これがいわゆる政治コンサルタントで、専業の場合もフルサービスを提供する会社の場合もあり、このあいだまで政治家と党そして近年ではそのスタッフ、あるいは利益集団の場合は内部職員と法律事務所だけが占有していた役割をどんどん肩代わりしている。こうしたコンサルタントは、選挙運動の戦略を考え、意見のサンプリングを行ない、強調することを決め、問題点を選び、報道関係を管理し、「メディア・イベント」を計画し、演説を準備し、遊説のスケジュールを組み、ミーティングを設定し（さらに下準備をし）、有権者に投票を勧誘し（郵便と電話で、求められれば戸別訪問で）、ボランティアを訓練して配置し（または雇った手伝いで代用し）、さらにこれらすべてにかかる費用を支払うために資金集めを組織する。コンサルタントを雇うには資金が必要だ。彼らの報酬とテレビの有料放映の支払いが目下、米国政治における二大支出である[6]。

一般の有権者がワシントンから隔離されていると感じるのも当然だ。パレードで行進する機会さえめったになく、見物席から応援することはなおさらだ。自分が操られている場面においてでさえ積極的な役割がほとんどない。とはいえ、操られていることは郵便物を読んだりテレビをつけるたびに気づかされる。これが不信を増大させるというのがヘクロの見方だと思う。

政府を遠く感じるようだと、国民は政府とは関係がないと思うようになる一方だ。昔からの媒介者であるジャーナリストまで立場や手法を変えたため、テクノロジーが報道を変化させているのと時を同じくして、これまでのやり方が一変した。今ではテレビがニュース放送の中心であり、ますます商業化している娯楽メディアとしては、それに合うような形でニュースを放送する。ジャーナリストも昨今では大学卒で中流の上であり、ウォーターゲート報道記事以後の基準にしたがって行動し、テレビの有名人になりたがり（しかもその多くが実現させている）、自分たちは憲法修正第一条「言論の自由」条項にあるように政治家から国民を擁護していると思っている。ほとんどの米国の専門職がそうであるように、自分たちの正当化の根拠が普通選挙よりも優れていると見なしている。こうしてテクノロジーで武装した（そして歪められた）記者も国民と政府とのあいだの層となって、不信感を受動的どころか積極的に深めている。

しかも、これは記者だけではない。電子メディアは今、多チャンネル化と番組構成の繰り返しによる特定対象向けの放送（ナローキャスティング）に向かって大きく転換している。近頃ではジャーナリストだけでなく、トーク番組のホスト、それにゲストまでがニュースを伝えるようになった。彼らをニュースの主な情報源として頼っている人は米国民の四分の一にのぼると言われている。彼らのパフォーマンスには政府を非難することが欠かせない。ヘクロはこうした展開を重視していないが、他の学者はしている[7]。

ヘクロが指摘している第二の要因は彼が「構造的」と呼んでいるもので、これは米国政治に以前から存在する制度、つまり熱烈な党員と議会のことを指している。フランクリン・ルーズベルトの時代に結集され、かつては極めて勢力があったが死滅したと何度も言われてきた民主党の連合は一九九四年以降、ついにその通りになった。リチャード・ニクソンの南部戦略が究極の成功を収めつつあるようだ。有権者に関しては、これが同じくらい勢力のある共和党の連合につながるとは限らない。その間に党の結束は緩んできているし、地元の党組織は概して、忠実な活動家以外には以前のような支配力をおよぼすことができなくなっているからだ。有権者の三分の一近くが「無党派」(もっとも、実際にその通りに投票する人はこれより少ない)だと言っており、それに党の活動家でさえ忠誠の第一理由が政治を超えたものであるため、地元の党のとりこになっているというより捕獲係に近い[8]。

共和党の活動家は、集団としては明らかに国民の大多数より右寄りで、民主党の活動家は左寄りだ。(われわれが言うところの)超党派の黄金時代と比べると、これが指名のときに害をおよぼし、議会で党間のいっそうの反目と、どちらの党であれ、全国民に選ばれた大統領へのいっそうの敵対を生み出すことが多い。いがみ合いや徒党的行動がより大っぴらになり、今後の各選挙後の党支配もどうなるかわからない。

共和党議員は民主党議員より党内の規律を誇示している(それにこれまでは、多数派としての特権を乱用する方法を学ぶ時間が少なかった）ものの、上下両院の議員は基本的に自営業のようなもので、予備選挙でも最終選挙でもコンサルタントのサービスとテレビの放映時間を買うだけの資金をもっているか調達できる者の挑戦には弱い。昨今、資金のある挑戦者は地元組織に頼る必要はない。資金が個人所有であれば、最高裁判所が「天井なし」として認めるのは確実だ[9]。

そういうわけで現職議員は、ほぼ全員が資金集めでスケジュールを満たし、献金してくれる者の使い走りをし（そして要求に耳を傾け）、選挙区へのサービスにスタッフの時間を注ぎ込まなければならないという気になる。こうなると法律制定はあとまわしである。これが目下、上院でも下院でも思慮ある議員が引退して年金生活に入る原因となっている。ジャーナリストやうかつな国民は、侮辱的待遇のことは忘れていても年金には気づくらしい。これも信頼にプラスになっていない。

ヘクロが指摘している第三の展開は、それまでは昔からある党、教会、地域活動、経済的利益集団を通して行なわれていたようなさまざまな「運動」にシステムが開放されたことである。公民権運動をモデルとし、経済成長および高雇用の時代にベビーブーム世代のエネルギーに支えられて、一九六〇年代とその直後に環境保護主義者、フェミニスト――またその反動として妊娠中絶禁止法支持者――そして一斉に「ルーツ」と認知とアファーマティブ・アクションを求めて自分たちの独自性を擁護するさまざまなマイノリティが出現した。のちにこれらに加わった、いやむしろ逆らうようになったのがキリスト教徒連合を頂点とする宗教的右派である。

一九世紀の禁酒運動のように、こうした大衆運動はすぐに資金を集めてスタッフのいる永続的組織を持つようになり、昔からある経済的利益集団と並ぶ（ときにはそれ以上の）存在となった。これらは法律制定者や統治者に陳情をしただけでなく、党の指名プロセスにまで圧力をかけ、さらに深く入り込んでいった。そうしているうちにテクノロジーとコンサルタントを活用する術を身につけ、対抗勢力を攻撃しながら支持者を集めていく。その過程において政治に新しい利害関係や新人を送り込んだが、その代わり、コンセンサスを得るのも効果的な連合を持続させるのも難しくなった。また、かつて活躍の場を独占していたか、あるいはそういう幻想を抱いていた者たちは、当然ながら憤慨して不信感を募らせており、それが厄介さに拍車をかけている。

ヘクロが述べている第四の展開は、公共政策の普遍的範囲に関する国民の認識であり、目につく社会的成果を政府の意図または失敗のせいにすることである。かくして妊娠中絶、犯罪、麻薬、教育、雇用、医療、ホームレス等々の長いリスト――そこには今では「企業福祉」として攻撃されているものや、「人民主義《ポピュリズム》」というレッテルを貼られているものなど幅広いカテゴリーが含まれている――がすべて、国の政府が当然のこととして何とかしなければ（または中止しなければ）ならないことだと見なされるようになった。これについては、熱心な党活動家は左も右も同意しているようである。さらに公共政策を教える学部は言うまでもなく、コンサルタント、記者、組織された利益集団、トーク番組のホストも同様である。こうしたリストの項目は他の項目と関連しているため、政策の範囲はとどまるところを知らない。

とはいえ建国から大恐慌の時代までは、こうした状況は大半の米国民にはとんでもないと感じられたはずだ。

これをヘクロは、やはりベビーブーム世代のせいであるとし、世代の変化に関連した文化的現象と見ている。しかし私は、その前の世代の歴史的体験によるものだと考えている。ルーズベルトによって自信を取り戻したことや、第二次世界大戦の戦中戦後の幸運を覚えており、一九三〇年から六〇年まで大事件の連続をくぐりぬけてきた世代である。戦争中、政府は国内経済を運営し、実際には行なわなかったことを監督した。戦争は大成功だった。ルーズベルトは終戦前、「経済の権利章典」を宣言する。これは、トルーマンには徹底させることができなかったが、アイゼンハワーが退けなかったため、戦後の繁栄によってかなり実現されたように見えた[10]。こうした繁栄をもたらす経済政策は、ワシントンが成し遂げたことだと思われるようになった。政府が経済や景気循環にこれほど堂々と責任を持てるのであれば、社会や社会政策にも責任を負えるのではないかと人びとは思った。

ヘクロの悲観的な見方では、相互に影響しあいながら全体で一大症候群を構成しているこれら四つの展開は、ぐあいが悪くなっていたマディソン主義であってもそれなりに機能していた一世代ほど前の統治に終止符を打つものだ。それに取って代わるのは、そのアンチテーゼとも言うべき「永続的選挙運動」である。米国人として執筆しているヘクロにとって、統治とは、効果を生む妥協を成立させられるように、対抗する利害関係を永続性のある連合にまとめあげることである。連合は、持続させるのに十分な合意によって保たれ、国民には現実的な期待によって受け入れられる。こうした妥協を成立させる者が期待に形を与える。その際、不都合や不確実さはいくらかぼかすことはあっても、全体が崩壊してはいけないのでやりすぎないようにする。

ではワシントンは今、どうなっているのか。指導層は一九六〇年代から信条の名において戦いを繰り広げ、妥協はせず、テクノロジーによって勢いづかせ、コンサルタントを配置し、対抗勢力を非難することによって支持者を刺激する一方、そのときどきの特定の候補者とグループの利益に尽くしている。大統領と議員と民間組織、さらにはそれらが抱える大勢のスタッフは、世論やメディアや互い同士を操作して得点をあげようと機会をうかがっている。彼らは選挙で勝つために絶え間なく努力し、法律の条項、規則、任命、契約、外交・国防における行政決定を推進したり阻止したりする。それらをするにあたり、コンサルタントが用いるのと同じ手法、同じような気構えで取り組むことがますます増えている。「ちくしょう魚雷だ、全速前進」「仲間を持ちあげ、敵をこき下ろす」「長期のことはあとまわし、まずは勝つことだ」といった調子である。

これがヘクロのいう永続的選挙運動である。ここにはマディソン主義の入り込む余地があまりない。ヘクロは、これらすべてがわれわれに取りついていて元に戻せないと考えているようだ。ベビーブーム世代が引退するまでは、そうかもしれない。というのもベビーブーム世代はこれしか知らず、これで経験を積んでおり、これが統治だと思っているらしいからである（そうだとしたら困ったものだ）。いずれにせよ、それがヘクロの記述を飾る最も悲観的な仕上げとなっており、悲観的という点ではヘクロ自身の言葉以上である。

それと比較すれば、私は楽観的である（あくまで比較すれば、の話だが）。

私の見解は、米国の歴史における最近の三つの時期について熟考した結果である。私はこれらの時期を生きてきたので、直接体験した感触を思い出すことができる。三つとも、ホワイトハウスの周辺から見たワシントンの冬の光景である[11]。最初のは一九三八～三九年、次は一九四六～四七年、三番めは一九五〇～五一年のことだ。このいずれも、統治者と一般市民のどちらから見ても幸せな時代ではなく、安泰ではなかった。それどころか、今日のように双方に欲求不満が募っていた。これら三つの光景に見られるのは、いがみ合い、落胆、不透明、そして今日「手詰まり状態」と呼ばれているものだ。もちろん、だからこれらを選んだのである。では順に見ていくことにしよう。

一九三九年の初めは、まちがいなくルーズベルト政権のどん底だった。連邦議会は民主党が多数派ではあったものの、大統領の手に余っていた。両院とも南部の民主党議員と中西部の共和党議員によるいわゆる保守連合に牛耳られており、これはその後二五年間にわたって国内プログラムについて采配を振るうことになる。南部の民主党議員と（主に）東部の共和党議員による戦後の外交政策を支える連合は、まだ存在していなかった。戦争もまだだし、政策もまだだった。ルーズベルトは、そこそこの成果をあげるには米軍を必要とするような戦争が避けられないと思っていたのかいなかったのか、それについては一切口にせず、そして国民の大半はミュンヘン協定が保持されることを望んでいるか、もしくは戦争をとにかく忌み嫌っていた[12]。

米国はまだ極めて内向的で、ほとんどの国民がいやなことが起こっていると思っていたのは明らかだ。世論調査は今日ほど一般的ではなく、サンプルの抽出や質問の的確さが不十分だったために信頼度で大きく劣っていたが、当時の印象と歴史的解説は、米国の状況と大統領のルーズベルトに対する国民の不満が広がっていたという点で一致している。こうした状況にあってギャラップ世論調査は、国民が自分たちの苦境は大統領というより「自然の景気動向」のせいで、まったく「政府」のせいではないと思っていたことを示唆している。事実、政府については設問もなく、ルーズベルトと経済を識別するのに、今日では専門家と理論家にしか理解できないような旧式な方法によっていた。だが議会選挙に表われた国民感情に目を向けると、三八年十一月、下院では共和党議員が倍増し、上院では大統領が党員集会で無謀にも一掃しようとした古参の民主党議員たちが返り咲き、ルーズベルトにとっては散々だった。これら古参議員は、仲間の南部出身者と相変わらず行動をともにし、委員会の委員長を務めたりした[13]。

一九三七〜三八年の冬は、予期されなかった厳しい景気後退の時期だった。一年後、景気は回復してきたが、雇用は改善しなかった。労働人口の二〇%に相当すると思われる一〇〇〇万人ほどの失業者がいたが、公共事業は削減され、連邦議会には公共事業を大幅に拡大する気がなかった[14]。産業労働者は、組織化を進めていたジョン・L・ルイスの産業別労働組合会議（CIO）の標的となっていた。主だった雇用主はCIOに対して激しく抵抗し、ルーズベルトが支持しないのを双方が責めていた。民間投資はまばらで、それをウォール街は過剰規制とビジネスに敵対的なワシントンの環境のせいだとした。企業経営者たちはルーズベルトのことを

(「自らの出身階級に対する裏切者」だと言って)積極的に嫌い、自分たちが大恐慌以来、国民によく思われなくなったのに憤慨していた。憎しみは低所得層にも見られ、コグリン司教といったラジオ解説者が大統領とその妻を攻撃するところにそれがうかがわれた。人民主義《ポピュリスト》運動は、ヒューイ・ロングの暗殺で立ち往生したり、タウンゼンド養老年金案の場合のように折よく法律が制定されたことによって失速した[15]。だがその影響は、農場にも都市にも景気の減速とともに残った。

海外のできごとは、国内の国民感情をさらに悪化させた。一九三八年にヨーロッパで戦争がかろうじて回避されたことがきっかけとなってウッドロー・ウィルソンのときのような孤立主義の懸念が喚起され、そのうえそのときホワイトハウスにいたのがウィルソンのときの海軍書記官補ときている。ルーズベルトが自由に行動できないようにする、組織された孤立主義がはじまる。これが頂点に達したのが四〇年の「アメリカ優先」で、この運動には今日の妊娠中絶反対に見られるような激しさがあった[16]。その間、ルーズベルトの干渉主義の支持者は三派に割れていた。スペインで選挙によって成立した反フランコ政府を支持しなかったのを怒っている人たち、ヒトラーに対する無条件結集に出遅れたと不満な人たち、そして精一杯早く動いていると評価する比較的少数の人たちである。

一九三九年、ルーズベルトの評価はあまり高くなかった。もしナチスの将軍たちの思惑通りにことが運んで戦争が四三年まで延期されていたら、ルーズベルトは尊敬されてはいたものの失敗した大統領として二期めの終わりに引退していたはずだ。前任者のときからの恐慌から脱出しようとしたが力のおよばなかった八年間だった、と。

当時の大統領に対する不満が、今日の政府に対する不信と大いに共通するところがあると言うつもりはない。それどころか、ルーズベルトは憎まれもしたが、それをはるかに上回る大勢の人に愛されていた（その正確さはともかく、ギャラップやそれ以前の世論調査で支持率が五〇％以下になったことはなかった）。一九三三年に見せた自信と就任後二年間の超党派的提携によって、ルーズベルトは支持者から絶大なる信頼を寄せられ、対抗勢力からは尊敬され、それが政府にまで浸透した。それに三九年には連邦政府は今のようにどこにでも首を突っ込んではいなかった。税は少なくかつ低く、環境・保健・安全の規制は少なく、社会福祉への介入は（まだ給付金が支払われていないのに広く人気のあった老齢保険を除いて）あまりなかった。教育への経済援助はなく、連邦住宅計画は小規模だった。農業生産は管理されていたが、農場の同意があった。公共の仕事や公共事業には減少してはいたが前例のない規模の資金が提供されており、これらは保守派のあいだでは厳しく批判されていたものの受け取る側は高く評価していた。たしかに、ロナルド・レーガンが「政府が問題だ」というのを初めて耳にしたのは、三六年、アルフ・ランドン知事の大統領選挙運動中のことだったと思われる[17]。だがそのときレーガンは、共和党候補に投票していない。有権者の三分の二と同じように、ルーズベルトに投票した。

一九三八〜三九年の不満は、抽象的な制度に対する不信というより、景気後退への不満、失望、個人生活における不安だったと思われる[18]。

次に取り上げる不満の冬は、トルーマンが第二次大戦の戦勝時にルーズベルトを継いでから一年半後、議会で共和党が多数派になった一九四六年である。このときも、大統領に対する不満がより高まっていたのを除くと不満の内容は同じだった。ギャラップ世論調査によると、新大統領の人気はその間に八七％から三二％に下がっている[19]。何が原因だったのか。二桁台のインフレ、復員の遅れ（期待と比べて）、それにストライキや消費財（特に肉。肉は議会キャンペーンが始まったときに農民がためこんで、価格統制に抗議するのに成功した）の不足といった産業転換期の混乱のせいだった。トルーマンは四六年九月には満身創痍といった状態で、候補者のじゃまになるので議会選挙では応援をしないでほしいと民主党全国委員会に言われたほどだった。選挙応援はしなかったが、それもあまり役に立たなかった。「何もできなかったお粗末な議会」とトルーマンが二年後に称した第八〇回議会では、共和党が上下両院を支配するようになっていた。

戦後このように不満が蓄積されたこと、さらに議会から民主党議員を追い出すという形でそれが表現されたことは、避けられないことだったのかもしれない。それまで過半数を占めていた民主党は、一九三八年から選挙のたびにその差を縮められていた。だがトルーマンとその不運な価格統制のことは別にして、政府への不信がその根底にあったという説は、それ以前とその後に起こったことによって覆される。それ以前とは、スタッズ・ターケルが言うところの「良い戦争」、その後とは、冷戦の初期、トルーマン・ドクトリンとマーシャルプラン（ヨーロッパ復興計画）を指す。

第二次世界大戦は、戦闘犠牲者を別にすると、大方の米国民にとって実に「良い戦争」だったし、戦闘部隊を除くほぼすべての国民にとって良き時代だった。何年もつづいた陰惨な不況ののち、女性を含む全員に仕事があり、金を稼げて貯蓄もでき、（終戦まで）物価は安定していた。もちろん配給制度はあった（だがこれも「兵隊さん」のためだ）。それになにより生産活動があり、驚嘆させられるほどの航空機、船、戦車をどんどん作って米国の実力を自慢げに見せつけた。そして、これらすべてを組織したのが政府だった（もっとも、正確に言うと、監督し、補助金を支給したのだったが）。戦後すぐ、民主党は糾弾されても、政府そのもの、とりわけ制服組にはそのようなことはなかった。米国民には政府を大いに信頼するということがそもそもないが、政府に対する信頼は一九四〇年代半ばが頂点だったと思われる。そして自信も最高潮だった。ワシントンとウォール街が当時あれほどスターリンを警戒した理由のひとつは、米国自身が「指令」経済を実行して、その威力を思い知ったからだった。

この点は、スターリンの進出に対抗するため、トルーマンがあの「何もできなかった」第八〇回議会で前例を破る法案を通過させたあとのできごとによって確認された。大統領は周到な超党派的提携によって、一九四七年のギリシャとトルコに対する援助、四八年のマーシャルプラン、ＮＡＴＯの準備会議などを遂行したのである。そのうえ自らは、第二次大戦の陸軍参謀総長で国務長官に就任していたジョージ・Ｃ・マーシャル将軍や、ウォール街のロバート・ラベットといった戦争中の名士の陰に隠れるようにしていた[20]。そうすることによってトルーマンは成功を収めたのである。これらの法案は二度めの連合である超党派提携によって過半数で通過し、それを国民は受け入れ、共和党はトルーマンの対抗馬として、その欧州政策の支持者を大統領候補に指名した。そのトマス・デューイの指名は困難をきわめ、党内の対抗勢力である上院議員ロバート・タフトをはじめとして不満を抱く者が少なくなかった。もめごとの種がまかれ、それがのちに芽を出す。だがここでのポイントは、こうした前例のないことを実行するかどうかを決める能力が政府にあることに疑問らしい疑問が呈されなかったことだ。これは信頼のしるしである。

ところがわずか三年後には、その信頼が消えてしまう。私のいう三番めの悲惨な冬である一九五〇〜五一年にはもう消えていた。これはトルーマンと米国にとって冴えない時期だった。五〇年十一月末に中国が朝鮮戦争に介入し、それによって米国歴史上で最長の退却を余儀なくされ、半島にとどまることができるかどうか不透明になり、ワシントンでは第三次世界大戦が懸念されるようになった。朝鮮戦争は不快で長引いただけでなく、六月の開戦後すぐに二度のパニック買いが起こった。それによって消費者物価が一〇%も上昇するという多くの人にとって不安で腹立たしい事態となり、物価統制をどこまでも擁護するというトルーマンへの信用が失われた。五一年一月に対処したときにはもう物価上昇の勢いは衰えており、いらだたしい統制だけが残された。四九年の景気後退は、戦争勃発前には完全雇用に転じていた。だがインフレと、それにつづく統制のため、ありがたさも薄れた。

一九四八年にトルーマンが掲げ、そのおかげでかろうじて再選されることになったフェアディールと呼ばれる国内政策は、民主党がふたたび議会を支配するようになったのに、朝鮮戦争のために立法化のチャンスがつぶれてしまった。第一会期では、物議をかもすような法案は棚上げにされたり否決された。第二会期のハイライトとして期待された国民健康保険は秋になって否決され、その直後の一九五〇年の議会選挙において民主党議員は、やっと過半数というところまで減る[21]。

これらの選挙では国内の反共主義が台頭し、その後、さらに強力になっていく。もうひとつ目新しいこととして、米国医学協会が健康保険の支持者を落選させようとして選挙運動に口をはさんできたことがあり、これにはヘクロのいう永続的選挙運動を先取りした手法が見られた[22]。これが成功したことにより、政治家は恐れをなして四〇年以上も総合医療制度改革を遠ざけることになる。「医療社会化制度」というのが米国医学協会のスローガンだった。これは、下院の非米活動調査委員会が以前から言っていることと符合していた。さらに、朝鮮戦争がはじまるたった四カ月前に、共産主義者の問題と遭遇して扇動政治家として急速に台頭していた上院議員のジョゼフ・マッカーシーが言っていることと、意図的ではないにしてもうまくかみ合っていた。朝鮮戦争によってマッカーシーは手ごわい存在となり、十一月の厳しい展開がそれに拍車をかけた。これほど危険きわまりなく明白な不信の示威行為は、現代の政治には見られない。

仲間の共和党議員は当初、マッカーシーを抑制したようだが、一九四八年に予想に反して(そして彼らにとって不可解なことに)民主党の大統領が再選されたことに激怒して抑制するのをやめたと言われている。彼らは共和党の勝利を確信していたのである。超党派提携は、それを予測してのことだったため、トルーマンの当選によって提携は解消に向かう。トルーマン自身が原因を作ったものもある戦時中のいざこざを、うまく利用するのはわけなかった[23]。

韓国を奪回後、一九五一年三月にトルーマンと同盟国が中国との和解を探りはじめたとき、下院少数党の院内総務が戦場での司令官であるダグラス・マッカーサー元帥の意見を求めた。マッカーサーはすぐに公開文書でそれに応じ、「勝利に代わるものはない」と述べて中国を降服させたいという考えを明らかにした。これをトルーマンは最高司令官に対する憲法上の挑戦として受けとめた。マッカーサーは直ちに解任される。帰国したマッカーサーは全国的な大歓迎を受ける。この国民感情は、上院聴聞会を通して政府の論理が明らかにされ、それが統合参謀本部に全員一致で支持されるに至ってようやく収まってくる。マッカーサーは姿を消したが、その間にギャラップ世論調査によるトルーマンの支持率は二三%という最低に達した（これは辞任時のリチャード・ニクソンの最低支持率より一%低い）。

その後、「勝利」しようともせず、停止させることもできない戦争をはじめた大統領は不信的となる。二年近くあった残りの任期のあいだ、トルーマンの支持率は三一%以上には上がらなかった。これは政府も信任されていなかったということではない。少なくとも、政府内で拡張していた軍部（この何年かで四倍増）や、ヨーロッパに対するコミットメント（五師団を追加）や、アイゼンハワーには支持があった。国務省、財務省、司法省、ホワイトハウスはそういうわけにはいかず、共産主義者を甘やかしていると非難されたり、腐敗が摘発されていた[24]。

一九五三年一月、アイゼンハワーが大統領に就任する。その一カ月後にスターリンが死去し、クレムリンで権力闘争が起こる。中国はどういうわけか朝鮮紛争を終わらせることにし、その年の夏、トルーマンにはできなかった停戦協定が成立する。その後、米国では一年も経たないうちに危機感が消え、五〇年代半ばのような落着きが見られるようになる。もっと驚かされるのは、戦争とそれによって引き起こされた怒りの記憶が国民の意識からぬけ落ちてしまったことだ。米国人がアジアで地上戦を戦うことが二度とあってはならないというベテラン将校たちの「不戦の会」でさえ、一〇年以内に跡形もなく消えてしまった。

これら三つの冬は、どういうところが現在の状況と違うのか。類似点は明白で、私が比較的楽観主義者でいられるのは言うまでもなくそれらのおかげだ。だが、現代の問題に光をあてて原因分析を助けるのは差異のほうである。いくつかはすでに指摘したが、他にはどのようなものがあるだろう。

第一に、以前の不満は今のと比べて短期間で収まった。今日の深い不信感が一九九〇年の景気後退と、その二年後、湾岸戦争で勝利を収めて再選をめざしたジョージ・ブッシュが大敗したときに始まったとしてもである。だが、ほんとうはもっと前から始まっていた。世論調査によると、その発端はベトナム戦争にある。ベトナム戦争は、半分は社会的倫理に反するから、あるいは勝てそうもないから、あとの半分はハノイに進攻して勝とうとしなかったからという理由で、全国民がまちがいだったと認めている。

「ベトナム」は、米国人以外には単なる長引いた負け戦に見えるかもしれないが、米国ではもっと大きな意味があった。ベトナム戦争がアメリカ化したのは一九六五年、ケネディ大統領の提案を引き継いでジョンソン大統領が六四年に実現させた所得税減税の結果、インフレなしに繁栄の成果を初めて享受していたときのことだった。六五～六六年には、ジョンソンの「偉大な社会」計画によって社会関連のさまざまな革新的な法律が制定され、あちこちから期待が高まる。ところが戦争が進行すると、これらの多くは資金不足に陥ったり、うまく実施されなかったりで幻滅感が広がった。六五年、投票権法が成立して、南部では公民権運動が頂点に達した。だが、その年の夏も翌年も、白人が予期しなかったことに北部の都市の黒人スラム街では暴動が絶えなかった。二年後、マーチン・ルーサー・キングとロバート・ケネディが暗殺される。その一方で、戦闘の映像が初めてテレビ放映され、国民は米国人兵士が死んでいくところを自宅の居間で目の当たりにした。兵士の多くは黒人だった。マスメディアはまた、国旗を燃やし、警官と争い、自分の大学を罵倒し、マリファナを吸い、徴兵をのがれた若者にも焦点を合わせた。彼らの大半は白人で明らかに特権階級だった。国民の多くは反戦についてまともな議論をしようにも、こうした映像に圧倒されてしまった。もちろん、これを歓迎した向きもあった。

　ヒュバート・ハンフリーが指名された一九六八年の民主党大会では、熱烈な活動家が警官と衝突するところがテレビの全国ネットワークで放映された。四年後、平和主義の候補者ジョージ・マクガバンが指名された党大会の映像でも、若い活動家がもみあっていた。

　戦争の反対派にも支持派にも国内が大混乱に陥っているという意識が広がり、また両者のあいだには、地域、世代、階級、人種の違いによってさらに拡大された断絶感があった[25]。二度の世界大戦を通して大方の民主党員を結束させていた愛国心はばらばらになってしまい、共和党の新大統領リチャード・ニクソンは、そこに注目した。戦争支持の自称「サイレント・マジョリティ」に訴えたのである。

ニクソンが大統領に就任する頃には、米国民は目新しくかつ多くの人にとって不愉快な経験をしていた。それは戦争によるインフレで、消費者物価指数に対して年率五％から六％にのぼっていた。インフレは一九六六年に根を下ろし、六八年に全面的に現われ、そして——ジョンソンが一度、しかたなく決定を翻して所得税を引き上げたにもかかわらず、さらに六九年の景気後退にもかかわらず——毎年つづいた。これは四六年や五〇年の一時的な急騰とはまったく趣きを異にしており、好ましいものではなかった。ニクソンは、七一年に大半のエコノミストの意見を無視して物価統制を断行し、七二年の選挙までにインフレ率を四％以下に引き下げた。それと同時に、連邦準備制度理事会によって金融政策が緩和され、「いい気分の状態」を後押しした。ニクソン再選後、側近のエコノミストたちはひずみの蓄積を恐れ、物価統制をやめるように説得する。物価は高騰した。だが、その結果は関係のない食料不足の影響と渾然一体となって第一次石油ショックにつながっていったため、物価のことは影が薄くなった。

いずれにせよ、その頃にはウォーターゲートのもみ消し工作が明るみにでて、大騒ぎになっていた。ニクソンは、そのときまでにベトナムから米軍の戦闘部隊をすべて撤退させるように命じていた。七三年一月、全員の帰国が完了する。だが、中年以上の米国民は、それまでに起こったすべてのこと（およびその後のサイゴンの降伏）を、いまだに「ベトナム」という言葉に封じ込めている。

今日の不信と以前の「冬」の比較に戻ろう。第二の差異は、以前の怒りが（一九四六年の雇用法などに組み込まれた期待に照らして）「自然の景気動向」といった外部の力か、または、「政府」そのものではなく、そのときの大統領に向けられたことである[26]。大統領が標的になることは最近でもある（ジミー・カーターやジョージ・ブッシュ、それにビル・クリントンも）。だが以前の不満の冬には、一般市民の疎外感をもたらす光景として、ヘクロの症候群が存在していなかった。これらの冬にはまた、カーターにはじまり、レーガンが磨きをかけ、ブッシュとクリントンがまねた、大統領による政府の糾弾が見られなかった。これは責任転嫁であり、なかには成功したこともあった。

第三に、以前の場合、大統領が非難されることになるような個人生活の不満は、外部の力によってすぐに抑えられた。これらの冬は過渡的な時期だった。大恐慌のすぐあとの大いなる繁栄、外交政策の筋を通すため、および高雇用に一歩譲った戦後の産業転換、トルーマンの戦争のあとにはアイゼンハワーの平和。

そしてベトナム以降、何が起こったか。民主党員は愛国心を失った。共和党員はウォーターゲートで評判が傷つく。若者は問題の多いライフスタイルをつづけていた。一九七〇年代の石油ショックによってスタグフレーションが起こり、四六年以来、インフレが初めて二桁台に達した（その頃、テヘランの米国大使館の人質事件もあった）。七三年には理由もなく生産性が低下し、労働者にはこれまでのような割合で利益が配分されなくなった。職能別組合は崩壊した。以前の右肩上がりの成長は誤りだったとでもいうように、妻が働いても実質家計所得は伸びなかった。子供たちは鍵っ子になった。そこにダウンサイジングである[27]。そして言うまでもなく、犯罪、麻薬、教育、移民、さらに言うならアファーマティブ・アクションといった実際に遭遇したり、全国ネットワークのテレビで放映されている問題がある。

ここに、われわれの現在と将来について考える手がかりがひとつある。米国には、一世代ものあいだ、昔と比べて、あるいは予期していたより経済的・社会的に恵まれないままだったグループが二つある。第一のグループは都市のスラム街に住む若者で、多くが黒人で、安定した家庭、教育、仕事、われわれと共有できる価値観などを持っていない。第二のグループは、かつてブルーカラー中流階級と呼ばれた人びとで、今ではさまざまなホワイトカラーも仲間入りしており、黒人より白人が多く、大半が男性で、彼らの父親は第二次大戦後の繁栄の最たる受益者だった。ここにきて彼らは、金のかかる大学教育なしには自分も子供たちもおくれをとってしまうことに気づかされた。

第一のグループは、犯罪や暴動によるものを除き、政治に関してあまり意見を表明しない。投票率が極端に低いからだ。だが、第二のグループは投票するし、しかも半端ではない。愛国的な「サイレント・マジョリティ」の中核としてニクソンがあてにしていた「保守反動派」はこのグループに含まれている。これは、弱々しいカーターからジョン・ウェインのそっくりさんに乗り換えた「レーガン民主党員」と大いに重なるところがある。彼らはその後、自分たちの長年の苦境をようやく自覚した一九九二年にはブッシュを見限り、自分たちのためにさらなる尽力がなされなかった九四年には下院の民主党議員にやつあたりし、そして九六年八月現在、二大政党から次の選挙のカギを握ると見なされている。

今日の社会の「不安を抱いている階級」——より正確には不安を抱いている有権者——の中心層がここにいる。主流は三万ドル～五万ドルという家計所得層の世帯主だが、今ではダウンサイジングの脅威によってその上下の所得層にまで拡大し、ブルーカラーだけでなくホワイトカラーにも広がった。彼らは政治的には、私が取り上げた以前の冬の不満を抱いていたり怖がっていた有権者とは異なるものがある。これら現代の有権者は、不安になる理由を一世代にわたって抱えていただけでなく、これまでの六年間、両党の大統領から具体的な救済策を繰り返し約束されながら、そのたびに約束は守られなかったのである。それは今もつづいている。

また、こうした具体的な話の以前に、レーガンが誓ったと彼らには思われたが守られなかった暗黙の約束があった。「アメリカは復活する」——これによってもたらされたのは「豚の切り身」や賃上げではなく社会保障改革のための賃金税引き上げで、彼らには実体のない影のようなもので終わってしまった[28]。レーガン政権に対する信任がいっとき上昇したあとに低下したのは、貯蓄貸付組合の救済措置やイラン・コントラ事件より、これが原因だったのではないか。

具体的なことに目を向けてみよう。一九九〇年以降に限ると、ブッシュ大統領は次の景気後退が八一～八三年のような厳しいが短いものになると思っていたらしく、そのように説明した。九一年から九二年の初めまで、もうすぐ終わると言いつづけたが、そうはいかなかった。有権者の多くが景気回復を実感したのは、ずっとあとになってからだった[29]。その頃にはもう、ブッシュは過去の人になっていた。クリントンは九二年の選挙運動中、「中流階級の減税」を誓った。

就任後、公約を守れないことを悟り、中流以上の所得層が対象であったとはいえ、逆に税を引き上げなければならなかった[30]。九二年にはまた、すべての国民が加入できるような健康保険制度を作るという約束もした。九三〜九四年、それに向けた綿密な計画が大きな反発を招いて議会で廃案に追い込まれた。九五年には、クリントンと共和党の下院議長の双方がまたしても減税を約束し、その具体案をめぐって無益な争いが華々しく展開された。結局、減税は実現しなかった。九六年現在、こういった約束が繰り返されている。

私が取り上げた三つの冬でこれと比較できるようなことは、ルーズベルトが一九三六年に景気回復を自慢して「こうなるように手を打ったからだ」と断言したあと、三七〜三八年に景気が後退したときしかない[31]。だがクリントンとはちがい、ルーズベルトにはそれまでに蓄えた信頼があったし、その先には戦時中の繁栄があった。九六年の時点で将来を展望すると、こうした不安に陥っている有権者をなだめられるような経済的変化の兆しは見あたらない。これらの人たちの助けになるのは、減税と社会福祉事業の改善だ。二大政党が何をしてきたかというと永続的選挙運動の大騒ぎであり、これでは、これらの人たちが政府を信頼しないのも不思議ではない。他にも理由はあるかもしれない。具体的なものではなく、もっと社会学的、文化的、伝統的な原因があるかもしれないし、あるいは昨今の政治家の美辞麗句が関係していることも考えられる。だが、ここに述べたのは、この上なく直接的な経済的体験に根ざしたものである。説明としてはこれで十分だろう。

そういうわけで、私の楽観主義を持続させるには、三つのうちのどれかが起こらなければならない。ひとつめは、こうした不安を抱えている有権者が、自らの境遇にしだいに順応し、投票に自分の不安ではなく妻の希望を託すようになること（女性の賃金はまだ男性より低いが、相対的に上昇してきている）。二つめは、効果のない投票をやめてしまい、政治的勘定に入れられなくなることだが、これは、それでなくても有権者が極端に少ないのに残念なことだ。三つめは、どちらかの党と何らかの決着をつけること。たとえそれが、現実的には説教でしかなかったとしても、次世代のための教育援助でも、重役の報酬に上限を設けるというような象徴的な意思表示でもよい。それより望ましいのは、以前から約束されていた税制上の優遇措置であり、最もよいのは生産性の拡大に参加する手段である。そうしないと、これらの人びとは政治的悪あがきをつづけ、たとえば人民主義《ポピュリズム》的な単純さに屈することにより、大きな害をもたらすことになる。

これらの有権者に現実感か満足感のどちらかを与えるのが、これほど長いあいだ、これほど困難だったのはなぜだろう。この問いには、またへクロの症候群が関係してくる。答えはこういうことのようだ。政治家は、地元選挙区で再選されることしか頭にない。そのため、資金提供者や世論調査ばかり気にして、再選に役立ちそうもない長期的・全国的なことは取り上げなくなった。これは国民の自業自得である。民主的政権のなかで、選出された議員が再出馬するのにこれほど莫大な資金を自ら調達し、再任の保証はなく、金のある利益集団にこれほど悩まされるような例は他にはない。米国政治を友好的に観察している英国人政治学者のアンソニー・キングは、『落選に怯えながらの出馬』というみごとな著書において、米国下院議員のこうした面での苦境を英国とドイツの国会議員の状況と対比させている[32]。この比較には目が覚める思いがする。これには、ヘクロは言うまでもなく、私も楽観主義を調整せざるをえない。

最悪なのは、キャリア主義者になってしまった大半の米国政治家が、自分の職業を守るのに立ち上がらないことである。下院議員は、はじめに任期を二年間とした根拠が情報通信技術によってとうの昔に時代遅れになっているのに任期の延長を主張しない。現職議員は、永続的選挙運動は命を縮めると絶えず文句を言っているくせに、公的選挙資金や無料のテレビ放映時間を要求しない。それにトルーマンの時代以来、選挙運動だけでなく立法手続きまで支配するようになり、かつてないほどの厄介さを増幅させている大勢のスタッフやコンサルタントを振り払おうともしない。

政治家の多く、ないし大半は、ロナルド・レーガンとジミー・カーターにならい、問題が何であれ、とにかく「政府」のせいだと非難するようになっている。ジョンソンおよびニクソンの政権以降、政府の権限が拡大して経済活動にこれほど幅広くおよんでいることを思うと、無理からぬことではある。最も個人的な問題でさえ、今では何か直接に公的な面があるほどだ。すでに指摘した二つのグループの他にも、社会の数多くの層が不満を募らせるような個人的体験をしている。だが、政治家が繰り返す政府への非難ほど、こうした不満が不信に変わるのを後押しするものはない。彼らは何といっても政府の一部なのだから、内情がよくわかっていて言っていると見なされる（それに、国民はそもそも彼らを信頼していない）。

たとえ将来、かつての「レーガン民主党員」、あるいは何かのはずみでスラム街に住む黒人に思いがけない経済的利益がもたらされたとしても、選挙で選ばれた政治家が自らの苦境に対処しないままそれを推進しているかぎり、政府への不信は消えそうもない。不信は米国の伝統なので、いくら政治家の態度が変わっても、まったくなくなるわけではない。米国が国民を防衛するための課税政策に反抗して、「ベスト・ピープル」をハリファクスに追いやってまで建国されたのは理由のないことではない[33]。

そうはいっても三つの冬から見ると、現在の不信は異常なことである。これほど長きにわたって深く浸透していると思われること自体、前例がない。たしかに、外観が世論調査の産物であることは認めるし、世論調査の質問の多くがそうであるように表面的なことでしかないという可能性もある。だが政治家がこれまで実際にとってきた態度には、もっと深いものがあることが表われている。これほど大勢の不満を抱いている人たちの具体的な苦しみを政治も経済も解決できないのなら、かなりの楽観主義者でも注意を向けたほうがよい。

深い不信感は、行動を制限し、注意をそらせ、永続的選挙運動を煽るので、公共政策の一部の関係者にとっては都合がよい。だが、その結果、過去を振り返り将来まで見据えて、必要だと思われる確かな合意の形成と提携維持のための能力を持てなくなる。この点では、私とヘクロはまったく同意見だ。外国が似たような問題をどう処理しているかにかかわらず、米国は極力、不信感を和らげておいたほうがよい。だがそうするには、選挙で選ばれる政治家が自らの防衛に本気で結集し、その役割を果たさなければならない。

彼らにたった一人で立ち上がって意見を述べるように求めるのは酷かもしれない。なぜなら彼らはヘクロの症候群を恐れているからだ。より正確には、世論調査の浸透性、テレビの商業主義、大勢のロビイストやスタッフ、移り気な有権者、分割投票（または棄権）、それに資金の特権を拡大させる裁判所の決定などを恐れている。これらすべてがコンサルタントの大きな態度と、憲法修正第一条「言論の自由」条項をかさにきたジャーナリストの正義によって増長されたことは疑う余地がない。コンサルタントがより慎重になり、ジャーナリストがより謙虚にならないかぎり、政治家は私が言っていることに耳を貸さないだろう。それでも彼らを責めるわけにはいかないし、責められるのは彼らだけではない。

そういうわけで私は、よくても懸念している楽観主義者、悪くすると望みをもっている悲観主義者といったところだ。昔あったように、考えもおよばないようなことが起こって状況が一変するかもしれない。あるいは新しい政権が終始一貫して現実への関心と高潔さを示し、びっくりした国民からルーズベルトのときのような称賛を勝ちとるかもしれない。あるいは国民が独自に観察することによって現実への関心を引き出し、選挙で選ばれる政治家にはできないような合意の可能性を生み出すかもしれない。そうなれば、あとは上げ潮に乗るだけでよい。それだけの力はあるはずだ。

現代の解説者には、そうした上げ潮が接近していると見ている人もいて、いくつかの徴候に意を強くしている。たとえば、共和党が、一九九四年の勝利者である下院議長のニュート・ギングリッチには九六年の全国的選挙運動では表に出てもらいたくないと思っていること[34]。また、任意部門や模範的な州から進歩的な改革が起こって、経済的苦境のせいで「政府」への怒りを暮らせている人たちの痛みを和らげ、その他にも良い結果をもたらすかもしれないと見ている人もいる。私があげた三つの過去の冬を振り返ってみると、こうした望みが信憑性を帯びてくる。われわれはそれらに耐えただけでなく、その後、ほとんどだれも予見しなかったほどの隆盛をきわめたからだ。だが心配なのは、信頼の欠如に見られる類似性ではなく違いのほうだ。相違点としては、長期間にわたっていること、大統領だけでなく政府にまで広がっていること、大きなできごとによって救われる可能性があまりないことがあげられる。これらの相違点がよけいに気にかかるのは、ヘクロの症候群（これ単独でならそれほど恐れずにすんだ）と一体化しているからである。こうした暗雲によって米国政府が信頼を回復させるチャンスがおおい隠されることはなくても、霞《かすみ》がかかるのは確実である。

第三部

国民は政府をどう見ているか

第八章

米国における意識の変化

ロバート・J・ブレンドン、ジョン・M・ベンソン、リチャード・モリン、ドリュー・E・アルトマン、マリアン・ブロディ、マリオ・ブロサード、マット・ジェイムズ

ジョン・F・ケネディ行政大学院の教授（保健政策および政治分析）で、保健／社会政策における世論調査に関するハーバード・プログラムのディレクター。

この章のその他の寄稿者は、ジョン・M・ベンソン（保健／社会政策における世論調査に関するハーバード・プログラムの副ディレクター）、ワシントン・ポスト紙のリチャード・モリン（世論調査のディレクター）とマリオ・ブロサード（世論調査のアシスタント・ディレクター）、ヘンリー・J・カイザー・ファミリー財団のドリュー・E・アルトマン（会長兼CEO）、マリアン・ブロディ（特別プロジェクトのディレクター／上級研究員）、マット・ジェイムズ（コミュニケーションおよびメディア・プログラム担当の副会長）。

新しい世紀の変わり目に政府の仕事に従事している人たちは、重大な文化現象に直面することになりそうだ。この時代の内外の大きな問題に取り組もうとするとき、国民のあいだに広まっている政府への不信と、取り組もうとしている問題を解決する能力が政府にあるのだろうかという懐疑的態度に満ちた環境のなかで進めることになるからだ。この現象は、政府の役割を

全体的に討議するときに見られるだけでなく、政府の仕事に選出ないし任命されて従事している人たちに国民が示す尊敬や信頼の念の低さにも反映されている。

この章では、米国で過去三〇年間に見られるようになったこの現象の進展を実際に即してたどっていく。事実を記述することにより、本書で取り上げられている問題点に骨組みを提供することを目指している。ここで示したデータは、ワシントン・ポスト、ヘンリー・J・カイザー・ファミリー財団、ハーバード大学の研究員による共同作業によるものである。この共同作業の目的は、（一）米国人の意識と政府に関する知識の長期的傾向を五〇年間の世論調査に基づいて検討・分析し、（二）その結果を基にして綿密な世論調査を行なうことであった。特記されていないかぎり、本章のデータはこの共同調査から引用したものである[1]。

この調査は政府の役割に関する国民の理解、認識、意識を調べるもので、一九九五年十一月二八日から十二月四日のあいだに実施され、ワシントン・ポスト紙上で一九九六年一月二八日から六回シリーズで掲載された。その目的は、連邦政府とその効率的に行動する能力について、一九九〇年代半ばの米国人がなぜこれほど不信感を抱いていてシニカルなのかを明らかにすることである。調査の方法はプロジェクトに参加した三機関が共同で考案し、専門家委員会の助言を得た。全米の一五一四名の成人を対象とした聴き取り調査は、プリンストン・サーベイ・リサーチ・アソシエイツによって電話で行なわれた。誤差の範囲は、プラス・マイナス三％となっている[2]。

政府に対する国民の信頼

政府への不信について世論の長期的動向を調べようとすると、一九六〇年代半ば以前の統計データが入手できないことが妨げとなる。アーネスト・メイが第一章で触れているように、米国は政府の権力とそれを行使しようとした者に深い不信感を抱いていた人びとによって建国された。米国人は政府に重要な役割を見出してはいるものの、建国の父たちが持っていた考え方は、この国が誕生して以来、何らかの形で受け継がれてきた。残念なことに、米国の歴史において一般市民の信頼がどのように推移してきたのかを数値で示した統計はない。信頼度の調査が始まった一九六〇年代は、政府に対する国民の支持では黄金時代であったかもしれない。

一九五八年、全米選挙調査が国民の信頼度を初めて調査したとき、ワシントンの連邦政府がいつもないし大半の場合において正しいことをすると信じているという回答は、米国人の四分の三近く（七三%）にのぼった。この数字は、六八年には六一%、七四年には三六%、八〇年にはついに二五%まで下がった。国民の信頼は八〇年代半ばに上向いたものの、七〇年代以前の水準には戻らなかった。九〇年代初めには、連邦政府を信じている米国人はわずか四人に一人になっていた[3]。私たちが九五年に実施した共同調査では、連邦政府を信頼している人の割合は二五%で、これは三〇年前の水準の三分の一である（一一八頁の［図3・1］参照）。

信頼の低下は、連邦政府の行政府と立法府の指導者に対する国民の信頼度に反映されていた。

一九六六年、ハリス世論調査によると、米国人の一〇人に四人が行政府（四一％）と連邦議会（四二％）の指導者を大いに信頼していた。これらの指導者への信頼は、七四年までに大幅に低下した。今では［図8・1］に示されているように、やっと一〇人に一人が行政府（一二％）と連邦議会（一〇％）の指導者に大いなる信頼を寄せている。こうした傾向は、どの政党が政権や連邦議会を支配していたかにかかわらず、かなり一貫していた[4]。

言うまでもなく、すべての米国人が政府に対して同じ見方をしているわけではなく、それが［図8・2］に示されている結果に表われている。過去および現在の不平等に関する不満を除いてくれることを連邦政府に期待してきたヒスパニックとアフリカ系米国人は、連邦政府が正しいことをするという信頼が平均を上回っている。最低所得層と一八歳から二九歳までの若者もまた、他の米国人を上回る信頼を表明している。とはいえ、連邦政府をいつもないし大半の場合において信頼していると答えたのは、これらの各グループのほぼ三人に一人にすぎなかった[5]。

驚くにはあたらないが、ニューディール以来、連邦政府とその権力の拡大に反対してきた共和党員は、他の米国人より連邦政府を信じていない。共和党員（一六％）と五〇～六四歳の層では、連邦政府をいつもないし大半の場合に信頼しているのは六人に一人しかいない。だが、いちばん信じていないのは、米国で際だって政治的に保守的なラッシュ・リンボウのトーク番組をラジオでいつも聴いている人たちだ[6]。

「どのレベルの政府がさまざまな運営をよりうまくできると信じているか」という質問には、一〇人に六人（六一％）が自分の州の政府と答えたのに対して、連邦政府のほうは四人に一人（二四％）

［図8-1］ 行政府と連邦議会の指導者に対する国民の信頼：「大いに」という回答の割合

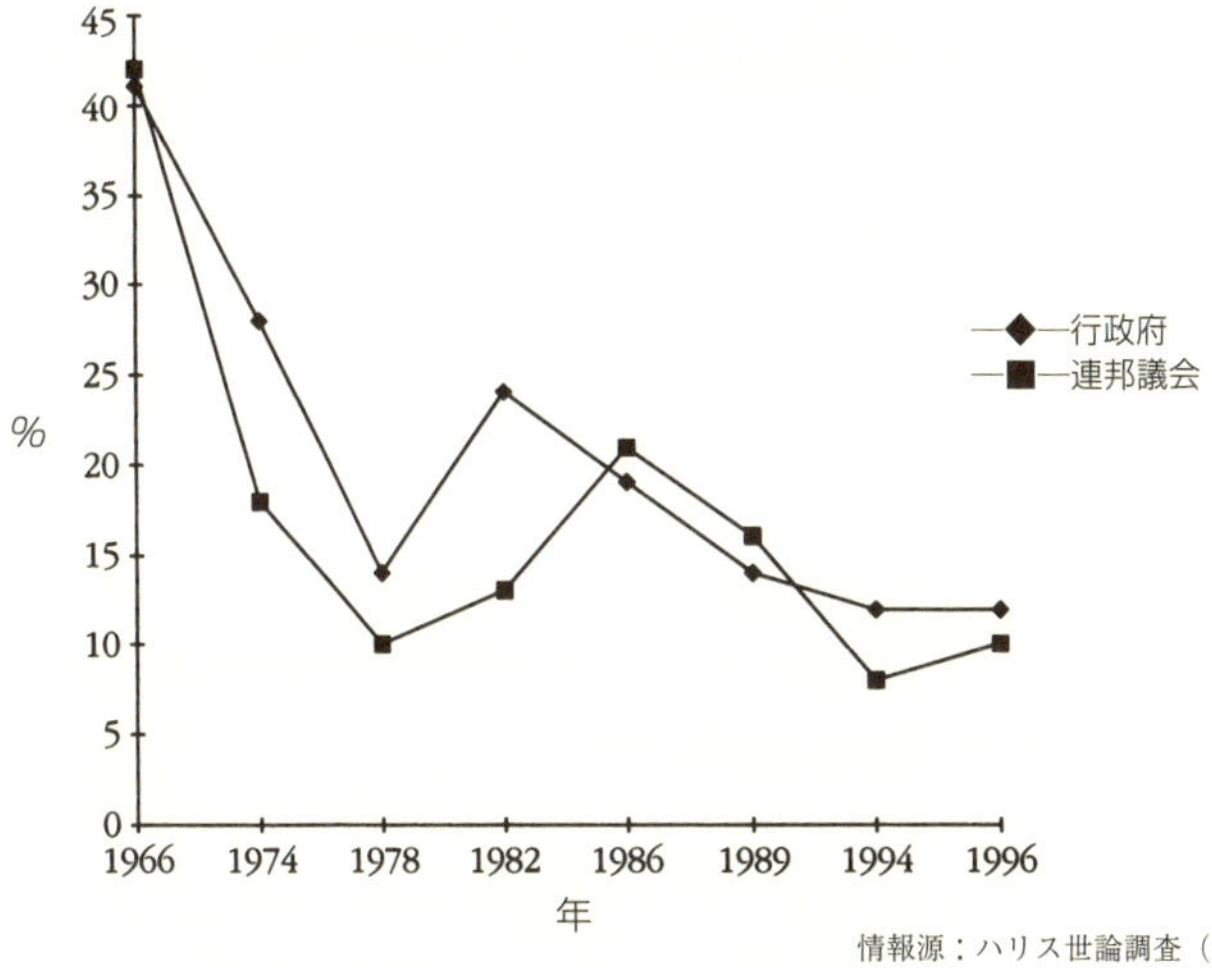

情報源：ハリス世論調査（1966~96年）

［図8-2］ 連邦政府は正しいことをするという信頼：
「いつも」または「大半の場合」という回答の割合

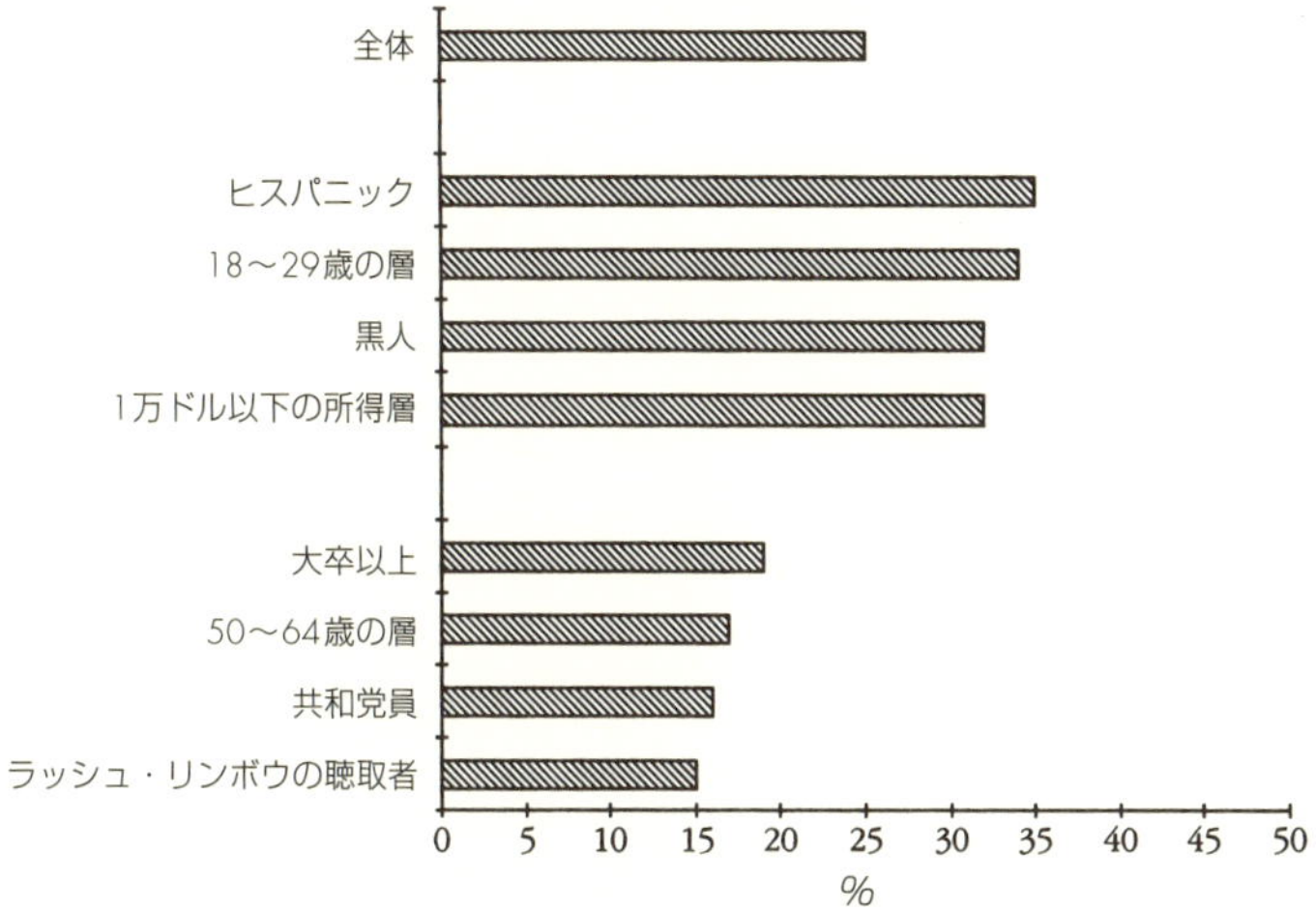

情報源：ワシントン・ポスト／カイザー・ファミリー財団／ハーバード大学（1995年）

［図8-3］連邦政府または州政府に運営の能力があるという信頼

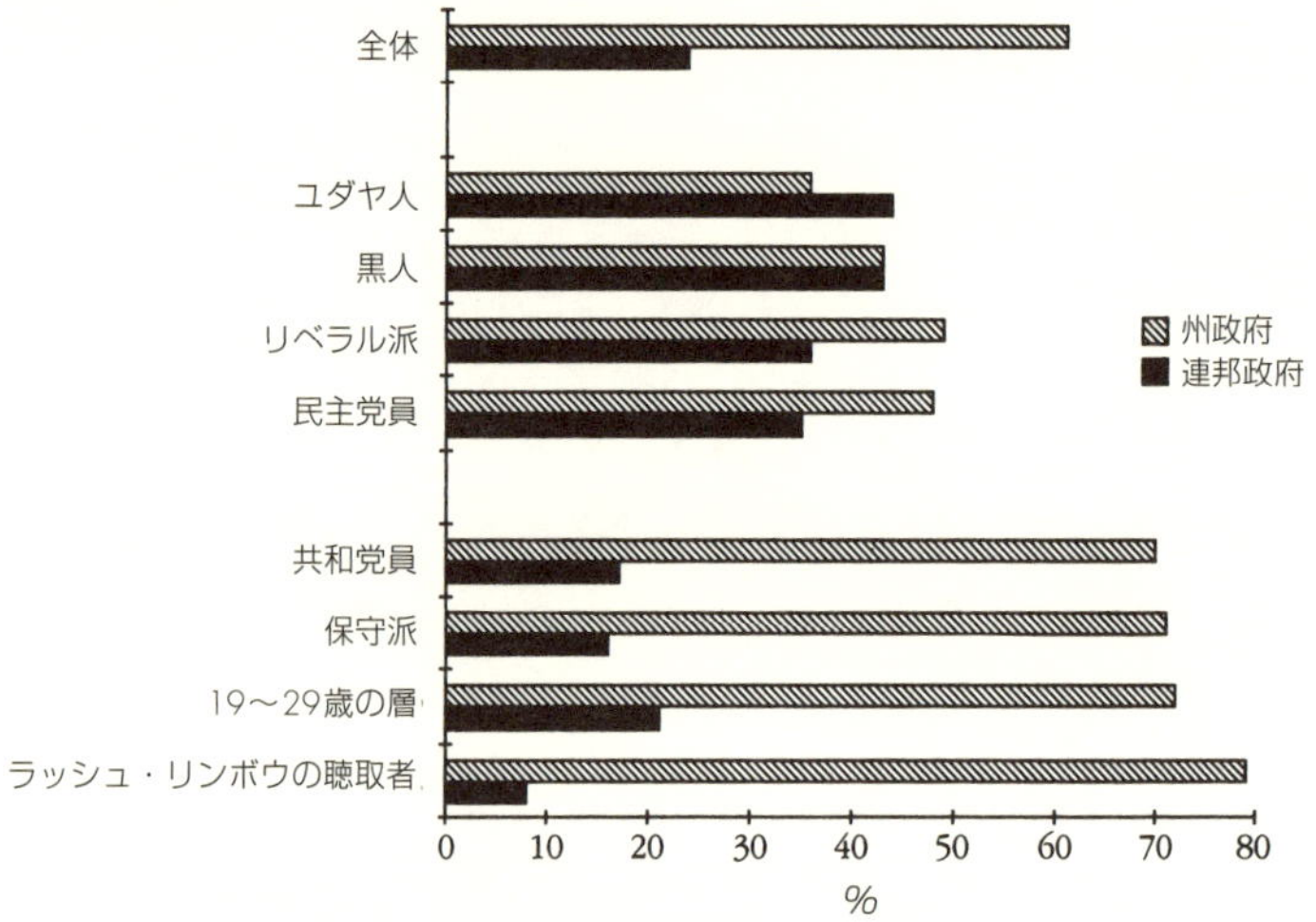

情報源：ワシントン・ポスト／カイザー・ファミリー財団／ハーバード大学（1995年）

にすぎなかった（［図8・3］を参照）。主な人口統計上のグループのうち、ユダヤ系米国人だけが州政府（三六％）より連邦政府（四四％）を信頼していた。アフリカ系米国人は、歴史的に州政府を信用できない理由があったにもかかわらず、州政府という答えと連邦政府という答えが同数だった。リベラル派と民主党員でさえ、連邦政府より州政府を信頼している。圧倒的に州政府を支持しているのは共和党員（七〇％）、保守派（七一％）、リンボウの聴取者（七九％）である。興味深いことに、連邦政府が正しいことをすると最も信じているグループに属する一八〜二九歳の層は、三倍以上の差（七二％対二一％）で連邦政府より州政府を信頼している。

　連邦政府と比べて州政府が優位に立っているからといって、それを州政府に対する強い支持だと解釈してはならない。自分の州の政府がいつも（五％）または大半の場合（三〇％）正しいことをすると思っている米国人は三人に一人ほどしかいない。これは連邦政府に対する信頼の水準よりはかなり上だが、米国人の六五％は自分の州の政府もそれほど信頼していないのである。

州政府のほうが信頼されるようになったのは、五〇年前のニューディール最盛期に、意識が急激に逆転したことによる。一九三六年には、国民の過半数（五六％）が州政府（四四％）より連邦政府に権力を集中させるほうがよいと答えていた[7]。一九三九年、それ独自の任務を果たすのに地方自治体（一七％）や州政府（一二％）より連邦政府のほうが正直で効率的だと過半数近くの人（四一％）が思っていた[8]。

政府を信頼しない理由

米国人の政府に対する見方を生じさせている理由は、これまでの章で討議されてきたし、結論でも取り上げる。理由のいくつかは因果関係が複雑で、一般市民には表現するのが難しいかもしれない。とはいえ、米国人があげる政府を信じない理由に耳を傾けるのは得るところが大きい。そこで一九九五年の調査で尋ねたところ、米国人があげた理由は主に連邦政府の予算の使い方に関連していた。次頁［図8・4］に示されているように、一〇人のうち八人が不信の主な理由として非能率とむだづかい（八〇％）と、まちがったことに支出する（七九％）ことをあげている。一〇人に六人以上が、特殊利益集団が権力を持ちすぎている（六五％）ことと、政治家に高潔さが欠けている（六二％）ことが主な理由だと答えている。

州がより大きな責任を負うことを選択するのは、州レベルのほうが効率や公務の処理において優れていると信じているからだけではない。米国人は、行政の優先事項を決める際、州政府には自分たちの地域的・文化的選択がより反映されると思っている。運営を任せるのに連邦政府より州政府のほうが信頼できる主な理由としてあげられているのは、州政府のほうが（一）一般市民のニーズに対応してくれる（六五％）、（二）問題を早く解決できる（六四％）、（三）正しいことに支出する可能性が高い（五六％）からである[9]。

それに加え、大半の米国人が自分の州の政府をより信頼してはいるものの、それでも国民は問題の分野によっては州政府ではなく連邦政府が責任を持つことを望んでいる。［図８・５］に表われているように、国民のほぼ三分の二が経済活動の強化（六四％）や公民権の擁護（六七％）は州政府ではなく連邦政府の責任分野だと思っている。より多くの米国人が州政府より連邦政府の責任分野だとしているのは、環境の保全（連邦が五〇％、州が三八％）と医療制度の改革（四八％対四一％）である。米国人が州政府に責任を持ってもらいたいと思っている主な分野は、学校教育の改善（州が七二％、連邦が二二％）、犯罪の減少（六八％対二四％）、職業訓練の実施（五五％対三一％）であった[10]。同様に、もっと最近の調査では、福祉も州政府がより責任を持つことが望まれている分野に入っていることが明らかになっている。選挙人登録をしている有権者の五八％が、食料引換券や扶養児童のいる家庭への補助について責任を持つのは連邦政府（三四％）より州政府のほうがよいと思っている[11]。

[図8-4] 政府を信じない主な理由

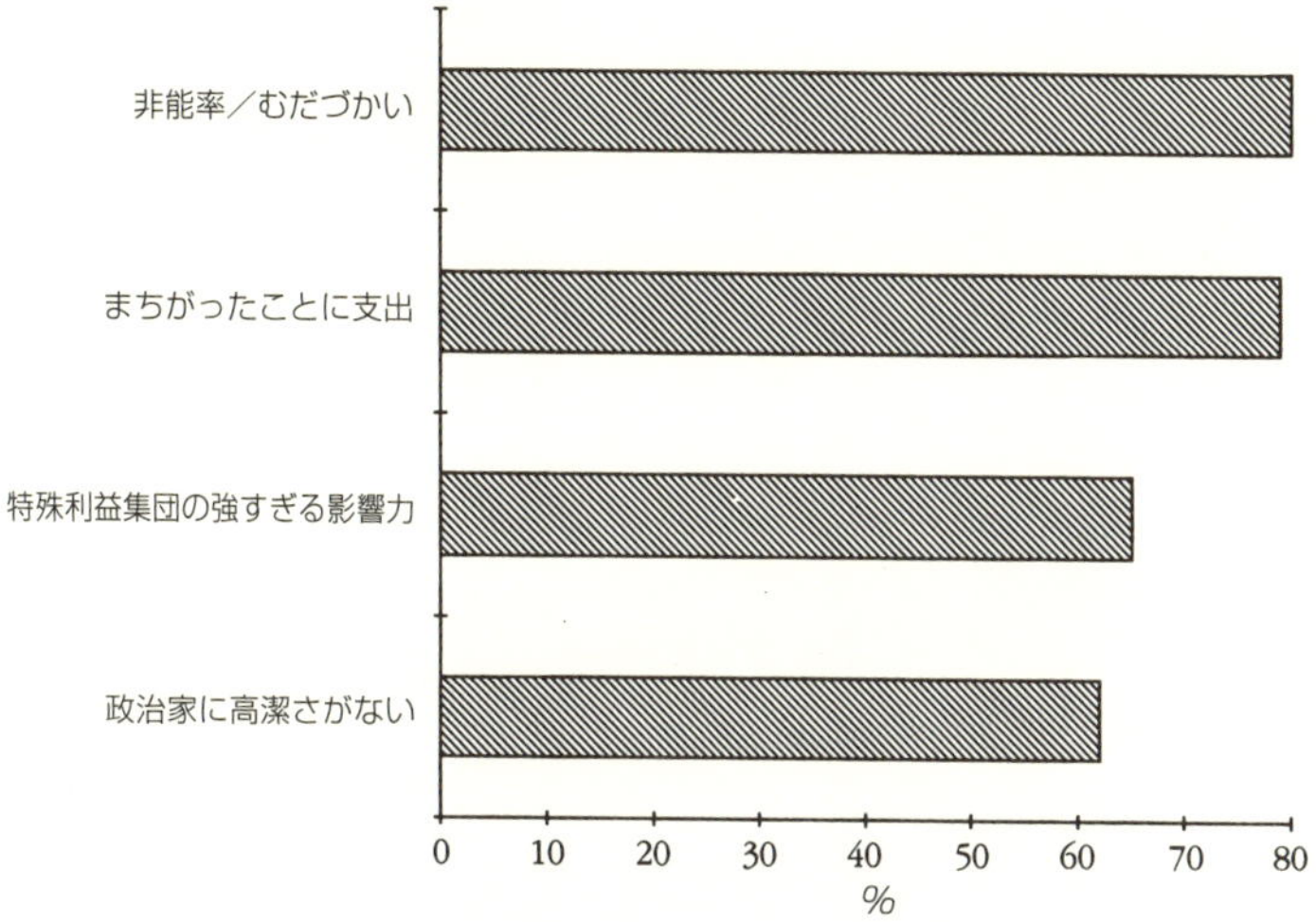

情報源：ワシントン・ポスト／カイザー・ファミリー財団／ハーバード大学（1995年）

[図8-5] 連邦政府と州政府の責任分野に関する米国人の見解

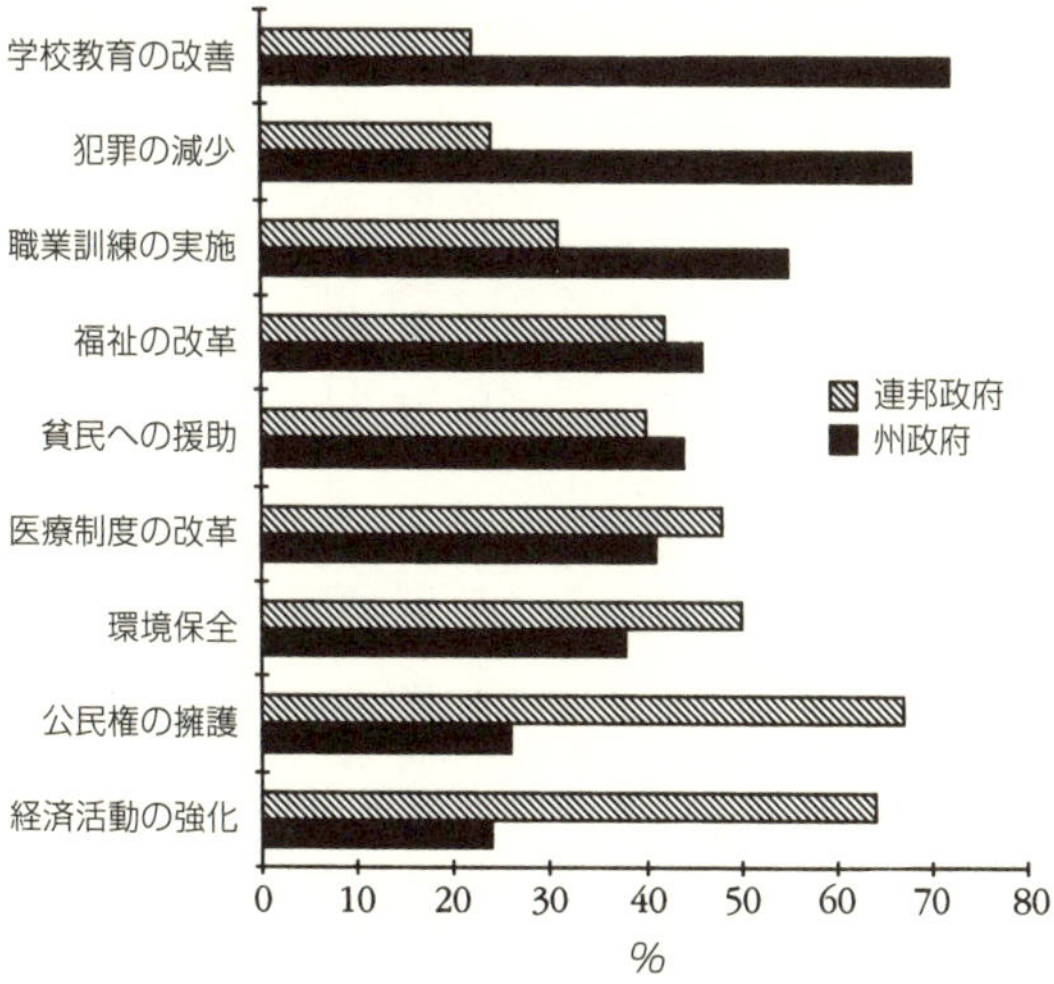

情報源：NBCニュース／ウォールストリート・ジャーナル、1994～95年

指導者に対する国民の信頼

三〇年間の調査データを検討していくと、国内の指導者層への国民の信頼がほぼ崩れてしまったことがわかる。連邦政府とその諸部門が国民の信頼を失ったのと並行して、米国社会における他の多くの主要制度についても指導者への信頼が大きく低下している。たとえば、大学の運営にあたっている人たちを大いに信頼しているという米国人の割合は一九六六年の六一％から九六年には三〇％へと下がり、報道機関のトップは二九％から一四％へ、医療の指導層は七三％から二九％へと下がっている[12]（〔図8・6〕を参照）。これらの低下ぶりは、国民の信頼の問題が政府だけのことでなく、より広範な社会現象であったことを示唆している。こうした傾向を八〇年代半ばまで調べた結果、シーモア・リプセットとウィリアム・シュナイダーは、リーダーシップにおける失敗と経済状態の悪化が重なったことが政府とその他の制度に対する国民の評価が下がった大きな原因だという結論を出している[13]。

一方、信頼の低下はあらゆる制度に同じように起こったわけではない。軍の指導部に対する信頼は、ベトナム戦争の時期に大きく落ち込み、大いに信頼を寄せているのは一九六六年の六一％に対して七一年は二七％にとどまっていた。だが国民の信頼は、特に湾岸戦争のあとで回復する。現在、米国人の約半数（四七％）が軍の指導部に大いなる信頼を表明している。軍の例が指摘しているのは、目に見える問題への対応に成功したと認識されれば、制度の指導層

［図8-6］報道機関、大学、軍、医療の指導層に対する国民の信頼：「大いに」という回答の割合

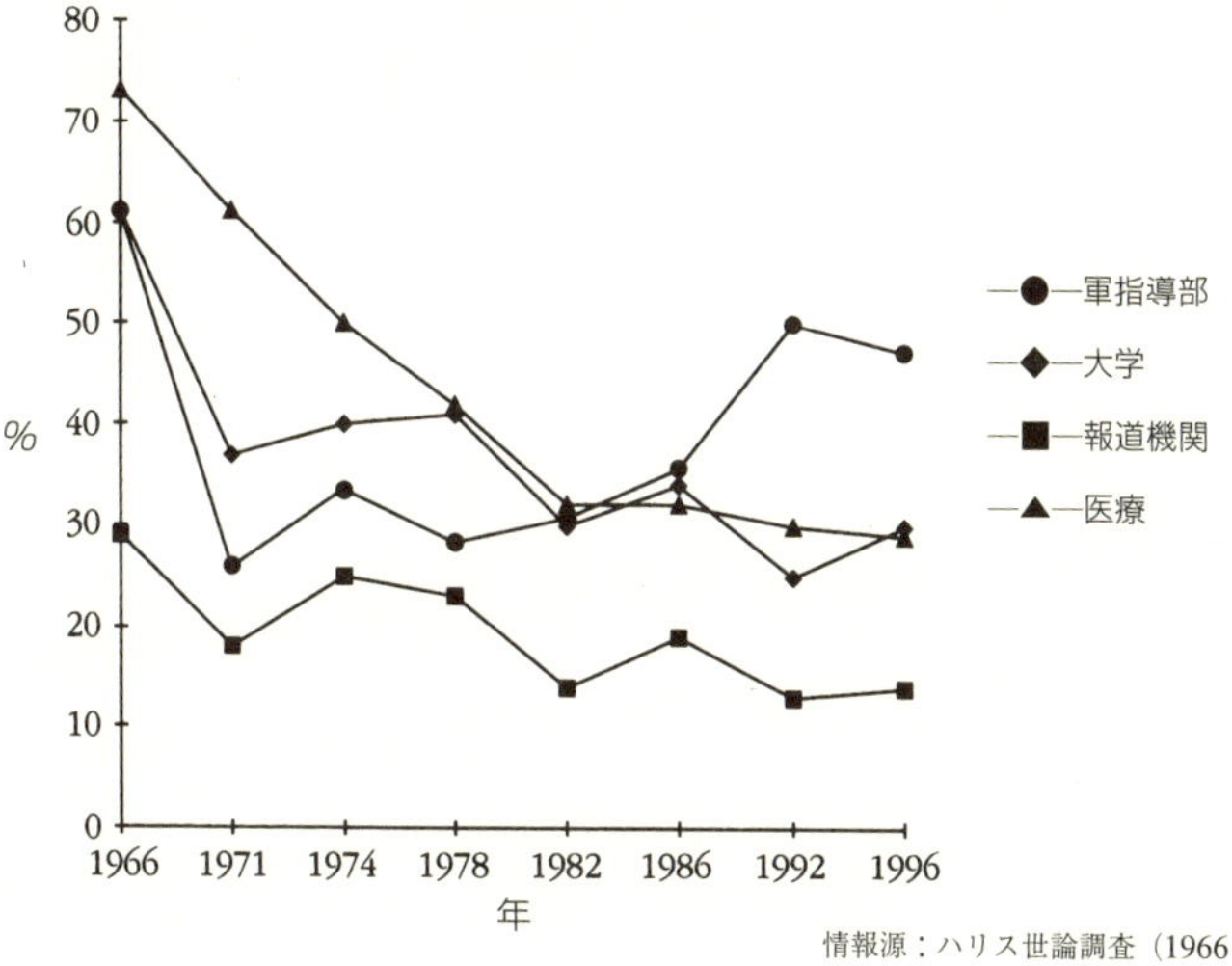

情報源：ハリス世論調査（1966~96年）

に対する国民の信頼を高められることである[14]。

政府が失敗したという認識

米国人が政府を信頼しなくなっていることに関連する大きな要因として、連邦政府が国の最も深刻な問題の多くを解決するのに失敗したという国民の認識がある。ワシントン・ポスト、カイザー、ハーバードの調査によると、連邦政府が大々的に資源を注ぎ込んできた主要六分野について、この二〇年間に事態が改善されたと思っている人は五人に一人もいなかった。改善が見られたと思っている人は、大気汚染の場合が一八％、経済については一六％、六五歳以上の貧困が一五％、中流階級と富裕層との所得格差は一一％、片親家庭の子供につい

ては三%、暴力犯罪は二%というように少なかった。これらの調査回答は、第二章でデレク・ボクが提示している証拠と対比させると印象的である。客観的には状況が(高齢者の貧困の場合のように)大幅に改善されている場合でさえ、大半の米国人は事態が良くなるのではなく悪くなったと認識している。

もっと具体的に連邦政府プログラムについて質問すると、そうしたプログラムによって連邦支出の主要五分野のいずれかにおいて状況が改善されたという回答は少ししかなかった。連邦政府プログラムによって大気汚染が改善されたと答えた人は四四%いたものの、六五歳以上の高齢者の貧困(二三%)、所得格差(一一%)、片親家庭の子供(一一%)、暴力犯罪(一〇%)が改善されたという回答はそれよりはるかに少なかった。

連邦政府が経済状態を向上させるのに失敗したという認識があることは特に重大である。私たちの調査によると、経済状態が良くなっていると思っている人はわずか一六%だった。経済状態が変わらない、または悪化していると答えた人のなかで、連邦政府がしたことのせい(二九%)にせよ、するべきことをしなかったから(三四%)にせよ、一〇人に六人が連邦政府に失策があったとしている。連邦政府を非難している人が主に批判しているのは、国内の雇用が海外に流出するのを食い止める措置が足らなかったこと(経済状態が改善されない大きな理由として七〇%があげている)、新しい良質の雇用の創出に十分努力しなかったこと(六八%)、連邦予算の赤字削減に時間がかかりすぎたこと(六七%)である。

国民が連邦政府を信頼しなくなったのは、メディアが政治と政府を否定的に取り上げるようになったのが一因だという説がある[15]。事実、第三章でゲイリー・オレンは一般市民の政府に対する期待を形作り、業績を判断するにはメディアが決定的に重要だと主張している。ワシントン・ポスト、カイザー、ハーバードの調査データでは、この点について調べることができなかった。だが調査によって、大半の米国人（七二％）が連邦政府に関する印象を個人的体験（一八％）や友人および家族（八％）よりメディアから受けていることが明らかになっている。

連邦政府への信頼は、政治と政府に関するニュースを主にどこから入手していてもあまり変わらない（次頁［表8・1］を参照）。政治と政府に関するニュースはほとんどテレビで見ているという人のうち、二六％がいつも、ないし大半の場合、政府を信頼している。政治ニュースを主にラジオで聞いている人（二一％）や新聞で読んでいる人（二二％）は、信頼度が少し低い。ニュースを見聞きする頻度やテレビまたは新聞のニュースを熱心に見聞きするかどうかもまた、信頼度とほとんど関連がないと思われる。先ほど見たように、ラッシュ・リンボウの番組を聴いている人たちだけが米国人全体と大きく違っているようだ。

調査ではまた、米国人は政府に非常に批判的だが、その最も一般的な活動についてさえあまり知らないことがわかった。たとえば、一九九四年の共和党の勝利は広く知られていたにもかかわらず、共和党が上院（六二％）と下院（六一％）で過半数を占めていることは一〇人のうち六人しか知らなかった。そのうえ、ニュート・ギングリッチが下院議長であることを知っていたのは五三％にすぎず、副大統領の名前はアル・ゴアだと答えられたのは、たったの六〇％だった。過去三年間に家族休暇法が成立したことは七九％が知っていたが、同じ時期に年間の連邦

[表8-1] 連邦政府は正しいことをするという信頼：利用メディアおよび利用頻度別

	連邦政府を「いつも」か「大半の場合」信頼している人の割合
全国	25
メディア別	
テレビ	26
ラジオ	21
新聞	22
ラジオのトーク番組	
ラジオのトーク番組を毎日聴いている	25
ラッシュ・リンボウの番組をいつも聴いている	15
新聞を読む頻度別	
毎日	21
週5〜6日	34
週3〜4日	32
週1〜2日	24
まったく読まない	24
全国ネットのテレビを見る頻度別	
毎日	22
週5〜6日	30
週3〜4日	26
週1〜2日	22
まったく見ない	27

情報源：ワシントン・ポスト／カイザー・ファミリー財団／ハーバード大学（1995年）

赤字が減少したことは一〇％しか知らなかった。

他人に対する信頼

この三〇年間に起こったもうひとつの文化的傾向は、人びとが他人を信頼しなくなったことである。一部の研究者は、他人との個人的体験が人間同士だけでなく連邦政府に対する信頼に影響するのではないかと言っている[16]。事実、この三〇年間に人間同士の信頼は、政府への信頼ほどではないものの並行して低下している。大半の人は信用できるか、それとも他人には用心するに越したことはないか、とワシントン・ポスト、カイザー、ハーバードの調査で尋ねたところ、三五％が大半の人は信用できると答えた。この数字は、一九六四年（五四％が大半の人は信用できると答えた）や六八年（同五六％）より約二〇ポイント低い[17]。

米国に見られるこうした面が、本書において探究している難題や課題をもたらしている。ここに示されている数字は真剣に受けとめる必要があるのではないか。こうした文化的要因がこのまま変わらない場合、政府に対する米国人の圧倒的に否定的な態度は、国が直面している重要な問題に行政が取り組むときの能力を大幅に制限しかねない。国民の指導者は将来、深いジレンマに陥る危険性がある。国民は、山積する国の問題に措置がとられることを求める一方で、それに向けた政府の提案や政策に極めて懐疑的で、それらを提出する政治家に疑念を抱いているからである。

第九章

ポスト物質主義的価値と制度における権威の失墜

ロナルド・イングルハート

ミシガン大学の教授（政治学）で、政治研究センター所長。進行中の研究では、ワールドバリューズ調査とユーロバロメーター調査に表われた世界各地の大衆の価値観と意識の分析を通して、文化的変化の結果を調べている。

この四〇年のあいだに米国民は、政府は信用できないとますます確信するようになっている。一九五八年には、国民の大半が米国政府は基本的に公正だと思っていた。「政府の要人に不正直者が大勢いると思うか、それほどいないと思うか、ほとんどいないと思うか」という質問に、「大勢いる」と答えたのは国民の二四％にすぎなかった。だが、不信感を抱いている人の割合は六〇年代と七〇年代に急増し、八〇年代は横ばい、そして九四年にこれまでの最高に達した。調査対象となった米国人のうち、五一％という絶対多数が政府の要人には不正直者が大勢いると答えたのである[1]。

政府への信頼が大々的に失われていることは、一九七四年にアーサー・ミラーが最初に指摘して以来、学者のあいだでかなり盛んに議論されてきており、本書もその一例である。これまでの章で見たように、その原因についてはまったく意見が一致していない。デレク・ボクが言っていることから見ても、業績が良いか悪いかは説明の一部でしかないのは明らかなようだ。たとえば、米軍に対する信頼はベトナムへの惨憺たる介入の時期には極めて低い水準まで落ち込んだが、その後、グレナダ侵攻の成功と湾岸戦争によってかなり高い水準まで回復した。とはいえ、これは明らかに政府の業績だけの問題ではない。政府への信頼がこれまでの最低となった九四年、米国は平和であったし、経済成長は着実で、実質所得は上昇中、インフレは抑制され、失業率は比較的低かったからである。政府の業績が国民の評価に影響するのはほぼ確実だが、客観的な業績は必ず主観性のある基準にしたがって評価される。そしてこうした基準は、ゲイリー・オレンも言っているように、この数十年間に変化している。

客観的な業績と国民の評価は直結していると考える場合、クリントン大統領はこうした調査がはじまって以来、最も愚かで不正直な大統領にちがいないということになる。これは筋が通らない。この三〇年間に政府の腐敗が増えたという記録はなく、実際には減っていると思われる。だが、それが事実かどうかはともかく、この章で示した証拠によると、この現象は米国だけではなく、ほとんどの先進国で政府と政治指導者に対する信頼は下降線をたどっている。これを説明するには、クリントン、メージャー、ミッテラン、ゴンザレス、マルルーニー、アンドレオッティ、細川といった九〇年代初めに権力の座にあった指導者が揃いも揃って各国の歴史上有数の無能で不正直な指導者であったと考える必要がある。そのようなことは信じがたい。そうではなく、ルールが変わって、これらの国の国民が昔より厳しい基準で政治指導者や制度を評価するようになったのだと思われる。

これはなぜだろう。私は経済発展と関係があると見ている。経済発展によって生存に関する安全度が高くなると、大衆は権威にしたがわなくなる。逆に、不安定な状況のときは権威主義的反応——大衆が強い権威主義的な指導者を求めて理想化する傾向——を起こす。

歴史的危機に直面している社会では、権威主義的反応と呼べるような現象が見られる。急速な変化によって極めて不安定になり、この先何が起こるのか知りたいという要求が高まる。不安にかりたてられ、権威主義的反応は二つの形をとる。

●**原理主義または原住民文化保護的反応**　この現象は、工業国との接触によって急速な政治的・経済的変化に直面した発展途上社会においてしばしば起こり、また工業国では、圧迫を加えられたときなど、より因襲的で不安定な層にたびたび見られる。どちらの場合も、新しいものを拒否し、慣れ親しんだ古い文化的行動様式はまちがいないと有無を言わせず押しつけるという形で変化に反応する。

●**強い世俗的政治指導者への追従**　世俗化した社会では、極めて不安定になると、強靭な意志をもった優れた者が人民を安全に導いてくれることを期待して強い政治指導者に進んでしたがうようになる。この現象は軍事的敗北や経済的・政治的破綻に反応してしばしば起こる。

そういうわけで、崩壊しつつある社会では権威主義的で外国人嫌いの反応が台頭することがよくある。帝政ロシアの末期にはユダヤ人虐殺が起こり、その滅亡後には皇帝よりさらに徹底した権威主義の支配者が権力を掌握した。

安定し、繁栄を謳歌している民主主義の先進国では、国民はより安全である。権威主義的反応は見られないし、通常の政治論議にもあまり出てこない。ところがこれらの国の国民が示している政治制度への満足度は、より貧しい権威主義政治の国の国民より高いわけではない。実際は、その逆である。驚くべきことのようにも思われるが、先進国の国民が指導者と政治制度に対して示す信頼度は、発展途上国の場合をかなり下回っている。そこに表われているのは、経済発展が基本的価値観における世代間の変化を徐々にもたらすという事実である。国民の大半が肉体的生存は当然のことだと思うようになるところまでくると、相当な数のポスト物質主義者が現われるようになる[2]。ポスト物質主義者は所得、教育、職業的地位などの水準は高いが、主観的な幸福感については高い水準を示していない。彼らは、繁栄は当然のこととして受けとめ、政治や物理的・社会的環境の質といった生活の他の面に注目する。ポスト物質主義者にとって、こうした分野は物質主義者の場合より主観的に重要なことであり、これらに適用する基準はより高く厳しい。だから、ポスト物質主義者は一般に物質主義者より騒音も汚染も少ない地区に住んでいるにもかかわらず、自分を取り巻く環境について示す満足度はより低い[3]。

ポスト物質主義者はまた、政治もより厳しい基準によって評価している。政治制度は物質主義者と同じだし、ポスト物質主義者のほうが考えをはっきりと述べるし、政治的に積極的なのくない。

で、これらの制度を自分の選択と一致させられる可能性が高いのに、政治に対する満足度は高

ポスト物質主義者的な価値観の出現はポスト近代の変化のひとつであり、先進国の国民が政府の業績を評価するときの基準を変化させている。これによって政治の評価に新たな、より厳しい基準がもたらされ、政治指導者はより積極的ではっきりと主張する一般市民と向かい合うことになる。先進国ではエリートの立場が以前より難しくなった。国民は、政治指導者に対する批判をますます強めており、エリートに難題を突きつけるような行動をとる可能性がますます高くなってきている。

安全が長つづきしていることによって、逆の現象に道が開かれる。つまり、国民は徐々に、強大な政府が要求する規律と自制は必要ないと思うようになる。ポスト物質主義者が重視する自己表現や自己実現がますます主流になってくる。

私たちの調査では、米国民が政治離れを起こして無関心になったという一般通念とは矛盾する結果が得られた。投票率はたしかに下がっているが、これは主に既成政党が支持者を動員する力が弱くなったことの現われである。疑問を抱かない従順な政党支持者の数は減っている。だが、投票率は停滞もしくは低下していても、もっと積極的な、エリートに挑戦するような形の政治行動への参加は増えている。どの先進国でも、国民は政治について討議することが増えており、請願書に署名し、ボイコットに参加し、問題意識をもつグループに属し、その他の政治活動にかかわることが多くなっている[4]。一般市民は政治家と政党にますます批判的になり、

目的を追求するのに制度化されていない形の政治行動を用いるようになった。本章で検討した証拠によると、確立された制度の権威を弱めるような長期的傾向が見られる。

どの社会にも権威を正当と認める何らかの方式があり、指導者の決断が正当と認められない場合には、もっぱら強制に頼っている。近代化の中心となった要素は、宗教的な権威から合理的官僚的な権威への移行であり、これは統治制度が全体の利益に役立つという主張によって正当化された。

ポスト近代の変化の主な要素に、あらゆる権威に背を向けるようになることがある。これは権威にしたがうことが高いコストをともなうためである。つまり、個人の目的を全体の目的に従属させなければならない。不安定な状況のもとでは、人間は進んでそうする。侵略、国内の混乱、経済崩壊といった脅威に直面すると、自分を守ってくれる強力な権威のある人物を熱望する。

だが逆に、繁栄と安全が確保されているときは、一般的には多元主義、特に民主主義を促す。これは、豊かな社会は貧しい社会より民主的であることが多い、という昔から確立されている所見の説明となっている。この所見を指摘したのはシーモア・リプセットで、最近ではロス・バークハートとマイケル・ルイスベックによって確認されている[5]。民主主義はいくつかの点で経済発展と結びついているが、ひとつの要素として権威主義的反応が不安定な状況のときにいちばん強力だということがある。

なかには、政府が信頼されなくなっているのを心情的な離反と無関心の兆しだと解釈する向きがある。投票率が下がっていることを取り上げて、米国民が制度全体に幻滅を感じて、政治から完全に離れたというのである。この解釈は、実験による証拠によってきっぱりと否定されている。あとで見るように、投票率は伸び悩んでいるものの（これは主に政党への忠誠心が弱くなったためである）、西欧の国民は無関心になったのではなく、その逆である。この二〇年間、エリートに挑戦する形の政治参加は明らかに増えている。さらに、信用の低下はあらゆる制度に起こったのではない。権威主義的制度が信頼されなくなったのである。政治的権威への信頼が薄れてきていた時期、環境保護運動が盛んになって国民に極めて信頼されるまでになった。四〇カ国以上で実施された一九九〇～九一年のワールド・バリューズ調査では、調査対象の九三％が環境保護運動を好意的に見ており、五九％は「大いに」賛同していた。だが、いくつかの制度に対する支持は、その人の価値観が物質主義的かポスト物質主義的かによって大きな開きが見られ、物質主義者は権威主義的制度を支持する傾向が極めて高かった。権威主義的制度は、先進工業社会の歴史において終始一貫して大衆の信頼を失ってきた。これは、発展するということの一部のようである。

権威はどう見られているか

ワールド・バリューズ調査の二回の調査で、予想した変化が実際にどうなったか、いくつか検証してみよう。この調査は、一九八一～八二年は二〇カ国以上、一九九〇～九一年は四〇カ国以上で実施された。ここでは両方の時点のデータがある二一カ国の動向を見ていくことにする。八一年の調査を見ると、ほぼすべての国で権威に対する態度と物質主義的・ポスト物質主義的な価値観のあいだに大いなる相関関係があることがわかる。物質主義者は「権威にもっと敬意を払ったほうがよい」という主張を支持する傾向があり、ポスト物質主義者は否定する傾向がある。したがって私たちは、ポスト物質主義的な価値観に徐々に移行する、つまり権威を敬うことが重要視されなくなると予想した[6]。

この予測が当たったかどうか、次頁の［図9・1］で確認してみる。それによると一九八一年から九〇年までに、データのある二一カ国のうち一七カ国において権威を敬うことが重要視されなくなっていた。権威に対する支持の絶対的水準と、八一年から九〇年までの変化の大きさは、国によってかなり違う。だが、大半の国で権威を敬うことを重要視することが減っている。こうした傾向が見られなかったのは、アルゼンチン、南アフリカ、アイルランド、韓国だけだ。このように権威に対する敬意が失われたことが、制度の権威が損なわれることに寄与したのではないか。業績はやはり重要だが、国の指導者を理想化する傾向がなくなってきており、業績は批判的な目で評価されている。

こうした変化が起こるという予測は、単純な人口入れ替えモデルに基づいている。年上の物質主義的な集団に代わって若いポスト物質主義的な集団が成人人口を占めるようになるにつれ、ポスト近代の方向に移行するというモデルである。さらに、各集団の人数は人口統計データによってわかっているし、生まれた時期別の集団の意識について調査したデータがあるため、人

［図9-1］変化の予想と実際。21カ国における「権威にもっと敬意を払ったほうがよい」という回答の割合：81年と90年の比較

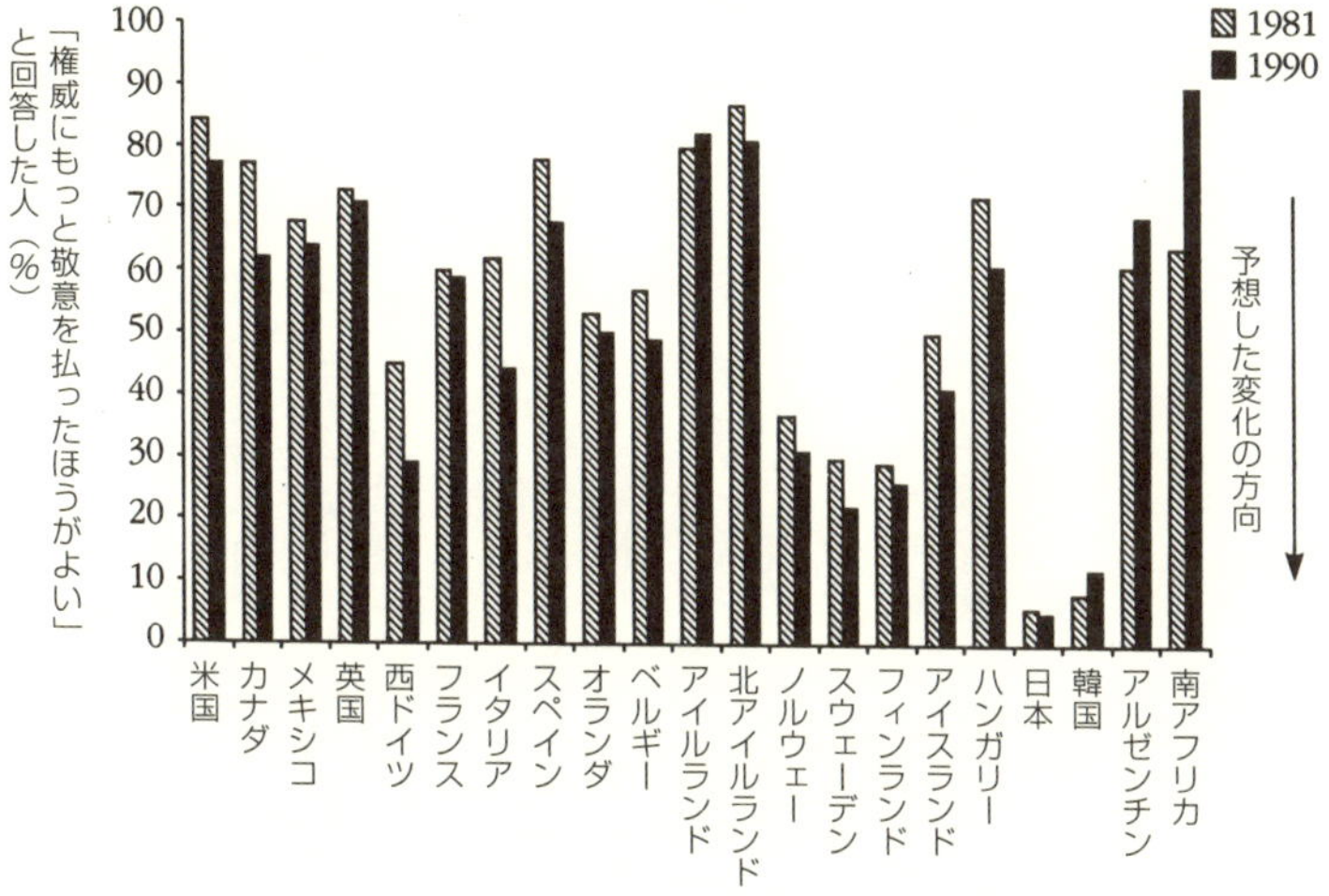

情報源：1981 and 1990 World Values surveys.

口の入れ替わりによって一〇年間にどのくらい態度が変化するかということも推測できる。その方法は単に、サンプルから最年長の一〇年分の集団を除いて、最年少よりさらに若い一〇年分の集団を新たに加えるというものである。この新しい集団はサンプルの最年少の集団と同じような価値観をもつと想定しているが、より若い集団はよりポスト近代的な価値観を示すのがふつうなので、これは控えめな想定である[7]。

こうして計算すると、これらの国の大半で、権威にもっと敬意を払うべきだという意見が四〜五％下がるという結果になる。これは変化としては小さい。これがひとつの事例だけに見られたのなら、取りたてて言うほどのこともない。この程度の大きさのサンプル間に見られる差

異は、統計的な有意水準が〇・〇五前後だからである。だが、こうした変化が三〇～四〇年間にいくつかつづいて起こった場合、統計的に有意であり、実際に重要である。六〇対四〇であった態度が、その間に四〇対六〇に変わることもありうる。

同じ原則が異文化間の場合にもあてはまる。こうした結果が一カ国だけに見られたのであれば取り上げるに値しない。しかし、三～四カ国のデータが全部、そのくらいの変化が予想された方向に起こったことを示していれば、極めて有意になる。そして予想した価値観や意識の変化が多くの国で起こっていれば、それが偶然だという可能性は限りなくゼロに近づく。ここでは四〇項目について、二一カ国における変化を検証した。事例ごとに見ると変化の量は通常少なかったが、全体のパターンには瞠目に値するものがあり、統計的に極めて有意である[8]。

権威に対する態度に関しては、私たちの説では、この九年間に各国について四～五％しか変化しないという予測になる。これはわずかなものだ。短期的には、国によっては経済的・政治的できごと（または、単にサンプリングのあやまり）の影響でいとも簡単にかき消されてしまう程度のものである。そういうわけで、すべての国で予想通りの変化が見られたら驚きである。実際には、権威に対する態度が予想した方向に動いた国もあれば、そうならなかった国もあった。さらに、いくつかの国では、予想した方向への変動幅が人口入れ替えだけによるものとしては大きすぎた。これらのケースでは、状況に特有の要因が人口入れ替えによる結果に加味されて変化の幅が大きくなったものと思われる。

ここで予測しているのは国民の意識を形成している一要素だけなので、これらの国で何が起こるかについて正確なことは予測できない。とはいえ、これらの国について予測する能力は無作為の場合よりかなり優れているはずである。長期的には、私たちの予測は多くの国についての正しい方向を指し示すはずである。経験に照らし合わせてみると、実際にその通りになっていることがわかる。私たちの説では、権威が重要視されなくなると予測しており、これら二一カ国のうち一七カ国でその通りになっている。

では、この主張を裏づける証拠を一九八一年と九〇年のワールド・バリューズ調査から拾ってみよう。二一カ国のほぼすべてにおいて、物質主義者はポスト物質主義者より、階層制の国の制度、とりわけ軍、警察、教会を信頼している。こうした調査結果は、不安定感が強力な制度、特に強力な政治権力への支持を誘導しがちだという私たちの主張と一致するものである。ポスト物質主義者は発育期にかなり高度の経済的・物質的安全を経験しているため、物質主義者のように強大な権威の必要性を感じることがない。そのうえ、ポスト物質主義者は自己表現をかなり重要視しており、こうした価値観は階層制の官僚組織の構造と本質的に矛盾する。

価値観に関する違いは、時の経過とともに、より若くよりポスト物質主義的な回答者の見解に向かって移行する可能性を示している。実際にそうなっているだろうか。答えはイエスである。ほとんどの国で、九〇年には政府機関に対する信頼の水準が八一年より下がっている。

この調査の回答者は、一〇余りの国の制度についてどのくらい信頼しているか尋ねられた。ポスト物質主義者は大半の確立された制度を物質主義者ほど信頼しておらず、三つのケースにおいて私たちの基準で「かなり強い」といえるほどの相関関係が見られた。ポスト物質主義的な価値観は、国の警察、軍、教会に対する信頼度の低さと特に強く関連していたのである。したがって、これらの制度への信頼は薄れるという予測となる。

［図9・2］が示しているように、一九八一年から九〇年まで、データのある二〇カ国のうち一六カ国において警察への信頼が低下している。信頼度が上昇したのはアイルランド、アイスランド、アルゼンチン、南アフリカだけであり、アルゼンチンと南アフリカはサンプル国のなかでその間に政治体制に変化があった三カ国のうちの二カ国である（三番めのハンガリーは八一年のデータがない）。

国軍に対する信頼も同じようなパターンを示している（次頁の［図9・3］を参照）。データのある二〇カ国のうち一七カ国において低下しており、高まったのは北アイルランドと、先ほどと同じアルゼンチンと南アフリカだった。すでに述べたように、米国のデータをもっと長い期間で見ると軍への信頼は増しているが、これはベトナム戦争による異常に低い水準から回復してきたからだと思われる。また、自国の教会に対する信頼も予想した方向に動いており、変化のあった二〇カ国のうち一四カ国で低下した。教会への信頼が増したのは米国、アイルランド、北アイルランドと、その間に政治体制が変わった三カ国、ハンガリー、アルゼンチン、南アフリカだけだった[9]。

他のいくつかの情報源によるデータも、先進工業国では階層のある制度が信頼されなくなっているという説を裏づけている。シカゴ大学の全米世論研究所は一九七三年から毎年、米国の全国的な制度への信頼度を測定してきた。対象となっているのは、連邦議会、行政府、報道機

[図9-2] 20カ国における、自国の警察を「大いに」信頼しているという回答の割合：81年と90年の比較

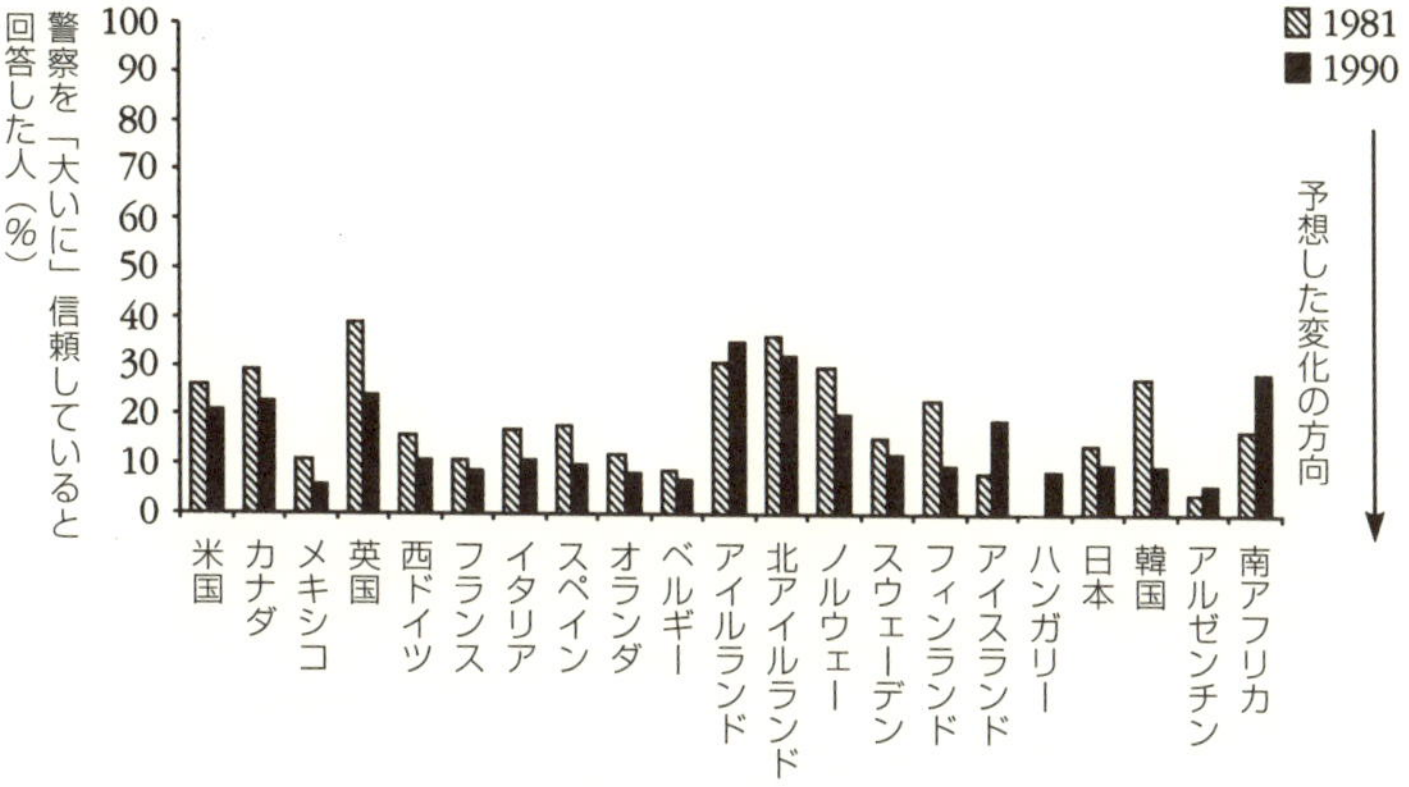

情報源：1981 and 1990 World Values surveys（ハンガリーの81年のデータは入手不可能）

[図9-3] 21カ国における国軍を「大いに」信頼しているという回答の割合：81年と90年の比較

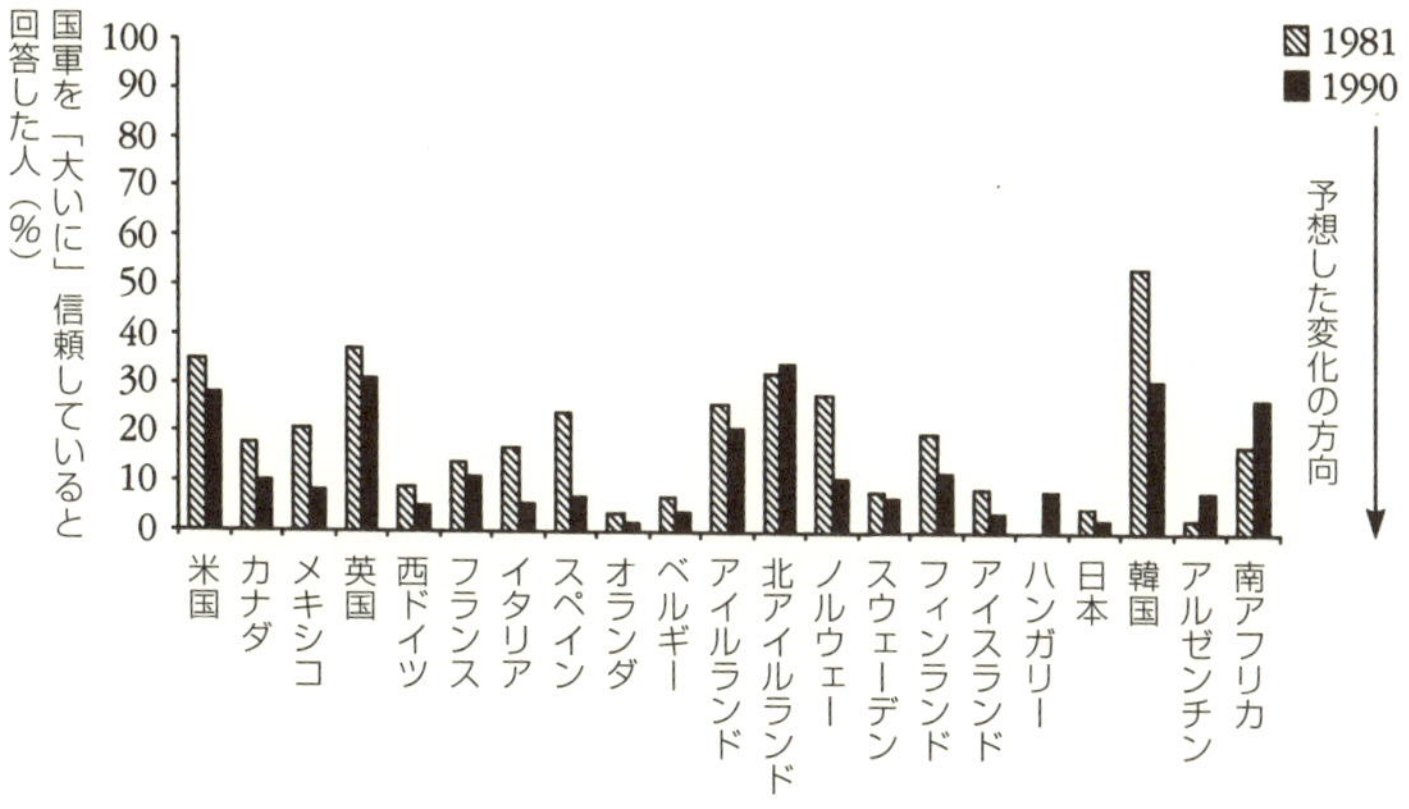

情報源：1981 and 1990 World Values surveys（ハンガリーの81年のデータは入手不可能）

関、軍、労働組合、最高裁判所、テレビ、教育、宗教団体などである。これらの制度のほとんど全部（例外は八〇年以降の軍）が七三年以来、信頼をいくらか失っている。いくつかのケースでは、九三年の信頼の水準はこの二〇年間で最低だった。それに該当するのは連邦議会、報道機関、テレビ、教育、宗教団体に対する米国民の評価である。信頼は大幅に低下している。たとえば、連邦議会を「ほとんど信頼していない」という米国民は七三年には一五％にすぎなかったが、九三年は四一％にのぼった。同様に、九三年は行政府にとって最低ではなかったものの（最低記録はニクソン大統領が辞任した七四年）、ここにもやはり全体的な下降傾向が見られた。行政府を「ほとんど信頼していない」という米国民は七三年には一八％しかいなかったのに、九三年は三二％に増えていた[10]。

国民が政治家を信じなくなったことは、最近、連邦議会およびいくつかの州議会の議員の任期制限が大いに支持されるようになったことにも表われている。こうした提案は、合憲的ではないと思われるものの、投票にかけられたすべての州で可決された。有権者には明らかに、再選しないことによって議員の任期を制限する権利がすでにある。だが、大衆の感情に見うけられるのは、現職の議員が任期を自ら延長できる特権階級となっていて、権力の座にいる期間を正式に制限するのが彼らの権力を縮小する唯一のたしかな方法だという一般的認識のようであった。

エリートを評価するときの古い基準はもう当てはまらない。以前なら再選は確実だというような業績があっても、今では不十分だ。第二次世界大戦で連合軍を勝利に導いたドワイト・アイゼンハワーは、七年以上経ってもそのことを忘れていなかった国民によって圧倒的勝利のうちに大統領に選ばれた。それとは対照的に、冷戦が急に驚くほど首尾よく（米国にとって）終結し、そして湾岸戦争には素早くほとんど血も流さずに（米国にとって）勝利した直後であり、さらに経済状況もかなり良かったのに、一九九二年の選挙でジョージ・ブッシュは再選されなかった。これはブッシュに指導力が欠けていたためばかりではなかった。後任のクリントンの人気も二年以内に地に堕ち、民主党は上下両院において多数派ではなくなる。こうした事態は、経済状況がブッシュ政権のときより良好であったにもかかわらず起こった。政治に関する行動は、経済状況が良いか悪いかでは昔ほど説明できないことが明らかになった。ポスト近代の国民は、近代にほぼ一貫して用いられていたものとは違う、もっと厳しい基準で指導者を評価している。

この現象は米国だけではない。一九七三年以来、欧州連合の国々の国民は「一般的にいって自国の民主主義のあり方に満足か不満か」と何度も質問されてきた。予想されるように、こうした評価は景気循環にしたがって上下しがちだが、ここにも長期的な下降傾向が見られる。七〇年代初めと八〇年代初めの景気後退期には、欧州連合の国民全体では「不満」と「満足」がほぼ同数であった。だが、九〇年代初めの景気後退期には、否定的な回答が初めて肯定的な回答を上回った。九三年には、不満が過去最高の水準に達した。

こうした不満はどのくらい深く進行しているのだろう。ワールド・バリューズ調査に、自分がフランス人、メキシコ人、日本人等々であることをどのくらい誇りに思っているか尋ね、回答者が「とても誇りに思っている」から「まったく誇りに思っていない」までの尺度で答えたものがある。世界各地で民族紛争が起こっており、今は「台頭するナショナリズムの時代」であるとするのが常識のようになっている。

だが、ほんとうにそうだろうか。現実はもっと複雑である。国民としての誇りは全国的な制度への信頼や宗教的信念の強さと大いに相関関係があるため、全国的な制度への信頼が広く失われているのだから国を誇りに思うことも少なくなっているだろうと予想される。さらに、ポスト物質主義者は国民としての誇りの水準が物質主義者と比べて低い（そして相関関係は「かなりある」）。したがって、国民としての誇りは薄れるという予想が成り立つ。

伝統的な形のナショナリズムがあちこちで台頭しているが、大半の先進国では見られない。不安からくる外国人嫌いというナショナリズムのひとつの形態が、貧しく不安定な社会で増えている。これは、インド、スリランカ、アゼルバイジャン、アルメニア、スーダン、ナイジェリア、ルワンダ、旧ソ連、旧ユーゴスラビアなどにおいて劇的かつ悲惨な結果をもたらした。だが先進国では、まったく違う現象が見られる。たとえば、スペインからカタロニアが、カナダからケベックが、権限を既存の国民国家から文化的な結びつきのあるもっと小規模で直接的な集団に移すことを求めている。こうした運動の支持者にはポスト物質主義者が多く、文化の独自性に対する懸念やコミュニティ意識が動機となっている。非常に紛らわしいことに、このまったく異なる現象もナショナリズムと呼ばれている。「ナショナリズム」というとき、国民国家への過度の忠誠と、忠誠の対象を国民国家からより小規模な集団に移すことの両方の意味で用いられていることが、大いなる混乱と誤解を招いている。二つの異なる（それどころか、ほとんど逆の）ものが「ナショナリズムの台頭」としてひとまとめにされている。こうした言葉の使い方では、今のケベックの分離独立派を一九世紀の外国嫌いの国粋主義者と同列に論じることになる。これらはまったく別のものだ。先進国の民族分離運動には、一般に内向的な地方主義は見られない。求めているのは、階層制の国民国家から重点を二つの方向に移すことである。ひとつはコミュニティと地方の自治権を重要視すること、もうひとつはより幅広い関係に寛容になることである。そういうわけで、ケベックの分離独立派には北米自由貿易に好意的な人が一般のカナダ人より多く、カタロニアの「民族主義者」には欧州統合の支持者が多い。

一九八一年から九〇年まで、国民としての誇りの感情は、この社会的徴候の他の要素と同じ方向に動く傾向があったが、結果は複雑だ。次次頁の［図9・4］に見られるように、二一カ国のうち一二カ国で国民としての強い誇りを示す人の割合が減っている。変化があったケースの六三％において結果は予想した方向に動いている。だが、例外がいくつかある。いつも反対の傾向が見られるアルゼンチンと南アフリカに加えて、アイルランド、北アイルランド、ノルウェー、スウェーデン、オランダ、ベルギーでも国民としての誇りが高まっている。単に社会が安定しているかどうかによって分かれていない。

私たちの予想的中率は六三％である。これは無作為よりはましであるが、他の場合ほど当たっていない。そこで興味深い疑問がわいてくる。先進国で国民の誇りが予測されたほど失われていないのはなぜか。これには今日の二つの大きなできごとが関係していると思われる。

ひとつめは、大量の非ヨーロッパ人の移民に対する西欧の反応である。西欧と発展途上国では生活水準に大きな開きがあるため、大型ジェット機の時代になり、外見の違う移民が大挙して西欧社会に流入してきた。ほとんどの西欧諸国では急に、民族的に異なる遠方からきた少数民族が大勢住みつくようになっていた。これが最近の景気後退による不安と相まって外国人嫌いの高まりを引き起こし、そして自分の民族的アイデンティティをあらためて重要視する傾向が見られるようになった。

もうひとつの要因は欧州連合への動きであり、これも（大半の大きな変化のように）多くの国で伝統主義的な反応を引き起こしている。

米国とカナダにはこの期間、西欧諸国を上回る数の移民が流入したにもかかわらず、北米では国民としての誇りの感情が高まることはなかった。だがその後、米国でもさらなる移民を制限するように強い圧力がかかっている。

既成の制度と政府が信用されなくなっていることは、一般的に人間の信頼関係が薄れていることを意味するのではない。権威主義的な制度が信頼を失っているのである。人間関係における信頼はポスト物質主義的価値観と深く結びついている。したがって、個人間の信頼は低下するのではなく高まると予想される。[図9・5]に見られるように、この予想は当たっている。個人間の信頼は、変化の見られた一九カ国のうち一三カ国において高まっている。例外は、フランス、北アイルランド、韓国、そして政治体制に変化のあった三カ国、ハンガリー、アルゼンチン、南アフリカである。米国の全米選挙調査と一般社会調査のデータによると、個人間の

[図9-4] 21カ国における自国を「とても誇りに思っている」という回答の割合：81年と90年の比較

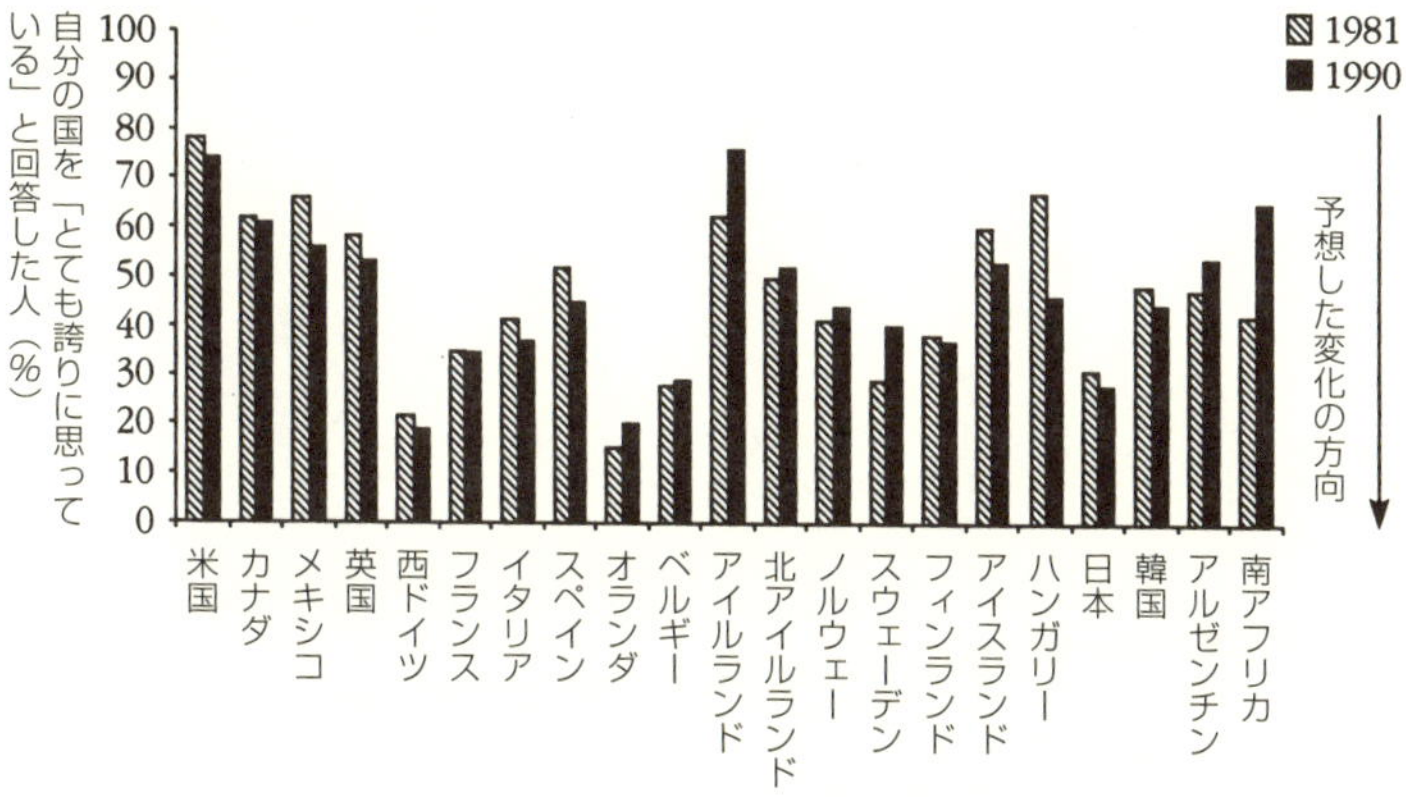

情報源：1981 and 1990 World Values surveys

[図9-5] 21カ国における「一般的に言って、ほとんどの人は信頼できる」という回答の割合：81年と90年の比較

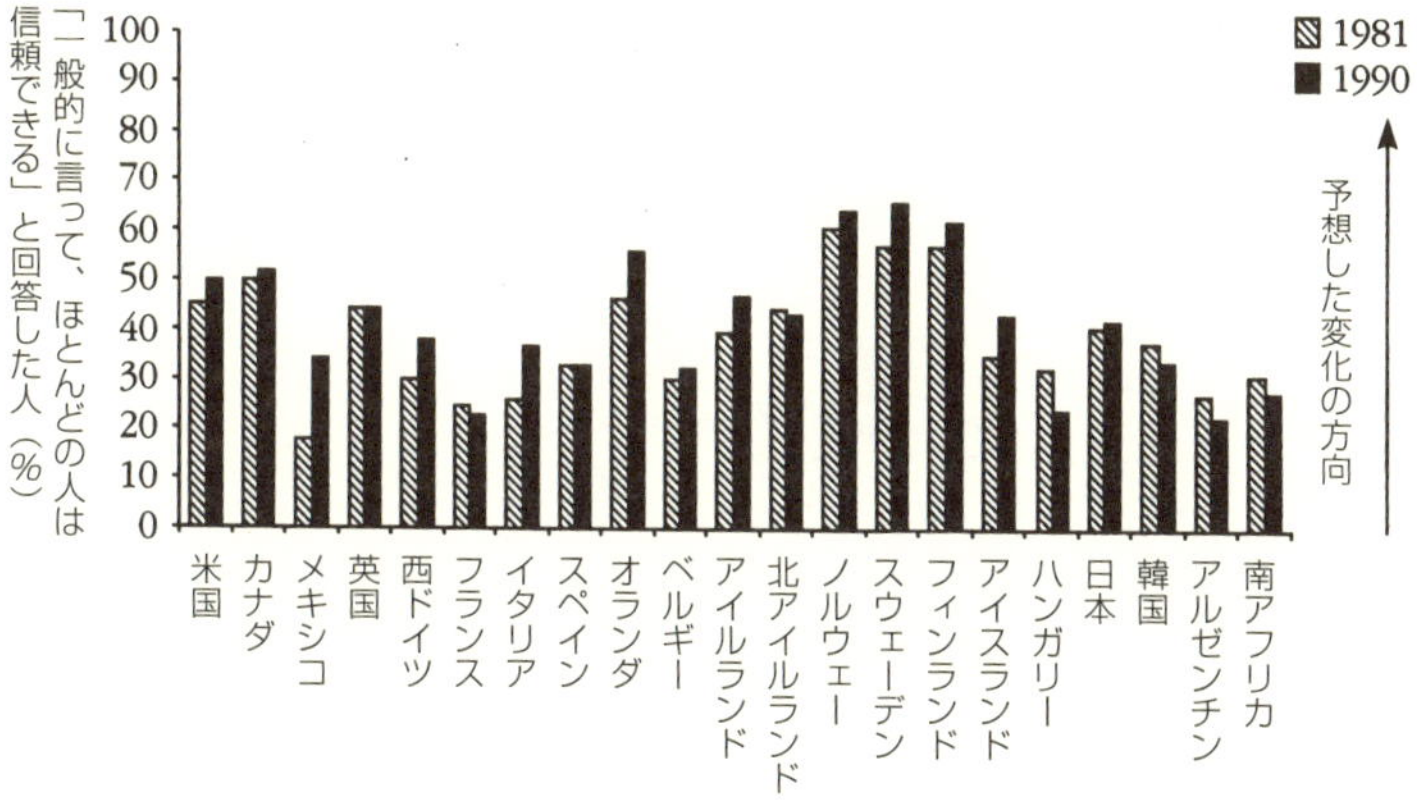

情報源：1981 and 1990 World Values surveys

信頼は一九六四年から九四年のあいだにかなり低下しているが、米国はこの点では例外である。ここで検証した国の大半において、一般大衆は他人を信用するようになっており、階層のある制度を信用しなくなっている。

一般大衆が既成の制度を信じなくなったことについては、ひときわ目立つ例外がひとつある。一九八一～九〇年の時期、大企業に対する信頼は低下していないのである。当初の八一年の水準がかなり低かったとはいえ、大企業への信頼はほとんどの国で上昇傾向を示している。この時期に国家社会主義経済が破綻したことにより、民間企業はそれと比べてよく見えた。さらにこれはある意味では、政府への信用がはっきりと失われていることに対する当然の反応である。国家が解決策ではなく問題だと見なされるようになると、その権力を相殺する強力な対抗勢力の存在がますます重要になるからだ。いずれにせよ、近代を特徴づける最も広く見られた傾向のひとつ――国家をあらゆる問題の解決策と見なす傾向――が限界に達したことは明らかなようだ。

先進国はいずこも、投票率が停滞もしくは低下している。ほとんどの国で既成の政党の幹部は有権者を掌握できなくなっている。党員数は数十年前の半分近くまで減った。特定の政党を支持しているという人はまだ大勢いるが、その行動は昔と比べると党への忠誠に影響されることがはるかに少なく、分割投票が非常に増えている。選挙時の変動が大きくなっている。そして日本の自由民主党からイタリアのキリスト教民主党まで、何十年も国を支配してきた政党が権力を失っている（米国の連邦議会で民主党が永遠につづくかと思われた優位を失ったように）。

投票率が低下したことに基づいて、一般大衆が政治に無関心になったという主張をよく耳にする。あとで示すが、無関心になったという主張は誤解を招く。一般大衆は、近代化の時代に自分たちを動員してきた保守的で寡頭的な政治組織にはあまり影響されなくなったが、無関心とはほど遠く、エリートに挑戦するような形の幅広い政治参加にはこれまでにないほど積極的だ。

サミュエル・バーンズをはじめとする学者と私は、年代間の人口入れ替えが進むにつれて価値観が変化して技能水準が向上する結果、エリートに挑戦するような政治参加が長期的に増えると予言した[11]。この予言は、一九九〇年のワールド・バリューズ調査のデータ収集より一〇年以上前に発表したものである。これは、投票率の低下に着目して一般市民は政治への関心を失っていて全般的傾向は無関心に向かっているとする一般通念を否定するものだった。投票率は支持者を動員する党の力を主に表わすものであり、大衆の真の関心や関与を示すものとしてはまちがった印象を与える。ワールド・バリューズ調査のデータは、物質主義・ポスト物質主義的な価値観とより積極的な形の政治参加のあいだに強力な相関関係があることを示している（投票率とは相関関係はない）。したがって、一般大衆の政治参加は減るのではなく増えるという予言になる。その証拠を見ていこう。

一九八一年と九〇年に調査した二一カ国のデータを見ると、投票することは減ったかもしれないが、ほとんどの国で政治に無関心になったわけではない。その逆で、政治により関心をもつようになっている。政治への関心が高まったのは一六カ国で、低下したのはわずか四カ国だ。

この結果は明白であり、大衆の無関心という世間一般の通念を否定するものである。もうひとつ、政治への関心の有無を示すものとして、政治を話題にするかどうかがある。次頁の［図9・6］に示されているように、この従来型の政治参加は予想通り増えている。政治について話し合う人の割合は一七カ国で増え、減ったのはわずか三カ国だけである（一カ国は変化なし）。

別のより積極的な形の従来からある政治参加もまた、予想通りに増えている。次頁の［図9・7］が示しているように、一九八一年から九〇年まで、請願書に署名したと答えた人の割合は一六カ国で増え、減ったのは四カ国だけであった。もっと長期にわたって調査すると、結果はさらに印象的である。二回のワールド・バリューズ調査の対象国のうち、四カ国が一九七四年の政治活動研究でも調査対象となっていた[12]。その四カ国（米国、英国、西ドイツ、オランダ）のデータは、［図9・7］に入れてある。四カ国とも、七四年から九〇年までのほうが八一年から九〇年までより増え方が大きい。米国では、請願書に署名したと答えた人の割合は七四年の五八%から八一年の六八%、九〇年の七一%へと増えた。英国では二二%から六二%、七五%へと増えた。西ドイツは三一%から四三%、五六%であった。オランダでは、二一%から三七%、五〇%という具合だった。

これは一般大衆の政治的直接行動が拡大していることをはっきりと示している証拠である。こうした発見から見て、投票率の低下や党員の減少をどう説明すればよいのだろう。政治参加が増えているのか減っているのか紛らわしいのは、二つの異なるプロセスをいっしょにしてい

［図9-6］ 21カ国における「友人としばしば、またはときどき政治について話す」という回答の割合：81年と90年の比較

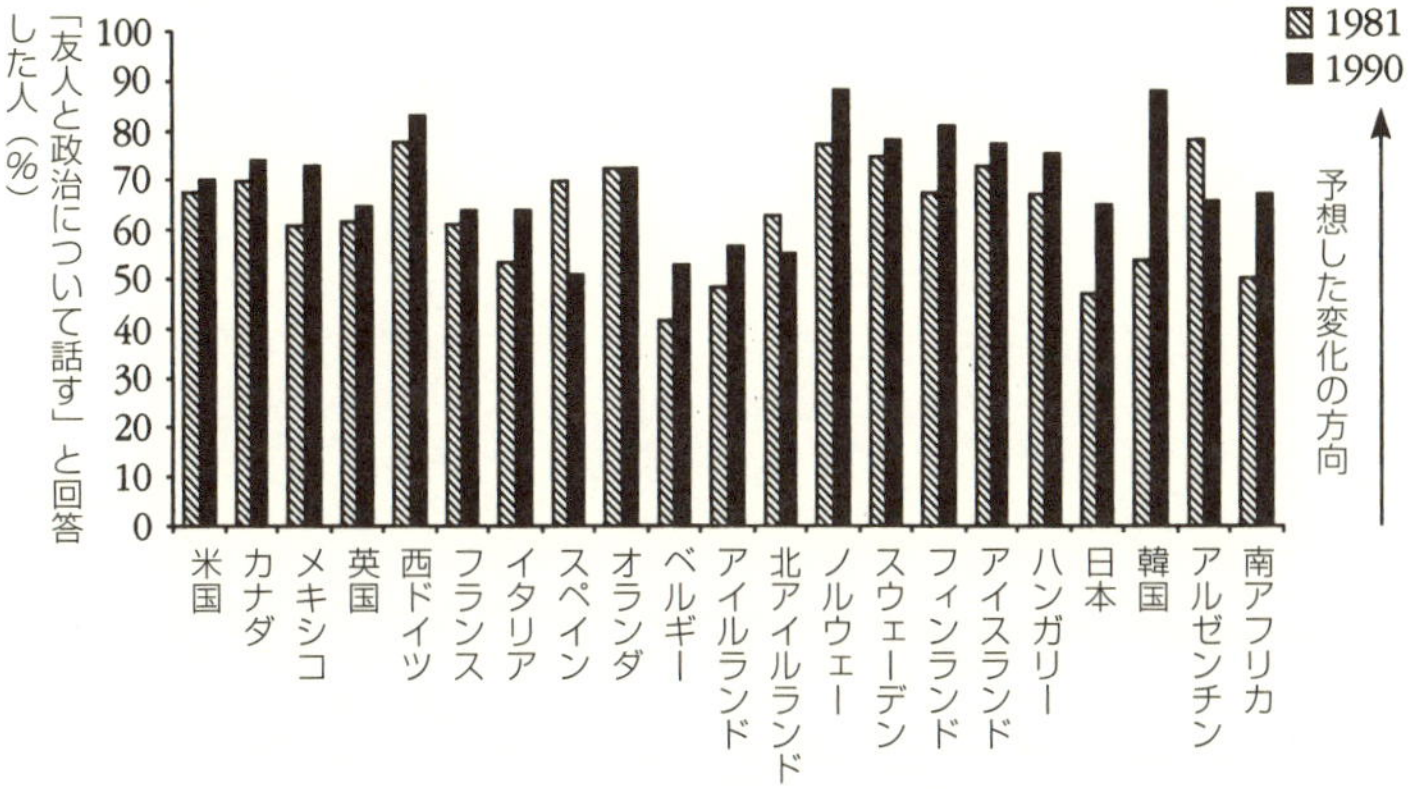

情報源：1981 and 1990 World Values surveys

［図9-7］ 20カ国における「請願書に署名したことがある」という回答の割合：81年と90年の比較

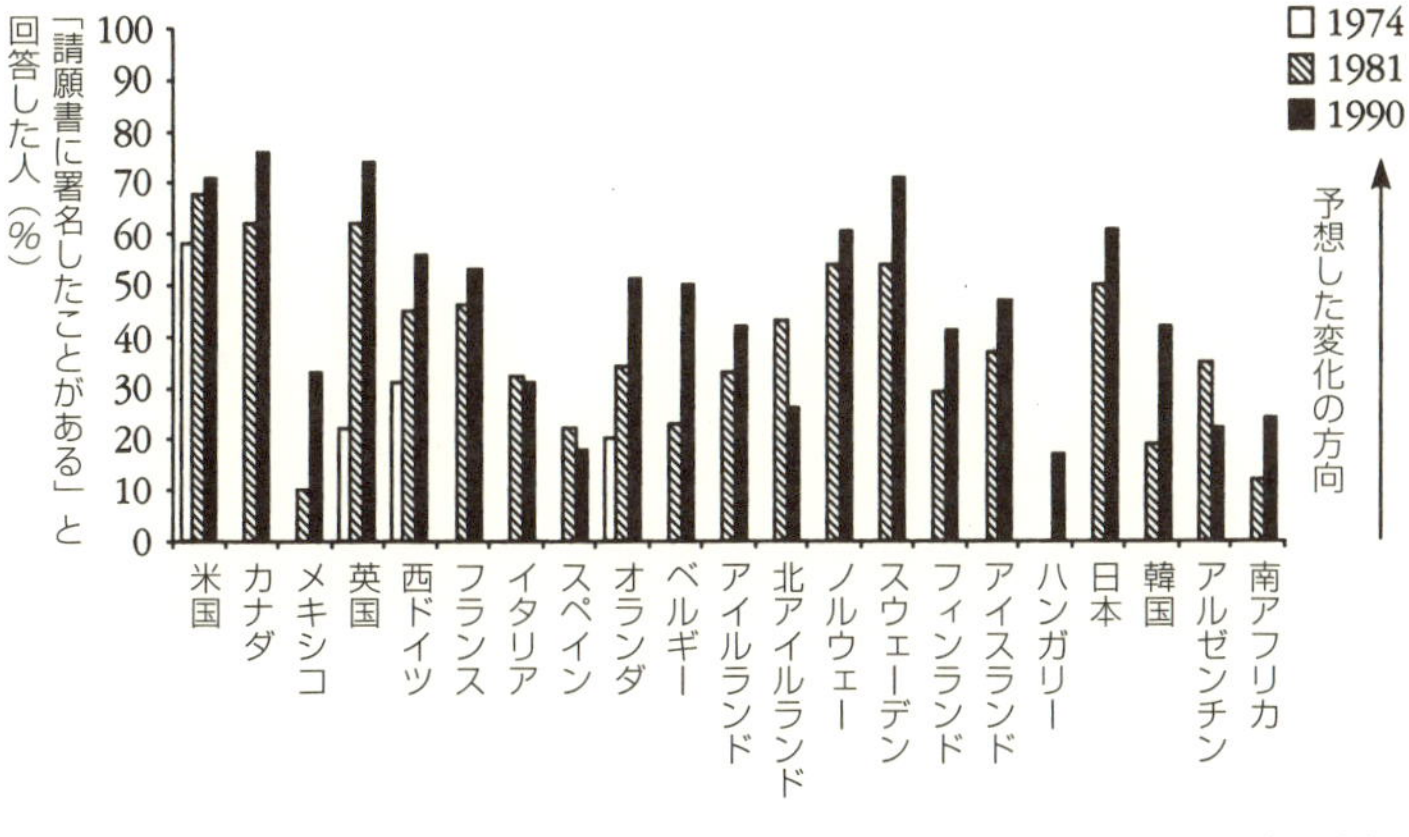

情報源：1981 and 1990 World Values surveys（ハンガリーの81年のデータは入手不可能）。
米国、英国、西ドイツ、オランダの1974年のデータはBarnes et al.,548-49から。

るからだ。エリートが先導している参加は減っているが、もっと自発的で積極的な形の参加は増えている。

投票率の低下は、新しい世代の党への忠誠が長期にわたって薄れていることの現われである。若い高学歴の同時出生集団は、政治への関心や政治を論じることなどでは年上の集団より高い率を示しているが、党への忠誠の水準はより低い。いくつかの西欧諸国の調査は、戦後生まれの集団が年上の集団より政党への忠誠を示す率がかなり低いことを明らかにしている[13]。この結果は、この二〇年間に米国の有権者のあいだで新しい世代の政党支持が減っていることと一致する[14]。

若いポスト物質主義的な集団は、高学歴で政治への関心が高いので支持する政党があるように思われがちだが、今ある選択肢から特定の政党を支持する気にはならない。伝統的な政党は社会階級闘争と経済問題に支配されていた時代に設立され、相変わらずこうした問題で対立している。年上の集団にとって、宗教と社会階級は依然として政党への忠誠を確立させる強力なきっかけとなっている。だが若い集団にとって忠誠は、社会階級や宗教にそれほど影響されるものではない。それに近年、文化および生活の質の問題によって分極化の新たな機軸が出現した。既成の政党は、こうした機軸に合わせて方向転換をするのに難儀している。現在、ほとんどの国で既成政党は最も急を要する今の問題に適切に対応できるような体制を整えていないため、戦後世代には既成政党を支持する動機があまりない[15]。

ところで、かつての高い投票率は主に党派的忠誠と党組織に支えられていた。そこで異なるふたつの傾向が見られる。一方で、投票することや党員になることなど、官僚化したエリート主導による参加が減り、もう一方で、動機が個別的でエリートに挑戦する形の参加が増えている。

これらのプロセスには不安にさせられる面と勇気づけられる面がある。先進国を長年にわたって形成してきた既成の制度は、平均的市民に対して権威を保つことができなくなっているらしい。国民の信頼は、議会、警察、公務員、軍といった主要な行政制度だけでなく、政党、教会、教育制度、報道機関などにおいても低下している。西洋の制度で最も基本的な国民国家に対してでさえ、帰属感が薄れてきている。こうした展開の危険なところは、社会の制度が衰退しすぎて国家の緊急事態に対応できなくなるかもしれないことである。だが良い面もある。権威が尊重されすぎる社会では、こうした変化によって民主化が促される。国家の権威が低下すると、一般市民が政治に介入する可能性が高くなってくる。これはひとつには価値観の変化によるもので、強大な権威を後押しする経済的・物質的安定という目標を重要視しなくなるからだ。だがさらに、一般市民の介入を後押しする要因があり、それは工業社会を特徴づけてきた教育水準と民衆の政治的能力が長期的に向上してきたことである。結局、世の東西を問わず先進国では、国民が指図された通りに行動しなくなり、政府に指示するようになっているという変化に対処しなければならない。

ポスト近代的価値観の台頭は、権威に対する敬意を失わせ、参加と自己表現を重要視させる。こうした二つの傾向は、（権威主義的な社会では）民主化を、さらに（すでに民主的な社会では）

問題点を絞った参加型の民主主義を促す。だが、これらによって統治するエリートの立場はますます難しくなる。

権威が尊重されなくなり、民衆参加が増える長期的傾向はつづいているだけでなく新しい性格を帯びるようになっている。工業社会では、民衆は統制のとれたエリート主導の政党によって動員されてきた。これは民主化にとって大きな前進であったし、その結果、それまでなかったほど大勢の人が投票によって政治に参加するようになった――とはいえ、民衆の参加がこのレベルを超えることはあまりなかった。ポスト近代の社会では、力点が投票からもっと積極的で問題点を特定した形の民衆参加へと移行している。国民は、昔ながらの階層制の政党に忠誠心をもたなくなっている。もはや統制された支持者のままでは飽きたりず、自立してエリートに挑戦するようになっている。投票率は伸び悩んだり下がったりしていても、人びとはより積極的で問題点に即した方法によって政治に参加するようになっている。

第十章

日本における国民の信頼と民主主義

スーザン・J・ファー

ハーバード大学の「エドウィン・O・ライシャワー」教授（日本政治）、日米関係プログラムのディレクター、教養学部の副学部長。現在、先進国における政治倫理と国民の信用について比較研究を進めている。

半世紀前、日本は帝国主義、ファシズム、戦争の時代から抜け出して、西洋を手本にした民主主義制度を受け入れた。戦後の日本は、一九六六年まで世界銀行の融資借入国であったのに今では世界第二位の経済大国であり、優れた技術をもっている。こうした変化は保守的な自由民主党の主導による経済の奇跡によってもたらされた。それにもかかわらず、今の日本には政府に対する不快感が根強い。最近の調査では必ずと言ってよいほど、国民が政治の指導者と制度を信用していないという結果になる。言うまでもなく、政府とその指導者に国民が不満を抱くのは今日の先進諸国に広く見られる現象である。ここまでの章では、その原因を米国において探ってきた。短いながら本章では、探究の範囲を日本にまで広げる。日本の経験を比較検討することによって少なくとも、現代の民主主義国を悩ませていることについての安易な推測が疑わしくなる。

日本における不満には異なるいくつかの特徴がある。第一に、米国や多くのヨーロッパの民主主義国とはちがって、日本では国民の信頼が一九五〇年代や六〇年代の高潮から急落したのではなかった。**政治不信は戦後の時代の特徴であった。**自民党の支配のもとで安定かつ繁栄していたものの、終戦直後の対立の見られた政治制度と権威に服従するという国民の伝統によって、有権者の多くが政治を遠いものと感じ、切り離されていた。自民党の支持者でさえ、党を権力の座にとどめていた「金権政治」に批判的だった。一九五〇年代と六〇年代に日本の新聞社や世論調査機関が実施した数多くの調査の結果についてリチャードソンは、「回答者の大半が政治のあり方にほとんど満足していないか、さもなければまったく不満だった」と結論づけている[1]。政府そのものについては、日本のエリート官僚への信望は高かったものの、一般市民の問題に役人が敏感に反応してくれるという信頼度は低かった。たとえば、一九六六〜六七年にシドニー・ヴァーバが行なった国際調査で、行政機関の事務所に行って意見を伝えれば取り上げてもらえると思うかどうか尋ねたところ、米国では回答者の四八%がイエスと答えたのに対し、日本はわずか六%だった[2]。調査結果を見ると、六〇年代には国民所得が倍増したのに、七〇年代半ばの日本では、政治への信頼が先進七カ国のなかでイタリアと並んで最低の水準だったことがわかる（[表10・1]を参照）。七〇年代以降（八〇年代半ばの短期間を除いて）、調査によって異なるものの、日本国民の半分から三分の二ほどが政治に不満、またはいくらか不満だ

[表10-1] 7カ国における政治への信頼と関心の割合

	日本	英国	ドイツ	オランダ	オーストリア	米国	イタリア
政治への信頼[1]	27	45	69	58	71	31	22
政治への関心[2]	49	45	63	58	54	69	21
有効性[3]	27	37	27	44	28	59	28

1 「実力者」ではなく「人民」が政治を動かしていると答えた回答者。
2 政治に「いつも」ないし「ときどき」関心を持っていると答えた回答者。データのない場合は計算から除外。
3 政府のすることに国民が発言権を持っていると答えた回答者。

情報源：データは1976年のもの。Bradley M. Richardson, "Japanese Voting Behavior in Comparative Perspective", in Scott C. Flanagan, Shinsaku Kohei, Ichiro Miyake, Bradley M. Richardson, and Joji Watanuki, *The Japanese Voter* (New Haven, Conn.: Yale University Press, 1991), 25, Table 1.3 から。データは上記の学者が1976年に実施した日本選挙調査（各人の名前のイニシャルをとってJABISS調査と称される）とICPSR「政治行動」調査コードブックによる。

[図10-1] 日本人が政治に不満か満足しているか：1978～95年

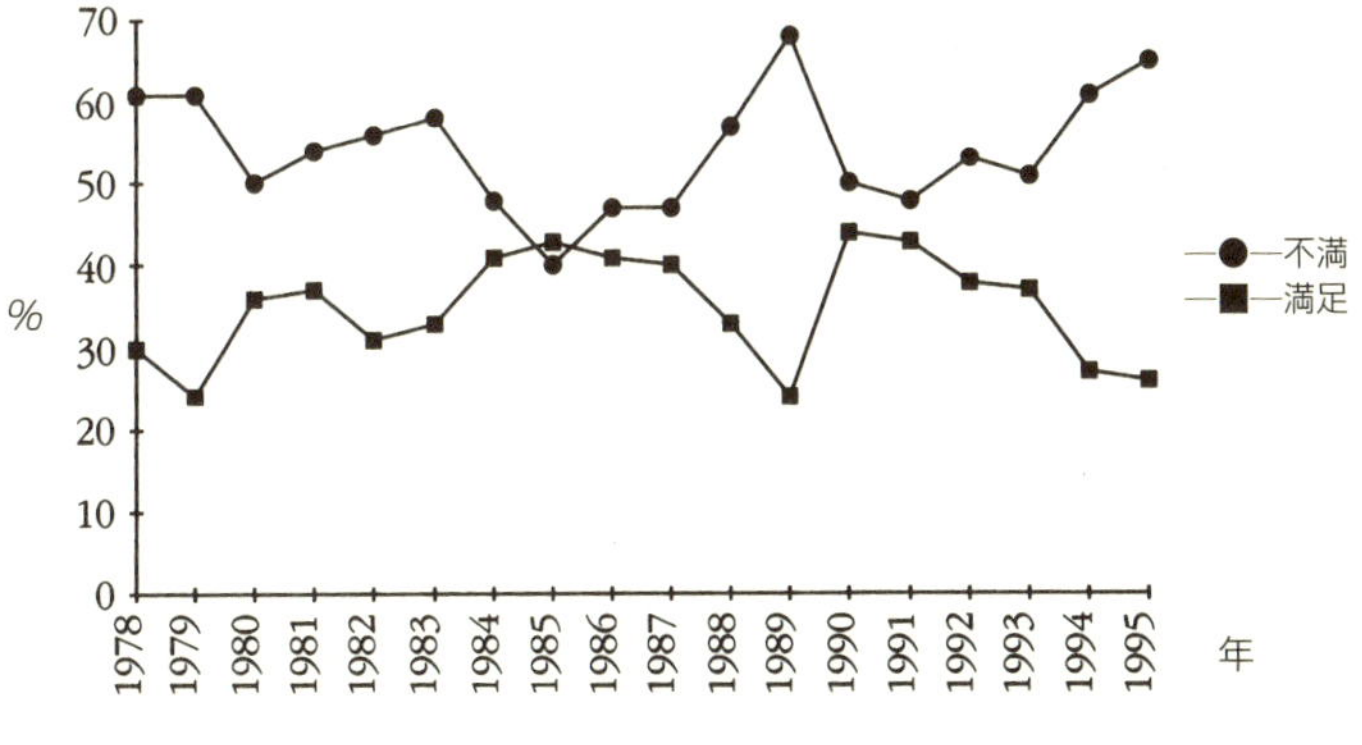

「不満」は、「一般的に、今の政治に満足か不満か」という質問に「不満」だと答えた人の割合。「満足」は、「満足している」か「いくらか満足している」と答えた人の割合を合計したもの。「わからない／無回答」は6～17%あった。結果は毎年12月に実施される調査のものだが、1989年（3月）と1991年（9月）は例外。調査対象は3600人で、2段階の層別の無作為選別方式で全国から選ばれる。第1段階では年齢構造、産業構造、人口によって345の全国統計地域に分けられ、第2段階で各地域から無作為に1選挙区を選び、そこから無作為に選ばれた対象者を大学生の有志が面接方式で調査。有効回答率は約75%。

情報源：朝日新聞（東京版朝刊）

と答えている（前頁［図10・1］を参照）。政治指導者については、国民の不信は米国の水準をはるかに上回るという調査結果もある。たとえば、八九年の政府における倫理に関する二カ国調査では、国会議員の倫理基準が「非常に高い」または「いくらか高い」と思っているのは日本の回答者のわずか一〇％という低さだった（米国は六一％）[3]。九二年の調査では、驚いたことに日本人の七四％が「大勢の不正直な人たち」が国を動かしているという見方を示している（［表10・2］を参照）。

政治指導者や政府に対する国民の信頼は、ほとんど中断されることなく四〇年近くにおよんだ自民党政権に終止符が打たれても回復しなかった。一九八〇年代末から九〇年代初めにかけて政治腐敗が次々と明るみに出たのを受けて、九三年七月に自民党は過半数割れとなり、日本の政治は新しい時代を迎えた。政治改革を求める国民の声に、九四年一月、細川護熙首相の八政党による連立政権は「金権政治」を規制して政治の質を向上させることを目的とした政治改革法案を成立させた。都市より地方の票が有利になる日本の中選挙区制は、複数の定数をめぐって同じ党の候補者同士が争うため政治に金がかかると批判され、小選挙区制と比例代表制を組み合わせた参議院の選挙制度が採用された[4]。新しい法律によって三〇九億円の公金が選挙運動用に政党間で配布される。さらに、金権政治への正面攻撃として企業献金の新たな上限が設定され、政治家一人当たり年間五〇万円までに減らされ、将来さらに減らされることになった[5]。

これらの改革は、大きな意味では日本の民主主義を活性化させ、指導者と政府に対する国民の信頼を回復させるためのものだった。ところが、国民の幻滅感とシニシズムは今のほうが

［表10-2］国民は日本の政治指導層をどう見ているか
「国政に携わっている人について、不正直者が大勢いる、いくらかいる、まったくいない、のどれだと思いますか」

	1976年	1983年	1992年
不正直者が大勢いる	44.3%	44.2%	74.1%
不正直者がいくらかいる	46.8	42.9	21.5
不正直者はいない	1.8	3.2	0.7
わからない／無回答	7.1	9.7	3.7

情報源：1976年のデータはJABISS（衆議院選挙）（説明は［表10・1］を参照）。1983年のデータは1983年の日本選挙調査（参議院選挙）。1992年のデータは『大政変』（東洋経済新報社、1994年刊）の蒲島郁夫による「世論と政権交代」から。

高まっている。一九九四年の調査で、国の政策は国民の意向を「よく」または「ある程度」反映していると思っている人は二六％しかいなかった（次頁の［表10・3］を参照）。九五年十二月の朝日新聞の調査では、調査対象の六五％が政治に「不満」だと回答しており、これは七八年以降の朝日の調査で最悪の部類である（［図10・1］を参照）。別の大手新聞社が同月に行なった調査では、日本の民主主義がよく機能していると思っている人は二九％にとどまっており、六一％が機能していないと思っていた[6]。これらが長期的にどういう影響をもたらすにせよ、これまでのところ改革は国民の信頼を回復させるのにほとんど役立っていない。それどころか、一党支配が終わってどうなるかと期待が高まった――だが応えていない――ことにより、国民の不信の原因を新たに作ったようだ。九三年初め以来、五人の首相と三つの連立政権そしてさらなるスキャンダルを経て、九六年十月二〇日、新しい選挙制で初めて実施された衆議院選挙において自民党は過半数に近い票（五〇〇議席のうち二三八議席）を獲得した。移行期に対する有権者のいらだちが、こういう形で表われた。

がどのくらい反映されていると思いますか」

1987年	1988年	1990年	1991年	1992年	1993年	1994年
35.7	26.8	30.1	32.6	23.4	30.8	25.6
42.2	48.3	47.7	48.2	49.3	62.8	52.6
10.6	15.5	11.7	12.8	20.8		15.2

る93年7月衆議院選挙の5カ月後の世論を反映している。93年の62.8という数値は「あまり反映されていない」と「まったく反映されていない」を合計したものである。合計が100にならないのは、「わからない」と無回答を除外したことによる。

日本における不満の二つめの特徴は、戦後はほぼ一貫して、国民の不満が**官僚や官僚制ではなく、政治家と政治に集中していた**ことである。日本のエリート官僚は有名国立大学の出身者で、難しいことでは世界有数の国家公務員上級試験に合格しており、大いに尊敬と信頼を集めてきた。ところがこの数年間、国民は官僚も信頼しなくなっている。一九九〇年代半ば、汚職と官僚の無能さ——昔はまれだった——がからんだスキャンダルが一大社会問題となり、行政改革が緊急課題となった。九五年十二月の調査では、国会議員を信頼しているかと尋ねられて七〇%がノーと答え、中央省庁の官僚を信頼していないという回答も六五%にのぼった。これは戦後の経済成長の立役者でもあった公官吏にとって驚くべき零落である[7]。省庁のなかで威信の頂点にあるのが大蔵省だ。その地位たるや、七五年まで大蔵省から出された法案は国会で棚上げにされたことがないほどである[8]。九五年には三一年間連続で、退官後に民間企業に再就職する天下り人事が他の省庁を上回っていた[9]。しかし、こうした名誉ある地位にもかかわらず、九〇年代半ばには大蔵省はさかんに批判されるようになる。実際、九六年の時点では、日本の大蔵省バッシングは米国のクリントン・バッシングに匹敵していた。

[表10-3] 政府と政治のプロセスに対する日本人の信頼：「国の政策に国民の意向

	1982年	1983年	1984年	1985年
よくまたはある程度反映されている	24.4	30.7	34.0	36.4
あまり反映されていない	48.0	43.9	40.9	37.8
まったく反映されていない	15.6	10.4	10.2	8.2

情報源：Prime Minister's Office, Public Opinion Survey on Society and State (Tokyo: Foreign Press Center, selected years). この調査は、ほぼ毎年12月に20歳以上の7000人以上を対象にして行なわれている。したがって、たとえば1993年の数値は、重大な分岐点であ

日本国民の不信感に関する三番めの特徴は、**矛先が地方ではなく中央省庁に向けられている**度合いである。日本では地方自治体の役人はより信頼されており、この全体的傾向はつづいている。有権者と近い役人のほうが信頼される。こうした関係が存続していることは、明るい選挙推進協会が定期的に行なっている地方選挙調査に表われていた。戦後を通して日本で広まっていた国会議員と国政への不信がもっと問題にならなかったのは、地方自治体の議員と役人（そして国の官僚制）への信頼はより高い水準にあったというのが大きな理由のひとつである。だが最近、地方の指導者も他の制度の場合と同じように信頼されなくなっている。たとえば、日本経済新聞による一九九五年十二月の調査で、「市民の意見と希望」に対して地方自治体は「敏感に反応する」ないし「いくらか反応する」と答えた人は一二％しかいなかった[10]。

国民の不信に関する最後の特徴は、**最も不信を募らせていたのが都市の住民、高学歴層、若年層であった**ことだ。戦後ほぼずっと大多数の国民が政治のさまざまな面について不満を表明してきており、政府と公官史への不信が一部の国民にとどまるものではないことは明らかである。だが通常、これらのグループが最大の不満

を抱えていた。これは何年も前に綿貫譲治が特異な点として報告したことだが[11]、日本では、有権者の政治的態度が消極的かつ偏狭で、党や実際の問題に対する立場ではなく個人的要因——つまり地域への貢献や候補者との個人的な結びつき——に基づいて議員を選出する農村部の投票率が最も高い[12]。社会経済的に上と中間の層が住んでいる都市部では、人びとは政治に関心があって基本の政治的態度は積極的で効果を生じさせられるが、国政に関してはシニカルで投票率は低い。これは今日でも変わっていない。農民と小規模事業の所有者や従業員のほうが国政に肯定的であることがはるかに多く、都市の住民およびサラリーマンが最も否定的だ[13]。最近、有権者のあいだで「近代的な」組み合わせが増えている。つまり、政治に対して積極的で効果を生じさせられる姿勢はあるのに、シニシズムと不信感のため、選挙のときに積極的な政治的行動という形で現われないのである。年齢について言えば、最近の調査データを見ると政治離れの程度は若年層が際立って高く、また若年層は政党（一九九三年の連立政権以降に結成された新党も含む）にあまり関心がない。

日本人は、ほんとうに調査データに見られるほど不満なのだろうか。識者のなかにはそうではないと言う向きがあり、論拠を二つあげている。第一は、不満はいくぶん冷笑的だという議論である。それによるとこうなる。田中角栄元首相がロッキード社から一八〇万ドルの賄賂を受け取った罪で起訴され、のちに有罪判決を受けたロッキード事件（一九七六年）の頃、不満の水準は極めて高かった。八〇年代半ばになると、有権者はほぼ通常の状態に戻り、より楽観的になって公官吏、制度、民主政治のプロセスを信用していた。サービス産業企業から政治家への献金が発覚したリクルート事件（八八年）と佐川急便事件（九二年）によって怒りはふたたび高まり、九三年の選挙で自民党は過半数割れとなったが、目下の政治状況が安定すれば、また落着きを取り戻す…。九六年一月の橋本龍太郎首相（社民党を含む自民党主導の連立政権）の支持率が高かったことは、通常通りに戻るという解釈を裏づけている。社会党主導による内閣の九四年の支持率が三〇％だったのに対し、橋本内閣が発足したときの支持率が五四％であったこともまた、こうした見方を後押しする。第二に、不満の大きさについて疑っている人たちは、政治不信は深いものではないと主張する。この議論によると、三八年間の一党支配により、政権の座は安泰だと思っている自民党に有権者が不満を唱えるという行動様式ができた。事実、党および党そのものを意味するようになっている政治制度に対して不満を表明するのは自民党の行きすぎを抑制するこの上なく合理的な方法ではあるが、そのために調査における不満の証拠が疑わしくなる。

しかし、こうした議論は結局のところあまり説得力がない。不満の水準は戦後一貫して高かったため、「循環」しているという解釈は疑わざるをえない。さらに、不満や不承認を知らせることがほんとうに一党支配における有権者の戦略であるなら、一九九三年以降、とりわけ有権者自身が求めていた改革後、政府に対する信頼は回復してもよさそうなものだ。ところが［図10・1］に示されているように、そうした上昇は見られず、不満は減るどころか新たなターゲットに広がっているようだ。最後にもうひとつ、特定の内閣の支持率が比較的高くても、それは国民が政治に満足しているという証拠ではない。この点に関して注目すべきなのは、九六年五月二九日に発表された調査で橋本内閣全体の支持率が五三%であったのに対し、橋本首相を信頼しているという回答は二一%しかなかったことである[14]。

日本人が政府への信頼や不信を表明していても、それは深い見解を示すものではない、と懐疑派は言いたいのである。だが、国民は政治の質をかなり重要視しているという十分な証拠がある。一九八七年に行なわれた調査で、政治を良くすることが自分自身の生活と関係があるかと尋ねたところ、六五%が関係あると答え、あまり関係ないという回答はわずか一四%だった[15]。日本では、国全体に目を向けるようになっている高学歴の有権者が今、より多くのものを指導者および民主主義に求めているという圧倒的な証拠がある。

日本の民主主義は異質か

では、日本国民のあいだで不信感が強いのはどう説明すればよいのだろう。日本人の不満は欧米諸国の場合とはまったく違う意味があり、日本の民主主義そのものに基本的な不都合があることを示しているという説がある。二〇年以上前、日米欧委員会による先進国の健全性についての報告書は、日本を米国とヨーロッパと比べて遅れていると見なした。日本人は他の先進国と比べて政治に対する態度がいささか積極性に欠け、効果を生じさせることができないため、日本の民主主義は少々脆弱だとされた[16]。一九八〇年代末以降、日本は西洋的ではなく特異だとするいわゆる日本異質論の出版物が相次いでベストセラーになり、ジャーナリストのカレル・

ヴァン・ウォルフレンやジェイムズ・ファローズは日本の民主主義のあり方に疑問を呈した[17]。しかし、こうした結論は調査データによって裏づけられていない。それどころか、この数十年間の市民文化における変化についてのデータは、民主主義に関連する価値観の受容が着々と進んでいることを示している。日本ではたとえば、人びとが戦前のように権威を敬う気があるか、それともより参加型の立場をとるかがひとつの重要な指標となる。明るい選挙推進協会が収集した五〇年分のデータには、指導者に任せたほうがよいという考えを一般市民が着実に捨ててきていることが明らかになっている。一般市民は昔とは比べものにならないほど、指導者がすることをただ受け入れるのではなく積極的に(「自分たちで話し合って」)政策を選択するべきだと思っている。同様に、戦前の日本における権威の上意下達方式のなごりで、戦後すぐの世代は投票を権利ではなく義務だと見なした。だが、今の若い日本人のあいだでは、投票は圧倒的に権利だと見なされている。たとえば、ある調査で二五~二九歳の人たちに投票について尋ねたところ、五七%が権利だと答え、義務だと答えたのは三五%しかいなかった[18]。この点においては日本の民主主義は成熟し、かつて言及された遅れはほぼなくなった。それどころか、九〇年代に不満が高まったとすれば、皮肉にも、その面でも日本は他の先進国に追いついてきているのかもしれない。

経済的不安が原因か

先進国において政治への不満が募っていることについて、経済の混乱とそこから生じる経済的不安感に原因があると見る向きが多い。経済的病弊には、多くのヨーロッパ諸国の慢性的失業から、二〇年以上つづいている米国の実質賃金の低下まで、いろいろある。日本にもそれなりの経済問題があり、一九九一年に戦後最長の景気後退が始まってからは特に目立つようになっている。だがそれ以前にも、経済がわずかながら下降していることを示す兆しはあった。以前から日本は、国民の圧倒的多数——一九七〇年以降は九〇％以上——が自分は中流階級だと思っている社会だが、その中流階級のなかで**相対的な**豊かさの感じ方が微妙に変わってきた。総理府が定期的に行なっている調査にこうした変化のあとが見られる。六〇年代の高度成長期から、高度成長の恩恵が浸透して人びとが繁栄を享受するようになるにつれ、自分は中流階級の「下」ではなく「中」だと思っていると答える日本人の割合が徐々に増えてきた。だが八〇年代に入る前にこの傾向は逆転しはじめ、特に八〇年代後半のバブルの時代に土地や株の価値が高騰すると、資産のある人とない人のあいだで格差が感じられるようになった。自分は中流階級の中だと思っている人の割合は七九年の六〇・六％から九二年には五三・六％に減り、その一方で中流階級の下だと思っている人は二一・二％から二六・二％に増えた[19]。これら二つのグループの所得格差は小さく、いちばん違っていたのは住居の広さで、中流の下だと思っている人たちが五〇平方メートル未満だったのに対して中流の中は七五平方メートルだった[20]。人びとの相対的な満足感が政府や指導者を評価するときに関係するのであれば、こういった比較的小さな変化は潜在的に重要である。

とはいえ、日本人の認識における他の面から見て、こうしたそれほど大きくない変化を大げさに考えてはならない。期待感を評価するとき、決定的な要因は以前がどうだったかということと将来どうなるかということだ。一九九五年の国際ギャラップ世論調査によると日本人は、対象一七カ国中の一四カ国の国民と同じように（だが興味深いことに、残りのアジア三カ国とは違って）次の世代の時代が今より良くならないで悪くなると思っている人のほうが多く、将来について悲観的だった[21]。だが日欧米の国々のなかでは、次の世代は悪くなると答えた日本人は五八％で、ドイツ（七〇％）、カナダ（六四％）、英国（六三％）、米国（六〇％）の国民ほど悲観的ではなかった[22]。さらに、今の世の中は親の世代が育った時代と比べてどうかという問いには、日本人の回答は米国人とはまったく違っていた（次次頁［表10・4］を参照）。将来がさらに豊かな時代になるとは思っていないとしても、日本人にとって今の生活は親の世代が育ったときに経験した困苦欠乏から見ると大いに向上している。こういう視点は米国人には少ない。いずれにせよ、日本に固有の不満は、経済的な生活状況が飛躍的に向上した五〇年代から八〇年代にかけてなくならなかったばかりか高まっており、経済的要因が政治不信の主な原因だというのは疑わざるをえない。

「映像による正当化」対テレビ政治

最近の研究は、メディア特にテレビが国民の信頼感に悪影響があるという説を強調するものが多い[23]。世界有数のメディア大国で不信のレベルも高い日本は、その真相のほどを調査するのに格好である。日本は国民一人当たりの新聞発行部数が世界最高で、米国の二倍以上にのぼる[24]。事実、ある主要な国際調査によると、一九六〇年代でさえ日本人はメディア消費者として米国人を上回っていた[25]。今日、日本人の五九％が一日二時間以上テレビを見ており、それに対して米国人は五三％だという調査結果がある[26]。さらに、日本には膨大な部数を誇る日刊の全国紙が五紙もあるにもかかわらず、日本人は他の国の人たちと同じように政治に関する情報を新聞ではなくテレビから入手することが多い。

しかし、日本のメディアが他の国と同じように作用し、同じような影響をもたらしていると推測する理由が見あたらない。たとえば、いくつかの国で見られる状況とは対照的に、新聞は日本では警察、検察、病院とならんで最も信頼されている制度のひとつである（次頁の［表10・5］を参照）。そして目下、多くの学者が国民の政治離れと不信の原因をテレビに見出そうとしているが、日本では新聞が独自のシニシズムと国民の政治離れを促したのではないだろうか。戦前の検閲制度と国家目標の強制的支持への反動として、主要新聞は方針として候補者を支持せず、まったく中立の立場を保っており、権力の座にある政府に対する厳しい批評家のようになった。

[表10-4] 昔と比較した現在についての国民の意識
「今の世界は親の世代が育った世界と比べてどうか」

	良くなっている	悪くなっている	同じ
日本	60%	23%	13%
ドイツ	46	25	24
フランス	43	40	16
英国	36	45	9
カナダ	35	46	16
米国	35	52	10

情報源：1995年4月（フランスは5月）実施のInternational Gallup Poll。「意見なし」の回答は除外。

[表10-5] 5カ国における制度への信頼
「次の国内組織と国家制度のうち、どれが最も信頼できるか」

	日本1993年	日本1995年	米国	英国	ドイツ	フランス
首相・大統領	9%	3%	29%	8%	17%	23%
国会	6	6	14	11	17	18
警察と検察	27	42	22	31	26	19
裁判所	30	29	12	15	24	20
軍	6	10	25	36	19	18
教会・寺院	8	10	59	21	20	18
中央政府の部局	4	4	9	3	16	9
地方政府の部局	–	9	16	11	16	16
学校	14	17	32	26	23	41
病院	21	35	40	26	35	46
新聞	34	34	13	7	11	11
テレビ	15	16	12	12	9	7
大企業	2	2	7	5	6	8
労働組合	5	5	14	12	17	18
特になし	25	14	16	26	29	14

情報源：1995年6月22日付の読売新聞。1995年5月のギャラップ読売共同世論調査から。日本の1993年の調査は、7月に衆議院選挙で自民党が過半数割れしたあと、9月に実施。

このように、ヨーロッパでよく見られるような特定の党派の政策や指導者への肩入れ――これが政党への強い忠誠をかきたて、読者を行動へと駆りたてることがある――は、日本では日本共産党の機関紙「赤旗」と小規模メディアを除いて見られない[27]。

メディアが国民の信頼感におよぼす影響はさらなる研究が待たれるところだが、これまでの調査では結果はさまざまだ。スコット・フラナガンは一九七六年のデータを利用して行なった調査において、メディアにさらされることによって、(一)国民の政治についての知識と情報を選挙のときに情報に基づいた選択に転換させる能力が増し、(二)問題点についての認識、政治への関心、人と政治について議論する可能性が高まり、(三)党が競争するようになるのを促し(その意味では自民党の一党支配には逆風となり)、(四)党指導者と全国的な(地方のではなく)問題点が目立つようになった、と述べている[28]。

同じように最近、少なくとも候補者のテレビ報道について、メディアのよい影響が指摘されることがある。日本では、法律上の制約があったためにテレビが選挙運動に多く利用されるようになったのは一九九三年の選挙からで、候補者はテレビのトーク番組や娯楽性をもたせたニュース番組などの機会をとらえて注目を浴びるようになった。選挙運動といえば過去も現在も個人主義的なネットワークが基盤になっているような国では、テレビ――特にトーク番組や討論――は、これまではなかった形の候補者を知る機会を有権者に提供し、国民を政治に近づけ、政治への関心が高まるという説がある[29]。その通りであれば、テレビを含むメディアは、政治への関心と参加を拡大させるものだということになる。

だが、この結論に疑問を投げかけるような証拠がある。エリス・クラウスが最近の調査において示しているように、戦後の大半を通じてテレビニュースを主に提供してきたNHKのニュース報道は、国を権威ある遠い存在として描写することが極端に多い。官僚や公式発表を無視して人物、政治が汲み上げるべき意見、争議などを取り上げる米国のテレビ報道と比べて、NHKニュースは行政国家であることを強調し、国を争議の管理者として描写することが多い[30]。これによって起こるのは「映像による正当化」[31]であるが、もうひとつ、容易に想像できるのは事なかれ主義を促すことである。それに加え、新聞および放送記者が情報源と密接な関係をむすぶ日本の記者クラブ制度と、主要新聞にそれぞれ系列のテレビ局があるという所有の形態は、報道内容を制約するものである。その結果、国民の言論活動を制限する「情報のカルテル化」が起こっていると一部で言われている[32]。

同様に、諸外国で大いに研究されている問題の徴候が特に近年になって現われるようになった。異常な事件が起こったときに見られる日本のテレビのニュース報道は、米国と変わらないほどの飽和状態である。一例をあげると、一九九五年三月の地下鉄サリン事件と、事件にかかわったオウム真理教の信徒の捜査や教団代表の裁判に関するテレビ報道は、米国のO・J・シンプソン事件のときのように娯楽性のあるドラマ仕立てのニュースや教訓話へと膨れあがった。一九九五年三月二〇日から六月半ばまで、五〇〇時間を超えるオウム関連の報道に視聴者はテレビにくぎづけとなり、他の社会・政治・経済ニュースはわきに押しやられてしまった[33]。テレビのオピニオン・ジャーナリズム（日本の場合は、主に娯楽性をもたせたニュース番組のアンカー兼タレントによる）も増えてきており、これには国民の怒りをかきたてるだけで、問題を真剣に考えるには役立たないという危険がつきまとう。

今日のメディア、特にテレビが政府や指導者――そしてまわりのコミュニティとの絆――に対する一般市民の信頼にどう影響するのかは、さらに研究調査されるべきテーマであり、日本は格好の舞台である。全体的に見ると、日本の新聞とテレビ（特にＮＨＫ）は行政国家への支持を促し、それによって――最近まで――国民の官僚への信頼を後押ししたが、それと同時に満たされていない政治の質への欲求と期待を起こさせたため、政治家と政治への不信が生じたと考えられる。テレビが戦後の政治に対する不快感の犯人だという見方は、日本の場合は極めて疑わしい。テレビを長時間――一日三時間以上――見ている日本人は二〇年前と比べると減っており（米国と比べても少ない[34]）、それに政治不信はテレビの普及よりかなり前からある。そうはいっても、なぜ不信がこのように募ったままなのか、そしてなぜ新たなターゲットにまで広がっているのかを説明するには、テレビは無関係ではないようだ。

結論

言うまでもなく、日本を見れば、先進国のあいだでこれほど不満が広がっている理由がすべてわかるわけではない。だが日本の経験と事例は、ワシントン以外には通じないような説明に満足することを思いとどまらせ、それと同時に他にも探究の道があることを教えてくれる。日本では学術的な活動がいくつか進められており、この論議に大いに貢献するものと思われる[35]。

一九六〇年代の驚嘆すべき経済成長期を通じて、そして国の豊かさが浸透してきて個人の生活が向上した七〇年代も、さらには好況期が大半を占めた八〇年代も、日本では一貫して不満の水準が高かった。政治や政治家に対する国民の感情は経済の不調にいちばん大きく左右されるとすぐに思いたがる人は、これを見ると再考せざるをえない。日本のロッキード事件と八〇年代末から次々と明るみに出た汚職事件は、ウォーターゲート事件と同じように、重大な分岐点となるできごとが――ここにきて飽和状態のメディア報道によって重大性が嵩上げされて――政治に対する国民の態度が次世代に向かって形成されるのに大きく影響しうることを示している。同様に、不満と指導者への不信が何十年もつづいているのを見ると、政府が信頼されなくなったのは冷戦の終焉といった最近のできごとのせいだという説が疑わしくなる。

ニュース報道さえ「肯定的」になれば政府への信頼が回復するかもしれないと思っている人には、日本では「映像による正当化」と政治不信が共存していることが参考になる。その一方で、テレビ政治が政治不信にどう影響するかはまだ明らかになっていなくても、日本における新聞の中立性と印刷および放送メディアのニュース報道の「カルテル化」から見て、テレビの娯楽性をもたせたニュース方式やオピニオン・ジャーナリズムの台頭は、政治の情報と関心を拡大させ、政治を一般市民にとって身近なものにする可能性がある。

日欧米委員会の大半の国より民主主義の歴史がはるかに短い日本に不満が見られることは、脱工業化時代の不快感が決して西欧諸国だけのものではないことを示している。日本における国民の不信感の特徴と原因を、他の国と共通するものと異なるものに分けて整理することは、この問題全体の解明につながるはずだ。

新たな統治方法へ向けて

ジョセフ・S・ナイ・Jr.
フィリップ・D・ゼリコウ

ジョン・F・ケネディ行政大学院の准教授（公共政策）で、「二一世紀の統治のビジョン」プロジェクトのディレクター。最新の著書 *Germany Unified and Europe Transformed: A Study in Statecraft* は賞を受賞した。

現代生活は「いずこも複雑だが、米国は特に複雑である。多くの国からの移民、国内の移動性の高さ、社会的変化に歯止めをかけるような既成の階級やカーストの欠如、新しい機械に飛びつく傾向、豊かな天然資源、圧倒的な推進力などによって、フロンティアの時代から現代の信じられないほどの混乱へと目まぐるしくせきたてられてきた」。これは大統領の社会動向委員会が米国社会を四年にわたって調査して到達した結論の一部である。

委員会はさらに、米国は「複雑な社会構造の要因が互いに依存しあっていること」を理解し、国の発展の新時代に向けてそれらを調整するという「未解決の問題」に敢然と立ち向かわなければならないことも指摘している。委員会の報告書で、「必要な基本的制度を素早くうまく作り直すこと」ができた戦時中に言及した箇所には、郷愁が少なからずにじみ出ていた。

この委員会の意見には、こんにち広く見られる見解が反映されている。事実、こうした見解は今、この報告書がハーバート・フーバー大統領の委員会によって発表された一九三三年当時と同じくらい広く見られる[1]。

報告書には、知識人にも一般大衆にも幅広く共有されていた深い不安感が表われていた。「騒然としていて、さまざまな人間、問題、考え方に満ちた新しい社会が誕生したという感覚は、大企業、消費者主義、新しい技術がニューエコノミーを創出させているという意識と同じくらい広まっていた。どういうイデオロギーの持ち主であれ、考える人も実行する人も、この圧倒的な社会的現実に対処しようとした」[2]。その後の数十年間、政府は新しい社会の課題におおむねうまく順応した、と大半の米国人が思っていた。世論調査では、連邦政府は大半の場合ないしいつも正しいことをすると信じている、という回答が大多数を占めていた。

米国民の大多数は、もうそうは思っていない。新しい社会の変動にともなって、連邦政府への不満が広がった。政府は手を広げすぎていると思っている人が大勢いるかと思うと、それに劣らない数の人が政府はするべきことをしていないと思っている[3]。政府が何をしても、国民にはそれが正しいとは思えない。もっとも、考える人も実行する人も対処しようと努力している。このプロジェクトおよび本書に参加した学者は、先進国における統治の現状に不安を感じている。序論で明らかにしたように、本書はより大きな研究計画に向けた第一歩として、政府に対する国民の不信と不満という、最も明白な不平のもとを検証している。

各章に引用された証拠の多くは世論調査によるものだが、本プロジェクト（ならびに本書）は本来、調査に関するものではない。調査は単に、政治に関する国民のより複雑な意識の現われを観察する手段にすぎず、その国民の意識自体、新しい世紀の任務に適応していく民主的統治の一部を分析するものでしかない。生憎なことに人びとの意識がどのように行動に移されるかについて自動的に生成される物差しはないに等しいので、まず得られた一応の結果である調査に頼ることになる。序論で述べたように、尋ね方によって答えは違ってくるし、それにサンプリングをいくら科学的に行なっても世論調査の状況に影響されることがある。世論調査が調べようとしているのが信頼度のこともあれば、信任度や満足度のこともあるからだ。

そういうわけで、たとえば報告された信頼の絶対的水準には疑いを抱いている。最も重要な調査のひとつ（全米選挙調査）では長いあいだ、「あなたが米国政府は正しいことをしていると信じられるのは、いつも、大半の場合、ときどき、のどれですか」という質問をしてきた。連邦政府が「いつも」正しいことをすると信じている、と答える人はまずいないはずだ。「ときどき」という回答は、ふつうは相対的な不信の表明として扱われるものの、政府を信頼していることには違いない（それに活動分野によっては仕事ぶりを非常に信頼していることもあるだろう）。そこでたとえば「大いに」に「ときどき」を足してみると、連邦政府の議会と行政府は、国民の六〇％から何らかの承認を得ていることになる[4]。

だが、簡単に退けることができないのは、これと同じ質問に対する答えが一貫してかなり大きく下方に向かっていることだ。こうした傾向は三〇年間、一九八〇年代初めと近年にいくらか揺れ動いたものの、大半の制度について米国のどの世論調査にも見られた。この点は、フォーカスグループの結果も同様である[5]。同じような下降傾向は、他の先進国にも見られる。明らかなのは、調査するときの尋ね方や調査の背景に影響するような一時の流行以上の何かが起こっていることだ。そのうえ、いくつかの行動――投票率、党員数、七〇年代の納税者の反乱や今の任期制限運動――は、政府への信頼の問題が一時の流行やずさんな調査の影響ばかりではないことを示している。

本書は、他の国の状況にもいくらか注意を払っているが、主に米国の中央政府に焦点を合わせている。この本は三部で構成されている。まずは一歩下がって、政府の領域、さまざまな物差しによる政府の目に見える業績、その業績が米国民にどのように認識されているかといった既存の状況を振り返った。それが第一部だ。次に第二部では、こうした状況について、社会・経済・政治の面から主要な説明をいくつか試みている。最後に第三部では、米国、ヨーロッパ、日本の政治に対する国民の意識に関するデータを関心のある向きに精査して提供している。

ゲイリー・オレンの第三章とロバート・ブレンドンたちの第八章は、国民の意識について述べたものだ。政府に対する満足は、政府の業績が国民の期待と比べてどうだったかということだけによるのではなく、国民が業績をどう認識したかということによる。連邦政府は大半の国民にとって日常から最も遠いところにある。そのため、報道機関やテレビによって伝えられる間接的認識に大きく依存することになる。

ブレンドンとオレンが示す否定的な主観的意識は、デレク・ボクが述べている客観的業績と非常に対照的である。ボクは、政府の業績を評価するのに真に客観的、つまり中立的な方法を見つけるのがいかに難しいかを説明している。世論は、この目的には不十分だ。それは、国民が業績について思っていることは、変化する期待感の産物であるからだ。さらに国民の大多数は、政府の業績のさまざまな面についてよく知らないことが明らかだからである。プログラムの成果は評価するのが難しく、意味をなす数字による規準を用いて互いに照応させられない場合はなおさらだ[6]。その代わりとしてボクは、一連の政策分野を取り上げて一九六〇年以降の米国の進展ぶりを示すさまざまな指標を評価し、次にその指標をこれらの政策分野で同じような目標を共有している他の先進国の達成度と比較する。

こうして測ると、米国政府がほぼすべての政策分野において一般に共有されている目標に向かって前進していることがわかる。ボクの物差しで判断すると、業績は、低迷している分野も伸びている分野もあり、この一五〜二〇年間に明らかに悪化したというわけではない。この主張が正しければ、政府の業績が振るわないので政府は信頼されなくなったという単純な説は間違っていることになる。この説はいずれにせよ、他の主要な制度も同時に信頼されなくなっていることの説明になっていない（これらすべての制度においても成果があがらなくなったと証明できれば別だが）。

それと同時に、米国の成績は他の先進国と比べて見劣りがする。六〇を超える共通目標の達成度を比べると、米国は約三分の二の場合が平均以下、半分以上において最低ないし最低に近い。米国の実績が他の先進国より劣っている場合、政府が主な要因のようだが、それは公務員による管理の不手際というより、全般的な政策の選択や構想のせいである。予算のむだづかいがある場合も、悪いのは管理ではなく政策であることが多い。米国の業績の足を引っ張るような外部要因は存在しないため、少なくとも原因の一部は政府の政策とプログラムの形成と実施にあると思われる。

主観的な意見と客観的な業績のあいだに見られる矛盾を説明するのに、拡大している政府の領域について歴史的な視点から見る方法がある。アーネスト・メイは、伝統的に政府には世俗的なことや精神生活に極めて大きな権限があったことを指摘している。何世紀ものあいだ、権力の限界は考え方ではなく実践面においてであった。政府が制限を受けるようになったのは、かなり最近のことである。事実、政府の権限は一七世紀末から一八世紀初頭の英国では他にはほとんど例がないほど制限されており、そのようなときに英国統治の知的染色体がアメリカ大陸の植民地に移植されて定着した。こうした染色体は、米国憲法や権利宣言によって特権を与えられた連邦政府の遺伝子構造において異彩を放っている。

メイは、第一次および第二次産業革命に関連する社会的・経済的変化に反応して、政府の権力がふたたび行使されるようになったことを説明している。第一次産業革命では、政府は民間資本家に新しい形の支援を行ない、拡大する都市の安全に新たに責任を負い、一般市民や労働者のために総合的な学校教育を始めた。第二次産業革命のとき政府は、民間資本家の懸念される力に対する拮抗勢力となって活動を規制・管理しようとした。政府はまた、軍備の拡充によって国家経済を形成するという歴史的役割を新しい形で蘇らせ、さらに社会福祉のため、そして野心的にも景気循環そのものを管理するため、所得を再分配するという新しい役割を引き受けた。二〇世紀には、政府と民間の協同関係によって、または政府が民間を管理することによって、拡張された政府の領域と折り合いをつける努力がなされた。

米国は国家レベルでは、政府の権限の追加分を受け入れるのに時間がかかった。だが、恐慌と第二次世界大戦以降、米国も連邦政府の権力の領域を強化し、国家経済の形成や社会的利益の提供に大きな役割を担うようになった。

メイは統治の領域が拡大したり縮小したりしてきたことを示してから、読者に次の段階がどうなるか考えてみるように促す。情報と情報技術に関連した新しい変化を文化と社会にもたらす第三次産業革命が進行中だとすれば、統治も――かつてのように――それに負けないくらい根本的に変化する必要があるのだろうか。この章の冒頭で引用した、二〇世紀初めの思慮深い米国人たちの言葉を思い出してもらいたい。「目の前の新たな課題にうまく対応しなければならない」。メイの議論は、国民の不満が、流行遅れというか時代に合わなくなった政府の形と関係がある可能性をほのめかしている。特に注意を喚起しているのは、純然たる物質的幸福を重視する近代的傾向から、政府が人びとの道徳や精神状態に口をはさむ昔の考え方に逆戻りしているかもしれないことである。メイはまた、政府が国家経済に采配を振るったり資本家の活動を規制するという昔の考え方が、世界の商業のグローバル化した組織と折り合いをつけられるかどうか疑わしいことを指摘している。

第二部では、不満の原因を探った。第四章でロバート・ローレンスは、一九七〇年半ばから先進国の経済実績が相対的に悪化していることを突きとめた。一部の経済学者は生産性の長期的変化を測定するのが難しいために下落ぶりが誇張されていると主張しているが、ローレンスは悪化しているのは事実で、これには納得できる説明も政策による解決策もないという。どちらにしても、経済成長と生産性が低迷しているという認識はある。こうした状況は、その底にある政府への不満を刺激しかねない。だが、ローレンスは、単純な経済に関する仮説を揺るがす問題が二つあると指摘する。(一) 政府への信頼が薄れはじめたのは、経済実績がまだ良好だった一九六〇年代半ばであること、さらに (二) 政府への信頼は富裕層でも貧困層でも同じように低下しており、経済状態とはほとんど相関関係がないことである。この点は、この二〇年間に情報革命によって所得分配の動向が悪化していることから見て印象的である。勝者も敗者も同じように政府を信頼しなくなっている。

ジェーン・マンズブリッジは第五章で、米国の社会と文化におけるより広範な変化の意義について仮説を立てている。社会問題が増えているなか、マンズブリッジが不安の主な原因として選び出したのは犯罪と貧困児の増大 (そしてそれとつながりのある伝統的家族の崩壊) という関連する現象だ。メイと同じくマンズブリッジも、政府への期待が高まったことに言及している。政府は経済の状態に大きな責任を持つことを主張して聞き入れられた。政府は医療や老齢年金にますます責任を持つようになっている。多人種間および多文化間の同化は政府の仕事になっている。外部の敵に集団的防衛で備えるという昔の任務は、先進国ではそれほど緊急ではなくなったようだ。だから物質的に安定させることと社会が安全であることが優先される。しかし、こうした一般的な期待には、しっかりした一般的な行動様式がともなっていないかもしれない。政府によって確立され保証されている個人の権利と物質的保障の資格に集中していると思われる文化があり、マンズブリッジはそういう文化が懸念されるようになってきたことを示している。

マンズブリッジは、変化する社会的傾向が直接的に政府への信頼に影響する場合と、社会的変化が——高まる期待に応じて統治がいっそう困難になるような問題を生じさせることにより——間接的に信頼に影響する場合を識別している。オレンと同様、マンズブリッジも期待の高まりの重要性を強調し、満足感は業績から直接ではなく業績の期待に対する割合から生じることが多いと述べている。ロバート・パットナムがいう自発的な組織の会員数の減少については、政府が信頼されなくなったことの主因とするには不十分ではないかと結論づける。核家族の減少も、この重大な社会的傾向が政府の関与のせいだとする人たちの場合を除いて、政府への不信の直接的原因ではない。それと同時に、核家族の減少は間接的に教育や犯罪に関連する問題を生み出し、それによってこれら政府のものと思われている任務がいっそう困難になる。マンズブリッジは、社会的変化から発生する政府への不信の多くは、一般市民自身が同時に満たしえない複雑な条件を取捨選択するような制度がないかぎり、解決されないと考えている。

第六章でデビッド・キングは、社会と政府の制度に対する社会全体の希望をつなぐメカニズムとして政党政治を取り上げた。米国民が国民全体で何を成し遂げたいのか決めかねているようでは、政府の制度が国民の望みをうまくかなえられるとは思えない。代わりに、政党制度に歪みが生じるのがおちだ。キングは、政党が有権者以上に変化したという。

米国の有権者では民主党を支持していると答える人が今でもわずかに多数派ではあるが、ニューディール連合が崩壊して南部と一部の北部の白人有権者が共和党にくら替えしたことにより、共和党の支持者は大幅に増えた。とはいえ、一連の問題点によって測定したところ、有権者は政府の適切な領域についてはほんの少し保守的になっただけだ。二年ごとに行なわれている調査で、政府は支出削減のために提供するサービスを減らすべきかどうか尋ねると、約二〇%が削減に賛成、一五%が反対、残りはその中間である。米国民は税の引き下げと政府支出の増大を同時に要求する。有権者の大多数は、無党派と称している人たちも含め、ほとんどの問題点について中間あたりに位置しているが、党の活動家と議会における両党は左と右に偏ってしまった。この柔軟性のない党派心によって妥協することが少なくなり、制度は蝕まれている。だが、キングの重要な所見のひとつとして、熱心な政党支持者――民主党も共和党も――が政府を最も信頼していることが明らかにされている。信頼が薄れたのは、政党が政府と一般市民のあいだの仲介役としての役割を果たさなくなったことと関係がある。

キングが言うように、ニューディール連合の終焉、南部の変化、党への忠誠の低下、連邦議会における徒党的行動の拡大などは、「政治指導層の利益と平均的米国人の選択のあいだに溝が広がっていることを示している」。その溝を埋めるのは第三の党ではない。米国の選挙制度は第三の党が成り立たないようにできているからだ。代わりに溝を埋めているのは、シニシズムと不信である。

第七章でリチャード・ニュースタッドは、変化する社会のニーズを満たすための政治制度の能力を論じている。ニュースタッドもやはり、歴史的視点を採り入れる。不吉な予想はこれまでにもあった。目下の状況に何か目新しいことはあるだろうか。ヒュー・ヘクロが示した主題をもとにして変奏曲を奏でるように、しかもキングの所見と矛盾することなくニュースタッドがあげたのは、(一)米国の選挙のプロセスを変えた技術およびマーケティングの発達、(二)大政党といった昔ながらの政治的制度の構造的衰退、(三)そうした旧来の組織がさまざまな「運動」や単一争点集団による直接的な政治参加に取って代わられ、それによって党などの仲介機関の世論をとりまとめる役割が弱まったこと、そしてメイやマンズブリッジも指摘しているように、(四)あらゆる分野におよぶと思われる近代的な公共政策を求める声である(失望が生じるのは避けられない)。

ニュースタッドは、こうした意気消沈させられるような分析に対し、信頼が低下したことは以前にもあったと振り返る。一九三八〜三九年の苦難、不満の募った一九四六〜四七年、一九五〇〜五一年の行き詰まりについて手短に説明する。だが、こうした昔あった不満の冬は一シーズンだけで、一世代つづいたわけではない。怒りは政府全体ではなく、リーダーだけに向けられていた。今では政府に対する不満はより長期的で、より深いように思われる。その理由としてニュースタッドは、経済状態が悪化したことをあげる。六〇年代に不満が募ったことは、大きく「ベトナム」のひとことで括れるさまざまなできごとと関連させて説明できるが、その原因がなんであれ、不信がつづいているのはローレンスが述べている長期化した経済の低迷のせいではないかとニュースタッドは考えている。

だが、ここでニュースタッドの見解は、世論調査によると政府への信頼は異なる人口統計上のグループや所得層のあいだでもあまり変わらないというローレンスの所見と違ってくる。ニュースタッドは、不安に満ちた有権者の一部、中流階級もしくは労働者階級に不満が最も集中しているようだという。より豊かな有権者はこれまでも政府により不信感を抱いており、イデオロギー上の選択がベトナムやウォーターゲート事件の余波のなかで金銭的なことより重要になってきたのかもしれない。もしそうなら、これも個人的な経験より一般的な認識のほうが影響力のあった例のひとつとなる。さらなる説明として、この三〇年間に教育水準が高くなったことがある。より良い教育を受けたより豊かな有権者が、時とともに眼がこえて懐疑的になったのかもしれない。とはいえ、この段階では一般に受け入れられている見方はなく、謎は解けないままである。

政府に対する国民の不満が募ったのは、これらの経済的・社会的問題を解決すると約束したのに果たせなかったからだとニュースタッドは主張する。ここでもまた、大きな役割を演じているのは期待感である。政治家は選挙で敗北することを恐れてあれこれ約束するものの、果たすことができない。そこで自分が代表している政府の制度を攻撃する。これにはメディアが重要な役割を演じていると思われる。メディアは国民が耳にする政治に関する見方の大半を提供しており、その見方はこの三〇年間にますます否定的になってきた。過去の経験は米国の民主主義について不吉なことを思い設ける必要はないと告げているものの、ニュースタッドも他の執筆者と同様、大いに心配せざるをえない理由を見出している。

本書は主に米国に焦点を合わせているが、他の先進国における国民の意識には学ぶべきものがある。たとえば、スーザン・ファーによる日本に関する第十章には、政治家に対する不満が戦後ずっと高かったとある。最近になって、かつて尊敬されていた官僚にまで不満が広がった。それと同時に、日本では統治制度としての民主主義は依然として信頼されており、信頼度は高まっているほどである。この第三の局面——制度としての民主主義への信頼——において、米国と日本は似ている。政治のリーダーや制度についての意見では、日本は戦後一貫して指導者への信頼が低迷し、最近になって官僚が信用されなくなったところが米国とは異なっている。

指導者に関する日本のデータの際だった特徴は、圧倒的かつ首尾一貫しているところにあるようだ。中央政府の政治指導者に対して、いくつもの尺度においてこれほど長期にわたって著しい不信が表明されてきたのは、先進国では他にはイタリアしかない。興味深いことに両国とも、一政党が何十年も中央政府を支配している状態で戦後の占領と冷戦の開始から浮かび上がってきた。さらに両国とも、経済状態は良好であったにもかかわらず指導者への不信感が高まっていった。

日本が戦後政治の発展において独特の道を歩んだことには多くの理由があるが、結果から見てひとつの政治的仮説が浮かんでくる。日本国民がこれほど政治家に不満なのは、日本の政界の上層部が（イタリアの政界と同じように）腐敗しきっているとずっと思われてきたからではないか。ファーは、国会議員の反応ぶりと道徳観念について日本国民が並はずれた嫌悪感を抱きつづけてきたことを実証している[7]。オレンによると米国民も政府と指導者が一九六〇年以降、腐敗してきたと思っているが、日本（そしてイタリア）の状況はそれよりはるかにひどい。日本については課題がもうひとつある。最近になって不信感が官僚制度にまで広がったのをどう説明するかという点だ。九〇年代の大きな変化として、日本の景気後退の長期化がある。経済に関する不安と醜聞が、以前は少なくとも日本の経済的成功の立役者として評価されていた制度に敬意が払われなくなったことの大きな原因だと思われる。

ロナルド・イングルハートによる第九章では、一九八一年と九〇年の調査で対象となった国々に目を向けている[8]。イングルハートは、繁栄と安全が確保されると、個人が自主性をもち、権威に服従しなくなるといった「ポスト物質主義者」的価値観が促されるが、これは政治参加が減ることや疎外を意味するのではないと主張する。意味しているのは、先進国では既成の制度に服従しなくなるということである。四三カ国で行なわれたワールド・バリューズ調査によると、低所得国の人びとのほうが先進国の場合より権威を躊躇なく受け入れる。したがって、先進国における統治のほうが少なくともある意味ではより難しいかもしれない。

西ヨーロッパは複雑な様相を呈しており、調査の質問は米国とは違うものがしばしばあった。欧州連合（ＥＵ）諸国では、「民主主義のあり方」に満足しているという総合的評価は景気循環とともに高下する傾向が見られた。イングルハートが指摘しているように、一九七〇年代初めと八〇年代初めの景気後退期には「不満」だという評価が「満足」だという評価とほぼ並び、九〇年代初めの景気後退では否定的な評価が初めて肯定的な評価を上回り、それが九四年までつづいた。だが、イングルハートが提示しているデータの先を見てみると、九四年には不安定な均衡状態に戻っている。ここ何年間か、EU諸国では政府に満足している人としていない人の数はほぼ半々である[9]。

ヨーロッパにおける満足感の低下と経済業績の相関関係を証明しようとすると、ローレンスが米国の世論調査データについて遭遇したのと同じような問題が生じる。ローレンスは、政府への信頼に関する米国の世論には所得層による差がほとんど見られないため、経済説はぐらつくと主張した。ヨーロッパの調査データでも、中流の下の層の満足度がいくらか低かったのを除くと、自国の民主主義への満足度は所得層が異なることによる差がほとんどなかった。

ヨーロッパ諸国の意見もやはり、信頼度の高下の原因について即座に一般化できないほど、さまざまである。EU諸国の制度に対する信頼について一九八一年と九〇年に実施された調査を比べると、軍、警察、法律制度、国会、公務員への信頼は全体的に低下していた（教育制度は公共の制度のなかでは例外）。十分なデータのある一一カ国のうち、行政機関に対する信頼は六カ国（ノルウェー、スウェーデン、ベルギー、フランス、イタリア、スペイン）で低下し、四カ国（ドイツ、アイルランド、英国、オランダ）では高くなったものも低くなったものもあり、デンマークでは高まった。民間機関も同じようなものだったが、大企業は例外で、（四一％から五〇％へ）九ポイント上昇している[10]。

デンマークはまた、ユーロバロメーター調査における民主主義の機能に関する質問でも際だっている。一九九六年三月、デンマーク人の八三%が自国の民主主義の機能に満足だと答えており、同じように答えたイタリア人は一一%にすぎなかった。西欧の意見はこのように、有益な謎を投げかけている。動向のなかには米国の場合と似ているものもあり、特に政党離れはそうだ。なぜ一部のヨーロッパの国と制度が他より国民の満足を獲得もしくは維持できたのかについて理解を深めることができれば、新たな見識を得る貴重な機会となる。

説明の問題点

本書の各章は、米国で政府が信頼されなくなったことが経済的・社会的・政治的行動に関係する複雑な現象であることを示している。説明が一通りしかないとは考えられないものの、下草をできるだけ刈り込んで、解決策を構築するための木材となる最良の木を識別できるようにする必要がある。因果関係をよく理解しないことには、解決策は無価値または逆効果になることさえある。序論では、提示されたさまざまな原因とあげられた一応の証拠を概観した。多くの仮説のうちどれを刈り込むかを選ぶにあたって、五つの基本となる基準を提案したい。

一 タイミング

納得のいく説明は、反応の開始時期や持続性と一致していなければならない。たとえば、冷戦の終焉は外部の脅威を取り除いたことによって不信の問題を悪化させたかもしれないが、この反応が一九六〇年代に始まって持続していたことの説明になっていない。ベトナムとウォーターゲートのせいだという説明は、始まった時期についてはぴったり合っている。オレンが示しているように、一六%という最大の落ち込みは七二年から七四年に起こっているからだ。だが、持続性とその後の変化の説明にはなっていない。これらを救うには補助的な仮説が必要だ。ニュースタッドがひとつ、七四年以降の経済の減速という仮説を提案している。だがこれだけでは、ベトナム‐ウォーターゲート説には不十分だ。同様に、ローレンスが示しているように、すべてを経済の減速と賃金の締めつけで説明する単純な経済的仮説もまた、信頼低下の始まりを説明するには一〇年ほどずれている。あとで見るように経済状態は影響してはいるが、少なくとも単純な形では説明として十分ではない。

別の補助的な仮説でベトナム‐ウォーターゲート説を強化するのに使えるのは、一九五〇年代と六〇年代初めに政府を正当化していた「冷戦リベラリズム」という総意が、ベトナムによって崩れたという主張である。ブライアン・ボローは、「六〇年代の社会運動によって地ならしされた、ベトナム戦争とその両極端の理由づけに対する手厳しい批判によって、冷戦リベラリズムのもつ結束のもとが破壊されてしまった。米国民は今でもそれを探しつづけている」という[11]。これなら、事後いつまでたっても不信が残っている理由が理解できるし、これでレーガン政権の初期に見られた回復がいくらか説明できるかもしれない。

二　他の制度

政府だけでなく、他の制度も信頼されなくなったことを明らかにするものでないと、納得のいく説明とは言えない。この現象が普遍的であることに気づかないのは、インフレで物価が高騰していることに気づかないで、車の価格の上昇を自動車業界の事情で説明するようなものだ。このように、政府への信頼が薄れたのは領域が大きくなったから、または業績が振るわなかったからというのは一見もっともらしいが、これらはブレンドンやキングが示している世論調査のデータや、ボクによる業績の評価によって実証されたものではない。だが、たとえこれらの評価がまちがっていたとしても、領域や業績のせいだという説は、同じように信頼されなくなった他の制度も領域を広げすぎたか、または業績が大きく落ち込んだことが証明されれば別だが、より一般的な理由によっても疑わざるをえない。とはいえ実際のところ、反政府および反企業感情は一九五〇年代から八〇年代に高まり、この時期の前半は政府のほうが少しましで、後半は企業のほうが少しましだった[12]。

三　経験の有無による格差

納得のいく説明であるには、人が個人的経験から言っていることと全般的な意識との格差にも対応していなければならない。経験と意識は、さまざまな分野で食い違っている。多くの人は、公立学校制度を信頼していなくても、地元の学校は好意的に見ている[13]。連邦議会を信用していなくても、地元選出の議員には好意的である。一九七〇年代に実施されたある調査では、信頼が急降下していたとき、「連邦・州の政府機関と直接に接触した人は〈官僚との出会い〉に満足していた…こうした見解は政府機関の全般的な評価と大いに対照的であった」[14]。ダニエル・カッツは、人間の認識は実際的な経験に基づいたレベルと、もっと一般的なイデオロギーのレベルの双方で作り上げられるという。だから多くの人が自分の個人的な状況は良好だと言いながら、国の趨勢については悲観的な見解を示すのである。この解釈は、ローレンスが報告している非常に奇妙な点の説明になるかもしれない。それは、経済的に潤っている人も苦しんでいる人も政府に対する見方が変わらないことである。恵まれている人は、個人的経験以外の情報に基づいて全般的に判断している。同じように、経済の減速、賃金の締めつけ、グローバル化、中流階級の解雇などが間接的に政府への信頼に影響をおよぼしている。

個人的経験からでないとしたら、人びとは政治や政府に関する情報をどのようにして入手しているのだろうか。ブレンドンたちが示しているように、七二%が個人的経験や友人より、主にメディアに頼っていると答えている。自己申告の行動には注意を要するものの、シーモア・リプセットとウィリアム・シュナイダーは一〇年ほど前、『信頼の溝』において「制度への信頼は個人的というより社会的な判断のようだ」と結論づけている。国の状況について、主な情報源はマスメディアである[15]。トマス・パターソンたちが示し、オレンが第三章で主張しているように、メディアの役割は制度への信頼が薄れたのと同じ頃に変化している。おおよそ一九六〇年代からである。報道機関もテレビも、報道がより押しつけがましく、否定的で、編集するようになった[16]。連邦議会の事情に通じている人たちが議会ではこの三〇年間に腐敗が減ったと言っているのに、国民は議会の腐敗が増えたと思っているのはそのためである[17]。また、ニューヨーク州レビットタウンの場合のように、犯罪発生率は減少しているのに住民は増加していると思い込んでいるのもそのためだ。もちろん、制度が信頼を失ったことをすべてメディアのせいにするのはあまりにも単純すぎる。たとえば、レーガン政権の初期にはメディアのアプローチは変わっていないのに信頼が増している。とはいえ、この点は、政府を含むさまざまな制度について経験の有無による格差を説明するのにメディアが重要であることを示している。

四　二カ国以上にわたる変化

米国で起こっていることは外国でも見られるので、米国だけが特殊だというような説明は疑ってかかる必要がある。これが米国の伝統的な意識の循環だというなら、なぜ他の国でも起こっているのだろう。たとえば、日本にはジェファーソン主義的な伝統はない。政府に対する意識は、相対的に豊かな民主主義国間、さらに先進国と途上国のあいだに違いがあるが、大半の先進民主主義国では共通する傾向がある(たとえば、政党離れ)。こうした傾向には、抽象概念のレベルでは第三次産業革命と関連する社会的・文化的結果と一致しているものもある。情報革命の先頭を走っている米国には、他の先進国よりいくらか早くこうした影響が現われていると考えられる。情報革命の特徴は、まずテレビによる幅広い対象向け、最近ではケーブルやインターネットによる限られた対象向けというように、情報伝達が技術によって変化することだ。これの意味するところはまだ全面的にわかっていないが、現われてきた影響を多国間調査で調べるべきである。

やはり二カ国以上にわたる説明として、先進国で長期にわたって権威が失われていて、特に一九六〇年代の「若者革命」から加速していることがある。こうした反応は国境を越えたものなので、多くの国に通じるような説明にいっそう頼ることになる。

五　変則

社会科学で自明のことは、変動を不変のもので説明できないことだ。納得のいく説明であるには、国による違いだけでなく、米国の制度における変則的なものについても明らかにできる必要がある。そうした変則的なもののひとつに、湾岸戦争で成果をあげる以前なのに、軍への信頼が増したことがある。これを愛国的な活動における軍の役割によって説明する向きもある。だが、これは不変のものである。ひとつの説として、軍は大きくて官僚的であるにもかかわらず、麻薬の不法使用や一九七〇年代の人種問題といったやっかいな社会問題にうまく適応した制度だというのがある。別の説には、メディア仮説と同じように、軍は新兵徴募広告を通して売り込みができる数少ない政府部門だというのがある。この説は、嫌われていた徴兵制度が七〇年代に廃止されたことと時期的にぴったり合う。この二〇年間、これほど一貫して肯定的な広告を打ちつづけられた政府機関は、郵便局を除いて他にはなかった。

変則的なものは謙虚な気持ちを起こさせる[18]。仮説にとっては試練となる。それに、新しい研究計画の刺激剤となる。

コメント
領域は3％から20％拡大したが、最も伸びたのは人気のあるプログラム（社会保障、医療保険制度）。他の制度の説明にならない。
文化的問題については見解が分かれる。環境および安全規制は人気。40％が「干渉しすぎる」と回答。他の制度の説明にならない。
81％が「むだが多く、非能率」というが、デレク・ボクは全面的に悪化していないと反論。他の制度も信頼されなくなったことの説明にならない。
最大の信頼低下は1964～74年。
開始とは合致するが、長期性を説明するには補足的仮説が必要。すべての制度に影響する可能性。
1950年代が異常に高いようだ。すべての制度に影響する可能性。
開始の時期と合う。保守連合が伸びたことを説明。他の制度の説明にならない。
時期および長期性に合致。エリートとの距離ができる。
開始の時期および長期性に合致。他の制度と適合。
増大の証拠はほとんどないが、認識が高まり、ベトナム、ウォーターゲート、余波の影響。
失業とインフレによって変動があるが、開始の時期が合わない。
勝者と敗者による差異が見られない。
全体のムードに影響するが、影響は間接的で時期についてはあいまい。
経済と情報通信の変化を説明しているが、直接的な因果関係があいまい。他の制度と多国間に適合。
証拠は論争中。政府との因果関係があいまい。
開始と長期性について時期的にだいたい合っているが、因果関係がやや間接的。他の制度や国との関連があいまい。
あらゆる制度と国に当てはまる。ただし、すべてを説明するものではない。

[表11-1] 政府に対する信頼の低下に関する当初仮説

仮説	評価
1. 領域が急速に拡大しすぎた（GDPから見て）	低
2. 領域が立ち入りすぎるようになった（新規の対象から見て）	低／さまざま
3. 業績の低下	低／さまざま
4. 冷戦の終結	低
5. ベトナムとウォーターゲート	さまざま
6. 第二次世界大戦効果	高
7. 政治再編成とエリートの分極化	高
8. テレビの政治への影響（党の衰退、敵対的なマーケティング）	高
9. メディアの役割の変化	高
10. 腐敗／不正直の増大	さまざま／低
11. 全般的な経済の減速	さまざま
12. 経済的不平等の拡大	低
13. グローバル化と制御不能	さまざま
14. 第三次産業革命	高
15. 社会資本の減少（自発的な組織から見た）	低
16. 社会資本の減少（家族の結束から見た）	さまざま
17. 特に1960年以降の支配の様式とポスト物質主義的価値観	高

序論で紹介した本プロジェクトを開始したときの一七前後の仮説に目を向けると、今あげた五つの基準によって、その半分近くが信頼低下の原因の強力な説明としては除外されるか格下げになる。残っている仮説のうち少なくとも米国について最も有力なのは、政府ができることについての錯覚に基づく拡大された期待（とりわけ第二次世界大戦世代にとって）、人びとの認識を形成している変化したメディアの役割、権威を疑う自由論的またはポスト物質主義的な価値観の浸透、政界エリートと一般国民のあいだに溝を生じさせた政治のプロセスなどである。

ベトナムとウォーターゲートに関連する一連のできごとは、展開を早める役割を演じた。犯罪の増加と家族の不安定に対処するのに政府が失敗したように見えることは、インパクトとなった。経済の変動も、直接的ではなく往々にしてメディアの報道や認識という代行経験を通して、背景としての役割を演じた。より高い抽象概念のレベルでは、国境を超えた情報革命の始まりも重要かもしれない。

これだけ原因が揃っていれば、異なる要因がお互いに影響すれば別だが、結果はおのずから決まってくると思われる。これらを組み合わせて、もっともらしいものからそれほどでないものまで、さまざまな説を組み立てることができる。だが、［表11・1］（前頁）のおおまかな判定に示されているように、どれでも当てはまるわけではない。

説明の構築

謙遜は知恵の始まりである。この三〇年間に政府（および他の制度）への信頼に何が起こったのかについて、この時点ではわからないことが多すぎて結論をひとつだけ導き出すことはできない。とはいえ、もっともらしい仮説を融合させて、そこから所説を組み立てることはできる。そこで私たちがもっともらしいと思い、しかも正当な根拠があるかもしれない説を述べることにする。他の説もありうるし、ここで言及している要因をまったくちがう風に表現することもできる。私たちに言えるのは、五つの基準から見て、この説がもっともらしいということである。

たいていの複雑な社会現象には複数の原因があり、この問題もそうでないわけがない。説明を組み合わせていくとき、それらを原因の鎖にたとえるとわかりやすい。鎖の環には、説明しようとしているできごとの近くにあるものと遠くにあるものがあると考えるのである。たとえば、なぜ部屋に電気が灯っているかを考えるとき、それを促した原因はだれかがスイッチを押したからであり、中間的な原因は部屋に電気が引いてあって電球が取りつけてあるからであり、より深い構造的原因は電気の発明である。これと同じような手法で、一九六〇年代以降、諸制度が信頼されなくなったことについて私たちが選択した説を順序立てて説明していく。

米国の場合、促した原因はベトナムとウォーターゲートにあるようだ。この二つが政府への信頼を最も急激に下げたと世論調査に表われている。そして大統領が国民を欺いたこれら二つのできごとが起こったのは、戦後すぐの一〇年間の信頼度が異常ともいえるほど高かった時期のあとだ。だが、不信がつづいているのはなぜだろう。それはひとつには、欺くという政治的悪事が政治家の習慣となってしまい、今ではメディアが絶え間なく取り上げる話題となっているからだ。では、こうした浸食性の展開が他の制度にも影響したのはなぜだろう。なぜ、他の国にも同じような例が見られるのだろう。考え方を逆にして、たとえベトナムとウォーターゲートがなくても信頼は低下しただろうか、と考えてみる。これらを社会的変化の症候群（あとで取り上げる）ではなく特定の歴史上のできごとと捉えるなら、答えがイエスであることはほぼ間違いない。より深い原因があるため、こうした際だった始まりがなくても信頼は薄れたはずである。

深い構造的レベルでは、地固めをした変化が二つあった。ひとつは本書で第三次産業革命と呼んでいる経済における変化である。以前に述べたように、技術革新にともなう創造的破壊のプロセスは既存の社会の行動様式を崩壊させる。それによって国民の大部分が不安と不満を感じるようになる。この不安を強めたのは、変化が国境を超えるものであること、経済と社会がグローバル効果により敏感に反応するようになったこと、制御できなくなったという意識などだ。こうした変化によって得をする人も損をする人もいるが、ほぼ全員が変化に不安を感じている。タイミングに関しては、情報革命と経済のいっそうのグローバル化は一九六〇年代と七〇年代に加速している。

二つめの深い構造的変化は社会文化的意識におけるものだ。以前に述べたように、西洋文化において何世紀もつづいてきた個人とコミュニティのバランスが長期的に変化してきた。この個人寄りの傾向は、政府だけでなくあらゆる制度の権威を弱める。こうした社会文化的傾向は米国では一九六〇年代の若者革命とともに促進されたが、これはヨーロッパや日本でも起こっている。この傾向はベトナム戦争への抗議によって強まったものの、その社会的広がりは反戦運動をはるかに超えるものとなった。変化は公民権に始まり、人種、性別、家族、ほとんどの制度を巻き込んでいった。政府は初めて、人種関係と家族の役割を中心とした社会的関係の新たな調停者と見なされるようになった。人種偏見に対する政府の介入や、性別の問題ならびに離婚に関する法律の広範囲におよぶ改正に対する政府の介入によって、連邦政府はあらゆる社会問題を引き受ける避雷針のような存在となった。ブライアン・ボローによると、「個人の権利という遠心力は、より抽象的なコミュニティへの訴えを圧倒してしまった。…社会運動は親、大学当局、南部の地方役人というように身近な権威から始まって、社会におけるほぼすべての階層制組織の正当性に異議を唱えた」[19]。

ヒュー・ヘクロは一九六〇年代を、米国史で「大覚醒」と呼ばれている昔の人道主義的な運動の時期になぞらえる。「六〇年代の覚醒は重要な逆説を生み出した。政府に対する要求や期待が倍増していたまさにそのとき、米国社会のいたるところで制度の権威に異議が唱えられていたのである…米国民は連日、ほとんど理解できないし、ましてや自分たちの管理下にあるとも思えない、行動的な政府と過激な反政府勢力の駆け引きという政治形態に生活を乱されていた」[20]

言うまでもなく一九六〇年代の運動は米国だけに限られていたわけではないが、これはマンズブリッジとイングルハートが述べているもっと一般的な傾向と一致しており、政府以外の制度に対する信頼が薄れたことを説明するのに役立つ。第二次世界大戦直後の二〇年間、政府と他の制度への信頼が異常に高かったことと考え合わせると、ちょうど地震がプレートのゆっくりとした運動でできたひずみを解消させるように、権威に盾突くという長期的傾向とぶつかるのは予測できたことかもしれない。その結果は、この説明でいくと、六〇年代半ば以降の左右双方の道徳主義的な運動であった。

多くの人は、伝統的な社会秩序が大きく変わったのは政府のせいだと思った。政府の仕事ぶりに対する期待にはいつも、国民の安全と公正な政治が含まれている。そこへ繁栄とさまざまな標準による社会の安定も加えられるようになった。多くの米国民は国民の安全と公正な政治がこの三〇年間に急激に悪化したと感じており、これは故なきことではない。家族についても、離婚や私生児の比率が高まり（私生児については米国の白人と黒人の双方についてデータで証拠づけられており、他の多くの国でも同様）、一世代前と比べて目に見えて不安定になっている。

一九九四年九月のギャラップ世論調査では、一九六〇年代に始まった価値観の変化が国に害をおよぼしたと大半の米国民が思っていることがわかった。米国民のほとんどが、犯罪、家庭の崩壊、異なる人種や性の人たちの伝統的関係における障害について聞いたことがあるか、または悩まされたことがあった。一般市民はもはや、いちばん困っている問題を解決してくれるような政策が政府にあるとは思っていない[21]。政治家は、躊躇することなくこれに同意する。ロバート・カットナーによると、「この百年間で初めて、両党とも主な社会的・経済的困難は政府の解決能力を超えたものであるという主張に事実上、傾いている」[22]。

では、こうした深いところの変化は、米国政治のプロセスにおけるもっと近い中間的な変化とどのようにつながっているのだろう。ニュースタッドとキングが述べているように、南部と一部の都市の有権者が民主党から共和党に移ったこと、党組織が運動や単一争点集団に取って代わられて合意形成が難しくなったこと、マーケティング・コンサルタントが出現したことなどにより、ニューディール連合は一九六〇年代に崩壊した。有権者の大多数は今でも政治的に中間に位置したままなのに、党の活動家と連邦議会における党は、制度をむしばみ、政界エリートと有権者のあいだの溝を広げるような柔軟性のない徒党的態度を取るようになった。党のエリート(活動家とワシントンにいる人たち)は強力になるが、国民を動かし国民と関係をもつ組織としての党は弱体化する。テレビによる選挙運動の影響と政治のプロセスで金銭が果たす役割のため、一般市民と政治家の距離感が増す。こうした距離によって政界エリートに対する大衆の不信は強まり、しかもこれには根拠がある。一九九六年のニュージャージー州の上院議員選出について、ニューヨーク・タイムズ紙に次のような記事が載っていた。「ジマー候補もトリチェリ候補も有権者とすごす時間がないと言っている。献金を依頼する電話をかけたり、テレビのモーニングショーに出たり、編集会議に出たりするのに忙しすぎるし、有権者は散らばりすぎているからだ」[23]

一九七〇年代半ば以降、敵対的な広告が増え、ワシントンと対立する政治家が多くなった。

その行きつくところは、政府に対する故意の「逆拡販運動」と、国民から分離しているだめな政府という一般的な見方を助長する政治的文化である。政府に関するシニシズムが新たな世間一般の通念となる。政府はすべての国民の利益のためではなく「自己利益のみを追求する少数の利害関係者に支配されている」と思っている人は、一九六四年の二九%から九二年には八〇%まで増えている。「政府」を「国」と言い換えれば、現在ではなく百年ほど前の典型的な国民の意識と重なる。もっともその頃は、大企業は悪者だった。

大企業は今でも不人気だが、現代の米国の政治では資本主義を規制することは重要な問題ではなくなった。反トラスト政策は、今では専門家にしか理解できない領域となっている。民主党の指導層、共和党の指導層、ロス・ペローのだれもかれも企業活動を応援すると宣言し、企業経営の成功例を激賞する。活発に議論されるのは、いかに企業の権限を抑えるかということから、いかに政府機関の活動を抑制し、委譲し、民営化するかということに変わった。

国民の目には政府がそれほど大きくなったと映るようになり、さらに先進国では公にナショナリズムが鼓舞されることがなくなったため、憤りの感情や疎外感が大企業を離れて大きな政府へと向かうようになった。この見方は、(一) 米国民は欠点があっても伝統的に地方による統治に執着しているというメイの指摘と、(二) がっかりさせられる連邦レベルの金権政治[24]と全国メディアに映し出される統治、の二点も考慮すると、なおさら信憑性がある。

そのメディアが一九六〇年代以降の政治のプロセスにおける二番めの大きな中間的変化である。つまり、活字・テレビ双方の報道機関が押しつけがましく否定的な報道をするようになったことである。以前にも指摘したように、国民は連邦政府全体について、または連邦議会の全般的な業績（議員のではなく）について意見を述べるとき、七二％がマスメディアから受けた印象に拠っている。全国メディアの報道において統治はおおむね否定的に扱われており、この三〇年間に目に見えていっそう否定的になった。メディアが国の政府について報道する際、報道対象の生の声や本質的な詳細ではなく、ジャーナリストの意見が中心になっている。実際のところ、ベトナムやウォーターゲートは（テレビニュースが「インフォテイメント」になったという商業的事情とともに）こうした変化が起こるのを後押しした。トマス・パターソンは、この変化を六〇年代から米国だけでなくヨーロッパの数カ国についても調査している。

これには、メディアは政府官吏の行動をありのままに映し出しているだけだという声が返ってくる。目にしていることが気に入らなくても、それは報道機関が悪いのではないというわけだ。いやなニュースを届けたメッセンジャーを殺してしまうのはたしかにお門違いだが、メッセンジャーは正確に伝えているか、勝手に歪めているのではないかと考えてみることも重要である。メディアが鏡をかざすようにして政治の現実を映し出すとき、一九六〇年代以降に用いられた鏡はカーニバルで見かけるような鏡が多かったという分析がある。人の姿は認識できるが、奇妙なおもしろい形に見える鏡である。

それにメディアは最大の原因ではないかもしれない。陰謀のうずまく政府を否定的に描く映画もまた、有害である。メディアはただ、国民が求めるような形でニュース（および娯楽）を提供しているにすぎない。先に政治が変わり、メディアは単にそれにしたがい、悪化させただけかもしれない。ケネス・ニュートンは、政治に対するメディアの最大の影響は因果関係の鎖における最初のほうの環——投票率といった最後の環ではなく、ニュースの構成や内容——にあるようだという。ニュートンによると、たとえばヨーロッパではテレビが本領を発揮するようになって何十年たっても投票率は一般に下がっていない[25]。その一方で、ジョセフ・カペラとキャスリーン・ホール・ジェイミソンによる対照実験では、メディアによる政治ニュースの構成が選挙運動、政策、統治に関するシニシズムを生み出しているとまではいかなくても、煽っていることを示している。「ニュースメディアが国民の制度に対するシニシズムの唯一または最大の原因だとは思っていない。しかし、われわれのデータには——これはかつての解説者にしか指摘できない——メディアによる政治ニュースの構成方法がシニシズムを刺激すると表われている」[26]

責任は政治家にもある。スティーブン・アンソラベヘレとシャント・イエンガーによる対照実験では、敵対的なテレビ広告が効果をあげることが示されており、政治家は自分が利用しなくても相手方は利用するかもしれないというジレンマに陥っている。敵対的な広告の影響は、シニシズムが嵩じ、政治的に中間に位置している無党派層の投票率が下がることだ[27]。問題なのは、政治のプロセスとメディア報道の性格のどちらが先に変化したかということより、これらの相互作用によっておたがいが強化されていることである。選挙のプロセスの変化、テレビの役割の拡大、メディアや映画で政府がこれまでとは異なる描かれ方をしていることなどがいっしょになって、政府はだめなのだと一般に信じられるようになった。政治家はこうした文化を受け入れてそれに訴え、そうすることによってこうした文化を強化している。こうした文化は、政府を信頼することが一般通念から外れていて馬鹿げた愚直なことだと思わせるような風潮を生み出す。それが次に、ニュースがどのように報道されるかや、国民がどういうニュース報道を期待するかに影響し、さらには国民の世論調査への回答にさえ影響するかもしれない。こうした風潮に屈することがない数少ない制度は、軍や郵便局といった大衆文化に独自のよりどころを持っているものである。

この説を短くまとめると、一九六〇年代と七〇年代初めの歴史的できごと（ベトナムとウォーターゲート）は米国政府に対する信頼の低下を速めたが、その結果（および他の国での同じような例）は四つの理由によって広がり、長期化している。それは、以下のようなものである。

（一）一九六〇年代に頂点に達した、権威および伝統的な社会秩序に対する社会文化的な意識の長期にわたる変化
（二）情報革命とグローバル化が引き起こした大きな経済的変化
（三）政治活動家と国民のあいだの距離を拡大させた、政治のプロセスにおける変化
（四）報道機関が、政府と他の制度に対して取るようになった一貫してより否定的なアプローチ

これらの変化があいまって、だめな政府という世間一般の通念に勢いがついた。それぞれの要因がどのくらい関与しているかは判断するのが難しい。実際のところ、いくつかの要因は逆

方向に働いているのは間違いない。そうでなかったら政府への信頼はもっと低下しているはずである。

ここで展開している説は、連邦政府を擁護するものではない。だめな政府という通念には、政治家の今の仕事ぶりに真の失敗や問題があるという確固とした基盤がある。とはいえ、政治のプロセスと報道機関における変化は、それらの問題が国民の意識のなかでこれほどの広がりと永続性をもつようになった独自の勢いのある文化現象を説明する一助となっている。

不信は困ったことだろうか

序論で述べたように、政府への一定水準の不信は米国では長年にわたって見られる健全な特徴である。信頼がありすぎるのは国民の自由にとってよいとは言い切れないと思う理由をあげたが、信頼がなさすぎるのは、国民の多くが望む任務を果たす能力が政府にないことを意味しているのかもしれない。どのくらいが適正な水準で、歴史的にはどうだったのだろう。このところの米国政府に対する信頼の低下が、不況や第二次世界大戦を背景に信頼を異常な高さにまでつりあげたニューディール連合が崩壊したことに関係があるのなら、二〇世紀初めに一般的であった政府に対する意識に戻っているだけなのかもしれない。その頃、人びとは政府をどう見ていたのだろう。

信頼できる全国的な調査があるのは一九三〇年代からだが、それ以前に不満の時代があったことは歴史家によって明らかにされている。その一例が一九世紀末、第二次産業革命と大企業の台頭によって地方分散型の農業国から都市型の工業国へと変わったときだった。そうした背景のなかで進歩主義の時代の米国民は、懸念される大企業の支配力とバランスをとるものとして連邦政府にたよっていた。当時、米国民は州・地方の政治家に偏見を抱き、特殊利益集団に仕える派閥のボスもしくは腐敗したごろつきと見なしていた。州議会と地方政府がこのように軽蔑されていたことが、連邦政府のそもそもの権力拡大につながった。また、伝統的な二党体制が崩れるのも新しい現象ではない。二〇世紀でいちばん盛り上がった第三の党の運動は、「進歩主義」の大義と政治改革によって活発になり、一九一二年（セオドア・ルーズベルトが共和党の反体制派と革新党の進歩主義者を率いた）と一九二四年（ロバート・ラフォレットが進歩党を率いた）の全国選挙で最高潮に達した。

とはいえ、今の時代は過去に逆戻りしているのではない。今日の政府は比べものにならないほど大きくなっており、国民に求めるものもはるかに大きい。昔は、米国政府の三部門で国内総生産（GDP）の三分の一以上を占めるようなことはなかった。政府がこれほどの資源を要求するからには、避けられない不満を抑えるためにも、かなりの正当性をもっている必要がある。

こうした正当性がないと、国民は法の自発的遵守など、システムに自発的にしたがうことをやめるかもしれず、そうなると業績を悪化させる循環的下降が始まり、あらゆる集団行動が行なわれなくなる。米国政府は、ヨーロッパ諸国で支持率が最低（二〇％）のイタリア政府のようになるかもしれない。政治学者は二〇年以上も前から「民主主義の危機」が到来すると言いつづけているが、一九七〇年代の納税者の反乱にもかかわらず、過激派グループの行動を割り引いて考えるなら、こうした循環的下降がはじまっているという目に見える証拠はまだない[28]。序論で取りあげた民主主義の質と、審議によるものから「薄っぺらな民主主義」に変わる脅威についてては、ニュースタッドとキングが述べている政治のプロセスにおける変化は懸念されるものの、全体的な政治参加（投書、集会、抗議行動など）は投票より活発に行なわれていることがシドニー・ヴァーバたちによって示されている[29]。統治の形態としての民主主義への信頼は、米国でも他の先進国でも揺るぐことはなさそうだ。

では、なぜ懸念する必要があるのだろう。正直なところ困るのは、新しい世紀がはじまるというのに民主政治の制度の安寧という、これほど重要なことについてよくわかっていないことである。米国の制度は、一九世紀末にあったような循環的な適応期に入っているのだろうか。そこのところがよくわからない。

たとえば、政府のある面が信頼されなくなったことが、どのように別の面に伝染するのかについて十分にわかっていない。昔、デビッド・イーストンが示した区分けに手を加えて、人間の共同生活に五つのレベルがあると考えてみる[30]。いちばん基本的なのは国家共同体という意識、つまり米国人であることの誇りである。この点については、世論調査と移民データ（米国人になりたがっている外国人は大勢いる）から見てほとんど問題がない。その次に一般的なレベルは、民主主義と政治制度としての米国の憲法制度を信じていることである。この点でも伝統的な支持はほとんど損なわれていない。三番めの中間のレベルが制度である。このレベルでは、この三〇年間に信頼が大きく低下したことがわかっている。その次のレベルは、政治家を民主主義の制度に結びつける選挙のプロセスである。この四番めのレベルでは、フォーカスグループ、世論調査、投票率に国民の支持が失われていることが表われている。最後、五番めのレベルは、そのときに権力の座にいる特定の指導者への信頼である。世論調査の結果では、ほぼすべての主要制度の指導者に対する信頼が損なわれている。

あるレベルで信頼が失われると、それがいつどのように別のレベルの意識に影響するのかがわからない。日本では、政治指導者の不人気は昔からだったが、主要な官僚制度まで信用されなくなったのは四〇年後のことで、しかも民主主義に対する信頼は強まっている。米国の政治について、こうした問いに答えられるだけの証拠がない。

一部の悲観主義者がいうように、もしかしたら二世紀前に確立されたマディソン的な審議による民主主義がしだいに遠いものになってきているのかもしれない。均衡のとれた状態を取り戻すような上向きの変化は考えられるだろうか。それとも、六〇年～一〇〇年前に第二次産業革命に関連した社会的・経済的影響力に反応してヨーロッパ、日本、米国に起こったような、政治の大変革が必要なときがきているのだろうか。

リチャード・ゼックハウザーによる隠喩を借りると、私たちは心拍が不規則な患者を前にした医者のような気分である。これが真に差し迫った問題なのかどうかわからない。放っておいても直るものなのか、薬が必要なのか、もっと踏み込んだ措置が必要なのかがわからない。わかっているのは、この徴候に注意を払わなければならないことと、治療法を処方する前に考えられる原因をもっと調べなければならないことである。

こうした不確かさに対応する方法が二つある。**ひとつめの方法は、わからないことを減らすための研究調査計画を立てることだ。**複雑な社会現象について完璧な答えを見つけるのは無理でも、不確実性を減らすことはできる。本書はそれに向けて前進はしたものの、するべきことがまだ山積している。

- 第一に、これからの研究で収穫の多いのは多国間調査である。他の国でも共通の行動が見られる場合、国境を超えて存在する原因をもっと重視すべきである。異なっている場合は、その原因を理解できるように調べる。調査のときに共通する工夫した質問をすることによって、ヨーロッパと日本に関する研究の結果を米国のものと関連づけるようにする。
- 第二に、変則的な事例を徹底的に研究する必要がある。これらは複雑な社会的行動を扱うときに実験室の代わりとしていちばん役立つ。他の国では信頼が低下しているのに、なぜデンマークでは上向いたのだろう。軍への信頼が一九七〇年代以降になぜ高まったのかについて、ここで推測した以上に詳しく分析しなければならない。警察とＦＢＩというように、比較可能な制度ではどのように推移しているのか調べてみる。他にどういう変則的な事例があるのか探さなければならない。連邦準備制度、証券取引委員会、環境保護庁といったそれほど広く知られていない制度はどのように見られているのだろう。

● 第三に、米国および他の国の非政府組織に対する信頼のパターンを探る必要がある。一九八〇年代のヨーロッパで企業に対する国民の信頼が高まったのはなぜだろう。赤十字のような非営利組織は国内外でどう思われているのだろう。学術団体はどうだろう。どういうパターンが存在するのか、そしてそれらは原因に関する今の私たちの見解を正確なものにするのにどう役立つのか。

● 第四に、意識調査からもっと実際の行動研究に移行する必要がある。不信が、重要な政治行動に影響するという証拠はあるだろうか。懸念すべきなのは、どういう行動だろう。投票率は米国では低下したものの、今がこれまでの最低記録というわけではない。他の政治参加には、はっきりした落ち込みは見られない。さらに、自発的な納税や法律制度の信頼といった集団行動の他の分野も検討してみる。多国間調査から、特に興味深い識見が出てくるかもしれない。

二つめの方法は、政府がますます無力になると国が社会の重要な目的を達成できなくなるという可能性を考えることだ。こうした主張を支えるのに、政治のプロセスと国民の支持レベルに新しい重要な要求を突きつけるような国民の課題の概要を示さなければならない。それがこのプロジェクトの主な任務のひとつである。二一世紀の挑戦はどういうものか、そしてそれらに取り組むのに、政府、民間企業、非営利セクターはどういう役割を果たさなければならないのか。二〇世紀初めの報告書にもそういう記述があったが、現代社会の変化は現行の政治制度の基本的能力を超えてしまったのではないかと思われる。序論で述べたように、情報およびバイオロジー革命と世界経済のグローバル化によって集団生活に問題が起こっている。これらは政治に新しい任務を課し、三部門のあいだの関係を変えるかもしれない問題である。

もっとも、読者の頭にあるのは別の課題かもしれないし、本書で述べた懸念または行動の機会は誇張されていると思われるかもしれない。私たちが最も心配するのは、国民の深い不信と疎外感に妨げられたシステムがあまりにも「ねばねばする」（ニュースタッドの隠喩を借用）ようになって問題が解決不能に陥ることである。解決不能になったのでは問題はなくならないままだ。そのままでは危機的状況になって解決策を迫られることになり、そのときには選択肢はより極端で、解決法はより厳しいものになりかねない。ニュースタッドが指摘しているように、シニシズムと膠着《こうちゃく》は革新や反応することの妨げとなる。国民全体が損害をこうむるかもしれないのに、一部の利害関係者にとっては反応のないことが利益につながる。その人がどこに位置しているかによって、現状維持に対する立場が変わってくる。

そういう意味で、政府に対する国民の不満は大いに問題となりうる。けれども政策問題に取り組むとき、疎外感を増すのではなく取り除くような統治の形態で取り組むことができる。本書ではすでに、第三のセクターと権限を委譲した政府の新しい形に言及した。また、メイとマンズブリッジが言っているように、政府の仕事を金銭面だけでなく国民の価値観と理想という点から再評価することができる[31]。まったく新しい形の参加型の民主主義を生み出すような変化があるかもしれない。また、もっと間接的な政治参加も出てくるかもしれない。

第一次および第二次産業革命に対し、先進国は「政府の拡大」で応じた。この対応策がここにきて、国民の不信と制度離れという上げ潮に飲み込まれている。ビジネスと社会における第三次産業革命に関する新たな試練を前にして、私たちのプロジェクトが次にしなければならないのは別の対応策、すなわち「異なる統治方法《ガバナンス》」を考え出すことである。

原注

序論■政府に対する信頼の低下

[1] *Washington Post*/Kaiser Family Foundation/Harvard University Survey Project, 1996; Harris Poll, 1996; Hart-Teeter Poll for the Council for Excellence in Government, reported in the *Washington Post*, March 24, 1997. また、Seymour Martin Lipset and William Schneider, *The Confidence Gap* (Baltimore: Johns Hopkins University Press, 1987) も参照。

[2] Harris Poll, 1966-96. 例外もある。たとえば、科学への信頼は相変わらず高く、それにヨーロッパでは企業に対する信頼が高まった。

[3] Hans-Dieter Klingemann and Dieter Fuchs, eds., *Citizens and the State* (New York: Oxford University Press, 1995); Michael Adams and Mary Jane Lennon, "Canadians, Too, Fault Their Political Institutions and Leaders," *The Public Perspective 3* (September-October 1992): 19.

[4] Susan Pharr, "Confidence in Government: Japan," paper prepared for the Visions of Governance for the Twenty-first Century conference, Bretton Woods, New Hampshire, July 29-August 2, 1996. また、Everett Carl Ladd and Karlyn H. Bowman, *Public Opinion in America and Japan* (Washington, D.C.: American Enterprise Institute, 1996) も参照。

[5] Alice Rivlin, *Reviving the American Dream: The Economy, the States and the Federal Government* (Washington, D.C.: Brookings Institution, 1992), 50.

[6] Klingemann and Fuchs, chapter 11.

[7] Robert Samuelson, *The Good Life and Its Discontents: The American Dream in the Age of Enlightenment, 1945-1995* (New York: Times Books, 1995).

[8] Thomas Patterson, *Out of Order* (New York: Vintage Books, 1993).

[9] 1995年のある調査では、30歳以下の成人の3分の1が職業人生において、いつか行政部門の仕事に就くことを検討すると答えた（Hart-Teeter Poll, 21）。1945年には24％が自分の息子が政治家（1995年の質問で暗に言及されていた職業のうち、おそらくあまり魅力のない部類）になるのを望んでいると答えており、これでさえ1965年には36％に上昇した。Robert Lane, "The Politics of Consensus in an Age of Affluence," *American Political Science Review 59* (December 1965): 894を参照。

[10] 審議による民主主義については、Amy Gutmann and Dennis Thompson, *Democracy and Disagreement* (Cambridge, Mass.: Harvard University Press, 1996) を参照。政治参加の証拠については、Sidney Verba, Kay Schlozman, and Henry Brady, *Voice and Equality: Voluntarism in American Politics* (Cambridge, Mass.: Harvard University Press, 1995)を参照。

[11] Theda Skocpol, *Protecting Soldiers and Mothers: The Political Origins of*

Social Policy in the United States (Cambridge, Mass.: Harvard University Press, 1992).
［12］ *Post*/Kaiser/Harvard Survey, 1996. 1995 Hart-Teeter Pollによると、「アメリカは政府を見捨てたのではなく、よりよい管理を求めているのである…保守派のあいだでも、連邦政府が非効率的になるのは避けられないと思っている割合は28％にすぎない」（18）。共和党の世論調査担当のフランク・ランツが言っているように、「アメリカ人はイデオロギー的に反政府なのではない。政府の役割を限られたものと見なしており、防衛と外交政策の他には貧民と老人を守ることだと思っている」（*The 1996 ARMPAC Communications Dictionary, 7*）
［13］ ハートとティーターの報告によると、共和党員の大多数と保守派も政府が企業を監視する必要があると思っている。Survey conducted for the Council for Excellence in Government, March 1995, 15.
［14］ Steven Rosenstone, *Forecasting Presidential Elections* (New Haven, Conn.: Yale University Press, 1983); Ray Fair, *Testing Macroeconometric Models* (Cambridge, Mass.: Harvard University Press, 1994).
［15］ Michael Sandel, *Democracy's Discontent: America in Search of a Public Philosophy* (Cambridge, Mass.: Harvard University Press, 1995) を参照。
［16］ Derek Bok, *The State of the Nation* (Cambridge, Mass.: Harvard University Press, 1996).
［17］ Theodore Marmor, "The Politics of Medical Care Re-form in Mature Welfare States: Fact, Fiction and Faction," paper prepared for Four Country Conference on Health Care Reforms and Health Care Policies in the United States, Canada, Germany, and the Netherlands, Amsterdam, February 23-25, 1995. Robert Blendon et al., "Who Has the Best Health Care System? A Second Look," *Health Affairs* 14, no.4 (Winter 1995); 220-30.
［18］ *Washington Post*, January 29, 1996. 対外援助は連邦予算の何％を占めていると思うかと尋ねると、26％という回答が得られた。実際は2％以下でしかない。
［19］ *Washington Post*, January 31, 1996.
［20］ Harris Poll, 1996.
［21］ Gallup Polls (1992 and 1993) for the Advisory Commission on Intergovernmental Relations.
［22］ *Post*/Kaiser/Harvard Survey, 1996.
［23］ Lane, *APSR*, 877.
［24］ Jeffrey G. Madrick, *The End of Affluence: The Causes and Consequences of America's Economic Dilemma* (New York: Random House, 1995).
［25］ Jack Beatty, "What Election '96 Should Be About," *Atlantic Monthly*, May 1996に転載された労働統計局が集めた数字。Robert Lawrence, "The End of the American Dream?," paper prepared for the Visions of Governance for the Twenty-first Century conference, Bretton Woods, New Hampshire, July 29-August 2, 1996.
［26］ Robert Lawrence, "The End of the American Dream?" and George Borjas, "Economic Slowdown and Attitudes towards Government." Both papers prepared for the Visions of Governance for the Twenty-first Century conference, Bretton Woods, New Hampshire, July 29-August 2, 1996.

[27] Joseph Alois Schumpeter, *Capitalism, Socialism, and Democracy* (New York: Harper & Brothers, 1942).
[28] *The OECD Jobs Study: Facts, Analysis, Strategies* (Washington, D.C.: OECD Publications and Information Center, 1994), 9-12.
[29] E. J. Dionne, *They Only Look Dead: Why Progressives Will Dominate the Next Political Era* (New York: Simon & Schuster, 1996).
[30] ケン・ニュートンは、組織より学校、家庭、仕事が相互関係と信頼の訓練になるのではないかと指摘している。"Social Capital and Democracy in Modern Europe," unpublished paper, 1996.
[31] Robert D. Putnam, "Bowling Alone: America's Declining Social Capital," *Journal of Democracy* 6, no.1 (January 1995): 65-78: Putnam, "The Strange Disappearance of Civic America," *The American Prospect*, no.24 (Winter 1996): 34-48. また、Seymour Martin Lipset, *American Exceptionalism* (New York: W. W. Norton, 1996)も参照。
[32] Verba, Schlozman, and Brady, *Voice and Equality*. また、 Everett Ladd, "The Data Just Don't Show Erosion of America's 'Social Capital,'" *The Public Perspective*, 7, no.4 (June-July 1996).
[33] Ronald Inglehart, "The Erosion of Institutional Authority and the Rise of Citizen Intervention in Politics," paper prepared for the Visions of Governance for the Twenty-first Century conference, Bretton Woods, New Hampshire, July 29-August 2, 1996.
[34] Frederick Schauer, "Allocating the Costs of Rights," paper prepared for the Visions of Governance for the Twenty-first Century conference, Bretton Woods, New Hampshire, July 29-August 2, 1996.
[35] ウィリアム・メイヤーは、米国のリベラリズムは1960年代の初めにはまだ主にその経済哲学によって特徴づけられていたが、その後の20年間にニューディールの構想にはまったくなかった社会的・文化的局面をもつようになったと指摘する。William Mayer, *The Changing American Mind: How and Why American Public Opinion Changed between 1960 and 1988* (Ann Arbor: University of Michigan Press, 1992), 322. また、Ben Wattenburg, *Values Matter Most* (New York: The Free Press, 1995)とDaniel Yankelovich, "Restoring Public Trust," *Mother Jones*, November-December 1995, 29も参照。
[36] University of Michigan National Election Study (NES), 1958-92.
[37] たとえば、Suzanne Garment, *Scandal: The Culture of Mistrust in American Politics* (New York: Doubleday, 1991) を参照。
[38] Walter Dean Burnham, "Dialectics of System Change in the USA: The 1990's Crisis as a Case Point," paper delivered at the American Political Science Association, September 1996を参照。
[39] Patterson, *Out of Order*.
[40] *Washington Post*, February 1, 1996.
[41] Peter F. Drucker, *Managing in a Time of Great Change* (New York: Truman, Tally/Dalton, 1995); James P. Pinkerton, *What Comes Next?* (New York: Hyperion, 1995) を参照。

第1章■変わりゆく政府の領域

[1] John Kenneth Galbraith, *The Culture of Contentment* (Boston: Houghton Mifflin, 1992), 27.

[2] Reagan, quoted in Jacob Weisberg, *In Defense of Government: The Fall and Rise of Public Trust* (New York: Scribners, 1996), 43; Galbraith, 180.

[3] 主に、*The Human Condition*, 8th ed. (Chicago: University of Chicago Press, 1973).

[4] Patricia Crone, *Pre-Industrial Societies* (Oxford: Basil Blackwell, 1989), 39-40.

[5] *Leviathan*, ed. C. B. Macpherson (London: Penguin Books, 1985), 227.

[6] J. A. W. Gunn, *Politics and the Public Interest in the Seventeenth Century* (Toronto: University of Toronto Press, 1969) を参照。

[7] "Of Seditions and Troubles," in *Essays or Counsels, Civil and Moral* (1625), in *The Oxford Authors: Francis Bacon*, ed. Brian Vickers (Oxford: Oxford University Press, 1996), 369.

[8] 1664年の初版のリプリント (Oxford: Basil Blackwell, 1928)。この本は実際には17世紀の早い時期にオランダ人によって書かれていたが、遅れて出版され、広く読まれた。

[9] Adam Smith, *An Inquiry into the Nature and Causes of the Wealth of Nations*, ed. R. H. Campbell, A. S. Skinner, and W. B. Todd, 2 vols. (New York: Oxford University Press, 1979), 2: 626-27.

[10] *Capital: A Critique of Political Economy*, trans. Samuel Moore and Edward Aveling (New York: The Modern Library, n.d.), 823.

[11] Henry, Lord of Brougham, *Historical Sketches of Statesmen Who Flourished in the Time of George III*, 2 vols. (Paris: Baudry's European Library, 1839), 1: 22.

[12] Smith, 2: 687.

[13] W. L. Burn, *The Age of Equipoise* (New York: W. W. Norton, 1964), 289.

[14] Peggy Noonan, *What I Saw at the Revolution: A Political Life in the Reagan Era* (New York: Random House, 1990), 102.

[15] Thomas McCraw, "How Did the First and Second Industrial Revolutions Affect the Nature of Governance?," paper prepared for the Visions of Governance for the Twenty-first Century conference, Bretton Woods, New Hampshire, July 29-August 2, 1996.

[16] Jan de Vries, "The Industrial and the Industrious Revolution," *Journal of Economic History* 54, no.2 (June 1994): 249-66.

[17] Theodore M. Porter, "Rigor and Practicality: Rival Ideas of Quantification in Nineteenth-Century Economics," in *Natural Images in Economic Thought: "Markets Read in Tooth and Claw,"* ed. Philip Mirowski (New York: Cambridge University Press, 1994), 128-70.

[18] Peter Mathias, *The First Industrial Nation: An Economic History of Britain, 1700-1914*, 2d ed. (London: Methuen, 1983), 192-93.

[19] *Nationalism* (Cambridge: Cambridge University Press, 1988) をはじめとす

るゲルナー（Ernest Gellner）の著作において。グリーンフィールド（Leah Greenfield）は、ナショナリズムが産業主義より前、特にイングランドのチューダー王朝に見られたことに着目して、最初は神権によって正当化されていない政体への献身を合理化するためであったと主張（*Nationalism* [Cambridge, Mass.: Harvard University Press, 1990]）。Eric Hobsbawm, *Nations and Nationalism since 1780: Programme, Myth, Reality* (New York: Cambridge University Press, 1990) を参照。

[20] Mathias, 90.

[21] William Letwin, "American Economic Policy," in *The Cambridge Economic History of Europe,* ed. M. M. Postan et al., vol.8 of *The Industrial Economies,* eds. Peter Mathias and Sidney Pollard (Cambridge: Cambridge University Press, 1989), 641-90.

[22] Oscar Handlin and Mary Flug Handlin, *Commonwealth, a Study of the Role of Government in the American Economy: Massachusetts, 1774-1861,* rev. ed. (Cambridge, Mass.: Harvard University Press, 1969), 52.

[23] Louis Hartz, *Economic Policy and Democratic Thought: Pennsylvania, 1776-1860* (Cambridge, Mass.: Harvard University Press, 1948) を参照。

[24] Handlin and Handlin, 192-93.

[25] Handlin and Handlin, 203.

[26] Michael B. Katz, "Education and Inequality," in *Social History and Social Policy,* eds. David J. Rothman and Stanton Wheeler (New York: Academic Press, 1981), 57-102の76頁に引用されているブラウンソン（Orestes Brownson）が言ったこと。

[27] McCraw, "How Did the First and Second Industrial Revolutions Affect the Nature of Governance?"

[28] Gordon A. Craig, *Germany, 1866-1945* (New York: Oxford University Press, 1978), 150ff.

[29] E. P. Hennock, "The Origins of British National Insurance and the German Precedent, 1880-1914," in *The Emergence of the Welfare State in Britain and Germany,* ed. W. J. Mommsen (London: Groom Helm, 1981), 84-106の87頁に引用されている。また、Jürgen Tampke, "Bismarck's Social Legislation: A Genuine Breakthrough?," 71-83も参照。

[30] Marc Allan Eisner, *The State in the American Political Economy: Public Policy and the Evolution of State-Economy Relations* (Englewood Cliffs, N.J.: Prentice-Hall, 1995), 86. 投資全体についての推定は、Sidney Ratner, James H. Soltow, and Richard Sylla, *The Evolution of the American Economy: Growth, Welfare, and Decision Making* (New York: Basic Books, 1979), 326-27による。

[31] Handlin and Handlin, chapter 10を参照。

[32] James Leiby, *A History of Social Welfare and Social Work in the United States* (New York: Columbia University Press, 1978), 99.

[33] F. M. Scherer and David Ross, *Industrial Market Structure and Economic Performance,* 3d ed. (Boston: Houghton Mifflin, 1990), 153-55.

[34] Dorothy M. Brown and Elizabeth McKeown, *The Poor Belong to Us:*

Catholic Charities and American Welfare (Cambridge, Mass.: Harvard University Press, 近刊) を参照。
[35] Theda Skocpol, *Protecting Soldiers and Mothers: The Political Origins of Social Policy in the United States* (Cambridge, Mass.: Harvard University Press, 1992) を参照。
[36] Arthur M. Schlesinger, Jr., *The Crisis of the Old Order, 1919-1933* (Boston: Houghton Mifflin, 1957), 578.
[37] Edward D. Berkowitz, "How to Think about the Welfare State," *Labor History* 32, no.4 (Fall 1991): 489-502. 引用は497頁から。
[38] David Vogel, "The 'New' Social Regulation," in *Regulation in Perspective: Historical Essays,* ed. Thomas K. McCraw (Cambridge, Mass.: Harvard University Press, 1981) , 155-85. 引用は161頁から。
[39] Al Gore, "Toward Commonsense Government," *Jobs and Capital,* 5 (Winter 1996): 3-7.
[40] Anne Markusen, Peter Hall, Scott Campbell, and Sabina Detrick, *The Rise of the Gunbelt: The Military Remapping of Industrial America* (New York: Oxford University Press, 1991), 3. 著者は本の題名を次のように説明している。「これらの新しい軍事産業地帯は、米国地図の上で見ると、そのおおまかな形状が…昔の西部劇に出てくる…保安官が腰につけているベルトに似ている。南西部の州、テキサス、グレートプレーンズは革ケースを形作り、フロリダは手錠を表わし、ニューイングランドは挿弾子である」(3-4)
[41] Philip G. Cerny, "The Dynamics of Financial Globalization: Technology, Market Structure, and Policy Response," *Policy Sciences* 27, no.4, (1994): 319-42. 引用は329頁から。Joseph Finkelstein, ed., *Windows on a New World: The Third Industrial Revolution* (New York: Greenwood Press, 1989) には、マイクロエレクトロニクス、新素材(セラミックス、ポリマー、プラスチック、半導体など)、レーザー、バイオテクノロジー、生物物理学、電気通信、コンピューター化された製造、新しい経営手法についての章がある。
[42] McCraw, ed., *Regulation in Perspective*を参照。
[43] Tocqueville, *Democracy in America* (The Henry Reeve text, corrected and edited by Phillips Bradley; 2 vols.; New York: Alfred A. Knopf, 1984), vol.1, 316.
[44] Philip K. Hitti, *Islam: A Way of Life* (Minneapolis: University of Minnesota Press, 1970) および Mark Elvin, *The Pattern of the Chinese Past* (Stanford, Calif.; Stanford University Press, 1973) を参照。
[45] Cerny, 320.
[46] *Financial Times*, June 6, 1996, 12.
[47] Simon Kuznets, *Modern Economic Growth: Rate, Structure, and Spread* (New Haven, Conn.: Yale University Press, 1966), 9.
[48] I. Bernard Cohen, "Newton and the Social Sciences, with Special Reference to Economics, or, the Case of the Missing Paradigm," in *Natural Images in Economic Thought,* 55-90を参照。
[49] ウェーバーの*The Protestant Ethic and the Spirit of Capitalism,* English translation (London: Allen & Unwin, 1930) を参照; *The Religion of China:*

Confucianism and Taoism, English translation (New York: The Free Press, 1951); 最近の解釈については、John P. Diggins, *Max Weber: Politics and the Spirit of Tragedy* (New York: Basic Books, 1996); アーレントについては、Jürgen Habermas, *The Structural Transformation of the Public Sphere: An Inquiry into a Category of Bourgeois Society,* English translation (Cambridge, Mass.: MIT Press, 1991); Craig Calhoun, ed., *Habermas and the Public Sphere* (Cambridge, Mass.: MIT Press, 1992).

[50] センについては、*On Ethics and Economics* (Oxford: Basil Blackwell, 1987) が理解しやすい。サンデルについては、*Democracy's Discontents*。サンデルと関連づけられることが多い「共同体主義」派については、Robert Booth Fowler, *The Dance with Community: The Contemporary Debate in American Political Thought* (Lawrence: University Press of Kansas, 1991) を参照。

第2章■政府の業績を評価する

[1] 「政府の業績」を評価しようとするとき、公官吏の仕事ぶりの評定と政府の政策やプログラムの効率性の評価を注意深く識別する必要がある。前者は時として、会計検査院がするように、特定のプログラムに注目して官吏があてがわれた任務をどのくらい効率的に成し遂げたかを見ることによって行なわれる。だが、これは政府全体の業績を評価することに比べるとはるかに限られており、政府全体の業績の場合は、政策とプログラムを検討し、それらが広範な社会的目標を達成するのにどのくらい効果的であったかを見る必要がある。政策やプログラムを成功させるには、公官吏の能力よりはるかに多くのものが必要となる。たとえば米国における医療政策の成果は、公衆衛生総局の仕事に影響された部分はほんのわずかであり、議会の決議、司法の決定、利益集団の圧力、世論、専門家の意見をはじめとする多くの力の結果の表われである。本論文は米国の統治への幅広い見方から出てきたものであるため、公官吏の仕事ぶりだけでなく政府全体の業績に焦点を合わせている。

[2] 本章の結論および裏づけとなるデータは、Derek Bok, *The State of the Nation* (Cambridge, Mass.: Harvard University Press, 1996) に詳しく述べられている。

第3章■失墜——政府への信頼を失った国民

本章の執筆に協力してくれたクリスティン・バンス、ジェレミー・ミンダイク、ピーター・シュワーム、マーク・セドウェイに感謝する。

[1] これが目新しい不満でないのは言うまでもない。19世紀の初頭および末に米国を訪れた洞察力の鋭い人たちは、アメリカ人が最も有能な市民を政府高官に選出することがめったにないのはなぜだろうと不思議がった。Alexis de Tocqueville, *Democracy in America* (1835), vol.1(New York: Vintage Books, 1945), 207-09; James Bryce, *The American Commonwealth,* (1888), vol.1(New York: Macmillan, 1910), 77-84.

[2] Susan Tolchin, *The Angry American: How Voter Rage Is Changing the Nation* (Boulder, Colo.: Westview Press, 1996), 6に引用されている。

[3] ヒトラー政権に対する国民の支持（および限定的であった民衆の反対）については、Detlev J. K. Peukert, *Inside Nazi Germany: Conformity, Opposition and Racism in Everyday Life* (New Haven, Conn.: Yale University Press, 1987) を参照。

[4] Seymour Martin Lipset and William Schneider, *The Confidence Gap: Business, Labor, and Government in the Public Mind* (Baltimore: Johns Hopkins University Press, 1987), 27-29, 375-92; Stephen C. Craig, *Malevolent Leaders: Popular Discontent in America* (Boulder, Colo.: Westview Press, 1993), 49-50.

[5] Jack Citrin, "Comment: The Political Relevance of Trust in Government," *American Political Science Review* 68 (1974): 973-88.

[6] Samuel P. Huntington, "Americans and Their Government,"とMickey Edwards, "Three Considerations Concerning the Scope of Government," both papers prepared for the Visions of Governance for the Twenty-first Century conference, Bretton Woods, New Hampshire, July 29-August 2, 1996。最近、あるジャーナリストが述べているように、「シニシズムを国が崩壊していることの警告として見るのではなく――また、そうした現象の存在を否定するのでもなく――、成熟した民主主義につきものだが、損なうものではないという特徴として見てはどうだろう。この分析によれば、国民の不満はヨーロッパの場合のように、米国が受け入れなければならないものである。事実、不満は健全性のしるしと見なされることもある…。シニシズムは国の皺のようなものかもしれない。必ずしも魅力的ではないが、生命にかかわることはない」。Anthony Flint, "Has Democracy Gone Away?," *Boston Globe Magazine,* October 20, 1996, 49.

[7] Calvin Trillin, *Remembering Denny* (New York: Warner Books, 1993), 6.

[8] Robert Lane, "The Politics of Consensus in an Age of Affluence," *American Political Science Review* 60 (1965): 874-95.

[9] ウェンディ・ラーンは、信用、信頼、反応性はお互いに関係があり、根底にある信条は似ていることを示している。したがって本章では、「信頼」と「信用」を互換性があるものとして用いている。Wendy M. Rahn and Virginia Chanley, "A Time Series Perspective on Americans' Views of Government and the Nation," paper prepared for the 1996 Annual Meeting of the American Political Science Association, San Franciscoを参照。

[10] John R. Hibbing and Elizabeth Theiss-Morse, *Congress as Public Enemy* (New York: Cambridge University Press, 1995), 22-61.

[11] Frank J. Thompson, "Critical Challenges to State and Local Public Service," in *Revitalizing State and Local Public Service: Strengthening Performance, Accountability, and Citizen Confidence,* ed. Frank J. Thompson (San Francisco: Jossey-Bass Publishers, 1993), 10-14を参照。1997年にもこのパターンは変わっていない。Peter D. Hart and Robert M. Teeter, "Findings from a Research Project about Attitudes Toward Government," unpublished for the Council for Excellence in Government, March 1997.

政府への信頼は全レベルにおいて低かったが、連邦政府はとりわけ低かった。

［12］ 米国の非政府制度に対する国民の意識を長期にわたって調査しているのは、ハリス世論調査（1966年から）、ギャラップ世論調査（1973年から）、全米世論研究所の一般社会調査（1973年から）である。こうした動向をまとめたものは、*The Gallup Poll,* vol.61, no.6, June 7, 1996, 1-4; *The Harris Poll,* no.10, February 12, 1996, 1-5; および *The American Enterprise* 4, no.6 (1993) に収められている。このデータの詳しい分析は、Lipset and Schneider, *The Confidence Gap* の特に41-96頁にある。

［13］ 制度への信頼は、ヨーロッパ、北米、アジアの多くの先進国で薄れている。ロバート・パットナムは当該データを検証したあと、「国によって幻滅の開始時期や深さは異なる」ものの、「この20年間に政治と政府についてシニシズムが蔓延し、政治の指導者、既成の政党、政府全般に対する信頼が幅広く低下した」と結論づけている。Robert D. Putnam, Jean-Claude Casanova, and Seizaburo Sato, "Introduction: Troubled Democracies," in *Revitalizing Trilateral Democracies: A Report to the Trilateral Commission,* unpublished manuscript, April-October 1995, 9.

［14］ あるいは、1980-1988年の時期に集中して行なわれた研究が結論づけているように、「母集団の社会的特徴は極めてゆっくり変化するため、人口統計学的な変数は、信頼の場合に観察されたような大きな意識の変化を説明するに至らない」。Arthur H. Miller and Stephen A. Borrelli, "Confidence in Government during the 1980's," *American Politics Quarterly* 19 (1991): 154. ［表3-1］で説明されているものと同じ基本的パターンが、1964年から1994年までにあてはまる。 Lipset and Schneider, 97-125; Stephen C. Craig, ed., *Broken Contract: Changing Relationships between Americans and Their Government* (Boulder, Colo.: Westview Press, 1996), 51-54; および Miller and Borrelli, 153-56を参照。

［15］ Robert E. Lane, *Political Life: Why and How People Get Involved in Politics* (New York: The Free Press, 1989), 164-66; Joel D. Aberbach, "Alienation and Political Behavior," *American Political Science Review* 63 (1969): 86-99.

［16］ Richard Morin and Dan Balz, "Americans Losing Trust in Each Other and Institutions," *Washington Post,* January 28, 1996, A1, A6-A7.

［17］ Lipset and Schneider, 108-09; Craig, *Broken Contract,* 27-29; Citrin, 974.

［18］ Robert D. Putnam, "Tuning In, Tuning Out: The Strange Disappearance of Social Capital in America," *PS: Political Science and Politics* (December 1995): 664-83. 政治への信頼が世代を超えて低下していることについては、［表3-1］を参照。

［19］ 社会資本と政治への信頼との直接的・間接的な結びつきは、米国の社会資本の供給が低下したかどうかという論争も含め、第5章でマンズブリッジが論じている。個人的な経済状況と政府への信頼との関係は、強くはないもののかなり一貫している。自分の経済状況が悪化した人は、政府を信頼していると言うことが少なく、経済全体の状態をよくないと評価している人も同様である。Lipset and Schneider, 63-65, 156-58; Craig, *Broken Contract,* 43-44; Jack Citrin and Donald Philip Green, "Presidential Leadership and the Resurgence of Trust in

Government," *British Journal of Political Science* 16 (1986): 438; Miller and Borrelli, 163-64. 総体的には、国民の信頼の低下は経済状態の悪化によるところもあるのは明らかだが、こうした状況は信頼が時とともに変化したことの説明としては強力でないことをローレンスは示している（第4章)。1964年以降、政府への信頼の水準は経済状況の動向と強い相関関係がない。政治への信頼は、経済が好調で伸びているときに低下し、景気下降期に増している。

[20] Putnam, "Introduction: Troubled Democracies," 21.

[21] V. O. Key, Jr., *The Responsible Electorate: Rationality in Presidential Voting, 1936-1960* (Cambridge, Mass.: Harvard University Press, 1966), and Donald E. Stokes, "Some Dynamic Elements of Contests for the Presidency," *American Political Science Review* 60 (1966): 19-38.

[22] Huntington, "Americans and their Government," 1. また、Samuel P. Huntington, *American Politics: The Promise of Disharmony* (Cambridge, Mass.: Harvard University Press, 1981), 特に31-60頁; James A. Morone, *The Democratic Wish: Popular Participation and the Limits of American Government* (New York: Basic Books, 1990)も参照。米国の政治文化の異なる解釈については、Aaron Wildovsky, "A World of Difference—the Public Philosophies and Political Behaviors of Rival American Cultures," in *The New American Political System,* 2d ed., ed. Anthony King (Washington, D. C.: American Enterprise Institute, 1990), 263-86を参照。

[23] Daniel Bell, *The Coming of Post-Industrial Society: A Venture in Social Forecasting* (New York: Basic Books, 1976); Ronald Inglehart, *Modernization and Postmodernization: Cultural, Economic and Political Change in 43 Societies* (Princeton, N.J.: Princeton University Press, 1997).

[24] Philip E. Converse, "The Concept of a Normal Vote," in *Elections and the Political Order,* eds. Angus Campbell, Philip E. Converse, Warren E. Miller, and Donald E. Stokes (New York: John Wiley & Sons, 1966), 9-39.

[25] ボクは、医療、教育、貧困、犯罪において米国は他の先進国より成果があげられなかったと言っている。とはいえ、このように見劣りがすることを知っている米国人はほとんどおらず、生活状況をヨーロッパの国民といつも比べているような米国人はさらに少ない。

[26] Thompson, 13.

[27] 大半の米国人は、貧困、犯罪、麻薬乱用を減らすのに、政府は特に成功を収めていないと思っている（Hart and Teeter, "Findings," pp.4-8)。この点と地方レベルについて実験によって確認されたものについては、Daniel Katz, Barbara A. Gutek, Robert L. Kahn, and Eugenia Barton, *Bureaucratic Encounters: A Pilot Study in the Evaluation of Government Services* (Ann Arbor, Mich.: Institute for Social Research, 1977), 117-32, 175-78, 186を参照。

[28] Key, *The Responsible Electorate;* Lipset and Schneider, 399; Craig, *Broken Contract,* 42.

[29] Arthur H. Miller, "Political Issues and Trust in Government: 1964-1970," *American Political Science Review* 68 (1974): 961-63.

[30] Miller and Borrelli, 169.

[31] Walter Bagehot, *The English Constitution* (1867; London: Fontana Press, 1993), 63-68.
[32] Lipset and Schneider, 74-79.
[33] Gordon S. Black and Benjamin D. Black, *The Politics of American Discontent: How a New Party Can Make America Work Again* (New York: John Wiley & Sons, 1994), 107.
[34] この見解は、ワシントン・ポスト紙、ヘンリー・J・カイザー・ファミリー財団、ハーバード大学によって1995年に実施された全米調査において表明されたものである。回答者は、連邦政府を信じない主な理由を尋ねられ、自由回答方式で答えた。1997年の別の全米調査（ピーター・ハートとロバート・ティーターがCouncil for Excellence in Governmentのために実施）では、国民が政府を信頼しなくなったのはなぜだと思うかと質問した。回答者は、ほとんどが政府指導者と政治家に欠点があることをあげた。つまり、公職に就いている人たちが自己利益を追求しており、公約を守れず、特殊利益集団に影響され、倫理基準が低いというのである。
[35] スザンヌ・ガーメントによると、「腐敗が増えたために醜聞が増えたという確かな証拠はない。今日のさまざまな醜聞は、政治制度が政治における悪事をより熱心に追跡するようになり、醜聞を呈示する現代的な仕組みがますます効率的になったことからくるところが大きい」。(*Scandal: The Crisis of Mistrust in American Politics* [New York: Times Books, 1991], 6) また、Larry Sabato, *Feeding Frenzy: How Attack Journalism Has Transformed American Politics* (New York: The Free Press, 1991)も参照。
[36] Hibbing and Theiss-Morse, 14, 47-49.
[37] Jeffrey B. Abramson, F. Christopher Arterton, and Gary R. Orren, *The Electronic Commonwealth: The Impact of New Media Technologies on Democratic Politics* (New York: Basic Books, 1988).
[38] この何年か私は、これと次の段落で述べたように、メディアが事件についての情報を伝える場合と、メディアが事件についての見方を報道の仕方で作り上げる場合をうまく見分けられないために、「メディア効果」は往々にして誇張されていると主張してきた。ウィリアム・メイヤーもこの主張を*The Changing American Mind: How and Why American Public Opinion Changed between 1960 and 1988* (Ann Arbor: University of Michigan Press, 1992), 277-98において展開し、メディアの「情報面」と「パッケージ」の効果を識別している。
[39] V. O. Key, Jr., *Public Opinion and American Democracy* (New York: Alfred A. Knopf, 1961), 552.
[40] Key, *Public Opinion and American Democracy,* 537-38.
[41] Stephen Ansolabehere and Shanto Iyengar, *Going Negative: How Political Advertisements Shrink and Polarize the Electorate* (New York: The Free Press, 1995). 辛辣な政治的対話が国民のシニシズムを煽り、それがさらなる辛辣さを招く。政治指導者は国民の傾向を基にしてメッセージを考えるからである。
[42] Alison Mitchell, "Battle Shifts to Character Issue as Clinton and Dole Ads Duel over Drug Abuse," *New York Times,* September 21, 1996, 8に引用されている。
[43] Key, *Public Opinion and American Democracy,* 391-96.

[44] 過去30年間に新聞購読者は3分の1減少し、その一方で米国の平均的家庭は現在1日7時間以上テレビを見ている。メディア研究センター／ローパー調査の最近の調査によると、テレビは56％の米国民にとって大統領選挙運動に関連するニュースの主な情報源であった（新聞が主な情報源という人は17％、ラジオは11％）。かつて政治の専門家が独占していた仕事をメディア、特にテレビがどのように獲得したかについては、Gary R. Orren and William G. Mayer, "The Press, Political Parties, and Public-Private Balance in Elections," in *The Parties Respond: Changes in the American Party System,* ed. L. Sandy Maisel (Boulder, Colo.: Westview Press, 1990), 204-24を参照。

[45] Lionel Trilling, *Beyond Culture: Essays on Literature and Learning* (New York: Viking Press, 1965) の特にまえがき。

[46] Daniel C. Hallin, *The Uncensored War: The Media and Vietnam* (New York: Oxford University Press, 1986).

[47] Thomas E. Patterson, *Out of Order* (New York; Alfred A. Knopf, 1993), 16-25, 201-204. また、Thomas E. Patterson, "Bad News, Bad Governance," *The Annals of the American Academy of Political and Social Science* 546 (July 1996): 97-108; Michael J. Robinson and Margaret Sheehan, *Over the Wire and on TV: CBS and UPI in Campaign '80* (New York: Russell Sage, 1983), 91-116.

[48] たとえば、ニュースなどで短く引用される大統領候補の発言は、平均すると1968年の40秒以上から1988年には10秒以下にまで短くなった。候補者自身の言葉の引用や言い換えも新聞報道から消えており、1960年には平均して14行だったのが、1992年には6行に減っている。Daniel C. Hallin, "Sound-Bite News: Television Coverage of Elections, 1968-1988," *Journal of Communications* 42 (Spring 1992): 5-24; Patterson, *Out of Order,* 75-77.

[49] Robinson and Sheehan, *Over the Wire and on TV,* 3-9, 207-16, 222; Patterson, "Bad News, Bad Governance," 100-02; Patterson, *Out of Order,* 80-82; Paul Weaver, "Is Television News Biased?," *Public Interest* 27 (Winter 1972): 57-74.

[50] Joanna Vecchiarelli Scott, "Hannah Arendt, Campaign Pundit," *New York Times,* July 27, 1996, sec. 1, 23に引用されている。

[51] Paul Weaver, "Captives of Melodrama," *New York Times Magazine,* August 29, 1976, 6-7.

[52] Charlotte Elisabeth Aisse, *Lettres de Mlle Aisse a Madame Calandrini* (Paris: Gerdes, 1846), 161の1728年8月13日付の手紙より。

[53] Craig, *Broken Contract,* 27-43.

[54] Robert J. Samuelson, *The Good Life and Its Discontents: The American Dream in the Age of Entitlement, 1945-1995* (New York: Times Books, 1995); Mary Ann Glendon, *Rights Talk: The Impoverishment of Political Discourse* (New York: The Free Press, 1991); Jean Bethke Elshtain, *Democracy on Trial* (New York: Basic Books, 1995).

[55] Michel J. Crozier, Samuel P. Huntington, and Joji Watanuki, *The Crisis of Democracy: Report on the Governability of Democracies to the Trilateral Commission* (New York: New York University Press, 1975).

[56] 1996年10月2日付のニューヨーク・タイムズ紙に引用されているクリーブランドの近くのレークランド・コミュニティ・カレッジにおける演説から（16頁）。

[57] Craig, *Broken Contract,* 15に引用されている。アラン・エーレンハルトは、1996年の大統領選挙を分析して同じような結論に至っている。それによると、1996年の有権者のムードを最も的確に表現しているのは、「冷静」という言葉である。要求という意味での期待は相変わらず高かったため、国民は政府の機能一部停止や解体には反対した。だが冷静にも、予期するという意味での期待も持っていたので、「どちらの党の候補からも次々と安易な解決策を聞かされるのに嫌気がさしていた」。Alan Ehrenhalt, “The Voters Sober Up,” *New York Times,* October 20, 1996, E15.

[58] Robin Toner, “Democrats’ New Goal in Congress: Modesty,” *New York Times,* June 28, 1996, A26に引用されている。

[59] David Rosenbaum, “Past Is No Guide to Stands Taken by Candidates,” *New York Times,* September 8, 1996, 30; Robert Kuttner, “Clinton’s Gutting of Government,” *The Boston Globe,* September 9, 1996, A19; “Mr. Clinton’s Bridge,” *New York Times,* August 31, 1996, 20.

[60] 1995年8月4日付のボストン・グローブ紙に引用されているボストンのパイオニア・インスティテュートにおける演説（22頁）。

[61] Citrin and Green, 特に438-50; Miller and Borrelli, 特に166-68. 国民の信頼がレーガン大統領の1期めに高まったのは、極めて興味深い変則的なできごとだった。世間一般の記憶されているのとは異なり、レーガンの人気は当時かなり低迷していた。それどころかレーガンは、就任後2年間の信任率では戦後の大統領で最低であった。レーガン人気は1984年から1986年のあいだに高まったが、政府に対する国民の信頼は急低下した。こうした大統領の人気と政府への信頼の不一致は、レーガン時代だけのことではない。1964年以降、大統領の人気と国民の信頼との相関関係は驚くほど小さく、一致していない。政治への信頼には、在職中の大統領の評価だけでなく、もっとさまざまな政府に対する意識が反映されているようだ。Miller and Borrelli, 157-59を参照。

[62] 大半の米国民の見解とは一致していない政界エリートの党派心の強いイデオロギー的な対立については、E. J. Dionne, Jr., *Why Americans Hate Politics* (New York: Simon and Schuster, 1991) と本書のキングによる第6章を参照。

[63] CNN／USA トゥディ／ギャラップによる世論調査（1996年1月12-15日、5月9-12日）、NBC／ウォールストリート・ジャーナル紙による世論調査（1996年6月20-25日）、CBS／ニューヨーク・タイムズ紙による世論調査（1996年5月31日-6月3日、10月27-29日）

21世紀の統治のビジョンに関するブレトンウッズ会議（1996年7月29日-8月2日）での討議は大いに得るところがあった。それに加え、ジョージ・ボルハス、ジャック・ドナヒュー、リチャード・パーカー、ダニ・ロドリク、レイモンド・ヴァーノン、シャーリー・ウィリアムズは極めて有益なコメントをくれた。

[1] Michael K. Brown, “Remaking the Welfare State: A Comparative Perspective,” in *Remaking the Welfare State,* ed. Michael K. Brown (Philadelphia: Temple University Press, 1988), 9.

[2] 雇用の伸びが鈍かったため、1980年から1995年まで、ヨーロッパにおける労働年齢の者1人当たり生産高の伸び率は、実際には米国の場合を下回っていた。*OECD Economic Outlook,* June 1996, 22を参照。

[3] George Borjas, “Economic Slowdown and Attitudes towards Government,” paper prepared for the Visions of Governance for the Twenty-first Century conference, Bretton Woods, New Hampshire, July 29-August 2, 1996.

[4] だが1990年代になると、こうした不平等のもとはなくなったようだ。それどころか解雇されるホワイトカラー労働者の比率が高くなった。

[5] 生産性の伸びが拡大しなければ、経済が潜在的成長ペースを超えるには失業を減らすしかない。だが1996年、大方の観察者（そしてもっと重要なことに連邦準備制度理事会）によると、米国の成長率は潜在性が思うように拡大しないことによって抑えられている。経済にインフレが加速する前に失業を減らす余地が実際にあったとしても、この一時的な利得は長期的な成長率に影響しない。

[6] *OECD Economic Outlook,* December 1994, 27.

[7] *OECD Economic Outlook,* December 1994, 27.

[8] より完全な分析については、Robert Z. Lawrence, *Single World: Divided Nations? The Impact of International Trade on OECD Labor Market* (Washington, D. C.: OECD Development Center and Brookings Institution, 1996) を参照。

[9] James Goldsmith, *The Trap* (New York: Carroll & Graf, 1993).

[10] さらなる議論については、Dani Rodrik, *Has International Integration Gone Too Far?* (Washington, D. C.: Institute for International Economics, 1997) を参照。

[11] Raymond Vernon, “International Economic Dimensions in the ‘Declining Trust’ Phenomenon,” paper prepared for the Visions of Governance for the Twenty-first Century conference, Bretton Woods, New Hampshire, July 29-August 2, 1996を参照。

[12] 研究者は一般に、貿易より技術によるところが大きいと考えているが、正確に説明するのは難しい。制度的要因（たとえば労働組合の弱体化や規制撤廃）、人口統計上の要因（たとえば労働力供給の変化）、製品需要における変化が、これらの影響を見きわめるのをさらに複雑にするからである。

[13] グリリチェスによると、「測定が困難」なセクターの割合は、1947年には経済活動の51％であったのが、1990年には69％に増えている。Zvi Griliches, “Productivity, R&D and the Data Constraint,” *American Economic Review* 84,

no.1 (1994): 1-23を参照。

[14] Robert Gordon, "Problems in the Measurement and Performance of Service-Sector Productivity in the United States," *NBER Working Paper,* no.5519, 1996.

[15] 1980年代の大統領の経済報告書にある成長率の予測を参照。

[16] Robert J. Samuelson, *The Good Life and Its Discontents* (New York: Times Books, 1995).

[17] Fredrick Hu, "What Is Competition?" *Worldlink* (July-August 1996): 14-33.

[18] Joel Slemrod, "What Do Cross-Country Studies Teach about Government Involvement, Prosperity, and Economic Growth?" *Brookings Papers on Economic Activity* 2 (1995): 373-415.

[19] たとえば、Douglas A. Hibbs, Jr., *The American Political Economy: Macroeconomics and Electoral Politics* (Cambridge, Mass.: Harvard University Press, 1987); Michael S. Lewis-Beck, *Economics and Elections: The Major Western Democracies* (Ann Arbor: University of Michigan Press, 1990) を参照。

[20] Peter Taylor-Gooby, "The Role of the State," in *British Social Attitudes: Special International Report,* ed. Roger Jowell, Sharon Witherspoon, and Brook Lindsay (England: Gower, 1989) を参照。

[21] 「1930年代…以降、大半の米国人は、限界はあっても事実上の福祉国家に適合するようないくつかの政策に賛成すると言っている。社会保障制度、雇用・教育・所得補助・医療・都市問題への一定の援助…この構成には基本的に個人主義が反映されている…とはいえ社会的義務感、そして資本主義の厳しさを和らげ、行きすぎを規制し、無力な人びとを守り、全国民にかなり公平な機会を提供するための政府行動への強いコミットメントも反映している」(Benjamin I. Page and Robert Y. Shapiro, *The Rational Public: Fifty Years of Trends in Americans' Policy Preferences* [Chicago: University of Chicago Press, 1992] 118)。こうした意識は、ちがいはあったものの、他の先進西欧諸国にも共通していた。テイラーグービィによると、「世論は…いちばん弱い集団の一部に、制度がもっと寛大になれないことを批判する…だが、所得の均等化や給付水準の引き上げは必ずしも支持しない。望んでいるのは、雇用や全体的恩恵の機会がより平等になることだ」(51)。

第5章■不満の社会的・文化的原因

[1] ［表5-1］から［表5-3］と［図5-1］は、クリストファー・ジェンクスが、21世紀の統治のビジョン会議（ニューハンプシャー州ブレトンウッズ、1996年7月29日-8月2日）のために準備したものである。

[2] 第3章の［図3-1］、「連邦政府が正しいことをするという信頼」は1964年から1980年までに最も大きく落ち込み、その後は1984年から1988年の「レーガン時代」に少し上昇したのを除いて、低い水準で安定していた。同様に、第8章の［図8-1］、「行政府と連邦議会の指導者への国民の信頼」は、1966年から1978年に信頼が低下し、その後は1982年から1986年に少し上昇したのを除いて、低い水準で安定していた。

[3] Barbara Ehrenreich, *The Hearts of Men* (Garden City, N.Y.: Anchor Press, 1983).

[4] Susan Thistle, "Women's Poverty and the Inadequacies of Current Social Welfare Policy: Consequences of Women's Move from Household to Waged Work," Working Paper #93-15, Institute for Policy Research, Northwestern University.

[5] Christopher Jencks, "Who Gives to What?," in *The Nonprofit Sector: A Research Handbook,* ed. Walter Powell (New Haven, Conn.: Yale University Press, 1987).

[6] Alan Altshuler, "The Decline of Family and Other Intense Communal Ties," paper prepared for the Visions of Governance for the Twenty-first Century conference, Bretton Woods, New Hampshire, July 29-August 2, 1996.

[7] Altshuler, "The Decline of Family."

[8] Herbert Jacob, *Silent Revolution: The Transformation of Divorce Law in the United States* (Chicago: University of Chicago Press, 1988).

[9] Otis Dudley Duncan, David L. Featherman, and Beverly Duncan, *Socioeconomic Background and Achievement* (New York: Seminar Press, 1972); William H. Sewell, Robert M. Hauser, and Wendy C. Wolf, "Sex, Schooling, and Occupational Status," *American Journal of Sociology* 86, no.3, (1980), 551-83.

[10] この問題を「貧困児童の割合（もしくは数）」に関する統計で説明しないほうがよい。少なくとも米国では、これらの数字に現われている増加は不完全な物価指数のせいかもしれないからである（Jencks and Meyer, 1996）。

[11] Donald R. Kinder and D. Roderick Kiewiet, "Sociotropic Politics: The American Case," *British Journal of Political Science* 11 (1981): 129-61.

[12] Theodore R. Marmor, "The Politics of Medical Care Re-Form in Mature Welfare States: Fact, Fiction and Faction," paper prepared for the Visions of Governance for the Twenty-first Century conference, Bretton Woods, New Hampshire, July 29-August 2, 1996.

[13] Rudolf Klein and Michael O'Higgins, "Defusing the Crisis of the Welfare State: A New Interpretation," in *Social Security: Beyond the Rhetoric of Crisis,* eds. Theodore R. Marmor and Jerry L. Marshaw (Princeton, N.J.:

Princeton University Press, 1988).

[14] Robert J. Samuelson, *The Good Life and Its Discontents: The American Dream in the Age of Entitlement* (New York: Times Books, 1995).

[15] Mary Ann Glendon, *Rights Talk: The Impoverishment of Political Discourse* (New York: The Free Press; Toronto: Collier MacMillan; New York: Maxwell MacMillan, 1991); Michael J. Sandel, *Liberalism and the Limits of Justice* (Cambridge: Cambridge University Press, 1996).

[16] 支えを提供する政府の政策が個人の責任を縮小させるという議論については、Alan Wolfe, *Whose Keeper? Social Science and Moral Obligation* (Berkeley, Calif., University of California Press, 1989) を参照。批判については、Jane Mansbridge, review of Wolfe, *Social Justice Research* 4 (1990): 265-69を参照。

[17] Frederick Schauer, "Allocating the Cost of Rights," paper prepared for the Visions of Governance for the Twenty-first Century conference, Bretton Woods, New Hampshire, July 29-August 2, 1996.

[18] Elinor Ostrom, Roger B. Parks, and Gordon P. Whitaker, *Patterns of Metropolitan Policing* (Cambridge, Mass.: Ballinger Publishing Co., 1978).

[19] Altshuler, "The Decline of Family."

[20] Robert D. Putnam, "Tuning In, Tuning Out: The Strange Disappearance of Social Capital in America," *PS: Political Science and Politics* 28, no.4 (December 1995).

[21] Theda Skocpol, "Unraveling from Above," *The American Prospect* 25 (March-April 1996): 24.

[22] Putnam, "Tuning In, Tuning Out."

[23] Skocpol, "Unraveling from Above," 22.

[24] Everett C. Ladd, "The Data Just Don't Show Erosion of America's 'Social Capital,'" *The Public Perspective* (June-July 1996): 5.

[25] Sidney Verba, Kay Lehman Schlozman, and Henry E. Brady, *Voice and Equality: Civic Voluntarism in American Politics* (Cambridge, Mass.: Harvard University Press, 1995), 76 and 83.

[26] Michael Schudson, "What if Civic Life Didn't Die?" *The American Prospect* 25 (March-April 1996): 18.

[27] Skocpol, "Unraveling from Above."

[28] Steven J. Rosenstone and John Mark Hansen, *Mobilization, Participation, and Democracy in America* (New York: Macmillan, 1993).

[29] Richard M. Valelly, "Couch-Potato Democracy," *The American Prospect* 25 (March-April 1996): 26.

[30] Pippa Norris, "Does Television Erode Social Capital? A Reply to Putnam," *PS: Political Science & Politics* 29, no.3 (September 1996): 3.

[31] Paul Peterson, "Some Political Consequences of the End of the Cold War," paper prepared for the Visions of Governance for the Twenty-first Century conference, Bretton Woods, New Hampshire, July 29-August 2, 1996.

[32] Eric M. Uslamer, "Democracy and Social Capital," in *Democracy and*

Trust, ed. Mark E. Warren（近刊）.
[33] Tom Patterson, "News Professionals, Journalism, and Democracy," paper prepared for the Visions of Governance for the Twenty-first Century conference, Bretton Woods, New Hampshire, July 29-August 2, 1996.
[34] Theda Skocpol, "Successful Policies in American Democracies," paper prepared for the Visions of Governance for the Twenty-first Century conference, Bretton Woods, New Hampshire, July 29-August 2, 1996.
[35] Suzanne Garment, *Scandal: The Crisis of Mistrust in American Politics* (New York: Times Books, 1991).
[36] Joseph P. Kalt, "Declining Social Capital or Decaying Social Contract?," paper prepared for the Visions of Governance for the Twenty-first Century conference, Bretton Woods, New Hampshire, July 29-August 2, 1996.
[37] Marmor, "The Politics of Medical Care Re-Form."
[38] Jennifer Hochschild, *Facing Up to the American Dream: Race, Class, and the Soul of the Nation* (Princeton, N. J.: Princeton University Press, 1995).
[39] Tom R. Tyler, *Why People Obey the Law* (New Haven, Conn.: Yale University Press, 1990); Margaret Levi, *Of Rule and Revenue* (Berkeley: University of California Press, 1988); Margaret Levi, *Consent, Dissent and Patriotism* (Cambridge: Cambridge University Press, 1997).

第6章■政党の分極化と政府への不信

[1] 「クリントン、中道派政治を宣言」、ロイター通信、1996年12月11日。
[2] Anthony Downs, *An Economic Theory of Democracy* (New York: Harper & Row, 1957).
[3] Richard Darman, *Who's in Control: Polar Politics and the Sensible Center* (New York: Simon & Schuster, 1996). E. J. Dionne, Jr., *Why Americans Hate Politics* (New York: Simon & Schuster, 1991), chapter 13.
[4] 全米選挙調査（NES）の調査員は1972年から、「極めてリベラル」から「極めて保守」まで7段階のイデオロギー尺度のどこに自分が位置すると思うか、米国民に尋ねてきた（NES Cumulative Dataset, variable#803）。質問：「近頃、リベラル派か保守派かという話をよく耳にします。国民の政治的見解を極めてリベラルから極めて保守まで7段階に並べたスケールがここにあります［1972年と1974年は：スケールをお見せします］。あなたはこのスケールのどこに位置すると思いますか、それともこういうことはあまり考えたことがありませんか」（回答者に7段階のスケールを見せる）
[5] ［表6-1］の別の見方として、自己判定による保守派のリベラル派に対する割合を調べることができ、それによると1972年には1.44だったのが、その後の20年間に拡大して、1994年には2.57とピークに達している。「偉大な社会」のほとんどの政策が効力を発揮中で、ニクソン大統領がリベラル色の濃い社会プログラムを提案していた1972年、米国民の5人に3人がリベラル側より保守側に傾いていた。1984年には、その比率は1.61に上昇し、1990年は1.63であった。この自己判定による保守派の割合に起こった変化は徐々にではあるが、上昇傾向は明白

で、1994年の数字で頂点に達した。自己判定による保守派のリベラル派に対する割合は、1972年が1.44、1974年が1.24、1976年が1.56、1978年が1.35、1980年が1.65、1982年が1.80、1984年が1.61、1986年が1.67、1988年が1.88、1990年が1.63、1992年が1.55、1994年が2.57であった。

[6] Hans-Dieter Klingemann, "Party Positions and Voter Orientations," in *Citizens and the State,* eds. Hans-Dieter Klingemann and Dieter Fuchs (New York: Oxford University Press, 1995), table 6.4.

[7] Angus Campbell, Philip E. Converse, Warren E. Miller, and Donald E. Stokes, *The American Voter* (New York: John Wiley & Sons, 1960), chapter 9; Hans-Dieter Klingemann, "Measuring Ideological Conceptualizations," in *Political Action,* eds. Samuel H. Barnes, Max Kaase, et al. (Beverly Hills, Calif.: Sage, 1979).

[8] 大半の米国民が問題点に対する立場（党派やイデオロギーによる立場ではなく）を変えないという主張はかつて盛んに討議されたが、今では変えないというほうが優勢である。つまり、回答者が年ごとにちがう回答をしているとは考えられず、述べられた意見は比較的安定している基本的選択の評価によっていると思われる。John E. Jackson, "The Systematic Beliefs of the Mass Public: Estimating Policy Preferences with Survey Data," *Journal of Politics* 45 (1983): 840-65; Jon Krosnick, "The Stability of Political Preferences," *American Journal of Political Science* 35 (1991): 547-76. 有権者に安定した選択をほとんど許さない枠組みにおける見かけ上の意見の安定については、John R. Zaller, *The Nature and Origins of Mass Opinion* (New York: Cambridge University Press, 1992).

[9] 回答者はいつものように、7段階のスケールで自分の意見を位置づけた。上から3つのカテゴリーが、より保守的な立場を示している。

[10] 全回すべての質問がされたわけではない。質問されなかった年については、回答は2年の動きの平均によって推定された。たとえば、妊娠中絶についての質問は1974年にはなかった。1972年と1976年の回答がどちらも11％だったことから、傾向線を確定させるために1974年も11％とした。

[11] NES Cumulative Dataset, variable #829。質問：「ワシントンの政府が、国と国民のためにならないほど強大になっていると懸念している人がいます。かと思うと、ワシントンの政府は強大すぎることはないと思っている人がいます。あなたはこの点について意見がありますか、ありませんか。[意見がある場合：] あなたは政府が強大になっているか、なっていないか、どちらだと思いますか」

[12] 「権限を持ちすぎていない」に対する「持ちすぎている」の割合は1976年に急増した。これは質問の設定を変更して、回答者がこの点について意見がないと答えやすくしたためである。

[13] John E. Jackson and David C. King, "Public Goods, Private Interests, and Representation," *American Political Science Review* 83 (1989): 1143-64.

[14] 「医療や病院の費用が急上昇していることが懸念されています。医療や病院の費用はすべて公的な保険制度でカバーされるべきだと考えている人がいます。医療費は個人で、そしてブルークロスのような民間の保険会社を通じて支払われるべきだと思っている人もいます。あなたはこのスケールではどこに位置すると思いますか、それともこういうことはあまり考えたことがありませんか」(NES

Cumulative Dataset, variable #806)。1984年は質問が少し変更されたが、結果には影響していないはずである。

[15] NES Cumulative Dataset, variable #837. 質問：「近年、妊娠中絶について議論されています。この頁にある意見のうち、あなたの見解に最も近いものはどれですか。選んだ意見の番号を教えてください。(1) 妊娠中絶は絶対に認めてはならない［1980年以降は：「法律によって、妊娠中絶は絶対に認めてはならない」]」。回答の選択肢はあと3つあったが、それらの選択肢は1982年に変更されたので比較できない。だが、回答 (1) は変更されておらず、1972年のデータが利用できる。

[16] NES Cumulative Dataset, variable #830.

[17] M. Kent Jennings and Richard G. Niemi, *Generations and Politics: A Panel Study of Young Adults and Their Parents* (Princeton, N.J.: Princeton University Press, 1981); William Claggett, "Partisan Acquisition Versus Partisan Intensity," *American Journal of Political Science* 25 (1981): 193-214.

[18] ［表6-2］には「純粋な無党派」のカテゴリーのみ用いられており、それには理由がある。無党派寄りの民主党員と無党派寄りの共和党員は党派心を持った人たちであり、熱心な党員らしい行動をとるという証拠がある。無党派寄りの人たちの割合はこの期間に増えたが、私はこれを党への忠誠が大いに弱まったことの確かな証拠だと見なしていない。William G. Mayer, "Changes in Mass Partisanship, 1946-1996," Annual Meeting of the American Political Science Association, September 1, 1996; Bruce E. Keith, David G. Magleby, Candice J. Nelson, Elizabeth Orr, Mark C. Westlye, and Raymond E. Wolfinger, *The Myth of the Independent Voter* (Berkeley: University of California Press, 1992) を参照。

[19] V. O. Key, Jr., *Politics, Parties, and Pressure Groups* (New York: Thomas Y. Crowell, 1942). この方式で組織された政党を概観するには、Paul Allen Beck, *Party Politics in America,* 8th ed. (New York: Longman, 1997) を参照。

[20] James L. Gibson, Cornelius P. Cotter, John F. Bibby, and Robert J. Huckshorn, "Whither the Local Parties?" *American Journal of Political Science* 29 (1985): 139-60; John F. Bibby, "Partisan Organizations," Annual Meeting of the American Political Science Association, September 1, 1996; David W. Rohde, "Electoral Forces, Political Agendas, and Partisanship in the House and Senate," in *The Postreform Congress,* ed. Roger H. Davidson (New York: St. Martin's Press, 1992).

[21] 数字はすべて、William Mayer, "Changes in Mass Partisanship, 1946-1996" の［表6］による。本文で説明しているのは何％から何％に減ったかであり、何％変化したかではないことに注意してもらいたい。たとえば、大統領と連邦議会の選挙で同じ党への投票は86％から71％に減り、これは15ポイントの減少、つまり17％以上減少している。

[22] 全米選挙調査には、回答者が次の6つの政治行動をしたことがあると答えたかどうかの結果がある。だれかに話して投票に影響を与えようとする。政治集会に参加する。政党または候補者のために活動する。選挙運動バッジをつけるかバンパ

ーにステッカーを貼る。寄付をする。手紙を書く。これらの活動のうちで5つを実行している回答者の集団では、5.19％が無党派、56.29％が熱心な党員であった。サンプル全体では、11.12％が無党派、30.69％が熱心な党員であった。つまり、熱心な党員が活動家である可能性は約2倍である。

[23] Sidney Verba, Kay Lehman Schlozman, and Henry E. Brady, *Voice and Equality: Civic Voluntarism in American Politics* (Cambridge, Mass.: Harvard University Press, 1995); Dalton, chapter 3.

[24] John H. Aldrich, “A Downsian Spatial Model with Party Activism,” *American Political Science Review* 77 (1983): 974-90; John H. Aldrich, *Why Parties? The Origin and Transformation of Party Politics in America* (Chicago: University of Chicago Press, 1995), chapter 6; Robert S. Erikson, Gerald C. Wright, and John P. McIver, *Statehouse Democracy: Public Opinion and Policy in the American States* (New York: Cambridge University Press, 1993), chapter 5; Austin Ranney, “Representativeness of Primary Electorates,” *Midwest Journal of Political Science* 12 (1972): 224-38.

[25] James A. McCann, “Presidential Nomination Activists and Political Representation: A View from the Active Minority Studies,” in *In Pursuit of the White House: How We Choose Our Presidential Nominees,* ed. William G. Mayer (Chatham, N.J.: Chatham House, 1996), 79, 80.

[26] Herbert McClosky, “Consensus and Ideology in American Politics,” *American Political Science Review* 58 (1964): 361-82; Jeane J. Kirkpatrick, *The New Presidential Elite* (New York: Russell Sage, 1976); Nelson W. Polsby, *Consequences of Party Reform* (New York: Oxford University Press, 1983); Walter J. Stone and Alan I. Abromowitz, “Winning May Not Be Everything, but It’s More Than We Thought,” *American Political Science Review* 77 (1983): 945-56; Warren E. Miller and Kent Jennings, *Parties in Transition* (New York: Russell Sage, 1986).

[27] David W. Brady, Joseph Cooper, and Patricia A. Hurley, “The Decline of Party in the U. S. House of Representative, 1887-1968,” *Legislative Studies Quarterly* 4 (1979): 381-407; Melissa P. Collie, “Electoral Patterns and Voting Alignments in the U.S. House, 1886-1986,” *Legislative Studies Quarterly* 14 (1989): 107-28.

[28] Gary W. Cox and Mathew D. McCubbins, *Legislative Leviathan: Party Government in the House* (Berkeley: University of California Press, 1993); David W. Rohde, *Parties and Leaders in the Postreform House* (Chicago: University of Chicago Press, 1991).

[29] 同じような考察については、Jon Bond and Richard Fleisher, “Why Has Party Conflict among Elites Increased if the Electorate Is Dealigning?” Annual Meeting of the Midwest Political Science Association, April 1996を参照。

[30] V. O. Key, Jr., *Southern Politics in States and Nation* (New York: Alfred A. Knopf, 1949); Nicol C. Rae, *Southern Democrats* (New York: Oxford University Press, 1994).

[31] Edward G. Carmines and James A. Stimson, *Issue Evolution: Race and the Transformation of American Politics* (Princeton, N.J.: Princeton University Press, 1989), chapter 2.

[32] Nicol C. Rae, "Intra-Party Conflict in an Evolving Electoral Order: American Party Factionalism, 1946-52 and 1990-96," Annual Meeting of the American Political Science Association, September 1, 1996.

[33] Harold W. Stanley and Richard G. Niemi, "The Demise of the New Deal Coalition: Partisanship and Group Support, 1952-92," in *Democracy's Feast: Elections in America,* ed. Herbert F. Weisberg (Chatham, N.J.: Chatham House, 1995). 彼らの分析に入っているが［図6-3］には示されていない追加の人口統計上のデータには、カトリック教徒、ユダヤ人、女性、組合加入世帯、白人のプロテスタント根本主義者、ヒスパニック（キューバ人以外）、1959-70年に生まれた人、1943-58年に生まれた人などがある。

[34] Dionne, *Why Americans Hate Politics,* 116.

[35] William G. Mayer, *The Divided Democrats: Ideological Unity, Party Reform, and Presidential Elections* (Boulder, Colo.: Westview Press, 1996), chapter 4.

[36] Nicol C. Rae, *The Decline and Fall of the Liberal Republicans: From 1952 to the Present* (New York: Oxford University Press, 1989); Mary C. Brennan, *Turning Right in the Sixties: The Conservative Capture of the GOP* (Chapel Hill: University of North Carolina Press, 1995).

[37] 皮肉なことに、南部において政党の競争が拡大したことによって政党が極端さを増した可能性がある。民主党が南部を支配していたとき、公職候補者を選ぶ予備選挙は実質的に本選挙に等しく、予備選挙の投票者の中間的見解は本選挙の投票者の中間に近い場合が多かった。これは、予備選挙にさまざまなイデオロギーや政治的立場の人が投票していたからである。二党が競争する予備選挙が、これを完全に変えてしまった可能性がある。保守派は、以前ほど民主党の予備選挙に投票しなくなり、そのため予備選挙と本選挙の中間的見解の差違は時とともにほぼ確実に拡大した。もしそうであれば、一党支配に戻るのがよいとは思わないものの、二政党が競い合う予備選挙は明らかによい制度ではない。

[38] Anthony Downs, *An Economic Theory of Democracy* (New York: Harper & Row, 1957).

[39] NES Cumulative File, variable #801. この指標は、リベラル派の得点（V211）と保守派の得点（V212）から組み立てられている。まず、97からV211の値を引き、その差をV212の値に加える。この数字を次に2で割り、その結果に0.5を加える。最後に、解答の端数を切り捨てて整数にする。1978年にはこれらの質問はなかった。

[40] 「平均的米国人」のカテゴリーには、熱心な政党支持者を含む、すべての回答者が入れられている。

[41] この分析を選挙運動の活動家についても行なうと、その結果はさらに際だっていた。本章では、あとでモデルを推測するのに利用可能な観測数を最大限にするため、より控えめな熱心な党員の数字を用いる。

[42] 興味深いことに、政党の立場は平均的回答者から等距離ではない。民主党のほうが近い。これは、平均的米国人がリベラルではなく保守に少し寄っているにもか

かわらず、有権者のあいだでは民主党が相変わらず多数派である理由のひとつであろう。

[43] オールドリッチとマクギニスは、党活動家との平衡を二政党において、そして多様な問題点の局面について分析している。平衡は対立の「停止点」となっている。John H. Aldrich and Michael McGinnis, "A Model of Party Constraints on Optimal Candidate Positions," *Mathematical and Computer Modeling* 12 (1989): 437-50を参照。

[44] アスラナーは、連邦議会で超党派提携や礼儀が失われたのは、節度がなくなったことや積極行動主義的な社会になってきたことを反映しているという興味深い主張をしている。Eric M. Uslaner, *The Decline of Comity in Congress* (Ann Arbor: University of Michigan Press, 1993).

[45] 有権者が、連邦議会の制度そのものより、自分たちが選出した議員に好意を抱いていることはよく知られている。学者は通常、これを在職であることの強みと、議員の再選に向けた自己アピールのせいだとしている。それは確かに言えるだろうが、私の説から推断されるところでは、国民が地元選出の議員に敬意を払うのは、これらの政治家が平均すると連邦議会の中間的立場より調査回答者の政策への見解により近いからである。Thomas E. Mann, *Unsafe at Any Margin: Interpreting Congressional Elections* (Washington, D.C.: American Enterprise Institute, 1978).

[46] 従属変数は並数が2つあり、「0」は信頼に関係がある2つの調査回答のカテゴリーに対応し、「1」は不信に関係する2つのカテゴリーに対応している。

[47] Warren E. Miller and J. Merrill Shanks, *The New American Voter* (Cambridge, Mass.: Harvard University Press, 1996), chapter 8; Morris P. Fiorina, *Retrospective Voting in American National Elections* (New Haven, Conn.: Yale University Press, 1981).

[48] Morris Fiorina, *Divided Government,* 2d ed. (Boston: Allyn & Bacon, 1996), 77.

[49] [表6-3] と同じ独立変数、および全米選挙調査で分割投票をしたと答えた独立変数によるモデルのプロビット推定値を割り出した（n=9.214）。重要な独立変数は、最寄りの熱心な党員への距離で、これの統計的な有意は$p>0.000$である。分割投票をする傾向もまた、党派心の強さ（熱心な党員は分割投票をする可能性がはるかに低い）、人種（白人は分割投票をする可能性が高い）、地域（南部の民主党員は南部以外の民主党員に比べて共和党に投票する可能性がはるかに高い）に関連していた。分極化についてわかったことがどのくらい重要なのかはまだ断言できないが、とりあえずこれらの結果は、政党が偏向したので分割投票が増えたという説と一致している。

[50] Michael Alvarez and Matthew Schousen, "Policy Moderation or Conflicting Expectations: Testing the Intentional Models of Split Ticket Voting," *American Politics Quarterly* 21 (1993): 410-38; Richard Born, "Split Ticket Voters, Divided Government, and Fiorina's Policy-Balancing Model," *Legislative Studies Quarterly* 19 (1994): 95-115.

第7章■不信の政治学

[1] Frederick Jackson Turner, “United States (History, 1890-1910),” *Encyclopaedia Britannica,* 11th ed., vol.37 (New York, 1911), 735.

[2] 1996年2月12日に発表されたハリス世論調査（No.10）を参照。質問者、回答者、データの編集者、さらには読者にとって、「信頼」は「信用」と同じではないかもしれない。世論調査には、そういう点で主観性が入り込んでいる。だが、少なくとも私には「信用」という意味が少しでも感じられるものには、言及しているような急激な低下が見られる。「ワシントンの政府が正しいことをすると信用できる」と思っている人は、1964年の77％という高い数値から1994年には19％に下がっている。「政府は全国民の利益のために運営されている」と思っている人は、1964年の64％から30年後には19％に減っている。「役人は一般市民の意向など気にかけていない」と思っていない人は、アイゼンハワーやケネディの時代の70％からクリントン政権の2年めには22％に下がっている。これらの数字は、全米選挙調査のミシガン調査研究センターが行なった世論調査による（Ann Arbor: University of Michigan, Center for Political Studies, 各該当年）。

[3] これは主張であって証明された事実ではないが、西海岸に関する場合を除き、私が意見交換した識者のあいだで広く共有されている。西海岸、特にカリフォルニアでは、第二次世界大戦以降で歴史的に比較できる事例もなく、景気後退は他の地域より遅く、主に冷戦後の防衛関連工場の縮小と軍基地の閉鎖の結果として起こった。これによって示されているのは、フロンティアがなくなって1世紀、南北戦争からはそれ以上の年月が経っているにもかかわらず、米国には地域差があることだ。いずれにせよ、世論調査の証拠から示唆に富むものをひとつ提示するが、これは全国ベースのものである。ミシガン調査研究センターの選挙調査では1984年から94年まで（1990年を除く）1年おきに、「連邦政府の経済政策は状況を改善させたか、悪化させたか」と質問してきた。「悪化させた」という回答の連続5回分は、22、23、23、44、16％であった。ちなみに、1938年に関する注［18］と比べてみるとよいかもしれない。

[4] たとえば、1995年7月には、米国民の62％が国旗を燃やすのを違法とする憲法改正に賛成であった。

[5] Hugo Heclo, “Presidential Power and Public Prestige,” in *Presidential Power Revisited,* ed. Roger Porter（近刊）を参照。

[6] Gary C. Jacobson, *The Politics of Congressional Elections,* 3d ed. (New York: Harper Collins, 1992) を参照。

[7] James Fallows, *Breaking the News* (New York: Pantheon, 1996); Austen Ranney, “Broadcasting, Narrowcasting, and Politics,” in *The New American Political System,* ed. Anthony King, 2d ed. (Washington, D.C.: American Enterprise Institute, 1990) などを参照。

[8] Nelson Polsby, *Presidential Elections* (Chatham, N.J.: Chatham House, 1996); Ronald Radosh, *Divided They Fall: The Demise of the Democratic Party, 1964-1996* (New York: The Free Press, 1996) などを参照。

[9] これは「バックリーなど対ヴァレオ424US1(1976)」における最高裁判所による裁定に言及している。それ以降、民間資金の追加をはっきりと制限している公的資金を受け取った場合を除き、候補者は選挙運動に好きなだけ自己資金を使え

るようになった。もっとも、制限されていても候補者自身の「活動資金」という裏口が開かれており、裏口は裁判所の裁定があるごとに大きく開いてきているようだ。

[10] 1946年雇用法は、上院の案とはちがって詳細を定めて政府に「完全」雇用、大統領に「国家の経済予算」を付するものではなく、「最大の雇用、生産、購買力」と、これら3つを一致させて連邦議会への助言となるような年次経済報告書を付するものであった。 Stephen K. Bailey, *Congress Makes a Law* (New York: Columbia University Press, 1950) を参照。制定後の第一世代では、2つの立場の距離はそれほど大きいと思われていなかったが、その後の実践によって拡大した。

[11] 私は1946-47年、ホワイトハウスの向かいで予算局長のスタッフ・アシスタントをしていた。1950-51年には、通りの向かいに移って大統領特別顧問のアシスタントになっていた。それに対して1938-39年は、西海岸の大学に通っており、そこでの大きな「動き」と言えば、タウンゼンド養老年金案とロサンゼルスの組合未加入労働者を雇用する動きの他には、オクラホマ州の放浪農民が中西部南部の黄塵地帯からセントラルバレーに移ってきたことくらいだ。だがルーズベルトの1期めは、ニューディール政策の一翼を担っていた父の仕事の関係でワシントンに住んでいた。父はその後も太平洋沿岸地方からワシントンの旧友を訪れ、そのなかに大統領の側近ハリー・ホプキンズもいて、印象を私に伝えてくれた。さらに戦後、ジェイムズ・H・ロウ・ジュニアが私の教育係を自任し、1938-39年の話（彼は当時、ルーズベルトの側近だった）をたっぷりと聞かせてくれた。

[12] 1939年春、ルーズベルトとしては大っぴらな干渉主義に最も近いことをした。同年3月にヒトラーがプラハを占領すると米国政府はヨーロッパで戦争が起こるのは避けられないと考え、そうなったときに英国とフランスが米国から軍需品を購入できる（そして支払える）ように上院の指導層に中立法の廃止を嘆願したのである。これに対し、名だたる孤立主義者であるアイダホ州選出のボラー上院議員が有名な答弁をした。「ヨーロッパでは今年は戦争は起こりません…私には独自の情報源があり、このほうが国務省より優れていると思っています」 James MacGregor Burns, *Roosevelt: The Lion and the Fox* (New York: Harcourt Brace, 1956), 392. 中立法が廃止されたのは、9月に実際に戦争が始まったあと、ポーランドが破壊されたあとである。

[13] これらは、のちになっての見解である。当時、大統領と側近は、国内の措置より防衛が頭にあって、これを悲劇として受け止めなかった。南部出身者は役立ちそうだったからである。ルーズベルト政権の内務省長官で、シカゴの革新主義者、堂々たるリベラル派、干渉主義者のハロルド・イキーズは、1938年11月15日の日記にこう書いている。「共和党は11月8日にはかなり躍進したが、選挙結果には大統領や政策に対する決定的な拒絶は読み取れなかった…実家から戻ってきた大統領に会ったとき、元気そうなだけでなく機嫌もよかった…もちろん、大統領がこれまで以上にリベラル路線を歩むことを願っている」 Harold L. Ickes, *The Secret Diary* (New York: Simon & Schuster, 1954), 2:500. 逸話については、Rexford Guy Tugwell's, *The Democratic Roosevelt* (New York: Doubleday, 1957), 476-77を参照。

この時期の世論調査は信頼できないものの、ギャラップ社による選挙直後のルーズベルトの信任率調査は、初めて用いられた「一般的にいってフランクリン・ル

ーズベルトを今日の大統領として認めますか、認めませんか」という質問に対して回答は3つに分かれていた。回答は「大いに認める」が41％、「少し認める」が26％、「認めない」が33％だったとされている（調査日は1938年11月16-21日。調査No.138、質問6c）。景気後退が始まる前（だが最高裁改革案のあと）の1937年8月は、「賛成」が60.4％だった。そのときのギャラップ世論調査の質問は、「フランクリン・ルーズベルトに賛成しますか、反対ですか」というものであった（調査日は1937年8月4-9日。調査No.94、質問10）。また、注［18］も参照。

［14］ 失業の推計は、ばらつきが大きかった。Frances Fox Piven and Richard A. Cloward, *Regulating the Poor: The Functions of Public Welfare* (New York: Vintage Books, 1993), 109-110を参照。

［15］ カリフォルニア州ロングビーチ出身のフランシス・E・タウンゼンド博士は、1934年初め、使うことを条件に60歳以上の国民全員に毎月200ドルを連邦予算から支給し、それによって老齢者の赤貧をなくし、国の消費（ひいては生産）を増やすようにする運動を始めた。タウンゼンド運動はカリフォルニア中に広がり、全国的にも1935年4月に承認された社会保障法の老齢保健の規定を議会に働きかけるほどであった。社会保障法の一部となっているこれらの規定は極めて人気があり（タウンゼンドの基準からすると非常に控えめではあったが）、タウンゼンドは政治的に出し抜かれる形になった。

［16］「アメリカ優先」は、孤立主義的感情とその推進の手段として1940年の夏に始まった。1941年12月以降は、日本の真珠湾攻撃が大きく影響した。

［17］ 進歩的な共和党員のカンサス州知事ランドンは、1936年に伝統的な選挙運動を展開し、困難な状況が明らかになるにつれてますます伝統的になった（ルーズベルトは票の3分の2を獲得して当選し、それまでで最高の得票率を記録し、メインとバーモントの両州以外はすべて押さえた）。ランドンの攻撃は正統的、アマチュア的、古典派経済学的、クーリッジ政権の酷評と類似したものとなり、「政府のビジネスはビジネスである」といった具合であった。労働観が損なわれて「通りに草が生え」ないように、社会保障法を廃止すると脅した。カンサスにおいて、のちのレーガンのスローガン、「政府が問題だ」が形成されたのかどうかは知らないが、これはランドンの選挙運動の趣旨と一致している。気の毒なランドン。あの年、熱心な共和党員として、他にどのようにルーズベルトを攻撃できたというのだろう。

［18］ 1938年と1939年のギャラップ世論調査には、「信頼」またはその欠如について1950年代末以降の世論調査にあるような質問や回答に類似するものがない。興味深いことに不況の極みであった1938年、「目下の不況の原因は何だと思いますか」という質問に、70％が「企業、自然な経済的趨勢、富の分配のまずさ、［第一次］世界大戦の残っている影響」と答えている。「ルーズベルトとニューディール政策」という回答は30％しかなかった。ブッシュ大統領など、どれほどこの時代に統治したかったことであろう。1990年代になってから1930年代と1940年代をごちゃまぜにして思い返して想像するほどには、期待はハーバート・フーバーの時代から変わっていない。所得別では、「上層」でさえルーズベルトへの非難は42％にとどまり、「中間」では31％、一方で「下層」では企業への非難が16％、他の原因は63％、ニューディールは21％であった（調査日は1938年5月29日から6月4日。調査No.124B、質問8）。

[19] 1930年代末から現在まで、ギャラップ世論調査では米国民に定期的に「大統領の任務遂行ぶり（または仕事ぶり）を認めますか、認めませんか」という質問をしてきた。サンプリングの手法や手順は1948年の大失敗（ギャラップ社はデューイの大勝利を確信して世論調査を10月にやめた）のあとにかなり変更があったものの、同じ調査会社によって長年実施されてきたシリーズは、偏向があっても同じ偏向で統一され、かなりの首尾一貫性がある。これらおよびその後のトルーマンの支持率への言及は、私の著書、*Presidential Power and the Modern Presidents* (New York: The Free Press, 1990) に拠っており、トルーマンに関するギャラップ世論調査の全シリーズは327-28頁に示してある。

[20] 詳しくは、たとえば上述の私の著書の40-46頁を参照。

[21] 第81回議会の2会期についての詳細は、私の "Congress and the Fair Deal: A Legislative Balance Sheet," in *Public Policy* (Harvard University: Graduate School of Public Administration, 1954), 5:366-72を参照。

[22] Stanley Kelley, *Professional Public Relations and Political Power* (Baltimore: Johns Hopkins University Press, 1966) を参照。

[23] たとえば、 Alonzo Hamby, *Man of the People: A Life of Harry S Truman* (New York: Oxford University Press, 1995) を参照。

[24] Hamby, 特に542-98. 大統領の「信任」とはちがう「信頼」については、差異があるとしての話だが、1950年の議会選挙の1カ月後で中国が朝鮮戦争に介入した1週間後、ギャラップ世論調査では「政府のアジアにおける外交政策は手際が悪い」と思っていたのは回答者の半分しかいなかった。12％は意見を表明していない。このとき、米軍は全面的に退却中であった。別の質問では、73％が翌年は国防予算を倍増しなければならないと答えている。マッカーサー元帥の部隊は敗走中であり、大統領のもとに馳せ参じるという意味も勿論あった。だがそれにしても、政府と支出に対する現在の意識と比べてもらいたい（調査日は1950年12月3日から8日。調査No.467k、質問17aと11a)。3つめは、つねに不平の種になるものについて尋ねた、「何をいちばん不愉快に感じますか」（質問12）という質問である。13％が「政府の実践していること・政策・人間」と答え、それに対して「戦争の状況」は7％、「思慮のない嫌な人たち」は20％、「特に不平の種はない」が13％であった。ちなみに年初には、トルーマンの支持率は36％であった。

[25] 極めて複雑に交差しているちがいを短文で示したもの。

[26] 以前および注［18］［19］［24］で述べたように、1937-38年には怒りは主に経済に向けられ、ルーズベルトは二次的なターゲットでしかなかったが、2番めと3番めの冬は、ほぼ全面的にトルーマン（および、長くなるので省略したが、一部の側近）に向けられた。このちがいは、ひとつには戦後は経済が政府への期待と同化したことがある。また、ちがいは人物とその人物の人気と関係がある。トルーマンは米国民にとってルーズベルトのような存在ではない（はっきり言うことが許されるのであれば)。そのうえ1948年、トルーマンは公民権委員会の結果を受け入れてから大統領選挙に勝利し、南部の民主党員と北部の共和党員を許しがたく傷つけた。共和党は自分たちの勝利を確信していたのである。次にトルーマンは、みずからの動議によって戦いを始めた。こうした手ごろなターゲットがあれば、政府への不信には至らない。いずれにせよ、現代のような不信は少なくとも南部以外では広まっていなかったようだ。ひとつには、全国的にはトルーマ

ンは不誠実だとは思われていなかった。信頼関係の溝を広げることはなかった。腐敗している、ぶっきらぼう、考えていない、小さい、狭量、おろか、衝動的、共産主義者に甘すぎる、厳しすぎる、南部を裏切った、いや国さえも裏切ったと言われた。だが私が見るかぎり、国民に嘘をついたとは言われていない。ジョンソンがベトナムによって、ニクソンがウォーターゲートによって導入した浸食的な要素――両人にとっては理由のあることでも、ひどい副作用があった――はトルーマンの選挙運動にはなかったし、意識にもなかったと思う。

[27] 懸念される変化には、平均週間労働時間の長時間化、熟練・不熟練労働者間および労働者と経営陣とのあいだの賃金格差の拡大などがある。所得層の上位5分の2とそれ以外のあいだの実質所得の格差も拡大しており、富についても、3分の2を上位10％の富裕層が保有している。平均的な実質家計所得は、1973年に生産性が急低下してからは事実上伸びなくなり、しばらくは妻の就業が増えて2つの収入源によって維持された。だが1979年以降、妻が働き、労働時間を延ばし、その他の工夫をしたにもかかわらず、実質家計所得は3分の2の世帯において停滞している。貯蓄率は歴史的に見ても低い。1996年2月の大統領の経済報告書を参照。また、ローレンスによる第4章を参照。
ダウンサイジングについては、近隣効果――だれかを知っているという――がテレビの報道やコメントと相まって、雇用削減が実際の数字とはほとんど関係なく大きなインパクトを与えているようだ。

[28] 1981年夏に鳴り物入りで実施されたレーガン政権の所得税減税は、その後の引き上げ調整によって少し、さらに1983年の両党による社会保障改革によって大きく相殺された。これによって中間所得層の所得税減税分が消えてしまうほど従業員の賃金税が上昇し、一方で低所得層には税負担が増加した。その後の州や連邦による消費税の引き上げによって税負担は少々増した（だがクリントン政権の所得税引き上げはちがう。対象はほぼ全面的に高所得層であり、一方で勤労所得控除の拡充によって底辺層は部分的に補償された）。

[29] レーガンの側近でブッシュの予算局長であったリチャード・ダーマンの率直で真に迫った回顧録には、経済政策においてブッシュ大統領を悩ませたジレンマ、衝突、読みちがいについて述べられている。Richard Darman, *Who's in Control?* (New York: Simon & Schuster, 1996), 特に191-298を参照。

[30] この政策の転換の理由は、Elizabeth Drew, *On the Edge* (New York: Simon & Schuster, 1994), 57-87, 114-22, 261-72の詳しい調査報告に述べられている。

[31] ルーズベルトは1期めに過激な実験、プログラムの矛盾、イデオロギー上の要点の変更などを統轄していたにもかかわらず、1936年の選挙運動中に実際にそう自慢した。ルーズベルトの初期の「ブレーントラスト（非公式の顧問団）」における「プランニング」の主張者、レックス・タグウェルは、親愛の情のこもった皮肉とともに実情を述べている。Tugwell, 特に293-341, 364-83を参照。

[32] Anthony King, *Running Scared* (New York: The Free Press, 1997) を参照。

[33] 17世紀から18世紀初頭までの北米・東海岸の英国植民地における政府に対する不信の歴史的・哲学的根源に関する入門書として、Don K. Price, *America's Unwritten Constitution* (Cambridge, Mass.: Harvard University Press, 1985) に優るものはない。その後の展開については、たとえば James S. Young, *The Washington Community, 1800-1828* (New York: Columbia University

Press, 1966); Seymour Martin Lipset, *American Exceptionalism* (New York: W. W. Norton, 1996); Michael Sandel, *Democracy's Discontents* (Cambridge, Mass.: Harvard University Press, 1996); Jacob Weisberg, *In Defense of Government* (New York: Scribners, 1996); そして忘れてはならない2冊の古典、 Bryceの *American Commonwealth* (1888) とDe TocquevilleのDemocracy in America* (1842) を参照されたい。

[34] たとえば、 E. J. Dionne, Jr., *They Only Look Dead: Why Progressives Will Dominate the Next Political Era* (New York: Simon & Schuster, 1996) を参照。

第8章■米国における意識の変化

[1] *Washington Post*/Henry J. Kaiser Family Foundation/Harvard University Poll (Storrs, Conn.: Roper Center for Public Opinion Research, 1995).

[2] この調査は、ワシントン・ポスト紙／ヘンリー・J・カイザー・ファミリー財団／ハーバード大学調査プロジェクトの一部として行なわれる一連のもののひとつである。その目的は、人種、貧困、赤字削減、政府の社会における役割、米国の世界における責任といった、国が直面している主要な問題や試練について国民の知識、価値観、信条を調べることである。

[3] Center for Political Studies, *American National Election Studies* (Ann Arbor, Mich.: Inter-University Consortium for Political and Social Research, 1958-90); Gallup Poll (Storrs, Conn.: Roper Center for Public Opinion Research, 1993).

[4] Harris Poll (New York: Louis Harris and Associates, 1996).

[5] *Washington Post*/Kaiser/Harvard, 1995.

[6] *Washington Post*/Kaiser/Harvard, 1995. 調査ではまた、ワシントンの政府が解決する気になれば問題は実際に解決されると信頼しているかどうかを米国民に尋ねた。大いに信頼している（4%）か、いくらか信頼している（35%）と答えたのは10人に4人もいなかった。ユダヤ系（56%）と民主党員（49%）が、いちばん信頼していた。あまり信頼していなかったのは、やはり共和党員（33%）とリンボーの聴取者（22%）であった。信頼していないその他のグループは、ペローの支持者（29%）と家計所得が5万から7万5000ドルの層であった。

[7] Gallup Poll (Storrs, Conn.: Roper Center for Public Opinion Research, 1936).

[8] Roper/*Fortune* Poll (Storrs, Conn.: Roper Center for Public Opinion Research, 1939).

[9] 回答者は複数の理由を選択できた。「問題を効果的に解決してくれる可能性がより高い」を選んだのは51%、「運営がよりよいので資金のむだづかいがより少ない」も同じく51%、「自分の信条や価値観がより反映されている」は49%の回答者が選んだ。

[10] NBC News/*Wall Street Journal* Poll (Storrs, Conn.: Roper Center for Public Opinion Research, 1994, 1995).

[11] CBS News/*New York Times* Poll (Storrs, Conn.: Roper Center for Public

Opinion Research, 1996).
[12] Harris Poll (New York: Louis Harris and Associates, 1996).
[13] Seymour Martin Lipset and William G. Schneider, *The Confidence Gap: Business, Labor, and Government in the Political Mind* (New York: The Free Press, 1983).
[14] Harris Poll (New York: Louis Harris and Associates, 1996).
[15] Patterson, *Out of Order* (New York: Knopf, 1993), 246.
[16] John Brehm and Wendy Rahn, "An Audit of the Deficit in Social Capital," unpublished paper, 1995.
[17] Center for Political Studies, 1964, 1968. その間の年の結果については、James Allan Davis and Tom W. Smith, *General Social Surveys, 1972-1996: Cumulative Codebook* (Chicago: National Opinion Research Center, 1996) を参照。

第9章■ポスト物質主義的価値と制度における権威の失墜

[1] 同じような傾向は、「政府は、自己利益のみを追求する少数の利害関係者に支配されていると思いますか、それともすべての国民の利益のために運営されていると思いますか」という質問への回答にも見られる。1964年には、政府は少数の利害関係者に支配されていると答えた人は29％しかいなかった。この数字は1980年まで急上昇し、1980年代には下がり、そして1994年に76％という最高値に達した。
[2] Ronald Inglehart, *Culture Shift in Advanced Industrial Society* (Princeton, N.J.: Princeton University Press, 1990); Ronald Inglehart, *Modernization and Postmodernization: Cultural, Economic and Political Change in 43 Societies* (Princeton, N.J.: Princeton University Press, 1997) を参照。
[3] Robert Rohrschneider, "Citizens' Attitudes toward Environmental Issues: Selfish or Selfless?" *Comparative Political Studies* 21 (1988): 347-67.
[4] Inglehart, 1990 and 1997; Sidney Verba, *Voice and Equality: Civic Voluntarism in American Politics* (Cambridge, Mass.: Harvard University Press, 1995); Hans-Dieter Klingemann and Dieter Fuchs, eds., *Citizens and the State* (Oxford: Oxford University Press, 1995).
[5] Seymour Martin Lipset, *Political Man* (New York: Doubleday, 1990); Ross E. Burkhart and Michael S. Lewis-Beck, "Comparative Democracy: The Economic Development Thesis," *American Political Science Review* 88, no.4 (1994): 903-10.
[6] Inglehart 1990.
[7] 人口の入れ替わりが一般大衆の意識におよぼす効果をどう推測するかについて、より詳しい議論は、Paul R. Abramson and Ronald Inglehart, *Value Change in Global Perspective* (Ann Arbor: University of Michigan Press, 1995) を参照。
[8] Inglehart 1997.
[9] 他の多くの全国的制度への信頼もまた、(1) 物質主義的価値観と相関している、

(2) 時とともに低下している、という同じようなパターンが見られた。だが、ポスト物質主義的価値観との相関関係がかなり弱かったため、ここではこれらについて分析しない。

[10] シカゴ大学の全米世論研究所の調査は、*The American Enterprise* (November-December 1993): 94-95に報告されている。

[11] Samuel Barnes et al., *Political Action* (Beverly Hills, Calif.: Sage, 1979), 548-49; Inglehart 1997.

[12] Barnes et al. 1979 を参照。

[13] Inglehart 1990, 357-58.

[14] Nie, Verba, and Petrocik 1979; Abramson 1979.

[15] Inglehart 1997.

第10章■日本における国民の信頼と民主主義

本章の一部は、"Japanese Videocracy," *Press/Politics,* (2 (1) 1997) と同じものである。データやコメントをくれたブラッド・リチャードソン、蒲島郁夫、エリス・クラウス、ロン・イングルハート、デニス・パターソン、ロバート・パットナム、リサーチを手伝ってくれたポール・タルコット、国会図書館の資料を入手するのを手伝ってくれた国際文化会館図書館の樋口恵子に感謝したい。

[1] Bradley M. Richardson, *The Political Culture of Japan* (Berkeley: University of California Press, 1974), 232.

[2] Scott C. Flanagan, "The Genesis of Variant Political Cultures: Contemporary Citizen Orientations in Japan, America, Britain and Italy," in *The Citizen and Politics: A Comparative Perspective* (Stamford, Conn.: Greylock, 1978), 156.

[3] 1989年5月11日付の朝日新聞に掲載された「朝日新聞」ハリス調査。

[4] 新制度では小選挙区で300人、11ブロックに分けた比例代表区で200人が衆議院議員に選ばれる。

[5] 早野透、曽根泰教、内田健三『大政変』東洋経済新報社、1994年、152-68; "Japan's New Political Order," *Economist,* February 5-11, 1994, 27.

[6] 1995年12月19日付の「日本経済新聞」、1頁。

[7] 1995年12月19日付の「日本経済新聞」、1頁。

[8] Junnosuke Masumi, *Contemporary Politics in Japan* (Berkeley: University of California Press, 1995), 255.

[9] 1996年3月28日付の「朝日新聞」、3頁。

[10] 1995年12月19日付の「日本経済新聞」、1頁。

[11] Joji Watanuki, *Politics in Postwar Japanese Society* (Tokyo: University of Tokyo Press, 1977), 69-72.

[12] Bruce Cain, John Ferejohn, and Morris Fiorina, *The Vote: Constituency Service and Electoral Independence* (Cambridge, Mass.: Harvard University Press, 1987).

[13] Bradley M. Richardson, *Japanese Democracy: Power, Coordination, and Performance* (New Haven, Conn.: Yale University Press, 1997).

[14] *Japan Times Weekly,* June 10-16, 1996, 4.

[15] 山本信一郎『明るい選挙推進の手引き　第三次改訂版』ぎょうせい、1995年3月、93頁。データは「明るい選挙推進協会」が1987年3月に実施した全国調査から。

[16] Michel Crozier, Samuel Huntington, and Joji Watanuki, *The Crisis of Democracy* (New York: New York University Press, 1975).

[17] Karel van Wolferen, *The Enigma of Japanese Power* (New York: Alfred A. Knopf, 1989); James Fallows, *Looking at the Sun: The Rise of the New East Asian Economic and Political System* (New York: Pantheon Books, 1994).

[18] 蒲島郁夫「棄権の研究（1）年齢と投票率」、『選挙』第40巻 第11号、1987年11月。

[19] *A Bilingual Guide to the Japanese Economy* (Tokyo: NHK Overseas Broadcasting Department Economic Project and Daiwa Institute of Research, 1995), 229-33.

[20] *A Bilingual Guide to the Japanese Economy,* 233.

[21] 日本以外のアジアの国は、インド、台湾、タイである。これら3カ国では、楽観的な回答が悲観的な回答を上回っていた。残りの国（[表10-5] に示されていない）と、次の世代の時代が今より悪くなると答えた国民の割合は、スペイン（39%）、チリ（50%）、ドミニカ共和国（60%）、ハンガリー（48%）、アイスランド（31%）、メキシコ（59%）、コスタリカ（64%）、ベネズエラ（78%）である。国際ギャラップ調査は1995年4月に実施。

[22] 1995年4月の国際ギャラップ調査。フランスは56%であった。

[23] たとえば、Robert D. Putnam, "The Strange Disappearance of Civic America," in *The American Prospect,* no.24 (Winter 1996); James Fallows, *Breaking the News: How the Media Undermine American Democracy* (New York: Pantheon Books, 1996) を参照。

[24] 人口1000人当たりの部数は587対249である。Everett C. Ladd, "Japan and America: The Two Nations Draw Closer," *The Public Perspective* 6, no.5 (August-September 1995): 21を参照。

[25] 1966年に日本で実施された国際調査では、日本人の81%が週に1回以上はテレビを見るかラジオを聞くと答えており、それに対して米国人は59%、英国人は36%、イタリア人は19%であった。新聞については、64%（日本）、50%（米国）、43%（英国）、16%（イタリア）、雑誌については、29%（日本）、24%（米国）、6%（英国）、12%（イタリア）という結果であった。Flanagan 1978, 147.

[26] これらの数字はロナルド・イングルハートの1996年の研究によるもので、Susan J. Pharr, "Japanese Videocracy," *Press/Politics* 2 (1) 1997, 134に引用されている。だが、長時間見る人（1日3時間以上）は米国のほうが大勢いる。注［34］を参照。

[27] Susan J. Pharr, "Media and Politics in Japan," in *Media and Politics in Japan,* eds. Susan J. Pharr and Ellis S. Krauss (Honolulu: University Press of Hawaii, 1996), 3-17.　ミニメディアには、市民グループや市民運動を含むさまざまな非政府組織による本、雑誌、ニューズレター、パンフレットなどがある。

[28] Scott C. Flanagan, "Media Exposure and the Quality of Political Participation," in *Media and Politics in Japan,* 304.
[29] Kristin Kyoko Altman, "Television and Political Turmoil: Japan's Summer of 1993," in *Media and Politics in Japan,* 165-86.
[30] Ellis S. Krauss, "Portraying the State: NHK Television News and Politics," in *Media and Politics in Japan,* 116-21.
[31] Krauss, 117.
[32] Laurie Anne Freeman, "Ties That Bind: Press, State and Society in Contemporary Japan." Ph.D. diss., University of California Berkeley, 1995.
[33] Helen Hardacre, "Aum Shinrikyo and the Japanese Media: The Pied Piper Meets the Lamb of God," Institute Report, East Asian Institute, Columbia University, November 1995, 4.
[34] データは、ロナルド・イングルハートの研究によるもので、Susan J. Pharr, "Japanese Videocracy," *Press/Politics* 2 (1) 1997, 134に引用されている。1996年の調査によると、米国人の26%が1日3時間以上テレビを見ていた。日本の場合は24%である。
[35] 蒲島郁夫、小林良彰、曽根泰教、田中愛治、綿貫譲治による記事や論文が最近の例である。目下進行中もしくは計画段階にある日本の選挙研究やその他の調査には、これらをはじめとする政治学者、社会心理学者、社会学者が関与しており、他国との比較において不満の原因を探っている世界中の学者のために新しい豊富なデータ源を創り出している。

結論■新たな統治方法へ向けて

[1] Morton Keller, *Regulating a New Society: Public Policy and Social Change in America, 1900-1933* (Cambridge, Mass.: Harvard University Press, 1994), 8に引用されている。
[2] Keller, *Regulating a New Society,* 4.
[3] 1993年3月、ギャラップ社の調査によると、米国人の49%が政府はするべきことをしていないと思っており、45%が政府は手を広げすぎていると思っていた。だが1996年1月には、この割合は「していない」が35%、「広げすぎ」が58%に変わっていた。Michael Golay and Carl Rollyson, *Where America Stands 1996* (New York: John Wiley & Sons, 1996), 42.
[4] シカゴ大学の全米世論研究所による1994年春の一般社会調査。連邦議会は58%、行政府は63%であった。サーベイ・リサーチ・コンサルタンツ・インターナショナルが準備した調査は、*Index to International Public Opinion, 1994-1995,* eds. Elizabeth Hann Hastings and Philip K. Hastings (Westport, Conn.: Greenwood Press, 1996) に転載されている。他の主要制度における信頼度の調査にも同じような注意が必要だ。さらに、ヨーロッパでは「自国の民主主義の機能ぶりに満足」かどうかを尋ねる質問がよくあり、これは米国の世論調査のほとんどの設問と比べて、回答に肯定的な背景を生み出す。1995年、ギャラップ社が米国において同じ質問をしたところ、64%が非常に、もしくはいくらか満足していると答えた。*The Gallup Poll, Public Opinion 1995* (Wilm-

ington, Del.: Scholarly Research, 1996) の96頁にあるギャラップ世論調査の18カ国を対象とした「満足指数」、1995年6月21日、調査No.22-50001-018。質問と背景にちがいがあるので、信頼の絶対的水準の国際比較には慎重でなければならない。

［5］ たとえば、*Citizens and Politics: A View from Main Street America* (Dayton, Ohio: Kettering Foundation, 1991) を参照。

［6］ 政府の仕事のさまざまな成果や結果を熟考して、ジェイムズ・Q・ウィルソンは、産出物、手続き、技巧、対処する組織を識別している。また、民間・公共セクターの仕事を簡単に比較するのを妨げている独特の制約と一連の目標を指摘している。James Q. Wilson, *Bureaucracy: What Government Agencies Do and Why They Do It* (New York: Basic Books, 1989), 158-75, 113-36を参照。

［7］ その理由を理解するには、たとえば、Junnosuke Masumi, *Contemporary Politics in Japan,* trans. Lonny Carlisle (Berkeley: University of California Press, 1995) の冷静で詳しい説明を参照。

［8］ イングルハートはしばしば、他の章が依拠している調査とは異なる文脈で異なる質問をするワールドバリューズ調査に言及している。だからイングルハートが引用している数字は直接的に比較できないことがある。

［9］ EU市民は、国の政府を頼りになると思っているかどうか尋ねられて、45％が頼りになる、43％が頼りにならない、12％がわからないと答えている。これらの数字は不安を抱かせるほどではないが、かといって安心させられるものでもない。満足度の質問は調査の方法と報告の様式が過去4年間に2回変更になったが、1994年以降の結果はかなり一貫しており、さらに現在のサンプル数はこれまでで最多（各加盟国において約800）であり、毎月の追跡調査が行なわれている。一般的な満足度に関する質問については、欧州委員会のユーロピニオンNo.1、*Monthly Monitor,* January-April 1994, April 1995 を参照。現在の数字については、ユーロピニオンNo.8を参照。ユーロバロメーターも今では、国の議会や国の政府を頼りになると思っているかどうか尋ねるようになっている。本文の数字は、欧州委員会のユーロバロメーターNo.44、1996年4月（調査は1995年の最終4半期に実施）による。

［10］ Ola Listhaug and Matti Wiberg, "Confidence in Political and Private Institutions," in *Citizens and the State,* eds. Hans-Dieter Klingemann and Dieter Fuchs (Oxford: Oxford University Press, 1995), 304, 305 の表10.1から算出。質問が米国の調査で用いられているものと類似していたことに留意してもらいたい。これらのデータ（およびイングルハートの主張）とは対照的に、Listhaug and Wiberg（303）を含む一部の著者は、一般的な傾向を見出していない。

［11］ Brian Balogh, "Introduction," *Journal of Policy History* 8 (1996): 25.

［12］ Seymour Martin Lipset and William Schneider, *The Confidence Gap* (Baltimore: Johns Hopkins University Press, 1987), 32.

［13］ Tom Loveless, "The Structure of Public Confidence in Education," *American Journal of Education* 105, no.112, (February 1997) p.127.

［14］ Daniel Katz et al., *Bureaucratic Encounters: A Pilot Study in the Evaluation of Government Services* (Ann Arbor: Survey Research Center, University of Michigan, 1975), 178.

[15] Lipset and Schneider, *The Confidence Gap,* 402.

[16] Thomas Patterson, "News Professionals, Journalism, and Democracy," paper prepared for the Visions of Governance for the Twenty-first Century conference, Bretton Woods, New Hampshire, July 29-August 2, 1996. また、James Fallows, *Breaking the News* (New York: Pantheon Books, 1996) を参照。

[17] Dennis F. Thompson, *Ethics in Congress: From Individual to Institutional Corruption* (Washington, D. C.: Brookings Institution, 1995); Suzanne Garment, *Scandal: The Crisis of Mistrust in American Politics* (New York: Times Books, 1991) を参照。

[18] 他にも変則が存在し、米国で科学が高い地位を持続させていることはその一例である。リップセットとシュナイダーは、他利的な制度は国民の信頼をつなぎとめる可能性が高いことを示唆しているが、これでは教会や大学に起こっていることの説明にならない。最高裁判所にはかなりの高下があるが、1970年代初め以降は世論調査において大きく下落していない。米国はちがうが、ヨーロッパの企業は1970年代から信頼度が増しており、これはおそらくヨーロッパにおける共産主義の終焉の影響であろう。

[19] Balogh, "Introduction," 14, 17.

[20] Hugh Heclo, "The Sixties' False Dawn: Awakenings, Movements, and Post-modern Policy-Making," *Journal of Policy History* 8 (1996): 50, 58.

[21] 1996年夏のワシントン・ポスト紙による世論調査では、米国人が最も心配しているのは犯罪、教育の質と費用、さまざまな関連性のある社会の病弊（エイズ、麻薬、福祉への依存）であった。Mario Brossard and Richard Morin, "What About Us?," *Washington Post National Weekly Edition,* September 23-29, 1996, 8-9.

[22] Robert Kuttner, "Thinking Small," *Washington Post National Weekly Edition,* September 23-29, 1996, 5.

[23] Neil MacFarquhar, "In New Jersey, Meeting the Voters Is a Luxury," *New York Times* (November 6), 1996, 1.

[24] この点については特に、Larry Sabato and Glenn Simpson, *Dirty Little Secrets: The Persistence of Corruption in American Politics* (New York: Times Books, 1996) を参照。

[25] Kenneth Newton, "The Mass Media and Modern Government," Discussion Paper FS III 96-301, Wissenschaftszentrum Berlin.

[26] Joseph N. Cappella and Kathleen Hall Jamieson, "News Frames, Political Cynicism, and Media Cynicism," *Annals* 546 (July 1996): 84.

[27] Stephen Ansolabehere and Shanto Iyengar, *Going Negative: How Political Advertisements Shrink and Polarize the Electorate* (New York: The Free Press, 1995).

[28] たとえば、Michel Crozier, Samuel Huntington, and Joji Watanuki, *The Crisis of Democracy* (New York: New York University Press, 1975)。1979年7月、カーター大統領は米国民に向けたテレビ演説で、統治機関を国民が信頼しないことは「米国の民主主義にとって根本的な脅威」であると警告を発した。

[29] Sidney Verba, Kay Lehman Schlozman, and Henry E. Brady, *Voice and Equality: Voluntarism in American Politics* (Cambridge, Mass.: Harvard University Press, 1995).

[30] イーストンは、特定の政治的権威、ある政権の機関、全体としての政治共同体、もしくは政治システムに対する支持を区別している。特定の官公吏を超えた根強い不満の広がりに深刻な意味があると注意を喚起している。David Easton, "A Reassessment of the Concept of Political Support," *British Journal of Political Science* 5 (1975): 435-57.

[31] また、実践に基づく道義的な審議についての興味深い考え方は、Amy Gutmann and Dennis Thompson, *Democracy and Disagreement* (Cambridge, Mass.: Harvard University Press, 1996); Avishai Margalit, *The Decent Society,* trans. Naomi Goldblum (Cambridge, Mass.: Harvard University Press, 1995); Michael Sandel, *Democracy's Discontent: America in Search of a Public Philosophy* (Cambridge, Mass.: Harvard University Press, 1995); Amartya Sen, *Inequality Reexamined* (Cambridge, Mass.: Harvard University Press, 1995) を参照。

アーネスト・R・メイ（Ernest R. May）

ハーバード大学の「チャールズ・ウォーレン」教授（歴史学）。ハーバード・カレッジの学部長、政治学研究所の所長、歴史学科の学科長を歴任。ケネディ行政大学院では、歴史から推論する手法を講義しており、情報と政策に関する研究教育プログラムのディレクターを務める。

リチャード・E・ニュースタッド（Richard E. Neustadt）

ハーバード大学の「ダグラス・ディロン」名誉教授（政治学）。政治学研究所の初代所長。トルーマン、ケネディ、ジョンソンの政権下でさまざまな任務に就き、名著 *Presidential Power* の著者でもある。

ジョセフ・S・ナイ・Jr.（Joseph S. Nye, Jr.）

ジョン･F･ケネディ行政大学院長で、「ドン・K・プライス」教授（公共政策）。国際安全保障担当の国防次官補を務めたのち、1995年にハーバードに戻り、「21世紀の統治のビジョン」プロジェクトを始めた。

ゲイリー・R・オレン（Gary R. Orren）

ジョン･F･ケネディ行政大学院の教授（公共政策）。政治顧問、世論調査員、世論アナリストを経て、現在は世論、選挙政治、メディア、民主主義における市民権の権利と義務について講義・執筆している。

スーザン・J・ファー（Susan J. Pharr）

ハーバード大学の「エドウィン・O・ライシャワー」教授（日本政治）、日米関係プログラムのディレクター、教養学部の副学部長。現在、先進国における政治倫理と国民の信用について比較研究を進めている。

フィリップ・ゼリコウ（Philip Zelikow）

ジョン･F･ケネディ行政大学院の准教授（公共政策）で、「21世紀の統治のビジョン」プロジェクトのディレクター。最新の著書 *Germany Unified and Europe Transformed: A Study in Statecraft* は賞を受賞した。

●翻訳者紹介

嶋本恵美（Shimamoto, Emi）

同志社大学卒業。ロンドン大学図書館情報学修士。翻訳者。
訳書に、イーサン・M・ラジエル『マッキンゼー式 世界最強の仕事術』（共訳、英治出版）、ジョン・ロバーツ『1日出来高150兆円――世界外為市場の実体』（共訳、心交社）など。

ロバート・J・ブレンドン（Robert J. Blendon）

ジョン・F・ケネディ行政大学院の教授（保健政策および政治分析）で、保健／社会政策における世論調査に関するハーバード・プログラムのディレクター。

第8章のその他の寄稿者は、ジョン・M・ベンソン（保健／社会政策における世論調査に関するハーバード・プログラムの副ディレクター）、ワシントン・ポスト紙のリチャード・モリン（世論調査のディレクター）とマリオ・ブロサード（世論調査のアシスタント・ディレクター）、ヘンリー・J・カイザー・ファミリー財団のドリュー・E・アルトマン（会長兼CEO）、マリアン・ブロディ（特別プロジェクトのディレクター／上級研究員）、マット・ジェイムズ（コミュニケーションおよびメディア・プログラム担当の副会長）。

デレク・ボク（Derek Bok）

ハーバード大学「300周年記念」教授。弁護士、法律学教授を経て、ハーバード・ロースクール学長、ハーバード大学学長を歴任。目下の研究対象に、「米国の国内問題に対処するための高等教育のあり方と米国政府の適切性」がある。

ロナルド・イングルハート（Ronald Inglehart）

ミシガン大学の教授（政治学）で、政治研究センター所長。進行中の研究では、ワールドバリューズ調査とユーロバロメーター調査に表われた世界各地の大衆の価値観と意識の分析を通して、文化的変化の結果を調べている。

デビッド・C・キング（David C. King）

ジョン・F・ケネディ行政大学院の准教授（公共政策）で、「21世紀の統治のビジョン」プロジェクトのアシスタント・ディレクター。最初の著書、*Turf Wars* では、発生する社会問題と取り組むため、連邦議会委員会の権限がどのように適応するか、または、できないかを探った。

ロバート・Z・ローレンス（Robert Z. Lawrence）

ジョン・F・ケネディ行政大学院の「アルバート・L・ウィリアムズ」教授（国際貿易投資）。経済研究局の準研究員で、ブルッキングス研究所の非常駐学者。貿易政策に関する目下の研究では、国際市場における米国の役割に焦点を合わせている。

ジェーン・マンズブリッジ（Jane Mansbridge）

ジョン・F・ケネディ行政大学院の教授（公共政策）。著書に *Beyond Adversary Democracy* や *Why We Lost the ERA* があり、現在は民主主義における強制と協議の関係と、集団行動の問題に対する国民の理解を研究している。

訳者あとがき

本書は、*Why People Don't Trust Government*, edited by Joseph S. Nye, Jr., Philip D. Zelikow, and David C. King (Harvard University Press, 1997) の翻訳である。編者のひとりであるジョセフ・ナイは、カーター政権下で国務次官補代理、クリントン政権下では国防次官補を務め、日米安保体制を地域安定の基軸とする東アジア戦略報告をまとめた。一九九五年にハーバード大学に戻ったナイは、「二一世紀における統治のビジョン」を追究するプロジェクトを開始し、その成果の第一弾として、フィリップ・ゼリコウとデビッド・キングとともにまとめたのが本書である。

政府が信頼されなくなった原因を探るきっかけとなったのは、一九九五年にオクラホマ市の連邦政府ビルが爆破された事件だという。犯人は連邦政府に根強い反感を抱いていたとされ、当時、政府への信頼は地に堕ちていた。第三章の［図3・1］にあるミシガン大学による調査を見ても、六〇年代半ばには米国民の約七五%が連邦政府を信頼していたのに、三〇年後の九〇年代半ばには、その割合は二五%前後にまで減少している。政府に対する不信は、国家権力が強くなりすぎることを警戒する米国政治の伝統の現われであり、懸念することはないのか、それとも二一世紀の統治に暗い影を投げかけるものなのか——。

本書は、ハーバード大学の教授を中心とする執筆陣が、政府に対する不信についてさまざまな角度から検証するという形をとっている。まず、政府の領域、実際の業績、国民の目に映った業績などについて明らかにし、次に、冷戦の終焉、第二次世界大戦後の高まった期待、経済の低迷、グローバル化の影響、政治スキャンダルへの憤懣、官僚の能力のなさ等々、可能性のありそうな原因を精査していく。その結果は、結論にわかりやすく述べられているのでここでは繰り返さないが、二一世紀の政治を考えるときの重要なヒントが数多く含まれている。

序論でとりわけ目を引くのは、「テロのような新たな問題によって〈本土での真珠湾攻撃〉のようなことが起こったら…」というくだりである。世界を震撼させた二〇〇一年九月十一日の同時テロのような事件が起こる可能性を、すでに視野に入れていたことは興味深い。

それにしても気になるのは、テロ事件後、米国政府への信頼がどうなったかである。先ほどのミシガン大学による調査は、本書には一九九六年の結果までしか示されていないが、その後もつづけられている。それを見ると、九四年以降は一回を除いて上昇傾向にあったとはいえ、二〇〇一年十月五〜六日に行なわれた調査では、連邦政府は正しいことをしていると「いつも」ないし「大半の場合」信頼しているという回答は約六〇％に跳ね上がっている。

もっとも、これは一時的な現象にすぎず、危機感が薄らいで平常の状態に戻るにつれ、落ち着いてくるという見方が一般的である。もうすでに、米国の国内政治、経済、外交政策は、九月十一日以前とあまり変わらない状況に戻っているという論説も目につく。政治家は以前のように党派心をあらわにして言い争うようになっているし、テロ攻撃による経済への影響は当初恐れられたほどではなかったし、外交政策が根本的に大きく転換したということもないからである。とはいえ、オクラホマ市・連邦政府ビル爆破事件でさえ、「共和党革命」が頓挫するなど、政治の流れを変えたとも言われている。同時テロの米国政治への影響は、これから現われてくるのかもしれない。

本書の締めくくりとして、プロジェクトの次の目標は、情報革命や経済のグローバル化によって大きく変化している現代社会にふさわしい新しい統治《ガバナンス》の方法を考え出すことだと述べられている。それに向けた一冊、*Governance in a Globalizing World*, edited by Joseph S. Nye, Jr. and John D. Donahue (Brookings Press, 2000) が、すでに出版されていることを付け加えておきたい。

本書の翻訳にあたっては、中央大学の内田孟男先生に適切なアドバイスをいただき、心から感謝している。また、翻訳の機会をあたえてくださった英治出版の原田英治氏と和田文夫氏にも感謝したい。

二〇〇二年一月　嶋本恵美

● 英治出版からのお知らせ

本書に関するご意見・ご感想を E-mail (editor@eijipress.co.jp) で受け付けています。また、英治出版ではメールマガジン、ブログ、ツイッターなどで新刊情報やイベント情報を配信しております。ぜひ一度、アクセスしてみてください。

メールマガジン：会員登録はホームページにて
ブログ　：www.eijipress.co.jp/blog/
ツイッター ID　：@eijipress
フェイスブック：www.facebook.com/eijipress
Web メディア　：eijionline.com

なぜ政府は信頼されないのか

発行日　2002 年 3 月 25 日　第 1 版　第 1 刷
　　　　2018 年 9 月 18 日　第 1 版　第 3 刷

著者　ジョセフ・S・ナイ・Jr.
　　　フィリップ・D・ゼリコウ
　　　デビッド・C・キング
訳者　嶋本恵美（しまもと・えみ）
発行人　原田英治
発行　英治出版株式会社
　　　〒 150-0022 東京都渋谷区恵比寿南 1-9-12 ピトレスクビル 4F
　　　電話　03-5773-0193　FAX　03-5773-0194
　　　http://www.eijipress.co.jp/
スタッフ　高野達成　藤竹賢一郎　山下智也　鈴木美穂　下田理
　　　田中三枝　安村侑希子　平野貴裕　上村悠也
　　　山本有子　渡邉吏佐子　中西さおり　関紀子　瀧口大河
印刷・製本　中央精版印刷株式会社
装丁　飯塚啓二

ISBN978-4-901234-18-4　C0031　Printed in Japan